P

MONIQUE R. SIEGEL

Espresso
mit Zitrone

Mein wechselvoller Weg als Unternehmerin

Pendo Zürich München

Für Rosmarie Michel,
die dieses Buch unbedingt wollte –
und die es nun hat

Inhalt

Prolog   9

1   Vorsicht bei der Wahl der Eltern!   13

2   Ende Einzelkind   47

3   Wenn ich je jemanden aus meiner Schulzeit träfe . . .   69

4   Fünfundzwanzig Jahre sind genug!   97

5   »Und was haben *Sie* im Krieg gemacht?«   127

6   Die Freiheitsstatue hat mir zugelächelt!   159

7   Verliebt, verlobt – verkalkuliert!   189

8   Die beiden großen Leidenschaften meines Lebens   227

9   Manhattan – Greifensee – einfach!   261

10   »Ihr Anspruch auf Führung ist legitim«   299

11   Dann mach ich's lieber selbst . . .   325

12   »Du solltest Bücher und Kolumnen schreiben!«   355

13   Die Entdeckung meines schönen Hinterkopfes   381

Epilog: Ariadne sei Dank!   419

Danke!   427

Wenn Sie diese Seite umdrehen,

. . . dann darf ich Sie anreden mit

Liebe Dialogpartnerin
Lieber Dialogpartner

Und wenn Sie jetzt weiterlesen, haben Sie sich bereits auf den Dialog mit mir eingelassen. Dies ist nämlich im eigentlichen Sinne ein KommunikationsBuch, und Kommunikation ist bekanntlich eine Zweiwegangelegenheit. Ich lade Sie also ein, mit mir in den Dialog zu treten, wobei ich auf eine der archaischsten Formen der Kommunikation zurückgreife: Ich möchte Ihnen Geschichten erzählen. Geschichten, die sich zu einer Geschichte verdichten, weil alle von derselben Protagonistin handeln: von mir. Literaturlexika definieren »Protagonist« als »(= erster Kämpfer), der erste Schauspieler, Hauptdarsteller im altgriech. Drama«. Sie können hinter allen Begriffen ein Häkchen machen. Drama, Sie erinnern sich, ist nicht gleich Tragödie, sondern eine »knappe, in sich geschlossene, organisch gewachsene Handlung«. Das werden Sie auf den folgenden Seiten finden.

Meistens assoziiert man Drama ja mit Bühne. Wenn es in der erzählenden Form auftaucht, dann ist es eine Novelle, die das dramatische Eingreifen des »Schicksals« in das Leben eines Menschen schildert. Dabei gibt es verschiedene Formen von Novellen, u. a. die Rahmennovelle, in der jemand einer Gruppe eine Geschichte erzählt. Diese sogenannten Rahmengeschichten haben eine Art Eigenleben, das u. a. durch den Dialog der Erzählenden mit den Zuhörenden Interesse weckt und die Novelle doppelt interessant macht. Normalerweise finde ich es eher langweilig, über einen längeren Zeitraum nur zuhören zu können; ich rede ganz gerne mit. Sie auch, höre ich Sie sagen? Dann schauen Sie mal, ob Sie mit den Fragen, die ich Ihnen als potentielle Lesende in den Mund gelegt habe, etwas anfangen können. Übrigens: mit dieser Art von Abschweifungen, Umwegen und Nebensächlichkeiten werden Sie auf den folgenden Seiten laufend konfrontiert.

Vielleicht werden Sie jetzt sagen, das sei doch eine Autobiographie, und darin brauche es keinen Dialog. Ist es eben nicht, denn eine Autobiographie sollte lückenlos und meistens chronologisch alles über das Leben des oder der Schreibenden berichten. Das wird dieses Buch nicht; ich habe mein ganzes Leben lang Klatsch langweilig und überflüssig gefunden und die Selbstdarstellungen anderer anhand intimster Details immer nur mit ungläubigem Staunen zur Kenntnis genommen. Also wollte ich keine Autobiographie schreiben und habe entsprechende Vorschläge oder Wünsche während Jahren abgewehrt. Dann aber bin ich beim Suchen nach einem Buch »zufällig« auf ein ganz anderes gestoßen, das mir eine andere Sicht des Themas vermittelt hat. Das Buch heißt What Time's the Next Swan?; der Autor ist Walter Slezak, Sohn des weltberühmten Tenors Leo Slezak und selbst ebenfalls renommierter Opernsänger. Er hat darin sowohl das bewegte Leben seines Vaters als auch sein eigenes auf Buchseiten erzählt und, anhand von unzähligen Anekdoten, somit der Nachwelt erhalten. Schon der Titel ließ mich beim Wiederfinden schmunzeln, und plötzlich fiel mir ein oder auf, daß man sein Leben auch auf diese Art darstellen kann.

Aber ich muß Ihnen zuerst noch erzählen, wie es zu dem ungewöhnlichen Titel gekommen ist: Leo Slezak war besonders geschätzt als Wagner-Tenor. Einmal, bei einer Aufführung der Oper Lohengrin, ist folgendes passiert: Der Tenor bereitete sich hinter den Kulissen für den ersten Auftritt vor, der ja in einem von einem Schwan gezogenen Kahn stattfindet. Irgendwie hat ein Bühnenarbeiter auf der anderen Seite ein Signal mißverstanden und den Schwan-Kahn zu früh über die Bühne gezogen – ohne Leo Slezak darin. Worauf dieser gelassen gefragt haben soll: »Wann geht der nächste Schwan?«

Um das voll genießen zu können, müssen Sie wissen, was dieses leere Schwangefährt bzw. diese Art von unfreiwilliger Komik im Kontext einer Wagner-Oper bedeutet. Es zeugt von einem wirklich ungewöhnlichen Sinn für Humor für einen Wagner-Tenor und einer bewundernswerten Präsenz.

Bei mir – einem deklarierten Opern-, aber definitiv keinem Wagner-Fan – hat es lange nach dem Lesen etwas bewirkt: eine unverkrampfte Haltung dem Schreiben meiner Lebensgeschichten gegenüber. Ich freue mich darauf, sie Ihnen auf den folgenden Seiten zu erzählen.

April 2002   Monique R. Siegel

1940: Mutter und Tochter

1942: Kleines Mädchen vor dem
Brandenburger Tor

1941: Hauptmann mit kleinem Mädchen

Vorsicht bei der Wahl der Eltern!

Man muß den Tiger hören.
Wenn man ihn sieht, ist es zu spät.
Indisches Sprichwort

Lebensläufe in Kurzform sind so eine Sache. Die meisten lesen sich todlangweilig, weil sie alle nach demselben sachlich-knappen Muster gestrickt sind. Klappentexte sind da schon anders – sie verraten nicht nur mehr über die Schreibenden, sondern auch darüber, wie sie sich selbst sehen. Eins meiner Lieblingsbeispiele habe ich in einem Buch des bekannten Zürcher Karikaturisten *Nico* gefunden. Es beginnt so:

»Nico Cadsky wurde an einem sonnigen Augusttag von Maria Wallis und Hermann Cadsky, die er später als seine Eltern kennenlernen sollte, in die Welt geworfen. Das war im Jahre 1937 und löste prompt zwei Jahre später eine weltweite Krise aus.«

Ich war sehr froh, als ich das las, denn so kann ich bestimmt nicht für diese Krise verantwortlich gemacht werden. Ich bin nämlich erst zwei Jahre später auf die Welt gekommen, genau: am 12. Februar 1939, um vier Uhr morgens. An einem Sonntag. In Berlin-Lichterfelde. Vorkriegsware also, und ohne Bezug zu dem, was sieben Monate später ausbrach und beileibe nicht nur mein Leben grundlegend beeinflußt hat.

Ich bin eins der erwünschtesten Kinder, die man sich vorstellen kann. Fast neun Jahre war *Else Erna Charlotte Hulda Ring, geborene Lange*, bereits verheiratet; drei Versuche waren gründlich schiefgegangen (zwei Fehlgeburten, eine Totgeburt), aber wenn je eine Frau Mutter sein wollte und sollte, dann war es meine. Sie werden noch viel über diese Frau erfahren; sie hat mein Leben in vielfacher Weise geprägt. Ihr verdanke ich, daß sich Wörter wie Anstand, Vertrauen, Respekt oder Rücksicht mit Inhalt füllten, sowie die Erinnerung an wunderschöne Momente in schwierigen Zeiten.

Eine der kuriosesten Eigenschaften meiner Mutter war ihr ausgeprägter Aberglaube, der sich fast täglich in irgendeiner Weise manifestierte. Dazu gehörte auch die felsenfeste Überzeugung, daß Sonntagskinder etwas Besonderes sind und Glück im Leben haben. Also – so geht die Mär – soll sie die Wehen mit eisernem Willen so weit verlängert haben, bis es Sonntag war und sie in den frühen Morgenstunden endlich das heiß ersehnte Mädchen in den Armen halten konnte. Eine Tochter! Damals war das Geschlecht eines Babys noch eine Überraschung, und so konnte sie ihr Glück kaum fassen: ein lebendes, gesundes, acht Pfund schweres Töchterchen lag da in ihren Armen – was wollte sie mehr?

Natürlich kenne ich diese glücklichen Umstände meiner Geburt nur vom Hörensagen; ich bin zwar dabei gewesen, aber begreiflicherweise noch nicht in der Lage, sie selbst bewußt zu »erleben«. Daraus ist so etwas wie eine moralische Verpflichtung entstanden: Wenn man so heiß ersehnt worden ist, sollte man die Ersehnende doch nicht enttäuschen, nicht wahr? Meine Rolle als gute Tochter hat durch diese Geschichte ihr Fundament bekommen, und, wie sich später herausstellen sollte, war das nicht das schlechteste aller Fundamente.

Dieses Kapitel heißt nicht per Zufall »Vorsicht bei der Wahl der Eltern!«. Ich weiß, wovon ich spreche. Hätte ich wählen können, so hätte ich meine Mutter behalten – und zwar für viel länger als die siebenundfünfzig Jahre, die ihr beschieden waren. Mein Vater hingegen hätte nicht einmal den ersten Grobraster geschafft: Er wäre gar nicht zur Auswahl zugelassen worden. Fünfundzwanzig Jahre und vierzehn Tage hat es gebraucht, bis meine Mutter sich endlich von diesem Mann getrennt hat; mein Kommentar als damals Sechzehnjährige war: »Fünfundzwanzig Jahre zu spät!« Dann hätte es mich zwar nicht gegeben, aber ich bin sicher, die Welt hätte das verkraften können.

Nein, nein, sagen Sie jetzt bloß nicht, das wäre aber schade gewesen. Zum jetzigen Zeitpunkt in diesem Buch wäre das ohnehin nur eine von diesen Floskeln, die ich hasse. Und ob Sie es, nach ein paar hundert

Seiten Lesen, wirklich gemeint hätten, wird sich noch weisen. Überhaupt ist jetzt noch nicht Zeit für Kommentare, sondern für Else Erna Charlotte Hulda (ein Schicksalsschlag, mit diesen Vornamen in die Welt geschickt zu werden) Ring, geborene Lange ...

Meine Mutter war einunddreißig, als ich geboren wurde. Das war damals spät fürs erste Kind. Sie hatte geheiratet, als sie zweiundzwanzig Jahre alt war – den ersten Mann in ihrem Leben! Da stimmte nun rein gar nichts außer der Tatsache, daß die Ehe sie aus einem Elternhaus herausführte, in dem sie todunglücklich war. Sie war ohne Liebe, ohne Zärtlichkeit, ohne Gerechtigkeit aufgewachsen, erzogen von einer Mutter, die fünf weitere Kinder geboren hatte, von denen noch drei lebten, und die nach sechs Schwangerschaften entdecken mußte, daß ihr Mann lieber mit einem anderen Mann zusammenleben wollte. Was er dann auch tat, nachdem sie sich von ihm hatte scheiden lassen.

Auch ihre Großmutter war geschieden, aus was-weiß-ich für Gründen, aber es müssen gute gewesen sein. Mein Urgroßvater war Glasermeister – vielleicht hat er getrunken, vielleicht hat er sich nicht um die Familie gekümmert: ich habe es mal gewußt, aber es ist nicht so entscheidend. Entscheidend war, daß diese Großmutter zur drastischen Maßnahme der Scheidung griff, und beeindruckend war, daß sie daraufhin das Handwerk erlernte und die Glaser-Werkstatt übernahm.

Ich nehme an, daß sie dabei nicht übermäßig viel Zeit auf die Erziehung ihrer Kinder verwendet hat. Jedenfalls ist wohl schon meine Großmutter ohne Liebe aufgewachsen, was sie dann später auf ihre Kinder übertragen hat. Sie ist mir als eine kühle, schlanke Dame in Erinnerung, die offenbar immer nur das gleiche trug: Blusen mit einem Jabot und lange, schmale Röcke. So jedenfalls habe ich sie gespeichert. Sie roch nach Pfefferminz und Lavendel; schon ihr fast antiseptischer Geruch verbreitete die klare Message: *»Don't touch me!«* Hat sie mich je geküßt? Ich glaube nicht. Hat sie etwas mit mir unternommen? Das hätte ich sicher nicht vergessen. Hat sie sich überhaupt über mich gefreut? Weiß ich nicht, aber da sie meinen Vater nicht mochte (»haßte«

wäre ein Wort, das mir im Zusammenhang mit meiner Großmutter mütterlicherseits nie in den Sinn kam – so viel Emotion
lag bei ihr nicht drin), hat sie die Tatsache, daß ihre Tochter jetzt
noch enger an diesen Mann gekettet war, sicher nicht gefreut. Ich
habe sie nur die ersten vier Jahre meines Lebens oberflächlich gekannt; danach haben wir Berlin verlassen. Irgendwann ist sie einfach verschwunden. Sie soll – ich habe keine Ahnung, wie diese
Nachricht zu uns gekommen ist – eine Geschwulst in einer Achselhöhle gehabt haben, in einem Krankenhaus gelandet und dort
Opfer einer Euthanasie-Order im späten Stadium des Kriegs geworden sein. Ich kann mir das kaum vorstellen, vor allem nicht
sie in dieser grauenhaft entwürdigenden Situation.

Kurios oder kein Wunder, daß meine Mutter mit diesem
Hintergrund ein Mensch wurde, der Liebe verströmen und davon
umhüllt sein wollte? Sie hatte ihre Jugend in höchst unangenehmer Erinnerung und wollte bei ihren eigenen Kindern alles
anders machen. Bei mir ist ihr das weitgehend gelungen. In den
ersten sechs Jahren meines Lebens habe ich in den grauenhafte-
sten Zeiten so viel Liebe bekommen, daß es die Absenz eines Vaters und seiner Liebe weitgehend wettgemacht hat.

Aber ich greife vor, denn bevor mein Vater die Bühne meines
Lebens betritt, spielte er im Leben meiner Mutter die Hauptrolle.
Wenn Sie je einen Fall von Fehlbesetzung gesehen haben, dann
ist es der. Da ist also eine junge Frau, Anfang zwanzig, attraktiv,
aber noch »unberührt«. Generell unglücklich und voller Sehnsucht; speziell auf der Suche nach Liebe, wenn auch nur latent.
Daß mein Vater ein Charmeur gewesen sein muß, ist durch seine
unzähligen Affären belegt. Anderseits war er Rheinländer, katholisch, fast zehn Jahre älter, geschieden, Vater eines jungen Soh-
nes und – arbeitslos. Eine umwerfende Kombination! Es ist die
alte Geschichte, die viele Zeitgenossinnen meiner Mutter erlebt
haben: Er war der erste Mann in ihrem Leben, und sie war der
Meinung, daß, wenn man »das« mit einem Mann gemacht hatte,
man bei ihm bleiben mußte. So einfach war das. Die standesamt-
liche Trauung hat an einem regnerischen Septembertag im Jahre
1930 stattgefunden; meine Mutter hatte diesen Regen in ihrer Er-

innerung gespeichert, weil das Paar zu der Zeit so wenig Geld hatte, daß sie mit Löchern in den Sohlen ihrer Pumps zum Standesamt gegangen ist und nasse Füße hatte, als sie ihm das Ja-Wort gegeben hat.

Man sollte meinen, daß da genügend Warnzeichen vorhanden waren. Aber es genügt ja nicht, daß Warnzeichen vorhanden sind, man muß sie auch wahrnehmen und interpretieren können. Sie hat den Tiger wohl nicht hören wollen, denn das wäre einem Eingeständnis gleichgekommen, daß sie sich in eine Situation hineinmanövriert hatte, aus der es keinen Ausweg gab. Die Trauzeugen kamen von meines Vaters Seite, die Familie meiner Mutter hatte mit dieser Trauung nichts im Sinn.

Lange hielt die Armut jedoch nicht an. Mein Vater hatte etwas entdeckt, was ihn an die Fleischtöpfe Ägyptens heranführte, wo er für die nächsten anderthalb Jahrzehnte mehr als nur tägliche Nahrung fand. Ohne Umschweife: Mein Vater trug sein Parteiabzeichen bereits, als »man« es noch unter dem Revers trug und nur Eingeweihten zeigte. Mit untrüglichem Instinkt hatte er begriffen, daß das politische System, das sich da Deutschland aufzwang, Nieten wie ihm einen neuen Platz in der Gesellschaft sichern konnte. Und er war ganz früh zur Stelle. Die Belohnung für diese frühe Treue zu einer Partei, die sich erst definieren mußte, bestand u. a. darin, daß er es zu einer Position gebracht hatte, von der er vorher nicht einmal hätte träumen können.

Mein Vater war sehr intelligent, aber, soweit ich weiß, ohne eine echte Berufsausbildung, und er lief der Arbeit nicht gerade nach. Er hat sich meiner Mutter als Journalist vorgestellt, wurde bald schon Redakteur und dann wohl Chefredakteur. Jedenfalls war die Stelle, die er bekleidete, so viel wert, daß er zwei (!) Sekretärinnen hatte, ein großes Büro mit einem großen Schreibtisch, die seinem großen Ego den entsprechenden Rahmen boten. Schreiben konnte er, das muß sogar ich ihm lassen. Linientreu war er auch, und zwar egal, welche Linie: Mein Vater hätte, wären wir nach 1945 in der späteren DDR geblieben, ganz sicher auch einen ebenso statusbewußten kommunistischen Chefredakteur abgegeben.

Wie gerne hätte ich meine Mutter gefragt, wann sie zum ersten Mal von seiner Parteizugehörigkeit erfahren hat und wie sie damit zurecht gekommen ist. Sie war keine politische Aktivistin, aber die Nationalsozialisten waren ihr zutiefst zuwider. Hat sie die Auseinandersetzung gesucht? Hat sie sich eventuelle Konsequenzen überlegt? Hat sie sich meinem Vater wenigstens temporär verweigert? Oder war sie nur froh, daß endlich Geld da war, um die Miete für eine komfortable Vierzimmerwohnung in Berlin-Wilmersdorf zu zahlen? Bis ich mit ihr über diese Dinge sprechen konnte oder wollte, hatte sich mein Vater zusätzlich noch so viele Dinge zuschulden kommen lassen, daß seine frühe Parteizugehörigkeit nur ein Teil eines großen Sündenregisters war und wir andere, zeitgemäßere Prioritäten hatten.

Früh hatte sie erkennen müssen, daß wenigstens eine der beiden Sekretärinnen jeweils die Geliebte meines Vaters war, und daß die Parteifreunde, die sie in ihrer Wohnung antraf, nicht die Art Mensch war, mit der sie verkehren wollte. Sie sorgte dafür, daß mein Vater diese Kollegen oder Bekannten außerhalb der Wohnung traf; meine Eltern hatten keine befreundeten Ehepaare, mit denen sie gemeinsam etwas unternahmen. Soweit ich weiß, hatte mein Vater überhaupt nie einen Freund, und ich kann mich nur an zwei Frauen erinnern, mit denen meine Mutter befreundet war. Später waren unsere Wohnverhältnisse so undenkbar, daß sie sicher froh war, nicht dauernd erklären zu müssen, warum wir niemanden einladen konnten.

Wann mein Vater den Chefredakteurs-Sessel mit der Offiziersuniform vertauschte, weiß ich nicht, aber er hat keine Zeit vergeudet, als der Krieg ausbrach. Er hat es bis zum Hauptmann gebracht – auch hier ist er der Gefahr nicht nachgerannt – und war lange Zeit in Frankreich, wo er sich als Besatzer im Hinterland ein feudales Leben machte. Dann sollte er in Ostpreußen das Reich gegen die vorrückenden Russen verteidigen, was ihm, wie wir wissen, gründlich mißlungen ist. Schließlich ist er irgendwo im Rheinland in britische Kriegsgefangenschaft geraten, aus der er 1945 aus gesundheitlichen Gründen – es hatten alle die Ruhr, eine damals weitverbreitete Infektionskrankheit, und irgendwie muß er sich das zunutze gemacht haben – entlassen worden ist. Keine rühmliche Militärkarriere, aber, soweit ich weiß, auch keine besonders unrühmlichen Taten.

Jedenfalls führte das alles dazu, daß ich die ersten sechs Jahre meines Lebens nur mit meiner Mutter verbracht habe, die in mir eine durchaus ernst zu nehmende Partnerin im täglichen Leben sah. Ich besetzte gleichzeitig die Rolle des abwesenden Ehemannes, der fehlenden Freundinnen und der nur am Rande vorhandenen Familie meiner Mutter. Ich wurde eine kleine Erwachsene und das Zentrum all der Liebe, die meine Mutter zu verschenken hatte; mir galt all ihre Aufmerksamkeit.

In den ersten vier Jahren meines Lebens habe ich mehr gelernt und erfahren als viele Kinder überhaupt und sicher mehr als die meisten deutschen Kinder damals. Es gibt eine ganze Reihe von Fotos aus dieser Zeit; meine Mutter war eine passionierte Fotografin, und der Fotoapparat, den sie damals hatte, hat uns, wie die Fotoalben auch, durch alle Bombardierungen, Evakuierungen und Fluchten begleitet. Offenbar ist auch immer jemand da gewesen, der uns beide oder hie und da sogar alle drei fotografiert hat. Auf den Fotos sind eine glückliche Mutter, ein uniformierter Vater und ein aufgewecktes Kind zu sehen, das offenbar eine große Garderobe besaß. Meine Mutter war eine begnadete Näherin, die sogar noch aus Pferdedecken Wintermäntel schneidern konnte. Ich bin gewiß eines der bestangezogenen Kinder zu der Zeit gewesen, denn aus jedem Fetzen Stoff hat sie noch etwas Brauchbares für mich kreiert. Stricken und Häkeln konnte sie natürlich auch hervorragend – ich erinnere mich nicht nur an bildschöne Pullover mit aufgesticktem Monogramm, sondern auch an fürchterliche Unterhosen im Muster 3-R-1-L-versetzt (falls Sie das nachstricken wollen: drei rechte Maschen, eine linke – auf der Rückseite wird dann die linke Masche zur mittleren rechten –, aber ich warne Sie: das Resultat wird untragbar sein . . .), aber das kam erst einige Zeit später.

Erinnerungen aus den ersten vier Jahren in Berlin? Da gibt es erstaunlich viele. Schneeige Winter zum Beispiel, in denen ich weiße Gamaschenhosen und einen dunkelblauen Samtmantel mit dazugehörigem Hütchen trug. Wir sind Unter den Linden spazierengegangen: Meine Mutter im Pelzmantel (wenn wir das so nennen wollen; es war, glaube ich, ein Fohlenmantel) und hohen Absätzen! Abgesehen davon, daß man damals nicht unbedingt Stiefel trug oder es dann bald auch keine gab, hatte sie wunderschöne Beine, die sie wahrscheinlich lieber gezeigt (und dabei gefroren) als bedeckt hat. Sie hatte offenbar dieselben Beinmaße wie Marlene Dietrich – mein Vater soll das mal nachgemessen haben –, hatte wunderschöne Hände und war überhaupt eine attraktive, elegante Frau, die die Blicke der Männer auf sich zog. Aber vor allem war sie ein liebenswürdiger Mensch mit Charme und einem großartigen Sinn für Humor.

Woher ich das alles weiß? Ich habe unzählige Male erlebt, wie irgendein Mann uns irgend etwas zulieb getan hat; einem davon verdanke ich vielleicht mein Leben. Bei einem der Transporte, wo wir vor irgend etwas flüchten mußten – entweder aus dem zerbombten Berlin oder aus Ostpreußen, wohin wir evakuiert worden waren und von wo wir dann in letzter Minute nach Thüringen verfrachtet wurden –, ging es darum, im letzten Zug noch unterzukommen. Sie müssen sich das genauso vorstellen, wie man es in Kriegsfilmen sieht: Völlig überfüllte Züge, Trauben von Menschen an den Zugtüren und auf den Waggons, und Hunderte auf dem Bahnsteig, die noch mitwollen. Wer immer der Mann war, er schuf eine Lücke, stieß meine Mutter hinein, die von dem Sog der Menschen ins Wageninnere gezogen wurde und an einem der offenen Fenster landete. Sie schrie: »Mein Kind! Mein Kind!«, aber der Unbekannte hatte sie bereits am Fenster entdeckt und sich den Weg dorthin gebahnt. In Windeseile reichte er Kind und das draußen gebliebene Fluchtgepäck durchs Fenster; schluchzende Mutter und weinendes Kind vereint inmitten von aufeinandergetürmten Gepäckstücken – was hätte Hollywood daraus gemacht? Ich bin sicher, in dieser Geschichte hat es dann einen Mann gegeben, der im Innern des Zuges dafür gesorgt hat, daß diese hübsche Frau mit ihrem auch-nicht-so-häßlichen Kind ihr Gepäck verstaut bekommen und irgendeinen, wenn auch vielleicht improvisierten Sitzplatz gefunden hat.

Was immer der Ausgangspunkt dieser Reise gewesen ist, sie muß 1943 oder danach stattgefunden haben. Bis dahin lebten wir nämlich in Berlin, und gar nicht mal so schlecht. Meine Mutter war sehr praktisch veranlagt, und sie hatte schnell begriffen, wie man mit rationierten Lebensmitteln durchkam. Zum einen mußte sie die Lebensmittelmarken-Ausgabe für den Wohnblock übernehmen. Das brachte uns in Kontakt mit der ganzen Nachbarschaft, die einmal im Monat bei uns vorbeischauen und die Monatsmarken abholen mußte. Meine Mutter war (fast) immer gut gelaunt und allgemein beliebt. Ich bin sicher, daß ihr diese aufgezwungene Tätigkeit sehr geholfen hat, als sie anfing, ziemlich leichtsinnig im Luftschutzkeller Hitler-Witze zu erzählen. Obwohl das beileibe nicht allen gefallen hat, hat niemand sie verraten; in vielen anderen Fällen hat so etwas genügt, um in einem Konzentrationslager zu landen.

Lebensmittelkarten wurden noch in einer anderen Weise wichtig. Durch geschicktes Kombinieren von Fett-, Zucker-, Fleisch- und Brotmarken schaffte es meine Mutter, daß wir fast jeden Tag auswärts essen konnten. Schon bald hatten wir ein Lieblingslokal: das »Berliner Kindl« auf dem Kurfürstendamm. Dort kannten uns alle Kellner und wahrscheinlich auch alle aus der Küche. Jedenfalls haben wir beide fast täglich dort zu Mittag gegessen. Meine Mutter hat die Vorteile, die ihr Aussehen und ihr Charme ihr brachten, geschätzt, und obwohl sie gut und gerne flirtete, hatte sie keine Absicht, ihren in Frankreich weilenden Ehemann zu betrügen, was ihr nicht auf gleiche Weise vergolten wurde. Sie hatte sich ihre eigene kleine Welt geschaffen, in der ich die Partnerin in einer engen Zweierbeziehung war.

Und damit waren einige Lernerfahrungen verbunden. So mußte ich zum Beispiel schon sehr früh lernen, in diesem Restaurant (oder wo immer sonst wir einkehrten) alleine auf die Toilette zu gehen. Nachdem meine Mutter mich ein paar Mal begleitet hatte und ich mit drei Jahren durchaus in der Lage war, mein Geschäft ohne sie zu verrichten, schickte sie mich alleine auf die weite Reise. Diese Reise bestand aus ca. fünf Metern geradeaus, bevor ich eine kleine Treppe hinuntermußte, wo sich die Damentoilette befand. Ich wartete jeweils bis zum allerletzten Moment, nachdem ich vorher meine Mutter angefleht hatte mitzukommen. Sie erklärte mir immer wieder geduldig, daß ich lernen müßte, die paar Schritte alleine zu gehen, und wenn es dann wirklich eilte, stand ich tränenüberströmt auf, stolperte los und rannte prompt in den nächsten Tisch oder den ersten Kellner, dem ich begegnete. Das ist vielleicht nicht jedesmal so abgelaufen, denn irgendwann habe ich begriffen, daß meine Mutter nicht nachgeben würde, aber meine Erinnerung an diese Expeditionen ist so stark, daß ich heute noch das Restaurant, »unseren« Tisch und den hindernisreichen Weg zu »Damen« zeichnen könnte.

Meine Mutter hatte zwar keine glückliche Kindheit gehabt, aber sie hatte das mitbekommen, was man Kinderstube nennt. Dazu gehörten selbstverständlich gute Tischmanieren, und so konnte ich bereits im zarten Alter von drei Jahren sehr gut mit Messer und Gabel umgehen. Ich saß »anständig« am Tisch, rannte nicht im Restaurant herum und verschüttete keine Getränke. Ich glaube, meine Mutter hätte mich zu Hause gelassen, wenn ich das alles nicht schnell gelernt hätte; für gewisse Nachlässigkeiten hatte sie schon damals kein Verständnis. Im Grunde genommen fand ich das alles auch ganz gut, außer eben der Sache mit der Toilette.

Und wenn ich alleine zu Hause geblieben wäre? Na, dann hätte ich eben wie eine »kleine Große«, wie mich meine Mutter nannte, das Telefon bedient und meiner Mutter bei ihrem Nach-Hause-Kommen erzählt, wer angerufen hat und mit wem ich lange Unterhaltungen gehabt hatte. Oder ich hätte mir die Zeit mit meinen zahlreichen Spielsachen vertrieben oder im Kleiderschrank herumgestöbert – einem dieser alten, dreiteiligen mit einer Spiegeltür in der Mitte –, wo unten, in Seidenpapier verborgen, Schätze lagen. Dort fand ich zum Beispiel die Abendtasche meiner Mutter, die einen Knipsverschluß hatte. Offenbar konnte ich stundenlang damit spielen, wobei der Knipsverschluß bald einmal keiner mehr war und das Gelenk der Seidentasche zurechtgebogen werden mußte, damit die Tasche wieder schloß.

Mein Lieblingsschatz war jedoch der Fuchs, den man sich so

malerisch umlegen konnte. Es kostete mich zwar etwas Überwindung, ihn anzufassen, denn damals nahm man noch das ganze Tier, und ich hatte irgendwie Angst vor seinen kralligen Extremitäten. Aber die Mischung aus dem Parfüm meiner Mutter, den Mottenkugeln und dem eigentlichen Tiergeruch übte eine große Faszination auf mich aus, und wenn es auch eher so aussah, als ob der Fuchs mit dem kleinen Mädchen herumlief, so guckte ich doch gerne in den Spiegel und fand mich ganz »grande dame«.

Ach ja, die Eitelkeit! Sie hat uns einmal sogar in Lebensgefahr gebracht. Meine Mutter hatte ein Kleid für mich geschneidert aus einem schwarzen und einem schwarz-weiß karierten Stoff, das ganz leicht anzuziehen war. Es war das »Kellerkleid«, das ich beim ersten Ton der Alarmanlagen alleine anziehen konnte, während meine Mutter alles andere zusammensuchte, was sie wieder einmal mit ihren zwei Händen in den Luftschutzkeller schleppen wollte. Eines Nachts bin ich offenbar sehr ungnädig aufgewacht und habe auf totale Verweigerung gemacht. Ich wollte dieses doofe Kleid nicht anziehen, und als meine Mutter mir dann schließlich das Ding über den Kopf stülpte, ließ ich eine kleine Szene vom Stapel. Es ist mir deshalb in Erinnerung, weil es eine der wenigen Male war, wo meine Mutter die Beherrschung verlor und mich schlug. Obwohl die britischen Flieger eigentlich keine Zeit für so etwas ließen, muß sie mein Geschrei in einem solchen dramatischen Moment dermaßen genervt haben, daß sie ins Kinderzimmer stürzte, wo ihr Vorzeigekind auf dem Bett auf und ab hopste und schreiend verkündete, daß es dieses Kellerkleid nicht anziehen wollte, dieses Vorzeigekind umdrehte und ihm den Popo versohlte. Unnötig zu betonen, daß wir danach nie wieder ein Problem mit dem Kellerkleid gehabt haben.

Meine Mutter war eine leidenschaftliche Berlinerin, und wie die meisten leidenschaftlichen Berliner war sie in der Provinz geboren: in Pommern – etwas, was sie dem Schicksal übelnahm. Nachdem sie ihre pommersche Herkunft abgestreift hatte, wurde sie eine hundertprozentige Städterin. Alles, was nicht Berlin war, war Provinz. Kein Wunder also, daß sie die Stadt freiwillig nie verlassen hätte, und so blieben wir fast unverantwortlich lange in Ber-

lin, das zum Zentrum der Luftangriffe wurde. Zweimal ist unser
Haus durch Bomben beschädigt worden, während wir im Luftschutzkeller waren. Ich spüre heute noch die kalte Zugluft, die
durch die Wohnung fegte, als wir wieder oben waren. Die Fensterscheiben hatten beide Male dem Luftdruck nicht standgehal-
ten und lagen danach als Tausende von Splittern buchstäblich
überall herum.

Zweimal konnte man den Brand löschen, die Scheiben wieder ersetzen, aufräumen und weitermachen. Als das Haus dann
einen Volltreffer abbekam, waren wir zum Glück nicht mehr in
der Stadt, und während alles, was wir besaßen und nicht nach
Ostpreußen hatten mitnehmen können, unter einem gewaltigen
Trümmerhaufen verschwunden war, waren wir unverletzt. Natürlich mußte meine Mutter sehen, ob noch etwas zu retten war; wie
es ihr gelungen ist, mit mir wieder nach Berlin zu reisen, weiß ich
nicht, aber ich werde nie den Anblick vergessen, wie sie tränenüberströmt mit bloßen Händen die Trümmer durchgrub, um
vielleicht doch noch etwas zu finden, was uns einmal gehört hatte.

Bilder, die in der Erinnerung leben. Da fällt mir noch eins
ein, das zwar auch mit Bombardierungen zu tun hat, aber amüsant ist. Ich bin, wie gesagt, als kleine Erwachsene erzogen worden, und aufgrund der Nähe zu meiner einzigen Bezugsperson
war ich auf Stimmungen oder Verhaltensweisen meiner Mutter
sensibilisiert. Eines Tages, als ich offenbar noch nicht völlig toilet-
tenfest war, hat sie mich aufs Töpfchen gesetzt, mir ein Bilder-
buch in die Hand gedrückt, und mir erklärt, daß sie schnell zum
Laden um die Ecke gehen müsse, um einzukaufen. Während sie
anstand, gab es Alarm – zum erstenmal fand ein Fliegerangriff
am hellichten Tag statt! Sie unten, in der Schlange, und das Kind
oben alleine in der Wohnung! So schnell sie rennen konnte lief
sie zurück, und schon beim Aufstoßen der Wohnungstüre rief sie
mir zu, daß ich mich sofort anziehen sollte, weil wir in den Keller
müßten. Bis dahin hatten wir über Tag nur Probe-Alarm gehabt,
und ich begriff nicht, warum sie so aufgeregt war. Ich wollte sie
beruhigen und sagte tröstend, während ich auf dem Töpfchen sit-
zenblieb: »Aber das ist doch nur Probe-Alarm.« Wenn Sie glau-

ben, SIE hätten Probleme, wenn Sie Ihrer Tochter oder Ihrem Sohn irgend etwas erklären müssen, stellen Sie sich mal vor, was es heißt, ein Kind davon zu überzeugen, daß man diesmal den Ernstfall probt. Offensichtlich muß es ihr gelungen sein – ohne Tracht Prügel –, aber auch der Ernstfall des ersten Tagesangriffs, dem natürlich weitere folgen würden, hat sie nicht dazu bringen können, freiwillig Berlin zu verlassen.

Eines Tages, im Sommer 1943, gab es dann aber keine andere Wahl mehr; es wurde der Zivilbevölkerung befohlen, die Stadt, die laufend bombardiert wurde, zu verlassen. Unser Ziel war ein Kaff namens Kreuzingen in Ostpreußen, wo man uns in Sicherheit glaubte.

Als verantwortungsbewußte Mutter wird sich die meine im voraus Gedanken gemacht haben, was sie in diese Exilierung mitnehmen wollte, und vielleicht wird Ihnen das im nachhinein alles etwas komisch vorkommen. Also, da waren, wo immer wir hinmußten – Keller oder anderes Gebiet in Deutschland – vor allem die Federbetten. In jeder Hand trug meine Mutter eines dieser unförmigen Bündel, die sich, wenn man sie entbündelte, als wahre Schatzkammern entpuppten. Ein paar Dinge sind mir noch in Erinnerung:

- das Allernötigste an persönlicher Kleidung für uns beide
- Bettwäsche zum Wechseln
- das elektrische Bügeleisen
- ein paar Werkzeuge
- alle Papiere, ohne die man im Deutschland der 40er Jahre nicht auskommen konnte
- Fotos
- ein paar kleinere persönliche Erinnerungsgegenstände

Sicher wird da noch manches andere drin gewesen sein, aber an die vorher erwähnten Gegenstände erinnere ich mich noch genau, besonders an das Bügeleisen, das schwer und unhandlich war, aber noch sehr lange in unserem Leben blieb und uns viele gute Dienste geleistet hat.

Kreuzingen. Nicht Königsberg, sondern ein wirklich unterentwickeltes Dorf im Nordosten des damaligen Deutschlands. Die Dorfstraße hatte eine Molkerei, eine Metzgerei und eine Bäckerei. Es gab einen Gasthof, Zentrum des öffentlichen Gesellschaftslebens – und wir hatten das Glück, dort im zweiten Stock ein Zimmer zu bekommen. »Glück« bedeutet hier, daß alles andere noch viel schlimmer gewesen wäre, als es ohnehin schon war. Das Zimmer war klein und abgeschrägt; zwei Betten entlang den beiden Längswänden, vor einem der Eßtisch, anschließend an das andere der Gaskocher. An einem Ende ein Dachfenster, am anderen eine Waschgelegenheit. Ein Kleiderschrank und eine Kommode werden auch noch Platz gehabt haben, aber damit war das kleine Zimmer überfüllt. Ich erinnere mich an diese Möblierung sehr genau, aus verschiedenen Gründen:

Ich habe mich offenbar bemüht, in das Jahr, das wir dort hausten, so viele Krankheiten wie möglich hineinzupacken. Meine arme Mutter! Da war zuerst einmal das, was die Einheimischen »die polnische Krankheit« nannten: Infolge unzureichender Hygiene war der Körper mit unzähligen roten Pusteln übersät, die grauenhaft juckten. Wenn man kratzte, entstanden häßliche kleine Narben. Ich hatte mich angesteckt beim Spielen mit den einheimischen Kindern, zu denen auch die der Knechte und Mägde gehörten, die auf dem zum Gasthof gehörenden Bauernhof arbeiteten. Die Heilung war fast schlimmer als die Krankheit: Meine Mutter hatte eine stinkende Tinktur erworben, mit der sie mich von oben bis unten einreiben mußte. Das Zeug brannte dermaßen, daß ich schreiend zwischen dem offenen Fenster und der geöffneten Tür hin- und herlief, damit der Luftzug, der dadurch entstand, mir etwas Linderung brachte. Die Ausmaße des Zimmers haben sich mir also eingeprägt, zumal ich es geschafft haben, in diesem einen Jahr gleich dreimal die Krätze zu kriegen!

Damit es meiner Mutter und mir in den Zeiten dazwischen nicht langweilig wurde, bekam ich irgendwann Gelbsucht. Eine mühsam-langwierige Angelegenheit, der nur mit strikter Diät beizukommen war. Und krankheitsbedingte Diäten in Zeiten der Not sind alles andere als einfach einzuhalten. Während dieser Krankheit hatte ich viel Zeit, an die Decke zu starren oder meiner

Mutter beim Kochen zuzusehen. Das Zimmer wurde mir sehr vertraut.

Irgendwann habe ich dann einen Unfall bewerkstelligt: Jemand hat mich auf dem Gepäcknetz eines Fahrrads mitgenommen. Dort sollte man die Füße auf die Radnabe stellen oder ganz weit wegstrecken. Ich fand beides überflüssig – und schon war ein Fuß in den Speichen des Hinterrads! Eine Narbe am rechten Knöchel zeugt noch heute davon. Wiederum hatte ich Gelegenheit, das Zimmer zu »genießen«.

Schließlich setzte ich allem die Krone auf, indem ich Scharlach bekam. Windpocken, Keuchhusten und Masern hatte ich noch in Berlin abgehakt. Meine Mutter wartete mit angehaltenem Atem darauf, ob ich ihr jetzt noch Diphtherie antun würde, doch da habe ich sie enttäuschen müssen. Aber für ein Jahr waren dreimal Krätze, Gelbsucht, Scharlach und der Radunfall eigentlich auch genug, oder?

Den Scharlach habe ich übrigens nicht in dem Zimmer auskurieren können; ich wurde in das Kreiskrankenhaus eingeliefert. Eine einmalige Gelegenheit, das deutsche Spitalwesen im Kriegswinter 1943/44 kennenzulernen! Ich war auf der Quarantäne-Station im selben Zimmer mit drei Erwachsenen. Der Kontakt zur Außenwelt bestand darin, daß ich mit meinen Eltern (mein Vater war auf Weihnachtsurlaub) durch ein geschlossenes, vergittertes Fenster per Handzeichen kommunizieren durfte! Und ich hatte ihnen so vieles zu erzählen: Zum Beispiel, daß ich Hunger hatte und nicht genug zu essen bekam. Das nächste Mal brachte meine Mutter etwas mit. Ich aß nicht alles, hätte das aber gescheiter tun sollen. Das Übriggelassene hatte ich im Nachttischchen versteckt. Am nächsten Morgen war es nicht mehr da; dafür war der Nachttisch innen mit Mäusedreck übersät.

Als ich nach einigen Wochen endlich den schrecklichen Ort verlassen konnte, hatte ich nur noch ganz dünne Zöpfe. Ob das der Beginn meiner Haar-Obsession war? Es könnte sein, denn ich hatte als Kind sogenannte Schiller-Locken, die fast jeden Abend auf Holzwickler (!) aufgerollt wurden. Eigentlich könnte ich alle meine Webfehler damit entschuldigen: Man stelle sich mal vor, was das meinem Gehirn angetan haben muß ... Oder vielleicht war es ein Webfehler meiner Mutter, die eigentlich viel zu intelligent war, um so etwas zu tun. Jedenfalls haben wir beide viel Zeit damit zugebracht, meine Haare so hübsch wie möglich zu präsentieren. Sie selbst hatte sehr dünnes Haar; vielleicht hat sie deshalb den Haaren ihrer kleinen Tochter so viel Aufmerksamkeit geschenkt.

Ach ja, die Haare! Sie waren mein ganzes Leben lang ein Thema. Es gibt Fotos von mir, die mich mit dichten Haaren, ja hie und da sogar mit einer sogenannten Löwenmähne zeigen. Aber ich war nie wirklich zufrieden mit dem, was ich hatte, denn selbst wenn es gut aussah, hatte es ziemlich viel Hilfe seitens der Chemie gebraucht, was wiederum bedeutete, daß Nebel, Nieselregen, aber auch große Hitze jede Frisur in größte Gefahr brachten und ich total abhängig von meinem jeweiligen Coiffeur war. Man sagt ja, daß jede Frau zuerst das bei einer anderen (kritisch) anschaut, was sie selbst nicht hat oder womit sie selbst nicht zufrieden ist. Ich kann das bestätigen: Mein Blick fällt bei einem weiblichen Gegenüber unweigerlich zuerst auf die Haare. In meiner Zeit in den USA hatte das eine geradezu masochistische Komponente: Amerikanerinnen haben meistens sehr gutes Haar und sehr viel davon, und so hatte ich also immer wieder Grund, mit meinem zu hadern. Kein Wunder auch, daß die amerikanische Filmschauspielerin Farah Fawcett mit ihrer unglaublichen Haarfülle eines meiner Idole wurde.

Als Fünfjährige fand ich die dünnen Zöpfchen auch nicht berauschend, aber sie waren ja kein Dauerzustand, und bald waren Krankheit, Mäuse und Haarausfall vergessen, besonders nachdem meine Mutter und ich wieder ein halbwegs normales Leben aufnehmen konnten. Dazu gehörte allerdings hie und da auch etwas Außergewöhnliches, wie zum Beispiel Kino. In Berlin hatte sie mich manchmal zu etwas Jugendfreiem mitgenommen. Das hatte mich damals wohl nicht so fasziniert, denn ich weiß noch, daß für mich das Wichtigste war, zu wissen, wo die Toilette war. Ich »mußte« einfach dauernd und hatte immer Angst, zu spät dorthin zu kommen.

In Kreuzingen hingegen gab es diese Gefahr nicht, denn es gab gar kein Kino! Manchmal aber schafften ein paar Filmrollen den weiten Weg bis fast an die Ostgrenze des damaligen Deutschlands, und dann gab es in einer großen leeren Scheune eine Filmvorführung! Allerdings nur für Erwachsene, was meine Mutter nicht daran hinderte, mich mitzunehmen. Wir warteten, bis das Licht ausging, und schlichen uns dann hinein. Bis dahin waren alle Sitzplätze besetzt, und wir mußten stehen. Wenn ich mich als fast einziges Kleidungsstück an den Pelzmantel meiner Mutter erinnerte, dann nur, weil sie ihn leicht öffnete während der Vorstellung, damit ich daraus hervorgucken konnte, und sie mich irgendwie darunter verbarg, wenn beim Wechseln der Filmrollen das Licht wieder anging. Jedenfalls sind wir nie geschnappt worden, obwohl sie sich mit solchen Eskapaden immer wieder in potentielle Konflikte mit offiziellen Organen brachte.

Ich kann mich nicht erinnern, einen Mangel an Spielzeug gehabt zu haben, sogar in der Evakuation. Wie viele Kinder träumte aber auch ich von einem Fahrrad, besonders angesichts der Tatsache, daß es in diesem Kaff keine andere Transportmöglichkeit gab als Radfahren, Laufen oder allenfalls von einem bäuerlichen Leiterwagen ein Stück mitgenommen zu werden. Und das Wunder geschah: Mein Vater bekam nochmals Urlaub, bevor er die Fleischtöpfe Frankreichs verlassen mußte und an die Ostfront verschoben wurde, und brachte ein nagelneues rotes Kinderfahrrad mit! Mein Gott, mitten im Krieg, nein, am Ende des vorletzten Kriegsjahres kommt ein Vater mit einem wunderschönen Fahrrad auf Urlaub! Wie ihm das gelungen ist, weiß ich nicht, aber ich konnte es kaum erwarten, bis das Wetter es zuließ, daß wir dieses Wunderding einweihen konnten.

Die meisten Erwachsenen können sich nicht so recht erinnern, wie sie radfahren gelernt haben. Sie konnten es eines Tages einfach. Ich nicht, und daher erinnere ich mich sehr gut – nicht zuletzt auch, weil es um diese Lernerfahrung herum die erste große Auseinandersetzung mit meinem Vater gab. Und das ging so: Vater geht mit Kind und Rad in ein Kornfeld, wo es breite Schneisen, aber keine Menschen gibt. Kind darf Rad selbst schieben. Vater zeigt, wie das aussieht, wenn man richtig radfährt – als nicht sehr Großgewachsener gelingt es ihm sogar, dem Kind das auf dem Rad selbst vorzumachen. Kind besteigt Rad – und fällt hin. Vater erklärt erneut – mit dem gleichen Resultat. Kind macht aber Fortschritte – es fährt einige Meter, bevor es wieder hinfällt. Vater wird zunehmend gereizt; es gibt die erste Ohrfeige. Kind weint jetzt, sieht noch weniger, wohin es fährt – und: Resultat wie gehabt. Zweite Ohrfeige von entnervtem Vater, was immer noch keinen Lernerfolg auslöst. Schließlich Drohung von Vater an Kind: »Herrgott, begreifst du denn gar nichts?! Wenn du noch einmal fällst, verkaufe ich das Fahrrad!« Den nächsten Versuch hätte sich das tränenüberströmte Kind eigentlich sparen können; es hat das Resultat nur um ein paar Minuten hinausgezögert. Natürlich bin ich wieder hingefallen – und, ja, das Rad habe ich nach diesem Nachmittag nie mehr gesehen. »Natürlich«, sollte ich auch hier noch hinzusetzen, obwohl ich das damals noch nicht gewußt habe. Mein Vater drohte nie einfach so. Er hielt seine Versprechen. Ich würde später lernen, seine Drohungen ernst zu nehmen.

Wenigstens haben wir von diesem Fahrrad ein paar gute Mahlzeiten gehabt. Im Frühsommer 1944 haben sich die Bauern noch um solche Raritäten gestritten und in Tauschgeschäften überboten, ein Jahr später hätten sie dafür nur noch ein müdes Lächeln aufgebracht, denn da lagen die Perserteppiche schon in ihren Kuhställen, weil sie so viele davon gegen ein Pfund Butter, ein paar Kilo Kartoffeln oder zehn Eier eingetauscht hatten. Sobald mein Vater sich als Fahrlehrer aus meinem Leben verabschiedet hat, habe ich selbstverständlich radfahren gelernt. Wie gut ich das später konnte, habe ich als Dreizehnjährige unter Beweis gestellt, als ich für einen Lesezirkel die wöchentliche Auslieferung in der Altstadt Duisburgs übernahm und ein Fahrrad mit einem großem Aufsatz auf dem Vorderrad über das holprige Pflaster balancieren mußte.

Meine Mutter hat nie ein Buch über Kindererziehung gelesen; als leidenschaftliche Mutter hat sie jedoch das meiste richtig gemacht. Mein Vater hätte nur gelacht, wenn man mit ihm die

Existenz solcher Bücher diskutiert hätte – seine Erziehungsmethoden basierten auf Drohungen, auf der Hand, die ihm leicht ausrutschte, und auf dem Hohn, mit dem er mich überhäufte, wenn ich etwas auf Anhieb nicht verstand oder versuchte, ihn noch umzustimmen.

Aber noch sind wir nicht in Duisburg, sondern immer noch in Ostpreußen, wo es im Herbst 1944 zunehmend ungemütlich wird. Also beschließt der Staat, die bereits evakuierte Bevölkerung nochmals zu evakuieren. Diesmal ist es Thüringen, wo wir in einem Dorf namens Siersleben landen.

S-i-e-r-s-l-e-b-e-n! Wie wird man mit so etwas fertig? Wie überlebt vor allem eine elegante Städterin wie meine Mutter diese erneute Verpflanzung? Knapp, würde ich sagen. Zehn Kilometer weiter, und wir wären in Eisleben gelandet. Eisleben ist der Ort, wo Martin Luther geboren wurde – das können wenigstens einige Menschen nachvollziehen. Siersleben hingegen hätte es gar nie geben dürfen; dort sah sogar Kreuzingen in der Rückschau gut aus ...

Siersleben besteht in meiner Erinnerung aus einer Hauptstraße und einer Reihe von Bauernhöfen. Vielleicht hat es mehr als das gegeben, vielleicht war das schon alles. Wir jedenfalls waren im Parterre eines Privathauses an der Hauptstraße einquartiert, anfänglich in zwei Zimmern. Im zweiten Stock die Hausbesitzerin, im ersten ihr debiler alter Vater, der, wie sich dann herausstellte, so debil gar nicht war: Er war einer der ersten, der beim Einmarsch der amerikanischen Armee ein großes weißes Laken aus einem der Fenster hängte und die Befreier stürmisch begrüßte. Unnötig zu betonen, wie sehr sich diese beiden gefreut haben, daß da diese offensichtlich verrückte Berlinerin mit ihrem gräßlich aufgeweckten Kind bei ihnen zwangseinquartiert wurde – und später auch noch der aus der Gefangenschaft entlassene Ehemann dazukam!

Daß meine Mutter nicht normal sein mußte, konnte man leicht erkennen: Sie besaß einen Wintermantel, sogar einen aus Pelz. Diese Tatsache alleine machte sie in dem ganzen Dorf suspekt, was allerdings auf totaler Gegenseitigkeit beruhte: Meine

Mutter starrte die Frauen an, die in eine Wolldecke gehüllt daher-
kamen, ihre kleinen Kinder auf dem Arm, in dieselbe Decke ein-
gebunden. Es erinnerte an mexikanische oder südamerikanische
Urbevölkerungen – und war doch nur einige hundert Kilometer
von Berlin entfernt. Bald sollte wenigstens der Pelzmantel kein
Stein des Anstoßes mehr sein, denn auch er wurde »verfuttert«.
Aber meine Mutter konnte, wie gesagt, wunderbar nähen und sah
halt auch zu der Zeit noch gut aus. Die Frauen haßten sie geradezu und ließen sie das spüren, wenn sie über Land ging, wie das
damals hieß. Das bedeutete: Meine Mutter zog sich so an, daß sie
auf matschigen Landstraßen von Bauernhof zu Bauernhof gehen
konnte, um dort mit Tauschgeschäften für unseren Lebensunterhalt zu sorgen. Sie lernte bald, daß sie gar nicht erst anfangen
mußte zu verhandeln, wenn die Bäuerin zuerst auftauchte. »Wir
haben nichts!«, wurde ihr dann in breitestem thüringischen Dialekt zugerufen, bevor sie auch nur die Türe erreichte. Waren es
hingegen die Bauern, die zuerst auf sie aufmerksam wurden –
meistens alte oder invalide Männer, die nicht mehr an die Front
geschickt werden konnten –, so hatten wir eine Chance (»wir«,
denn manchmal nahm sie mich mit – mit dem Kind an der Hand
erhöhte sich die Wahrscheinlichkeit, daß sie nicht mit leeren
Händen vom Hof gehen mußte, aber nur, wenn dieses Kind den
Mund nicht aufmachte), daß ein paar Grundnahrungsmittel uns
für ein paar Tage über die Runden bringen würden.

Warum mußte ich stumm dabeistehen, wenn meine Mutter
verhandelte? Nun, die Dorfbewohner waren von mir genauso angetan wie von meiner Mutter. Im Gegensatz zu Ostpreußen
schien es in diesem Dorf fast keine Kinder zu geben, jedenfalls
kann ich mich kaum erinnern, daß Kinder mit mir spielten. Und
so waren wir beide wieder einmal symbiotisch verbunden. Da ich
mein ganzes sprechendes Leben lang dazu angehalten worden
war, »anständig« zu reden, bitte und danke zu sagen, zu knick-
sen, wenn ich jemandem die Hand gab und was dergleichen
Dinge mehr sind, waren mein Wortschatz und die Themen, die
mich interessierten, weit jenseits des Horizonts der Dorfbewohner; sie verstanden mich nicht, und ich fand sie doof.

Der Krieg kam ins Endstadium. Die linientreuen Dorfbewohner hatten damit ihre Mühe und hielten tapfer an ihren Illusionen fest. Meine Eltern hatten sich auseinandergelebt. Meine
Mutter hatte gelernt, ohne ihren Ehemann auszukommen, und
wollte die hart erarbeitete Freiheit nicht mehr aufgeben. Inzwischen war mein Vater in Ostpreußen stationiert, nicht weit von
dem Dorf entfernt, in dem wir gelernt hatten, was ländlich-sittlich
heißt. Unter den schwierigsten Umständen gelang es meiner
Mutter, ihn dort zu besuchen. Es war Januar 1945; die russischen
Geschütze waren bereits in Hörweite. Am 19. hatte mein Vater
Geburtstag, und sie hatte ein besonderes Geschenk für ihn: Sie
war zu ihm gereist, um ihm persönlich mitzuteilen, daß sie sich
nach Kriegsende von ihm scheiden lassen würde! Mein Vater ho-
norierte das auf seine Weise, was sie jedoch erst später realisierte.
Im März 1945 erkannte sie, daß sie wieder einmal schwanger war.
Damit war das Thema Scheidung vorerst vom Tisch – und das
war genau, was mein Vater gewollt hatte.

*Ziehen Sie jetzt nicht die Augenbrauen hoch. So, wie ich das hier zu
Papier bringe, wirft es ein etwas seltsames Licht auf meine Mutter, da
gebe ich Ihnen Recht: Sie fährt unter den schwierigsten Umständen
zu ihrem Ehemann, um ihm die geplante Scheidung mitzuteilen,
und kommt schwanger zurück! Aber die Situation im Januar 1945
in Ostdeutschland war eine andere, und mein Vater war in bezug auf
Charme und Verführung kein Anfänger. Er wußte zudem, was ihm
guttat: die beste Zeit seines Lebens war die an der Seite meiner Mutter
gewesen, und wohin wollte er denn aus dem Krieg heimkommen, wenn
nicht zu einer Familie? Und dann: Können Sie sich eine bessere Zeit
für eine Schwangerschaft vorstellen als das Ende des Zweiten Weltkriegs? Eben.*

Am 12. Februar 1945, in einem der kältesten Winter, wurde ich
sechs Jahre alt. Jeder Geburtstag vorher war ein erinnerungswür-
diger Tag gewesen. Ich glaube, meine Mutter hat jeweils das
ganze Jahr über geschaut, was sie mir zu meinem großen Tag
schenken könnte, und wenn es nichts Gekauftes war, dann war es

etwas Selbstgemachtes – immer aber gab es einen Gabentisch, wenn er auch noch so bescheiden war. Im Februar 1945 war ihr das aber nicht gelungen; anderseits wollte sie ihre Tochter nicht enttäuschen. Und dann erinnerte sie sich an einen ziemlich teuren Schildpattkamm, den sie in ihrer »guten« Handtasche hatte. Ich spielte so gerne mit diesem Ding, das sich eigentlich als Kinderspielzeug nicht so eignete und mir deshalb auch dauernd weggenommen wurde. Als gar kein Geschenk aufzutreiben war, beschloß meine Mutter, sich von diesem Kamm zu trennen, damit ich wenigstens etwas auspacken konnte. Dazu hatte sie einen Kartoffelkuchen gebacken und eine der kostbaren Kerzen als Lebenslicht in die Mitte des Kuchens gestellt. Beim Aufwachen gab es ein besonderes Ritual: Weil es in dem ungeheizten Raum so bitterkalt war, blieb ich im Bett und mußte die Augen ganz fest zudrücken, bis die Kerze angezündet war. Dann kam die erlösende Aufforderung, sie zu öffnen – und da war eben doch ein Päckchen zum Öffnen, ein Kuchen zum Probieren und das Lebenslicht, die eine Kerze, die bei allen Geburtstagen leuchten mußte, egal wie viele andere noch darum herum brannten! Ich liebte meine Mutter heiß und innig.

Ich habe viele schöne Erinnerungen an wunderbare Geburtstage, aber mein sechster ist als etwas ganz Besonderes in meinem Gedächtnis verankert. Wen wundert's, daß Geburtstage in unserer Familie einen extrem hohen Stellenwert haben? Wir betrachten diesen Tag als den wichtigsten Tag im Jahr und tun alles, damit das Geburtstagskind das auch 24 Stunden lang – und davor und danach auch noch, wenn möglich – so empfindet.

Der Frühling 1945 ist eine Zeit voller Falschmeldungen, Ängste, Gerüchte. Und permanent lauert die Gefahr, daß ganz überzeugte Nazis, von denen es immer noch genügend gibt, jemanden wie meine Mutter, die laut über das Kriegsende und eine Zeit danach nachdenkt, erschießen. Endlich: der Mai 1945. Zum Glück sind es die Amerikaner, die uns befreien. Denken Sie an all die Hollywood-Filme, die diesen Teil der Geschichte auf Zelluloid verewigt haben – so ähnlich war das schon, aber erst, nachdem die Befreier wußten, daß sie an einem Ort sicher waren. Bis dahin benahmen sie sich durchaus so, wie man sich eine erobernde Truppe vorstellt.

Aus der sicheren Distanz von bald sechs Jahrzehnten ist das vielleicht schwer verständlich; wenn ich mir die Situation damals vergegenwärtige, überrascht es mich jedoch gar nicht. Es sind zum Teil blutjunge GIs, auf Eroberung getrimmt. Sie müssen beim Einzug in die Dörfer jedes Haus durchsuchen und jeden Bauernhof bis in die letzte Ecke durchstöbern, auf der Suche nach Waffen oder deren Besitzern. Sie agieren mutig, indem sie die Menschen, denen sie begegnen, anschreien – dabei ist ihnen die Angst ins Gesicht geschrieben. Danach verteilen sie Schokolade und Zigaretten, reagieren aber äußerst nervös auf unvermutete Bewegungen ihres Gegenübers. Vergewaltigungen waren gewöhnlich nicht ihr Stil – sie waren auch nicht angesagt, denn die meisten Frauen haben sich nur zu gerne hingegeben. Was hat eine Frau damals nicht alles getan für ihr erstes Paar Nylonstrümpfe, für Milchpulver oder *Hershey Kisses*, diese lustigen kleinen Schokoladestückchen aus den amerikanischen Militärrationen?

Ich erinnere mich an all das sehr genau, denn an dem Vormittag, als Siersleben »erobert« wurde, stand ich mit meiner Mutter vor dem Dorfladen. Wir standen wieder einmal an. Das ist die Beschäftigung, die in Kriegs- und Krisenzeiten wohl die meisten Stunden beansprucht: Anstehen, in der Hoffnung, daß man rechtzeitig »drankommt«, um noch etwas von dem zu ergattern, was an dem Tag gerade verfügbar war. In vielen Fällen hatten wir überhaupt keine Ahnung, was das Tagesangebot war; man nahm, was man kriegen konnte. Wenn man es selbst nicht brauchen konnte, hatte man wenigstens etwas zum Tauschen. Wir stehen also in einer langen Schlange, und plötzlich kommt der erste Panzer um die Ecke, gefolgt von mehreren anderen, Jeeps und Lastwagen. Ein Offizier springt herunter, rennt mit vorgehaltenem Gewehr auf die völlig verängstigten Frauen zu und schreit in bestem Deutsch: »Na, wo ist er denn, euer Führer? Wo ist er jetzt, wo ihr ihn brauchen könntet?« Die Dorfbewohnerinnen schreien und weinen ihrerseits und wollen nach Hause rennen. Das verhindern jedoch die Amerikaner, von denen jetzt einige um uns herumwuseln. Weiß der Himmel, wofür sie trainiert worden waren; so wie sie da herumstehen, alle mit Gewehren schußbereit in der Hand, scheinen sie auch nicht so recht zu wissen, was sie mit diesen aufgelösten Frauen anfangen sollen.

Meine Mutter übernimmt die Führung, nicht zuletzt, weil der aufgeregte Offizier sie direkt anschreit. Sie erklärt ihm, daß er von dieser Gruppe nichts zu befürchten hat, muß aber weitere höhnische Bemerkungen über sich ergehen lassen. Was immer sie dann noch geredet bzw. geschrien haben, hat dazu geführt, daß sich die Frauen schließlich nach Hause flüchten dürfen, während die Besetzung ihren Gang nimmt. Ein paar GIs werden abkommandiert, um meine Mutter die ca. hundertfünfzig Meter nach Hause zu begleiten. Das ist das Ende unseres zweiten Zimmers, das die Soldaten sofort beschlagnahmen. Wir dürfen noch ein Bett ins andere Zimmer tragen, dann wird das ehemalige Schlafzimmer geräumt, und so haben wir die Besatzer direkt im Haus.

Mai 1945. Nachdem sich alle vom ersten Schock erholt hatten, nachdem alle Waffen eingesammelt worden waren (erstaunlich, wie viele davon noch in diesem verschlafenen Dorf vorhanden waren), nachdem die alten oder invaliden Männer – einschließlich des Vaters unserer Hausbesitzerin vom ersten Stock – verhört und meistens wieder freigelassen worden waren, kehrte eine gewisse Normalität ein. Wir gewöhnten uns an die freundlichen, heimwehkranken Soldaten, die immer irgend etwas verteilten und zu einer Sechsjährigen ausgesprochen nett waren. Die Menschen konnten wieder lachen oder einen Frühlingstag genießen. Selbstverständlich beeilten sich alle, den Amerikanern zu versichern, wie froh sie über die Befreiung seien. Selbstverständlich hatte keine(r) im Dorf je etwas mit den Nazis zu tun gehabt – warum hätten auch diese Dorfbewohner anders sein sollen, wo es doch, wie wir später herausfinden würden, in ganz Deutschland keine Nazis gegeben hatte . . .?!

Ein ungefähr fünfundzwanzigjähriger GI war besonders freundlich. Er hatte sich wohl ein bißchen in meine Mutter verguckt. Sie war zwar Ende dreißig und im vierten Monat schwanger, aber sie hatte immer noch die *Allure* einer Städterin, und sie war ein liebenswürdiger Mensch. Sie konnte den jungen Mann auf Distanz halten und sich trotzdem auf ihn als Beschützer verlassen. Für sie war er wie ihr Stiefsohn, der ihr 1943 abhanden gekommen war.

»Stiefsohn? Was für ein Stiefsohn?« höre ich Sie sagen. Also, erwähnt habe ich ihn schon, aber nur im Zusammenhang mit meinem Vater, erinnern Sie sich? Aber Sie haben Recht: Ich schulde Ihnen diesen »Stiefsohn«, der jetzt, wo er in diese Geschichte platzt, bereits zwei Jahre als »vermißt« gilt. Also, hier ist er: Günter Ring, *geboren ca. 1922/23 in Duisburg.*

Als meine Eltern heirateten, gab es im Rheinland einen kleinen Jungen namens Günter, der in einem Waisenhaus untergebracht war. Normalerweise befinden sich ja in solchen Institutionen Kinder, die keine Eltern mehr haben. Dieser Junge hingegen hatte vier, denn die Ex-Frau meines Vaters hatte auch wieder geheiratet. Beide natürlichen Eltern wollten jedoch nichts mit dem Kind zu tun haben und hatten es in dieses Waisenhaus abgeschoben. Als meine Mutter davon erfuhr, war sie empört; kurz entschlossen machte sie dieser absurden Situation ein Ende, indem sie meinen Vater veranlaßte, »das Kind« nach Berlin kommen zu lassen. Und so wurde die zweiundzwanzigjährige, frisch gebackene Ehefrau in kurzer Zeit Stiefmutter eines Siebenjährigen.

Muß man erwähnen, daß dieser Junge meine Mutter anbetete? Die beiden haben sich vom ersten Moment an gut verstanden – ich habe ja schon erwähnt, daß meine Mutter für die Mutterschaft geradezu prädestiniert war. Aus dem verstörten Waisenhaus-Insassen wurde in kurzer Zeit ein intelligenter, fröhlicher Junge, der sich enorm gefreut haben soll, als er eines Tages als Siebzehnjähriger eine kleine Schwester in den Armen hielt. Ich hätte mir keinen besseren Bruder vorstellen können, nur habe ich nicht viel von ihm gehabt. Er wurde früh eingezogen, kam dann ein paar Mal auf Urlaub nach Hause – und dann eben eines Tages nicht mehr. Es hat lange gedauert, bevor meine Mutter akzeptieren konnte, daß dieser Junge, der so abrupt in ihr

Leben gekommen war, genau so plötzlich daraus wieder verschwunden war. Sie und ich haben ihm ein liebendes Andenken bewahrt; ich kann mich nicht erinnern, daß mein Vater je von ihm gesprochen hat. Ich glaube, die beiden konnten es nicht so gut miteinander; Günter hat es seinem Vater wohl nie verziehen, daß dieser sich eigentlich schon sehr früh aus seinem Leben verabschiedet hatte.

Der junge GI also, altersmäßig zwischen meiner Mutter und mir, war für sie so etwas wie der Ersatz für den Stiefsohn. Er, der nur Englisch sprach, sah sie wohl eher als Frau. Jedenfalls war die Trauer groß, als er von Siersleben abgezogen wurde, und die Briefe, die er ihr danach geschrieben hat und die sie anhand eines Wörterbuches, das er ihr geschenkt hatte, zu entziffern versuchte, waren eindeutig schwärmerische Liebesbriefe.

»Von Siersleben abgezogen«. Diese drei Wörter bilden den Hintergrund für ein ganzes Horror-Szenario, das von da an für den Rest des Jahres unser Leben bestimmen sollte. Bald nach Ankunft der Amerikaner nämlich teilten die Sieger Deutschland unter sich auf – und leider fiel Thüringen an die Russen. Die Amerikaner räumten das Feld, und wir bekamen danach wirklich zu spüren, was es heißt, unter Besatzung zu leben. Die Russen sahen anders aus, rochen anders, stießen komische Laute aus und waren andauernd betrunken. Sie rollten ebenfalls auf Panzern herein, aber denen folgten keine Jeeps oder Lastwagen, sondern das, was man Panje-Wagen nannte: Leiterwagen, von kleinen Pferden gezogen, voll besetzt mit ungewaschenen Soldaten in schlammbedeckten Stiefeln. Wenn sie nur ungewaschen gewesen wären! Auch sie entsprachen dem, was man später in Hollywood-Filmen in epischer Breite vorgeführt bekam: Hier stießen wirklich zwei Kulturen aufeinander.

Sogar ich hörte die Schreie der Frauen, die sich nicht rechtzeitig hatten in Sicherheit bringen können. Nichts, was einen Rock trug, war vor diesen in jeder Beziehung ausgehungerten Fronttruppen sicher. Ich weiß nicht, wie es meiner Mutter gelungen ist, dem zu entkommen; da müssen die Schutzengel Überstunden gemacht haben. In vielen Fällen haben auch fortgeschrittene Schwangerschaften nicht als Schutzfaktor dienen können; bei ihr hingegen scheint es funktioniert zu haben. Dafür gibt es ein eindrückliches Beispiel:

Mein Vater war wieder da. Er hatte Glück gehabt: Das Kriegsende hatte er in britischer Kriegsgefangenschaft erlebt, und sein Lager war wegen Infektionskrankheiten aufgelöst worden. Irgendwie war es ihm gelungen, sich bis nach Siersleben durchzuschlagen, und plötzlich war er da. Sein einziges Kleidungsstück war seine von allen Abzeichen befreite Uniform – nicht unbedingt das, was man trug zu einer Zeit, als so etwas auf die Russen äußerst animierend wirkte. Nicht nur, daß die Uniform etwas repräsentierte, was sie jahrelang bekämpft und jetzt erobert hatten, sondern auch die dazugehörenden Stiefel, die mein Vater durch die Gefangenschaft hindurch gerettet hatte, waren für sie ein Objekt der Begierde. Da ist wieder so eine Szene, die wohl für immer in meinem Gedächtnis verankert ist:

Das Bürgermeisteramt war schräg gegenüber dem Haus, wo wir das eine Zimmer hatten, das wir nun zu dritt bewohnten. Mein Vater hatte auf dem Amt vorsprechen müssen. Soeben war er aus der Tür auf die Straße getreten, ohne zu wissen, daß sich in der Zwischenzeit eine Gruppe von Soldaten zur Abfahrt versammelt hatte, direkt vor dem Bürgermeisteramt. Beim Anblick meines Vaters oder vielleicht eher seiner Stiefel wurde es plötzlich ganz ruhig. Mein Vater fing an, in unsere Richtung zu gehen; meine Mutter, nun sichtbar schwanger, stand am offenen Fenster; ich habe wahrscheinlich auf der Fensterbank gesessen, denn ich habe alles sehen können. Einige Russen fingen an, um meinen Vater herum einen Kreis zu bilden, der enger und enger wurde. Mein Vater kam geradewegs auf uns zu und lenkte damit die Aufmerksamkeit auf meine Mutter. Wie lange hat das Ganze wohl gedauert? In meiner Erinnerung hat es in Zeitlupe stattgefunden; in Wirklichkeit wird es ziemlich schnell gegangen sein. Keiner sprach ein Wort, und selbst als Kind konnte ich das Unheil, das in der Luft lag, spüren.

Die unheimliche Stille wurde plötzlich durch einen gellenden Pfeifton unterbrochen. Ein Offizier hatte die Gefährlichkeit der Situation erkannt; vielleicht wollte er ein Lynchen verhindern, vielleicht wollte er nur vermeiden, seinen Vorgesetzten gegenüber diesen Akt rechtfertigen zu müssen. Jedenfalls befahl der Pfiff die ganze Mannschaft wieder auf ihre Leiterwagen; die Stille war gebrochen, sie hatten plötzlich viel zu reden und zu lachen. Offensichtlich machten sie sich über meinen Vater lustig, der kreidebleich wie festgeklebt vor unserem Fenster stand. Dann zog die ganze Gruppe davon, und der Spuk war vorbei.

Als mein Vater wieder im Zimmer war, versuchte meine Mutter, die Spannung abzubauen, indem sie ihm eine Szene machte. Er hatte uns alle aus purem Leichtsinn in Todesgefahr gebracht; sie zitterte, und ich weinte für alle Fälle mal eine Runde. Es waren wirklich schreckliche Zeiten in diesem Frühsommer 1945, und die Tatsache, daß der furchtbare Krieg endlich zu Ende war, hieß nur, daß die Hauptgefahr vorbei war. Zu den »Nebengefahren« gehörte diese Begebenheit, gehörten Blindgänger (Bomben, die beim Aufprall nicht explodiert waren, dies aber bei unsachgemäßer Handhabung jederzeit tun konnten), gehörten weggeworfene Handwaffen, verseuchtes Wasser ebenso wie Denunziationen aller Art oder, vor allem, der Hunger.

Es gab nur einen Trost, was den Hunger anging: Ganz Deutschland hungerte 1945. Geteiltes Leid wurde so zwar nicht zu halbem Leid, aber es war etwas leichter zu ertragen. Ich würde später noch hungriger sein, aber das spielte sich dann zur Zeit des deutschen Wirtschaftswunders ab, als alle um mich herum mehr als gesättigt waren, und das war viel schwerer zu ertragen. Aber ich greife vor . . .

Also, der Hunger. Es war der Sommer des Brennessel-Salats, der vielen Kilos Blattspinat, der Suppen, die auf mirakulöse Weise aus einer Handvoll Kartoffeln, ein bißchen Lauch und ein paar Karotten kreiert wurden. Herbst und Winter brachten dann Kohlrabi, Steckrüben, die ich heute wieder gut finde, aber damals fast nicht mehr schlucken konnte, und Kürbis. Ich weiß nicht, wie er das fertiggebracht hat, aber mein Vater hatte ein Talent für die Mirakel-Suppen, die endlos lange auf dem Zwei-Flammen-Gaskocher in unserem Zimmer vor sich hin köchelten und verführe-

risch dufteten. Diese Art von Suppe mit Kartoffelbrot war der
Höhepunkt des Tages, wobei der nicht immer gesichert war.

Wie muß es wohl meiner Mutter ergangen sein? Sie hätte ja
eigentlich für zwei essen müssen, aber das Essen reichte knapp
für eine. Sie versuchte, trotz fortschreitender Schwangerschaft,
auf den Bauernhöfen Kartoffeln, etwas Butter oder ein paar Eier
zu – ja, was eigentlich? Geld hatten wir keins, »zu kaufen« kann
ich also nicht schreiben; »zu tauschen« würde voraussetzen, daß
sie immer noch etwas zum Tauschen hatte. Es wird wohl »zu er-
betteln« heißen müssen, wobei ihr der dicke Bauch sicher geholfen hat. Ach ja, zu diesem Bauch fällt mir noch etwas ein. Meine
Mutter und ich schliefen im selben schmalen Bett. Je dicker ihr
Bauch wurde, desto mehr mußten wir unsere nächtlichen Bewegungen koordinieren, uns zum Beispiel, wann immer möglich,
zur selben Zeit drehen. Eines Nachts spürte ich einen Tritt im
Rücken – das erste, aber beileibe nicht das letzte Mal, daß das zu
erwartende Geschwisterchen sich im Bauch meiner Mutter bemerkbar machte. Wir waren übrigens überzeugt, daß es ein
Junge sein würde; *Carsten-Malte* sollte er heißen, und wir redeten
von ihm, als ob er schon da sei.

Das führte zu einem amüsanten Zwischenfall. Wir wohnten, wie gesagt, im Parterre und konnten uns durchs Fenster mit
den Menschen auf der Straße mühelos unterhalten. Offenbar war
meine Mutter *persona grata* geworden; vielleicht hatte sie durch
ihr beherztes Auftreten gegenüber den Amerikanern sogar Hel-
dinnen-Status erreicht. Jedenfalls weiß ich, daß ein paar Frauen
vor unserem Fenster standen, ihre Kinder auf dem Arm, und sich
mit meiner Mutter drinnen unterhielten. Ich kam gerade heim
und blieb auch vor dem Fenster stehen. Die Frauen hörten mit
ihrer Unterhaltung auf (wahrscheinlich hatten sie über die bevor-
stehende Geburt geredet), beugten sich zu mir herunter und sagten in der unerträglichen Art, die Erwachsene Kindern gegenüber
bei solchen Gelegenheiten an den Tag legen, daß ich keine Angst
haben müsse: Meine Mutter hätte einfach zu viele Kartoffeln gegessen, aber schon bald würde sie den Kartoffel-Bauch verlieren
und wieder ganz normal aussehen. Ich war empört über soviel

Blödheit und beeilte mich, in altkluger Art diesen Damen zu erklären, daß in diesem Bauch mein kleiner Bruder sei, der mich nachts mit schöner Regelmäßigkeit in den Rücken trat und mir das Schlafen erschwerte. Die Dorfbewohnerinnen waren einmal mehr entsetzt ob meiner Mutter, die ihre kleine Tochter im zarten Alten von sechs Jahren mit der Storch-Geschichte verschont und ihr statt dessen einen Teil der *facts of life* erklärt hatte.

In diesen Herbst fällt meine Einschulung, wenn man das so nennen kann. Eigentlich hätte das schon im Frühjahr 1945 passieren sollen, aber zu der Zeit waren Bomben und Besatzungssoldaten, nicht Bildung, das Tagesthema. Auch hier hatte meine Mutter für ein kleines Wunder gesorgt: In Deutschland bekam ein Kind am ersten Schultag einen Tornister mit Tafel, Kreide und Wischer sowie die Schultüte – eine Riesenangelegenheit aus mit Glanzpapier umwickelter Pappe in Form eines Glace-Cornets, die gefüllt war mit Süßigkeiten und kleinen Geschenken. Was in meiner drin war, weiß ich nicht mehr, aber daß ich eine Schultüte hatte, ist durch ein Foto belegt. Wie hat meine Mutter das nur hingekriegt?

Das Foto zeigte ein strahlendes Kind, dem die Freude darüber anzusehen ist, daß es endlich, endlich zur Schule gehen kann. Ich hatte mich den ganzen Sommer hindurch wie ein scharrendes Rennpferd gebärdet, das im Stall festgehalten wird. Zwar hatte ich noch nicht lesen gelernt, kannte aber viele Wörter in den alten Bilderbüchern. Ich rechnete, wo immer möglich, mit Hilfe eines alten Abakus laut vor mich hin. Meiner hatte blaue und rote Perlen, die sich kühl und angenehm anfühlten. Die große Entdeckung aber war Schreiben! Und das hat zur einzigen positiven Erinnerung an meinen Vater geführt:

In der zweiten Oktoberhälfte wurde meine Mutter ins Kreiskrankenhaus in Hettstedt, ein paar Kilometer von Siersleben entfernt, eingeliefert. So oft passiert es ja auch nicht, daß man den Beginn einer Schwangerschaft so genau beziffern konnte, wie es hier der Fall war. Aber der ungeduldig erwartete Carsten-Malte machte am 19. Oktober keinerlei Anstalten, das Licht der Welt zu erblicken. Auch nicht am 20. oder in den Tagen danach.

Das Kind ließ sich Zeit – und gab mir zum erstenmal Zeit

mit meinem Vater. Ich hatte wahnsinnige Sehnsucht nach meiner Mutter, die ich nicht einmal jeden Tag besuchen konnte, und ich nehme an, daß ich die Nähe meines Vaters gesucht habe. Jedenfalls erinnere ich mich an einen stürmischen Herbsttag, an dem wir beide in unserem Zimmer saßen und »arbeiteten«: Er las, wie immer, und ich machte Hausaufgaben, die darin bestanden, daß ich das große und das kleine A üben mußte. Ich sollte meine Schiefertafel füllen mit so vielen »Anna und Alma«, wie auf ihr Platz hatten. Ich war im siebten Himmel und sagte immer wieder »Anna und Alma« halblaut vor mich hin, bis mein Vater meinte, jetzt sei es genug; er wisse nun, daß meine Hausaufgaben etwas mit einer Anna und einer Alma zu tun hatten. Okay, ich konnte das auch schweigend erledigen, und weil ich so begeistert von der Sache war, habe ich viele Male die Tafel wieder saubergewischt und die ganze Übung von vorne gemacht. Es war pure Harmonie: Ich tat etwas, was mir großen Spaß machte, mein Vater war milde gestimmt, eine von seinen berühmten Suppen blubberte vor sich hin – und wieder waren wir einen Tag der Heimkehr meiner Mutter näher. Hätte ich gewußt, daß es das einzige Mal war, wo ich das Gefühl hatte, einen liebenden Vater zu haben, hätte ich diesen Herbstnachmittag sicher noch mehr genossen.

Der 4. November war ein Sonntag. Meine Mutter war nahe daran, ihren Verstand zu verlieren, weil das Kind immer noch nicht da war. Sie erinnern sich: Sie hatte diesen Tick mit den Sonntagskindern, und als am Morgen die Wehen einsetzten, beschloß sie, daß dieser nun zwei Wochen überfällige Junge an diesem Tag geboren würde. Sie hat das auch geschafft: Um halb acht an diesem Sonntag abend wurde sie von einem über achtpfündigen – Mädchen entbunden! Für diesen unerwarteten Fall hatte sie auch schon einen Namen bereit: *Cora-Marina*. Meine Mutter war immer der Meinung, daß man ja mindestens acht Monate Zeit hat, um sich Gedanken zur Namengebung zu machen, und da sie sich in das Monogramm meines Vaters verliebt hatte, der *Carl-Michael* hieß, wollte sie alle ihre Kinder mit dieser CMR-Kombination beglücken. Auch ich hatte zuerst dieses Monogramm: Carin war ihre Wahl für mich gewesen. Später habe ich das abgelegt,

denn so schön fand ich das Monogramm gar nicht, und zudem erinnerte es mich an meinen Vater, was nicht für die Beibehaltung
dieses anderen Vornamens sprach.

Also, gut. Jetzt hatte ich eine Schwester statt eines Bruders,
was ja eigentlich auch besser war, weil dieses kleine Bündel einfach eine etwas größere Ausgabe meiner Puppe war. Und meine
Puppe liebte ich heiß und innig; sie war eine der bestangezogenen, denn meine Mutter nähte für sie, und ich strickte. Na ja,
jedenfalls sah es danach aus. Als wir noch in Deutschland herum-
reisen konnten, sind wir im Sommer an die Ostsee und hie und da
mal in eine andere Stadt gefahren. Ich mochte diese Zugfahrten,
besonders nachdem meine Mutter mir das Stricken beigebracht
hatte. Sehr schnell hatte ich herausbekommen, daß die Mitreisenden mich »einfach süß« fanden, wenn ich mich mit meinen kleinen Fingern darum bemühte, die Wolle nicht zu verheddern und
die Maschen nicht fallen zu lassen. Aber ich habe wohl nie eine
übergroße Aufmerksamkeitsspanne gehabt, denn nachdem ich
sichergestellt hatte, daß alle Mitreisenden meiner Mutter gegenüber ihre Bewunderung für dieses herzige kleine Mädchen kund-
getan hatten, verlor ich die Lust, streckte ihr das Strickzeug hin
und guckte aus dem Fenster oder schlief mal eine Runde. Wenn
wir an größeren Bahnhöfen gehalten hatten und neue Reisende
dazugekommen waren, ging das Spiel von neuem los. Und trotzdem weiß ich, daß ich für meine Puppe selbstgestrickte Sachen
hatte – irgendwann muß ich tatsächlich mal etwas zu Ende gestrickt haben. Nun würde ich für diese größere Puppe vielleicht
auch größere Sachen stricken, aber vorerst einmal durfte ich dieses neue Spielzeug nur anschauen oder ganz, ganz vorsichtig halten, während die neuen Windeln vorbereitet wurden.

Noch wichtiger war: Meine Mutter war wieder daheim, zwar
sehr geschwächt, aber sie war da. Ich lernte, wie man große B, S
und T machte, streckte meiner kleinen Schwester einen Zeigefinger in ihre Händchen, den sie dann ganz fest umklammerte,
und fand das Leben eigentlich schön. Ein paar Wochen später
würde diese Idylle ein abruptes Ende haben, aber das wußte ich
zu dem Zeitpunkt noch nicht.

1946: Taufe der kleinen Schwester =
Freude über die lebende Puppe

Ende Einzelkind

Ich mag entfernte Verwandte.
Je entfernter, desto besser.

Trevor Prescott

Bevor Sie zu falschen Schlüssen kommen: Die oben erwähnten entfernten Verwandten beziehen sich durchaus nicht auf meine Schwester, die mir nicht nur viel näher, sondern auch sehr willkommen war. Aber in diesem Kapitel lernen Sie einen Teil meiner Verwandtschaft kennen: die unangenehmere von zwei unangenehmen Hälften. Ich könnte mir vorstellen, daß auch Sie zum selben Schluß kommen wie ich: Diese Verwandten sind glücklich vergeßbar!

Lassen Sie mich etwas vorgreifen, damit Sie sehen, daß Sie es mit einer Autorin zu tun haben, die in bezug auf Familie recht widersprüchliche Empfindungen an den Tag legt: Ich habe, wie ich in der Rückschau erkennen mußte, meinen Mann in erster Linie geheiratet, weil er ungefähr achtzig nahe und nähere Verwandte in die Ehe brachte – im Gegensatz zu der einen Schwester, die ich in die Waagschale werfen konnte. Ein etwas ungleiches Verhältnis, werden Sie sagen, und Sie haben natürlich Recht. Aber das war es ja gerade, womit sich dieser Mann einer im Grunde Heiratsunwilligen empfahl: Familie = Geborgenheit, Zuneigung, Wärme, Rückhalt und Familien-Feste. Oder etwa nicht? Auf die Antwort auf diese Frage müssen Sie warten bis zum achten Kapitel, denn im zweiten geht es um die Verwandten, die man halt einfach mitgeliefert bekommt – ohne Rückgabe- oder Umtauschrecht.

Aber ich bin schon viel zu weit. Noch sind wir in Siersleben: jetzt vier Menschen in einem Zimmer, plus permanent Windeln, die quer durch die Stube zum Trocknen aufgehängt worden sind. Selbstverständlich stillte meine Mutter – wenn Sie nach

Wundern der Natur Ausschau halten wollen, dann war das eines: Eine völlig entkräftete, brandmagere Frau, die immer noch genügend Milch produzierte, um dieses gesunde kleine Mädchen bei Laune zu halten. Der Einzug der kleinen Schwester in unser Leben bedeutete für mich mehr Platz im Bett, das ich ja mit meiner Mutter teilte, die bereits erwähnten Windeln, eine explosivere Stimmung – und das schönste Spielzeug, das ich je bekommen hatte. »Kümmere dich um deine kleine Schwester« wurde ein vielgehörter Satz – einer, der mich noch viele Jahre begleiten würde –, und das tat ich nur zu gerne, es sei denn, sie schrie, was ich gar nicht schätzte.

Im Dezember 1945, kurz vor Weihnachten, passierte etwas Monumentales: Aufgrund eines Abkommens der Alliierten, dem sich die Russen nur sehr widerwillig gefügt hatten, gab es eine ganz kurze Phase, in der sich die Evakuierten in Deutschland entscheiden konnten, ob sie bleiben wollten, wohin sie der Krieg verschlagen hatte, oder in ihre Heimat zurückzukehren wünschten. Als ob das für uns eine Frage gewesen wäre! Leider war da ein Haken an der Sache: Man konnte überall hin übersiedeln – außer nach BERLIN! Meine Mutter traute ihren Augen nicht, als sie das las. Hieß das für sie, auf ewig in diesem Kaff zu bleiben? Nein, denn mein Vater kam ja schließlich nicht aus Berlin, sondern aus dem Rheinland, aus Duisburg, um genau zu sein. Und für diese Destination konnten wir den Antrag auf Ausreise aus der russisch besetzten Zone stellen.

Ich habe keine Erinnerung mehr an Weihnachten 1945 und weiß auch nicht, warum wir offenbar bis zur letzten Minute gewartet haben, um unsere Zelte abzubrechen und den Treck nach Westen anzutreten. Aber ich erinnere mich, daß es Anfang Januar war, sowie an gewisse Einzelheiten dieser Horror-Reise.

Helmstedt hieß unser Grenzübergang; er würde einer der bestbekannten Grenzstationen werden. Die Reise, die sich eher als Flucht gestaltete, denn sie fand gegen das Ablaufen der Zeit statt, ging mit dem Zug bis zu einem gewissen Ort, der einige Kilometer von der eigentlichen Grenze entfernt war. Diese Strecke legten wir zu Fuß zurück, und das muß man sich so vorstellen:

Die drei von uns, die gehen konnten, trugen in beiden Händen, was immer sie konnten. Es wundert Sie sicher nicht, daß die berühmten Federbetten immer noch zu unserer Requisiten gehörten. Daneben gab es Bündel aller Arten, wobei man darauf achten mußte, daß die meinen noch in der richtigen Proportion zu meiner Körpergröße waren. Sechs Hände, sechs Bündel – aber war da nicht noch etwas? Ja, richtig: ein Baby, das praktischerweise in einem klapprigen Kinderwagen kam. Diesen Kinderwagen hatte meine Mutter bis oben hin vollgepackt mit Hand- und Küchentüchern, Lappen und Bettwäsche, soweit noch vorhanden. In der Mitte dieser Textilien war das Bügeleisen, das sie den Krieg hindurch wie ihren Augapfel gehütet hatte. Wahrscheinlich war es die Tatsache, daß dieses Bügeleisen keinen Millimeter nachgab, wenn der Wagen über den Schotter der Landstraße oder die Pflastersteine von Dorfstraßen holperte, die zu unserer ganz persönlichen Geräuschkulisse führte: Meine kleine Schwester schrie nämlich den ganzen langen Weg, was ihre zwei Monate alten Lungen hergaben – und das war beeindruckend!

Moment mal, höre ich Sie sagen, dieses Baby hat sich ja wohl nicht selbst in seinem eigenen Kinderwagen schieben können. Stimmt. Der Kinderwagen wurde von meiner Mutter mit dem Bauch geschoben. Fragen Sie mich nicht, wie das funktionieren konnte, aber es hat funktioniert; ich sehe es noch heute vor mir: nebelgraue Landschaft, freudlos, eiskalt, und auf einer endlosen Landstraße ein endloser Treck von Menschen am Rande ihrer Kräfte. Mutter schob also, Baby schrie, Vater war äußerst schlecht gelaunt, und ich versuchte, nicht aufzufallen, sondern nur einen kleinen Fuß vor den anderen zu setzen. Bald würden wir ja da sein.

Irgendwann einmal, bei einer kurze Pause, fand meine Mutter heraus, warum »das Kind« denn so schrie. Meine Schwester lag zuoberst auf den Textilien, mit ein paar Zentimetern Raum bis zu dem Stückchen Metall, mit dem man das Verdeck des Wagens bei schlechtem Wetter »herunterknöpfen« konnte. Jede Unebenheit, jeder Pflasterstein brachte ihren Kopf an die

Decke des Wagens und damit in Berührung mit dem Metallstift. Kein Wunder, daß sie sich die Seele aus dem Leib schreien wollte. Bis wir endlich am Checkpoint ankamen, hatte sie eine blutende Stirnwunde und meine Mutter ein schlechtes Gewissen. Aber zum Glück waren wir ja angekommen, nicht wahr?

Nur nützte uns das leider nichts. Wir kamen um zehn nach vier an, und der Grenzübergang schloß jeweils um vier Uhr. Wir waren zu spät gekommen, und nicht das Leben, sondern die Grenzbeamten bestraften uns. Deutsche Beamte werden mein ganzes Leben lang eines meiner Lieblingsthemen sein, und diese hier, die uns klipp und klar sagten, daß wir halt zehn Minuten zu spät waren und daher an diesem Tag nicht mehr abgefertigt würden, waren ja noch unverfälschte Dritte-Reich-Ware und daher auf Härte abgerichtet worden. Meine Mutter traute ihren Ohren nicht: Nochmals die ganze Strecke zurück und morgen früh wieder in umgekehrter Richtung hin? Aber in solchen Fällen blieb einem keine Wahl: Am Rande unserer Kräfte machten wir uns auf den beschwerlichen Weg zurück, übernachteten in irgendeiner Massenunterkunft, um sehr früh aufzustehen und das Ganze von vorne zu beginnen.

Und das war dann wohl die letzte Möglichkeit, denn an dem Tag lief der Termin ab, den die Russen für Ausreisewillige gesetzt hatten. Diesmal durfte nichts schiefgehen – oder wir würden unser Leben unter russischer Besatzung verbringen müssen. Meine Schwester schrie nicht mehr, sie wimmerte nur vor sich hin; meine Mutter hatte die Textilien, die sie aus dem Kinderwagen genommen hatte, um dem Baby mehr Platz zu geben und ihr schlechtes Gewissen zu beruhigen, ihrem Gepäck einverleibt, das damit noch unhandlicher wurde. Später, wenn meine Schwester und ich uns zankten, habe ich öfter behauptet, sie hätte eben schon früh ihren Dachschaden abbekommen; erst als Erwachsene habe ich voll realisiert, was für ein traumatisches Erlebnis diese Flucht für das arme Baby gewesen sein muß. Irgendwann hörte die Tortur auf; diesmal gab es für die Grenzbeamten keinen Grund, uns zurückzuweisen, und nach dem in solchen Fällen üblichen Durchleuchten der Ausreisedokumente ging der Schlagbaum endlich hoch, wir ließen den Horror russischer Besatzung hinter uns und setzten den Fuß auf britisch besetzten Boden.

Freundliche Gesichter um uns herum, hilfreiche Frauen, die uns begleiteten und uns etwas Warmes zu trinken gaben. Und dann passierte wiederum ein Ereignis in Zeitlupe: Meine Mutter klappte einfach zusammen und fiel langsam, aber zielgenau neben dem Kinderwagen zu Boden. Der physische Streß für eine völlig abgemagerte, stillende Frau, so kurz nach der Entbindung, plus die unvorstellbare Erleichterung, nicht mehr unter russischer Herrschaft zu stehen, hatten ihren Tribut gefordert. Als sie wieder zu sich kam, wurde sie ins Rotkreuzzelt getragen, während mein Vater und ich, die aus voller Kehle heulte, in die Desinfektionszelte begleitet wurden.

Es war mein erster, aber beileibe nicht letzter Kontakt mit DDT. In Ostpreußen hatte ich ja bereits beim jeweiligen Krätze-Befall Bekanntschaft mit Desinfektionsmitteln gemacht. DDT tat längst nicht so weh, stank aber mindestens genauso schlimm. Zudem war das weiße Pulver danach überall: auf dem Körper, in der Kleidung, in der Luft; man wurde es einfach nicht mehr los.

Helmstedt war nur ein Auffanglager, und nachdem wir neue Papiere bekommen, desinfiziert, entlaust und mit etwas Warmen gefüttert worden waren, wurden wir auf den Weg zum Bahnhof geschickt. Unsere Destination war schließlich nicht Helmstedt, sondern Duisburg. Meine Mutter hatte sich soweit erholt, daß sie – ohne Gepäck in den Händen, das jetzt von anderen getragen wurde – den Kinderwagen schieben konnte, und irgendwann saßen wir dann mal im Zug Richtung Westen. »Saßen« ist hier das operative Wort, denn die längste Zeit stand dieser Zug auf den Gleisen und tat gar nichts; als wir losfuhren, war es bereits Nacht. Bis dahin hatten wir Haushalt gespielt: Mit Pappe und Papier war es meinem Vater gelungen, die scheibenlosen Fenster zu »schließen«, was die Temperatur von »grausam kalt« in »sehr kalt« verwandelte. Meine Aufgabe bestand darin, mit der großen Puppe zu spielen, denn ein weinendes oder schreiendes Baby war das letzte, was hier noch jemand brauchte – unnötig zu betonen, daß der Wagen immer voller wurde. Vorher jedoch hatte meine Mutter Windeln waschen müssen, natürlich in kaltem Wasser. Es gibt Gerüche, die man nie wieder vergißt: Zwei oder drei Rasierwasser erinnern mich an Männer, die mir gründlich den Kopf verdreht haben, und der Geruch von Salmiakgeist wird für mich auf ewig mit den in kaltem Wasser gewaschenen Windeln, die in einem fensterscheibenlosen, ungeheizten Waggon am 9. Januar 1946 auf einer Wäscheleine aufgehängt waren, verbunden sein. Aber das ist ja nicht so schlimm, denn wie oft habe ich im späteren Leben schon Gelegenheit gehabt, in die Nähe von Salmiakgeist zu kommen? Eben.

Exkurs: Das starke Geschlecht

Ich habe Sie von Anfang an gewarnt: Es wird Abschweifungen geben. Erinnerungen aus Kindertagen mischen sich mit Ereignissen, die später stattgefunden haben, und die Kombination gibt hie und da erhellende Erkenntnisse. Salmiakgeist war also verhältnismäßig leicht zu vergessen, Flüchtlingselend jedoch nicht. Drei Jahrzehnte später werde ich in einem ganz anderen Land die Aufmerksamkeit der Medien erregen durch mein Engagement für die Weiterbildung von Frauen. In den vielen Interviews, die diese Tätigkeit begleiten werden, wird es immer wieder die Urfrage geben: »Was hat Sie bewogen, sich so für Frauen einzusetzen?« Die volle Antwort darauf werden Sie dann im entsprechenden Kapitel finden, aber so viel sei vorweg gesagt: Ich habe sehr früh, noch im prägefähigen Alter, viele Beispiele von starken Frauen, allen voran natürlich das meiner Mutter, gesehen, und wenn ich heute am Fernseher die zahllosen Bilder von Kriegen, Stammesfehden, Krisenherden oder der Willkür von autoritären Regimen sehe, dann bestätigen sie das, was ich damals mehr als genug um mich herum wahrnehmen konnte: Wenn die Zeiten schlecht werden, sind sie es für Frauen und Kinder in doppeltem Maße. Wer immer noch Beweise dafür braucht, daß Frauen das starke Geschlecht sind, sollte sich mal damit auseinandersetzen, was sie in Kriegs-, Krisen- und Notzeiten aller Art für das schiere Überleben leisten, und das nicht nur für sie selbst, sondern zusätzlich für ihre Familien, zumindest für ihre Kinder.

Ich schreibe dieses Kapitel nach dem 11. September 2001; bei CNN kann ich täglich die Entwicklungen in Afghanistan verfolgen. Was haben die Frauen in diesem Land nicht alles erleiden müssen unter den Taliban! Und dennoch haben so viele von ihnen, unter Lebensgefahr, für ihre Töchter privaten Schulunterricht organisiert, eine Untergrundbewegung gegründet, Medizin praktiziert und mit Würde ein menschenverachtendes Terrorsystem überlebt. Ihr Leiden ist jedoch alles andere als vorbei, solange sie noch zu den Flüchtlingen gehören.

Es kann sich wohl niemand wirklich ein Bild davon machen, was die Bosnierinnen 1992 erlebt haben; die Brutalität der Vergewaltigungen hat mich zum ersten und einzigen Mal auf die Straße getrieben, als ich bei einem Schweigemarsch im Gedenken an ihre Leiden mitgelaufen bin. Ein paar Jahre später waren es die Frauen in Ruanda, und selbst in friedlichen Zeiten können viele Frauen in Afrika ihres Lebens nicht sicher sein. In manchen Dörfern ist die nächste Wasserstelle bis zu zehn Kilometer entfernt. Wasser holen ist Frauensache, und abgesehen von der Strapaze, täglich zweimal zehn Kilometer zu Fuß zu gehen, davon einmal mit einem vollen Behälter auf dem Kopf, sind sie in doppelter Gefahr: Entweder können sie unterwegs von wilden Tieren oder am Wasserloch von den dort wartenden Männern angefallen werden. Oder denken Sie an die Argentinierinnen und Chileninnen: Sie haben unter den brutalen Militärregimen in ihren Ländern zusätzlich zu den üblichen Foltermethoden auch noch die unvorstellbarsten Vergewaltigungen erdulden müssen.

Die Trümmerfrauen – um wieder in die Zeit des zweiten Kapitels zurückzukehren –, die in ganz Deutschland, besonders aber in Berlin, Aufräumarbeit leisteten, waren genauso abgemagert und unterernährt wie die heimkehrenden Männer. Woher nur nahmen sie die Kraft, diese Schwerstarbeit zu verrichten? Durch das, was sie damit verdienten, wie mit dem, was sie bei den Aufräumarbeiten fanden und wiederverwenden konnten, ist es so vielen von ihnen gelungen, ihre Kinder durch eine der dunkelsten Perioden der deutschen Geschichte zu schleusen.

Es sind solche Frauenschicksale, die bei mir einen starken Eindruck hinterlassen haben. Die Sichtweise der Männer, Frauen als schwaches Geschlecht zu klassieren, das vom angeblich starken beschützt, belächelt oder bemitleidet wird, war mir immer unverständlich. Ebenso wie die Tatsache, daß durch die Jahrhunderte hindurch so viele Frauen das mit sich haben machen lassen. Für mich waren sie immer die Stärkeren, und als ich Anfang der 70er Jahre etwas zu der aus meiner Sicht überfälligen Korrektur der Betrachtungsweise beitragen konnte, habe ich mich förmlich in diese Aufgabe gestürzt. Es schien mir nur fair, daß Frauen Chancengleichheit in der Bildung hatten und sich ihres hervorragenden Verstandes bedienen konnten. Und Fairneß, Gerechtigkeit, Chancengleichheit haben in meinem Leben immer zu den Konzepten gehört, die mein Handeln bestimmt haben. Aber kehren wir zurück zu dem Kind, das die ersten Stunden einer Freiheit erlebt, die es damals sicher noch nicht zu schätzen wußte ...

In den frühen Morgenstunden des 10. Januar trafen wir in Duisburg, der Heimatstadt meines Vaters, ein. Zufällig lag der Bunker, in dem wir einquartiert wurden, genau gegenüber der Wohnung seiner Schwester. Leider war das auch gegenüber den Räumlichkeiten, die wir bald schon zugewiesen bekommen würden und die dann für fast ein Jahrzehnt unsere Bleibe wurden. So wurde meine Mutter jeden Tag ihres Duisburger Daseins an unseren Einzug in diese Stadt erinnert. Und das war nicht gerade wünschenswert.

Desinfektion, Entlausung, Decken fassen für die Holzpritschen, ein Stück Brot und etwas Warmes zu trinken – und schon sah die Welt anders aus. Für mich jedenfalls, die die Kälte der Zugfahrt und den Geruch der Windeln hinter sich gelassen und die Begegnung mit ihrer Patentante unmittelbar vor sich hatte. Diese Patentante, Tante Änne, war eine der beiden Schwestern meines Vaters; daneben gab es noch einen Bruder, der sich jedoch frühzeitig von seiner reizenden Familie losgesagt und nach Amerika ausgewandert war. Ein Foto bezeugt, daß sie bei meiner Taufe dabei gewesen ist, zusammen mit dem Berliner Patenonkel, der traditionsgemäß der noch lebende Bruder meiner Mutter war. Während die nicht gerade schlanke Tante Änne besitzergreifend das Baby zum Fotografieren hinhält, steht Onkel Erwin etwas verlegen daneben. Ich vermute, daß beide offenbar nicht einmal einen Anfängerkurs im Pate-Sein genommen und einfach keine Ahnung von dieser Aufgabe und keinerlei Bezug dazu hatten. Wie sonst hätte die nun folgende Szene stattfinden können?

Es war kurz nach sieben Uhr früh, als die vierköpfige Familie ihres Bruders vor der Türe ihrer bürgerlich-behaglichen Behausung stand. Ich gebe zu, daß es angenehmere Dinge gibt als solch einen Familienüberfall, aber freiwillig hätte diese Familie das ja nie getan. Tante Änne war gut verheiratet, mit einem höhe-

ren Beamten von äußerst schwacher Durchsetzungskraft, der
das Familien-Management klaglos an seine tatkräftige Frau ab-
getreten hatte. Drei Söhne hatte er mit dieser Frau, alles Vorkriegsware, und aus irgendwelchen Gründen war er vom Krieg
verschont geblieben. Selbst jetzt, 1946, ging es ihnen verhältnismäßig gut, wozu Luxusfaktoren wie Zentralheizung, Badezimmer und solide Chippendale-Möblierung ihren Teil beitrugen.
Den Empfang herzlich zu nennen käme einer unverschämten
Beschönigung gleich, aber ihn mit »frostig« zu bezeichnen ent-
spräche auch nicht der Wahrheit. »Nervös« wäre vielleicht das
Wort, das die Stimmung am besten kennzeichnet. Vom ersten
Händeschütteln (wie bitte, ein Kuß für das Patenkind? Aber doch
nicht bei Tante Änne!) an verpaßte sie keine Gelegenheit, zu jammern und zu klagen, wie schlecht es ihnen ginge. Natürlich hatten wir nicht erwartet, in dieser Wohnung die nächsten Jahrzehnte zu verbringen, aber die penetrante Art, in der sie uns klar
machte, wie schwierig das Leben für sie und ihre Familie war,
zeigte uns bald, daß auch eine kurzfristige Unterkunft in dieser
großen, komfortablen 5-Zimmer-Wohnung nicht einmal für die
nächsten paar Tage eine Option sein könnte.

Sobald meine Mutter sich gefaßt hatte, drängte sie auf Abgang. Ihr Körper war zwar entkräftet, aber ihr Stolz nicht gebrochen, und so packte sie ihr Baby, für das Tante Änne übrigens weniger als null Interesse zeigte, nahm ihre kleine Tochter an der
Hand und drängte meinen Vater zur Türe hinaus. Keine zwei
Stunden waren vergangen, und wir waren wieder im Bunker, einige Illusionen ärmer und ziemlich ratlos.

Das Haus, in dem meine Patentante wohnte, war das
zweite von vier Häusern, die zusammen einen der besseren
Wohnblocks in Duisburg darstellten und, o Wunder, keinerlei
Bombenschaden erlitten hatten. Zu jeder Wohnung gehörte ein
Mansardenzimmer für das Dienstmädchen. Die Dienstmädchen
gab es inzwischen nicht mehr; die Mansarden waren voller
Gerümpel. Irgend jemand im vierten Haus bekam mit, daß die
Familie der einflußreichen Patentante gegenüber diesen Häu-
sern im Bunker vegetierte, und bot uns eine dieser Mansarden zu

einem Spottpreis an. Ein Bett, eine Pritsche, ein Tisch, ein paar
Stühle wurden auch aufgetrieben, und bald schon kam eine
zweite Mansarde hinzu, so daß wir eine Schlafkammer mit einer
Dachluke und eine Küchenmansarde mit einem echten Fenster
hatten. Diese beiden Zimmerchen (wie auch das dritte, das im
Laufe der nächsten neun Jahre irgendwann dazugemietet worden
war) waren nicht miteinander verbunden; es gab also keine Wohnungstüre, sondern anfänglich zwei, später drei einzelne kleine
Räume am Ende des Ganges, von dem die anderen Dienstboten-
kammern abzweigten. Am Anfang dieses Ganges, gleich oben
an der Treppe, gab es eine Toilette und ein Waschbecken. Dort
holten wir und die Bewohner der anderen Mansarden jeweils in
einem Eimer das saubere Wasser und schütteten den Inhalt des
zweiten Eimers mit dem verbrauchten Wasser in die Toilette. Wir
hatten also immerhin den Komfort von fließendem Wasser und
einer Innentoilette mit Wasserspülung, aber keine Badewanne.
Haarewaschen in der schmalen Küche wurde zu einem Meisterwerk in Akrobatik – ich erinnere mich, daß ich im Alter von neun
Jahren zum erstenmal erfuhr, was Rückenschmerzen sind, als ich
mich von der Prozedur aufrichtete und vor Schmerzen fast nicht
mehr gerade stehen konnte. Wir haben also von Januar 1946 bis
Oktober 1955 in unmittelbarer Nachbarschaft zu dieser schrecklichen Familie meines Vaters gewohnt, deren Wohnung wir nur
zu besonderen Gelegenheiten wie zum Beispiel Geburtstags-
feiern für die bald siebzigjährige Mutter meines Vaters betraten.

Das Beste an dieser Familie war der jüngste Sohn Jürgen.
Er war ein Jahr älter als ich, aufgeweckt und frech, und ein ganz
brauchbarer Spielkamerad. Diese Freundschaft dauerte jedoch
nicht lange. Eines Tages waren meine Eltern im Kino (meine
Mutter war geradezu besessen vom Kino, und ich bin sicher, sie
hätte oder hat auf eine Mahlzeit verzichtet, um statt dessen ins
Kino zu gehen), und Jürgen nutzte die Gelegenheit, seine Cousine »aufzuklären«. »Ich wette, Du weißt nicht, woher die Kinder
kommen« begann er. Aber da war er an die Falsche geraten:
Natürlich wußte ich das, und wie genau! Schließlich hatte mich
das Baby, das im Bauch meiner Mutter heranwuchs, oft genug ge-

treten. Also winkte ich ab – damit konnte er mich nicht schockieren. »Aber wie sie in den Bauch hineinkommen, das weißt du nicht!« triumphierte er. Stimmt. Das wußte ich nicht, aber fünf Minuten später hatte er es mir detailliert und anschaulich erklärt. Er sprach über etwas, was so absurd und so brutal schien, daß ich nichts davon glauben konnte. Ich war empört, gab ihm eine Ohrfeige und schrie ihn an, daß *meine* Eltern so etwas nie tun würden. Dann rannte ich aus dem Zimmer und den ganzen Weg zum Kino. Er kam mir nach, und wir warteten, ohne ein Wort zu sprechen, bis der Film zu Ende war und die Besucher das Kino verließen. Mitten in der herausdrängenden Menge erspähte ich meine Eltern. Ich lief auf meine Mutter zu und erklärte ihr laut und vernehmlich, was dieser schreckliche Cousin mir da vorgelogen hatte. Meine Mutter versuchte, mich zu beruhigen und auf Zuhause zu vertrösten – meine Güte, muß das für sie peinlich gewesen sein! Zu Hause hat sie dann behutsam versucht, den Schaden wieder gutzumachen, soweit das möglich war. In ihrer Wortwahl hörte sich das alles weniger furchtbar an, aber für eine Siebenjährige war das Wissen um die menschliche Fortpflanzung vielleicht doch noch etwas früh. Muß ich betonen, daß der Kontakt mit diesem Spielgefährten, auch wenn er mein Cousin war, ein abruptes Ende erfuhr?

Das kann Tante Änne nur recht gewesen sein; je weniger Kontakt zu diesen entsetzlichen Verwandten, mit der sie ein rächender Gott für irgend etwas bestrafen wollte, desto besser! Aber wofür nur hätte er diese fromme Frau bestrafen wollen? Daß Gott hier seine Hand im Spiel hatte, war eindeutig, denn sie war zwar keine Nonne geworden, aber ihr Sein wurde sonst ziemlich heftig von der katholischen Religion bestimmt. Sie ging jeden Tag zur Messe und meistens auch zur Kommunion. Das lohnte sich aber nur, wenn genügend andere Gottesdienstbesucher da waren. Stets saß sie in der ersten Reihe, die Augen geschlossen, einen Schritt vor der religiösen Trance, der sie sich jedoch mit einem prüfenden Blick kurz entzog, wenn sie feststellen wollte, wer denn sonst noch da war. Wenn das Resultat sie befriedigte, stand sie auf, ging mit aneinandergelegten Händen, die sie ausgesteckt vor ihre füllige Brust hielt, und halbgeschlossenen Augen in Richtung Altarstufen, um die Kommunion zu zelebrieren. Auf dem Rückweg zu ihrem Platz hatte die Verzückung noch um einen Grad zugenommen.

Ich könnte das heute noch zeichnen, wenn ich zeichnen könnte, denn als Kind war ich öfter dazu verknurrt, mir dieses Schauspiel anzusehen, und ich saß dann immer erwartungsvoll da: Würde sie diesmal eine Stufe verpassen oder in die falsche Bank eintreten? Je älter ich wurde, desto mehr faszinierte mich dieses Ritual. Ich habe in meinem ganzen Leben keinen bigotteren Menschen getroffen, aber das würde sich erst nach und nach zeigen.

Meine Patentante war in dem katholisch geprägten Quartier eine einflußreiche Frau. Sie spendete gezielt für karikative Institutionen, bei denen sie sicher sein konnte, daß sie Katholiken zugute kamen. Sie war eine immer gesprächsbereite Partnerin für die Anliegen der diversen Pfarrer und ging im Nonnenkloster, das einen Block entfernt lag, ein und aus. Ihre penetrant zur Schau getragene Frömmigkeit war für sie das Maß aller Dinge; Menschen, die von ihrer religiösen Überzeugung weniger Aufhebens machten oder – o Schreck, o Graus! – gar keine hatten, zählten nicht.

Ihre alte Mutter, eine kleine, verhutzelte Frau, ging jeden Morgen um sechs Uhr zur Messe. Diese Tatsache, eine furchterregende Warze in ihrem Gesicht sowie der Geruch einer alten Frau sind die hauptsächlichen Eigenschaften, die mir von dieser zweiten Großmutter im Gedächtnis geblieben sind. Zum Geburtstag oder bei Familienanlässen gab sie mir jeweils fünfzig Pfennige, mit der Aufforderung, mir dafür »etwas Schönes zu kaufen«. Wenn sie nicht in der Kirche war, dämmerte sie vor sich hin, nuschelte ab und zu ein paar Sätze heraus oder betete ein paar Rosenkränze.

Ich glaube, es ist Zeit, daß Sie den Rest dieser fragwürdigen Verwandtschaft kennenlernen, damit Sie wenigstens verstehen können, warum es meine Mutter mit aller Kraft nach Berlin zurückzog . . .

Tante Änne war die ältere Schwester meines Vaters, Tante Hedwig die jüngere. Sie war verheiratet mit einem gutaussehenden Schwächling, der eigentlich ganz nett war, aber durchaus kein Partner für seine herrschsüchtige, krankhaft geizige Frau. Die beiden hatten zwei Kinder produziert. Bei dem Erstgeborenen, der nur knapp jünger war als meine Schwester, hatten sie sich doch tatsächlich zu dem Vornamen *Ingo* verstiegen; bei der Tochter, die zwei Jahre später kam, reichte es immerhin noch für *Vera*.

Die Vornamen dieses Cousins und dieser Cousine sagen viel aus über deren Mutter. Hedwig war in ihrer Jugend weitaus ansehnlicher gewesen als ihre ältere Schwester, und während die sich früh den richtigen Ernährer geangelt hatte, stellte sich heraus, daß Hedwig kein Kind von Traurigkeit war. Was nicht ohne Folgen blieb. Diese Folgen sind in aller Heimlichkeit abgetrieben worden – etwas, was alle wußten, worüber aber nie gesprochen werden durfte. Ihrem späteren Ehemann hat sie offenbar noch Jungfräulichkeit vorgaukeln können – na ja, das sagt dann wiederum einiges über ihn aus. Hedwig hatte mal in Vorkriegszeiten ihre ferne Schwägerin in Berlin unter die Lupe nehmen wollen und war dorthin gereist. Dabei hatte sie sich in Berlin so gut amüsiert, daß sie öfter Gastrecht in Anspruch nahm. Sie war in bezug auf ihre Libido wohl eher die Schwester meines Vaters, konnte das jedoch nicht so offen ausleben. Wenn sie sich dann aber dem gnadenlos forschenden Blick ihrer Familie entziehen konnte, hat sie wohl ziemlich viel unternommen, um ein paar fette Brocken für die nächste Beichte zu haben.

Tante Hety, wie sie sich nannte, wohnte mit ihrer Familie in Mülheim, in einem Reihenhaus mit Gärtchen und, vor allem, einem Zaun. Ihr größtes Bestreben war nämlich, das, was ihr gehörte, vor zudringlichen Händen oder nur schon Blicken zu schützen. Der gewisse Charme, den sie von ihrer jugendlichen Leichtlebigkeit noch in ihr betuliches Eheleben hinübergerettet hatte, verschwand schlagartig, wenn Gefahr drohte, daß sie etwas mit jemandem teilen sollte. Wir waren natürlich Hauptdarsteller in dieser »Jemand«-Gruppe, da wir ja buchstäblich nur das mitgebracht hatten, was wir drei mit unseren Händen tragen konnten und was meine kleine Schwester gnädig in ihrem Kinderwagen geduldet hatte. Und so kenne ich Tante Hedwig eben eher von ihrer dezidiert uncharmanten Seite, wobei mir eine ihrer Strategien unvergeßlich geblieben ist:

Wir waren hie und da zu Geburtstagen bei ihr eingeladen. Ich war dann immer altersmäßig gewissermaßen in einer Beletage: Weder gehörte ich wie meine Schwester, Ingo und Vera zu den »Kindern«, noch war ich groß genug, um bei den Großen zu sitzen. Aber wenn ich mich entscheiden mußte, dann schon eher die Großen, denn dort gab es meistens etwas zu erfahren, zu staunen – oder zu essen. Letzteres zieht sich durch meine Jugend wie ein roter Faden: Die Suche nach Essen wurde fast zur Obsession. Hunger macht käuflich, und so fand ich denn hie und da meine Tante Hety gar nicht so schlecht, weil sie gut Kuchen backen und ebenso gut Aufschnittplatten dekorieren konnte. Die Sympathie endete jedoch jedes Mal abrupt, wenn ihre Strategie zum Zuge kam. Und das ging so: Während ich noch an irgend etwas kaute und in Gedanken schon die nächste Schnitte oder, noch viel besser, das nächste Stück Kuchen ins Visier nahm, lud sie sich mit einer an Professionalität grenzenden Präzision die noch gefüllten Platten auf den linken Arm und marschierte in Richtung Tür. Dort drehte sie sich zu uns um, lächelte eine Mischung aus Scheinheiligkeit und Triumph, und sagte: »Oder wollte noch jemand etwas?« Unnötig zu betonen, daß sie an der Antwort keineswegs interessiert war, denn selbst wenn es noch jemandem – hauptsächlich mir – eingefallen wäre, todesmutig mit »Ja, ich!« zu antworten, hätte man das nur noch an die bereits von außen geschlossene Zimmertüre adressieren können. Nach der Zeit, die sie brauchte, um in der Küche das ihren Gästen Vorenthaltene wegzustellen, war sie wieder da – jetzt ganz entspannte Gastgeberin.

Ganz wenige Male nur ist ihr *Timing* nicht so gut gewesen, das heißt, ich war gerade nicht am Kauen, wenn sie ihre berühmte Frage stellte, und daher parat, ihre Strategie zu durchkreuzen, indem ich blitzschnell mit »Ich!« antwortete. Ich würde erst viel später lernen, daß rhetorische Fragen keine Antworten vorsehen. Sie kam dann jeweils zurück, schnitt das möglichst kleinste Stück

Kuchen ab, das sie unwillig auf meinen Teller gleiten ließ, und begleitete diese schmerzhafte Tätigkeit mit vielen netten Bemerkungen über Kinder, die zuviel essen, oder fragte mich ganz direkt: »Mein Gott, Kind, kriegst du denn nie genug?« Die Antwort wäre ein klares Nein gewesen; ich war immer hungrig. Und eines Tages durfte ich das auch bei ihr unter Beweis stellen.

Es war im Sommer, denn ich weiß noch, es gab Obstkuchen und Vanille-Pudding mit Früchten. Mein amerikanischer Onkel war da, und mit ihm lernen Sie jetzt das letzte Mitglied der Familie meines Vaters kennen. Wir wollen mal nicht damit anfangen, über seinen Charakter zu reden – den hat nämlich keiner so richtig ergründen können, ebensowenig wie die Quelle seines Einkommens. Dieser Onkel imponierte zuerst einmal durch sein Äußeres: groß (im Gegensatz zum Rest der Familie), ausgesprochen gut aussehend, braun gebrannt, mit einer gewissen Eleganz des fülligen Körpers. Dazu kamen ein stark amerikanisch gefärbtes Deutsch, ein schneller Humor, dem nichts heilig war, und, das Wichtigste: ein weißer Cadillac! Man muß sich das mal vorstellen: Nachkriegsdeutschland in der Zeit zwischen Kapitulation und Währungsreform, wo es nichts zu kaufen gab, was wert war, gekauft zu werden – und dann steht da plötzlich ein weißes Cadillac-Cabriolet vor der Haustüre.

Fritz hatte offenbar als junger Mann genug gehabt von seiner komischen Familie und war ausgewandert. Die längste Zeit wußte gar niemand, wo er war – seine Sehnsucht nach den Familienbanden war so klein, daß er es nicht für nötig gehalten hatte, seinen Aufenthaltsort bekannt zu geben. War es ein schlechtes Gewissen, oder war er so beeindruckt von dem, was sein Herkunftsland während des zwölfjährigen Nazi-Grauens durchgemacht hatte? Plötzlich jedenfalls verspürte er das Bedürfnis, diesem Land einen Besuch abzustatten, und eines Tages stand er da. Wann war das? Ende 1946 oder schon 1947? Ich weiß es nicht mehr, aber auf alle Fälle habe ich diesen Onkel als das Positivste gespeichert, was in der Familie meines Vaters existierte.

Das hatte verschiedene Gründe. Zum einen brachte er wunderbare Dinge mit wie Kaffee, Schokolade und Nylonstrümpfe.

Ich komme aus einer kaffeesüchtigen Familie – eine Sucht, die sich auf mich übertragen hat –, und meine Mutter war jeweils bester Laune, wenn sie, wie man das zu der Zeit nannte, »echten Bohnenkaffee« bekam, im Gegensatz zu dem grauenhaften Gebräu, das wir sonst tranken. Zum anderen entstand sehr schnell eine Bindung zwischen *Uncle Fred* und dieser Berlinerin, die einen Hauch von Großstadt in die Familie gebracht hatte, die einen Berliner Sinn für Humor besaß und über seine Familie ähnlich dachte wie er. Im Gegensatz zu seiner jüngsten Schwester war er ausgesprochen großzügig, und seine Dollars konnten zu jener Zeit Dinge kaufen, die offiziell gar nicht zu haben waren – jedenfalls nicht für Reichsmark.

Unvergeßlich ist mir dieser Onkel geworden, als es wieder einmal einen Familienanlaß bei Tante Hety gab, den er großzügigst finanziert hatte. Es war von allem mehr als genug da, und die Tante überlegte sicher schon, wieviel sie von diesem Überfluß für ihre Familie abzweigen konnte. Es kam also wieder der Moment, wo sie mit viel Geschick die noch gut gefüllten Platten auf ihren linken Unterarm stapelte und zur Tür hastete. Sie drehte sich um, um mit diesem falschen Lächeln auf dem Gesicht einmal mehr zu fragen, ob noch jemand etwas wollte, kam aber nicht dazu. Entweder hatte Uncle Fred das enttäuschte Gesicht seiner Lieblingsnichte entdeckt oder er hatte einfach genug von diesem Geiz. »Hedwig!« dröhnte seine Stimme, »stell das sofort wieder auf den Tisch!« »Aber ja doch, natürlich«, säuselte sie, und unter ihren entsetzten Blicken kam ich gerne und ausgiebig der Aufforderung von Uncle Fred nach, zuzugreifen, solange ich wollte. Natürlich habe ich den Triumph zu lange ausgekostet – mir wurde irgendwann einmal an diesem Nachmittag furchtbar schlecht. Aber da waren wir schon auf dem Heimweg, und Tante Hety hat diesen Teil der Geschichte nie erfahren.

Uncle Fred war, glaube ich, dreimal in Duisburg und sorgte bei uns für goldene Stunden in einem ansonsten tristen Dasein. Mit jedem Mal sah er weniger von seiner Familie und mehr von uns, wobei er das angespannte Verhältnis zu seinem Bruder in Kauf nahm. Er adressierte auch die seltenen Briefe, die er aus

Florida schickte, an uns, mit der Aufforderung, den Inhalt den anderen mitzuteilen, falls wir Lust dazu hatten. Dann aber kamen auch die nicht mehr, und Uncle Fred verschwand aus meinem Leben so plötzlich, wie er darin aufgetaucht war. So märchenhaft sein Auftreten auch gewesen war, ich habe nie das Bedürfnis gehabt, nach ihm zu forschen. Er kam mit materiellen Gütern aus dem Land der unbegrenzten Eßwaren, und er ließ uns erahnen, was das Wort *Glamour*, das damals mit den ersten Hollywood-Filmen in den deutschen Wortschatz eingeschleust wurde, bedeuten könnte. Für mich wird er immer mit dem denkwürdigen Anlaß bei Tante Hety in Erinnerung bleiben, und ich danke ihm noch posthum, daß er mich für all die Male gerächt hat, wo sich die noch vollen Platten und Schüsseln unter meinen entsetzten Blicken in Richtung Küche der Tante bewegten.

So, nun kennen Sie die ganze Familie väterlicherseits, und vielleicht begreifen Sie jetzt, warum ich im ersten Kapitel zu Vorsicht bei der Wahl der Eltern gemahnt habe. Falls Sie hoffen, daß das besser wird, wenn wir endlich wieder in Berlin sind und ich Ihnen die Familie mütterlicherseits vorstellen kann, muß ich Sie enttäuschen: Die beiden Familien stehen sich in nichts nach, was Hilfe und Zuwendung in schwierigen Zeiten betrifft, und es macht keinen großen Unterschied, ob sie aus Bigotterie oder krankhaftem Geiz gehandelt haben wie die Duisburger oder aus Egoismus und Desinteresse wie die Berliner. Aber noch sind wir in Duisburg, wo wir bis 1955 bleiben werden – und da sind noch viele Dinge passiert, die nichts mit diesen enttäuschenden Familienmitgliedern zu tun haben.

Ich war nicht die einzige, die hungrig war, aber Hunger hat bei mir immer etwas ausgelöst, was meine Umwelt nicht ignorieren konnte: Ich werde ziemlich schwierig, wenn mich der Hunger überfällt. Menschen, die sich die Mühe gemacht haben, mich wirklich kennenzulernen, hatten in dieser Hinsicht einen wichtigen Lernprozeß zu bewältigen: So diszipliniert und beherrscht ich in vielen Belangen sein kann, wenn ich hungrig bin, ist mit mir nicht zu spaßen. Zu diesem Lernprozeß gehört auch, daß

man mir nie etwas versprechen sollte, was nicht gehalten werden
kann. Aufs Essen bezogen, bedeutet das, daß man mir zum Beispiel nicht in Aussicht stellen darf, nach einer (sportlichen) Anstrengung in ein bestimmtes Restaurant einzukehren, ohne vorher zu überprüfen, ob dieses Restaurant an dem Tag auch offen
hat. Denn wehe, wenn es geschlossen ist, wie das mal passiert ist!
Dann bricht für mich eine Welt zusammen. Und das, obwohl ich
viele Male Heilfasten-Kuren bis zu zwanzig Tagen durchgeführt
hat, dabei voll gearbeitet und nicht gelitten habe. Darin liegt eben
der Unterschied: Wenn ich selbst bestimme, daß Essen kein
Thema ist, ist das eine Sache; wenn jemand anders das für mich
übernimmt, wird es dramatisch.

Immerhin hatte mein Hunger damals einen seriösen
Grund: Ich wuchs sehr schnell und war dabei sehr dünn. Aufgrund unserer Wohnverhältnisse mußte ich wiederum mit meiner Mutter das Bett teilen, und so dauerte es nicht allzu lange, bis
sie herausfand, daß ich nachts stark schwitzte. Ich hatte Kinder-
Tbc. Meine inneren Organe hatten mit dem Wachstum der äuße-
ren Hülle nicht Schritt gehalten, und meine Lunge hatte mir
mein schnelles In-die-Höhe-Schießen übel genommen. Immerhin bedeutete das, daß wir eine Zeitlang extra Rationen Milch,
Butter und andere Eßwaren vom städtischen Gesundheitsamt
bekamen, um mich aufzupäppeln. Nach einer Weile beruhigte
sich die Lunge wieder; irgendwann einmal hatte ich dann keine
Tuberkulose mehr. Eine Weile blieb noch die Angst, daß diese
Krankheit zurückkehren könnte, aber dann hat niemand mehr
daran gedacht. Erst Jahre später, als ich meinen Auswanderungsantrag nach den USA stellte, sollte ich nochmals beunruhigt sein,
denn etwas, wovor die Amerikaner panische Angst hatten, war
jede Art von Lungenkrankheit. Die Röntgenaufnahmen zeigten
zum Glück nur noch Narben, und die zwar auf meinem Antrag
vermerkt, aber kein Hinderungsgrund für mein Visum waren.

Duisburg war gewöhnungsbedürftig, in jeder Hinsicht. Es
blieb uns jedoch nichts anderes übrig, als uns wiederum mit einer
neuen Umgebung auseinanderzusetzen. Das fällt einem Kind
natürlich leichter, aber meine Mutter litt sehr. Tatkräftig wie sie

war, versuchte sie, dieses Leiden zu mindern, und eines Tages war
es dann soweit: Wir gingen für einen Kurzbesuch nach Berlin.
»Wir« hieß: meine Mutter und ich. Und »gingen« ist nicht einmal
das falsche Verb, denn ein Teil dieser Reise mußte zu Fuß zurückgelegt werden: Wir gingen nämlich über die sogenannte Grüne
Grenze. Offiziell war uns der Besuch von Berlin untersagt; die
Russen hatten sämtlichen Absichten von ehemals Evakuierten,
nach Berlin zurückzukehren, einen Riegel vorgeschoben. Und so
hatte sich schnell ein Schlepper-Geschäft entwickelt, das Menschen, die nach Berlin wollten – für immer oder nur zu Besuch –,
diesen Wunsch erfüllten. Keine Ahnung, was meine Mutter dafür
gezahlt hat – viel kann es nicht gewesen sein, aber was immer es
war, sie muß es sich buchstäblich vom Munde abgespart haben.
Und die Schlepper von damals unterschieden sich nicht von den
Menschen, die dieses schmutzige Geschäft heute betreiben: Das
Geld mußte selbstverständlich im voraus gezahlt werden, eine
Garantie gab es ebenso selbstverständlich nicht, und bei Ent-
deckungsgefahr verzogen sich die »Führer« selbstverständlich sofort. Bis zur Grenze konnten wir einen Zug nehmen; ab einem
gewissen Punkt jedoch ging es nur noch zu Fuß weiter. Wir mußten lange und im Dunkeln über Felder und durch Wälder laufen,
um dann irgendwann in der Umgebung Berlins zu landen.

Das Ganze war sowohl aufregend als auch anstrengend.
Aber die Aussicht, Berliner Luft zu schnuppern, die ja gemäß der
Legende besonders anregend sein soll, ließ uns die Anstrengung
vergessen. Die Ansicht unterschied sich jedoch dann erheblich
von der Aussicht: Wir standen vor dem inzwischen total zerstör-
ten Haus in Wilmersdorf, in dem ich die ersten vier Lebensjahre
verbracht hatte, durchsuchten den Trümmerhaufen nach Brauch-
barem und weinten uns die Augen aus dem Kopf.

Man sollte meinen, daß eine dieser Erfahrungen genügt.
Dem war aber nicht so. Ein Jahr später probte meine Mutter
nochmals den Aufstand bzw. die Flucht, und ich bin sicher, es
hätte noch ein drittes oder viertes Mal gegeben, wenn ich nicht
auf der zweiten Reise im Dunkeln auf einen Frosch getreten
wäre! Der Frosch sprang vor mir in Gesichtshöhe auf, und ich ließ

einen entsprechenden Schrei aus meiner jugendlichen Kehle. Laut genug, um die patrouillierende Grenzpolizei auf unseren kleinen Trupp aufmerksam zu machen. Nur mit größter Mühe ist es uns gelungen, trotzdem unentdeckt zu bleiben. Offenbar hat meine Mutter danach unsere Sicherheit ihrer Heimwehbewältigung vorgezogen; sie würde allerdings noch acht Jahre warten müssen, bis sie, ganz legal und per Zug, ihrem Heimweh ein Ende machen konnte.

1948: Musterschülerinnen dürfen immer vor ihrem Lehrer stehen

Wenn ich je jemanden aus meiner Schulzeit träfe ...

> Je berühmter man wird,
> desto mehr Schulfreunde trifft man.
>
> *Franklin D. Roosevelt*

Also, wenn die zweite Zeile von Roosevelts Aphorismus ein Gradmesser für die erste wäre, dann muß ich sagen: Berühmt bin ich offensichtlich nicht geworden. Obwohl ich bei dem Gesellschaftsspiel *Fame or Fortune* immer *Fame* gewählt habe, hat sich das nie so weit niedergeschlagen, daß ich jemanden aus meiner Schulzeit getroffen hätte. Und das ist gut so. Für alle Beteiligten.

Ich lebe seit über dreißig Jahren in einem der schönsten Länder der Welt, der Schweiz, die neben Schönheit auch sonst noch einiges zu bieten hat, worauf ich an anderer Stelle eingehen werde. Aber sie nervt auch hie und da, und zu den Dingen, auf die ich geradezu allergisch bin, gehört das Ritual, das sich jeweils bei Einladungen oder Zusammenkünften aller Art abspielt. In der ersten halben Stunde entdecken mindestens zwei der Anwesenden, daß sie vor 783 Jahren miteinander in den Kindergarten oder zur Schule gegangen sind! Und wenn sie es nicht selbst waren, dann waren es ihre Geschwister oder Cousins, oder ihre Eltern sind im selben Dorf in dieselbe Klasse gegangen. In der Schweiz muß man nicht berühmt sein, um Schulfreunde zu treffen. Aufgrund der Größe des Landes genügt es einfach, zur Schule gegangen zu sein – und schon trifft man Menschen, mit denen man gemeinsame Erinnerungen austauschen kann. Sicher bin ich besonders empfindlich, was das Thema Zugehörigkeit angeht, aber mir wird einfach jedesmal wieder bewußt, daß es hier einen Bereich gibt, der für eine Zugereiste Sperrbezirk ist.

Sie haben recht: Ich bin ja auch zur Schule gegangen, aber

ganz abgesehen davon, daß sich der Schulbesuch mit Ausnahme des ersten und letzten Halbjahrs in Duisburg abgespielt hat und einem in Zürich nicht jeden Tag jemand aus dieser Gegend über den Weg läuft, möchte ich klar festhalten: Wenn ich je jemanden aus meiner Schulzeit träfe, würde diese Person danach für den noch verbleibenden Rest ihres Lebens einen bleibenden Schaden davontragen. So absurd das klingen mag: Ich blicke eigentlich noch gerne auf meine Kindheit zurück, trotz Krieg und all seiner Begleiterscheinungen. Wenn ich jedoch an meine Jugend denke …, also ich werde Ihnen hier ein paar »Müschterli« geben, und dann können Sie selbst entscheiden, okay?

Fangen wir mit der Volksschule an, die so hieß, weil sie fürs ganze Volk ein achtjähriges Pensum als Mindestausbildung bot. Ich habe mich dort nur für eine Mindestdauer aufgehalten. Das erste halbe Jahr hatte ich ja verpaßt, weil Deutschland Ostern 1945 andere Sorgen hatte, als mich einzuschulen. Das zweite Halbjahr, das für mich ab Herbst desselben Jahres begann (Sie erinnern sich an die Schiefertafel mit »Anna und Alma«?), wurde durch die Flucht unterbrochen; in Duisburg mußte ich neu eingeschult werden, machte noch den Rest der ersten Klasse mit und kam dann mühelos in die zweite. Dort begann das Elend. Ich fand sehr bald heraus, daß meine Schularbeiten in einem Bruchteil der dafür zur Verfügung stehenden Zeit gemacht werden konnten; ich las etwas und hatte es im Kopf oder konnte sofort die Aufgabe lösen, ohne nochmals nachzuschauen. (Wenn das heute nur auch so wäre!)

Das ging mit allen Fächern so, bis auf die Rechenaufgaben, für die ich mich gar nicht begeistern konnte. Mein Vater wurde von meiner Mutter aufgefordert, mir dabei zu helfen – Sie ahnen, was kommt. Wir haben eine Wiederholung der Fahrrad-Geschichte, nur daß ich diesmal nicht so schnell erlöst wurde. Es gab dann sehr oft Krach zwischen meinen Eltern, weil meine Mutter die Erziehungsmethoden meines Vaters für ausgeprochen unmotivierend hielt – eine tolle Zeit! Ich freute mich zwar einigermaßen auf den Schulmorgen, aber gleichzeitig langweilte ich mich tödlich. Die Lehrerin nahm mich einfach nicht oft genug dran, obwohl mein Arm bei fast jeder Frage nach oben schoß . Bis auf die Rechenaufgaben, die dann am Nachmittag in Nachhilfe-»Unterricht« bei meinem Vater mündeten.

Eine Lösung mußte gefunden werden, und sie kam auf ungewöhnliche Weise. Eines Tages sprach die Lehrerin – eine bildhübsche, sanfte junge Frau von fünfundzwanzig, die ich sehr mochte – bei meinen Eltern vor. Ob sie beabsichtigten, ihre Tochter auf die Höhere Schule (Gymnasium), wie es damals hieß, zu senden. Selbstverständlich, meinte mein Vater, der eine doofe Tochter als Schicksalsschlag empfunden hätte. Gut. Dann würde sie folgendes vorschlagen: Da sie mir in der zweiten Klasse offenbar nichts mehr beibringen konnten – bis auf die Rechenaufgaben natürlich –, schlug sie vor, mich in die dritte Klasse zu nehmen, wo ich gefordert wäre und die anderen mit meiner Frustration nicht mehr verunsichern würde. Und was die Rechenaufgaben anging: Sie würde mir kostenlos Nachhilfestunden geben, um mich auf den nötigen Stand zu bringen. Toll. Wir hatten gleich zwei Probleme aus der Welt geschafft: meine Langeweile in der Schule und die Demonstrationen des pädagogischen Talentes meines Vaters. Jetzt liebte ich die Lehrerin, die sich so liebevoll um mich kümmerte und mir den Einstieg in den Stoff der dritten Klasse so leicht wie möglich machte, geradezu. Ich war also sieben Jahre alt und in der dritten Klasse.

Das wäre vielleicht auch sonst nicht leicht; unter den gegebenen Umständen war es unmöglich. Die älteste Schülerin war eine vollentwickelte Dreizehnjährige, die einfach aufgrund des Krieges einige Schuljahre ausgesetzt hatte. Na ja, vielleicht nicht nur aufgrund des Krieges, den viele andere ja mit ganz normalen Versetzungen überstanden hatten; vielleicht hatte eher ihr IQ etwas damit zu tun. Die anderen Kinder waren zwischen neun und zwölf, was nicht nur über das Altersgefälle, sondern auch über die gesammelte Intelligenz in dieser Klasse etwas aussagt. Die meisten wären vielleicht gar nicht mal so bildungsunfähig gewesen, wenn sie nicht unter der Knute der dreizehnjährigen Waltraud gestanden hätten, die ein Terror-Regime ausübte. Sie war die Tochter einer Prostituierten, die sich wohl nie richtig um sie gekümmert hat. Dafür müssen Sie wissen: Duisburg war (oder ist immer noch?) der zweitgrößte Binnenhafen der Welt; dementsprechend ausgedehnt war das Rotlichtviertel, das ich später noch gut kennenlernen sollte. Ein Riesenbrocken, dieses Kind, das mitten in der Pubertät stand und die Dehnbarkeit eines jeden Pullovers auf gefährliche Weise testete. Spätestens wenn sie zuschlug, hatte man begriffen, wer in dieser Klasse das Kommando hatte.

Und ich bot mich in geradezu idealer Weise als Objekt fürs Zuschlagen an. »Die Neue« war nicht aus Duisburg, viel zu intelligent und offensichtlich feige. Letzteres hieß: Ich ließ mich verprügeln, ohne zurückzuschlagen. Und das fand an fast jedem Tag statt. Meistens wartete zu Hause niemand auf Waltraud, und sie hatte daher keine Eile, ihr trautes Heim aufzusuchen. Als Zeitvertreib bot ich mich an, und die Horde anderer Kinder, die sich um ihre Gunst bemühten, johlte und zollte ihr nach der Schule den Beifall, den sie während des Unterrichts nie bekommen würde.

Als ich eines Tages mit sehr sichtbaren Spuren der Attacke nach Hause kam – Waltraud besaß als einzige in der Klasse Stiefel und hatte damit meine Kniekehlen traktiert, die mehrere Blutergüsse aufwiesen –, verlangte meine Mutter von meinem Vater, daß er dieser Sache ein Ende mache. Er sollte zur Schule gehen, diese Behandlung seiner Tochter öffentlich anprangern und dafür sorgen, daß dieser Waltraud das Handwerk gelegt würde. Ach, meine naive Mutter, die immer noch nicht begriffen hatte, wie wenig mein Vater sich für solche Dinge eignete ...

Er kam also zur Schule, gleich zum Rektor natürlich. Der mimte Betroffenheit – als ob er nicht schon längst gewußt hätte, was sich da abspielte – und schlug eine öffentliche Konfrontation vor der versammelten Schule am Ende der großen Pause vor. Die Kinder aller Klassen standen also, zu zweit aufgereiht, vor den Stufen, die zum Schulhaus führten. Oben standen der Rektor, meine Lehrerin, mein Vater und ich. Szenen, die sich unauslöschlich einprägen – ich habe dieses Bild fest in meinem Kopf! Wer denn das sei, die mich so traktierte, wurde ich vom Rektor gefragt. Ich zeigte auf die liebe Waltraud, die nach oben befohlen wurde. Der Koloß schlenderte provozierend langsam nach vorne. Irgendwie hatte ich da schon das Gefühl, daß sich diese Geschichte in die falsche Richtung entwickelte, und eine Minute später sollte ich hören, daß ich recht hatte. In einer Mischung aus gespielter Empörung und Aggressivität gelang es ihr, den Rektor davon zu überzeugen, daß ich sie dauernd provozierte – und die Prügeleien jeweils selbst anzettelte!!! Ich traute meinen Ohren nicht, dafür aber meinem Vater, was wieder mal ein Fehler war. Der Rektor wandte sich an ihn und sagte gedehnt: »Ja, wenn das so ist . . .«, und was tat der liebe Papi? Er sah mich wütend an und zischte zwischen den Zähnen so etwas hervor wie: »Also, wenn du damit anfängst, bist du ja mitschuldig. Warum hast du mir das nicht gesagt?!« Ich machte den Mund auf, um zu protestieren, aber da hörte ich schon, wie sich mein Vater bei dem Rektor entschuldigte für die Umtriebe, die er verursacht hatte, worauf er sich verabschiedete und mich da oben stehen ließ! Es ist wirklich kaum zu glauben, daß ich nicht eine einzige Chance hatte, irgend etwas in diese Gerichtsverhandlung einbringen zu können, aber so war es. Die Kinder fingen an zu kichern und zu flüstern, und ich hatte eine ziemlich gute Vorstellung davon, wie mein Heimweg aussehen würde . . .

Eine meiner ausgeprägtesten Eigenschaften ist mein Harmoniebedürfnis. Ich litt unter den Krächen meiner Eltern, unter der Kälte und Verlogenheit der Verwandten und natürlich unter der Gewalt dieser Mitschülerin bzw. der Tatsache, daß sie die Klasse so im Griff hatte, daß kein anderes Kind wagte, sich auf meine Seite zu schlagen. Aber ich hasse Ungerechtigkeit. Und diese Regung ist immer stärker gewesen als die Sucht nach Harmonie. Ich bin heute überzeugt, daß ich dafür an diesem denkwürdigen Tag das erste Beispiel geliefert habe.

Ich verstand die Welt nicht mehr. Mein Vater hatte mich vor der ganzen Schule gedemütigt, und nicht einmal meine geliebte Lehrerin war mir verbal zu Hilfe gekommen. Im Laufe der zweiten Morgenhälfte verwandelte sich die Erinnerung an die Demütigung in helle Wut; ich würde meinen Vater zur Rede stellen, wenn ich nach Hause kam. Allerdings freute ich mich nicht auf

diese Auseinandersetzung und trödelte mit dem Zusammen-
packen meiner Schulsachen herum, als ein Kind atemlos in das
leere Klassenzimmer kam und mir zurief: »Sie wartet draußen
auf dich.« Das hatte ich ja schon selbst vermutet, aber ich war
nicht darauf gefaßt, daß die anderen Kinder Spalier standen und
auf das Spektakel warteten, das sich auf dem jetzt leeren Schulhof
abspielen würde.

Erinnern Sie sich an die Szene in *From Here to Eternity*,
wenn *Frank Sinatra* zum zweitenmal ins Militärgefängnis eingeliefert wird und am Ende des langen Ganges *Ernest Borgnine*, der
sadistische Wärter, auf ihn wartet? So ungefähr müssen Sie sich
das vorstellen: Nicht alle, aber die meisten Kinder der Klasse standen rechts und links und bildeten die Gasse, durch die ich mußte
und an dessen Ende der wütende Koloß stand, mit einem hämi-
schen Grinsen auf dem Gesicht, die Hände in Vorfreude zu Fäu-
sten geballt.

Ich hatte eigentlich keine Chance, aber ich hatte meine
Wut. Und was dann passierte, ist ebenso unwahrscheinlich wie
das, was ein paar Stunden zuvor geschehen war. Ich rannte
durch das Spalier, und ohne richtig nachzudenken – wofür mir
ja auch keine Zeit blieb –, schmiß ich meine Schulmappe in die
rechte Kinderreihe. Dann stürzte ich mich mit einem Urschrei
auf den Koloß, warf ihn zu Boden, schüttelte den massigen Körper wie eine Besessene und schrie – ja was habe ich gesagt?
Keine Ahnung mehr, aber es müssen die gesammelten Emotionen des Morgens gewesen sein. Alle waren verblüfft, am
meisten die Attackierte, die plötzlich anfing zu heulen und zu
jammern. Sie trug einen Flauschmantel, und ich hatte mich in
einem der Knopflöcher verfangen, das sich zu einem beträchtlichen Riß erweitert hatte. Vielleicht ahnte sie, daß sie mit diesem erklärungsbedürftigen Kleidungsstück zu Hause Ärger bekommen würde – die Zeiten waren nicht so, daß man einfach
hinging und einen neuen Mantel kaufte. Sie hat mich nicht angerührt, sondern stand einfach heulend da mit dem herausgeris-
senen Knopf in der Hand. Die anderen Mädchen trauten ihren
Augen nicht; keine wußte, was jetzt angesagt war. Ich hob meine

Mappe auf und war sicher, daß ich diesmal einen sicheren Heimweg haben würde.

Damit war das Drama jedoch noch nicht ausgespielt. Im Zustand höchster Aufregung kam ich nach Hause, wo ich zuerst einmal meine Mutter aufklärte, wie wenig sich mein Vater für die Rolle des unerschrockenen Rächers seiner Tochter eignete, und ihr dann, ziemlich aufgelöst und jetzt auch heulend, berichtete, was sich bei Unterrichtsende zugetragen hatte. Dann kam natürlich der Krach mit meinem Vater, der noch bemerkte, nachdem er meine Geschichte mitgehört hatte, da sähe man ja, wer diese Prügeleien anfinge, und bevor das Ganze eskalieren konnte, klingelte es an der Haustüre. Wir wohnten im vierten Stock, und ich konnte schnell sehen, wer da die Treppen hinaufhastete: Waltraud mit einer Frau, die wohl ihre Mutter war. Ein neuer *Showdown* bahnte sich an.

Auf dem letzten Treppenabsatz blieben die beiden stehen, denn oben an der Treppe (Sie erinnern sich, wir hatten keine Wohnungstüre, die man vor dieser Frau hätte zuschlagen können) stand die Rachegöttin Nemesis in Gestalt meiner Mutter, mit mir an ihrer Seite. Waltrauds Mutter begann ein Gezeter um den zerrissenen Mantel, dessen Riß sich inzwischen auf mirakulöse Weise noch vergrößert hatte, zerrte ihre Tochter nach vorne, die immer noch diesen blöden Knopf in der Hand hielt und sich auf heulende Unschuld vom Lande verlegt hatte, und verlangte auf der Höhe ihrer Stimme eine völlig absurde Summe Schadenersatz für diesen uralten, zerschlissenen Mantel.

Nachdem sie mal die erste Schreisalve abgespult hatte, war meine Mutter an der Reihe. Auch sie war erregt, aber sie schrie nicht. Verhältnismäßig ruhig erklärte sie, sie sei stolz auf ihre Tochter, die sich zum erstenmal gewehrt habe, und der kaputte Mantel sei nicht mehr als die gerechte Strafe für einen selbstverschuldeten Streit, abgesehen davon, sei er so abgetragen, daß er ohnehin fast auseinanderfiele. Sie dächte nicht im Traum daran, irgendetwas zu zahlen, und dann forderte sie die beiden auf, das Haus zu verlassen. Waltrauds Mutter schrie (inzwischen waren einige Wohnungstüren im Haus auf- und zugegangen, und ich bin sicher, alle Bewohner bekamen irgend etwas von diesem

Spektakel mit), daß das mit dem Sichwehren ja wohl umgekehrt sei – ihre Tochter sei von mir angegriffen worden, obwohl auch ihr das etwas komisch vorgekommen sein muß, wenn man die Größenverhältnisse zwischen ihrem Goldkind und mir in Betracht zog. Wie bitte? meinte meine Mutter, drehte mich um und zeigte meine blutunterlaufenen Kniekehlen, wo die Stiefelspuren noch sichtbar waren. »Warst du das?« fragte Waltrauds Mutter ihr Unschuldsengelein, drehte deren Fuß um und sah, daß der Stiefelabsatz dasselbe Muster aufwies. »Davon hast du mir ja gar nichts gesagt!« herrschte sie ihre Tochter an, und wenn sie sich auch nicht gerade bei meiner Mutter entschuldigte, so wiederholte sich die Geschichte meiner Demütigung durch meinen Vater jetzt an der verhaßten Mitschülerin. Zwar drohte die Mutter noch, daß sie Schritte unternehmen würde, um von uns einen neuen Mantel für ihre Tochter zu bekommen, aber das machte meiner Mutter keinen Eindruck: Sie wußte, wo in dieser Situation die Sieger und die Verlierer waren. Waltraud heulte jetzt laut, die Mutter schimpfte ebenso laut, und zusammen traten sie den Rückzug an. Ich hatte an einem einzigen Morgen gleich zwei begnadete Pädagogen in Aktion gesehen!

Natürlich haben wir von der Mutter nichts mehr gehört, obwohl ich öfter von ihr geträumt habe. Mit Waltraud hatte ich nie wieder Probleme. Sie ging mir aus dem Weg. Bei den anderen Kindern hatte sie jede Autorität verloren, und einige bemühten sich jetzt um mich. Aber schon da zeigte sich eine andere meiner ausgeprägten Charaktereigenschaften: Ich habe ein Elefantengedächtnis für erlittene Verletzungen und bin ausgesprochen nachtragend. Diese Kinder hätten sich früher auf mich besinnen sollen; sie waren nicht da, als ich ihre Hilfe hätte gebrauchen können, und jetzt konnte ich auch ohne sie auskommen, zumal ich eine der wenigen war, deren Abschied von der Volksschule programmiert war – das Ende war also absehbar. Und schließlich war ich ja auf der Schule, um etwas zu lernen, und nicht, um Autoritätskämpfe zu bestehen oder Popularitätswettbewerbe zu gewinnen. Lernen war immer noch meine erklärte Lieblingsbeschäftigung.

Ich war gefordert mit dem Stoff der dritten Klasse; inzwischen konnte ich jedoch auch bei den Rechenaufgaben mithalten. Und dann kam die vierte Klasse mit einem wunderbaren Lehrer, der mich voll unterstützte. Gegen Ende dieses Schuljahrs mußte man sich für die Aufnahme am Gymnasium anmelden. Das heißt, zuerst einmal mußte man bestimmen, welche Richtung man einschlagen wollte: Studieren? Dann mußte es das Gymnasium sein. Oder genügte es, eine gutausgebildete höhere Tochter zu sein, die dann wiederum andere höhere Töchter gebären und zu gebildeten Wesen erziehen sollte? Dann war wohl eher das Lyzeum geeignet: Am Ende von dessen ebenfalls neunjährigem Lehrgang stand das »Pudding«-Abitur, so genannt, weil der Lehrplan Handarbeit und Kochen mit einschloß, aber auf Latein und Griechisch verzichtete. Weil mein Vater der Ansicht war, ich würde bei der Mathematik am Gymnasium nicht mithalten können, entschied er, daß es das Lyzeum würde. Kein Wunder, habe ich viele, viele Jahre gebraucht, bevor ich dem Kochen etwas abgewinnen konnte ...

Also: Stichtag für meine Anmeldung zur »Höheren Schule« ist der 8. Februar 1948. Solche Sachen erledigte mein Vater, denn die seltenen Momente, wo er sich mit meiner Existenz arrangierte, waren die, wo er mit mir angeben konnte: Als ich eine Klasse übersprungen hatte, wußte das ganze Viertel innerhalb weniger Tage davon. Wenn ich Klassenbeste war, ging er mit mir spazieren und forderte mich auf, jedem, der uns begegnete, meine guten Noten herunterzubeten. Ich bin also am Stichtag für die Anmeldungen acht Jahre alt, vier Tage von meinem neunten Geburtstag entfernt. Sicher eine Art Rekord in der Geschichte der Johanna-Sebus-Schule, mit dem der Rektor dieser höheren Lehranstalt überhaupt nicht umgehen kann.

Es ist immer noch Nachkriegszeit in Deutschland. Das heißt: Die Verhältnisse sind alles andere als geordnet. Noch immer fehlen Möbel oder Schulbücher, von Landkarten oder Ausstattungen von Biologie- und Chemiezimmern ganz zu schweigen. Die Schulhäuser sind, wo nötig und möglich, notdürftig repariert worden; es mangelt jedoch an allen Ecken und Enden, ganz besonders auch an entnazifizierten Lehrerinnen und Lehrern. Die chaotischen Verhältnisse während des Krieges haben immer noch Folgen; so sind zum Beispiel viele Kinder einiges älter als üblich, und die Klassen sind weit über ihre zulässige Höchstzahl hinaus belegt.

Und in dieser Situation steht da nun dieser Mann und möchte seine achtjährige Tochter anmelden! Der Rektor traut seinen Ohren nicht, erklärt meinem Vater, daß er Dreizehnjährige zurückstellen muß, weil die Klassen übervoll sind, und daher eine Achtjährige null Chancen hat, aufgenommen zu werden. Mein Vater macht ihn darauf aufmerksam, daß ich ja nur noch vier Tage lang acht Jahre alt bin, aber auch Neunjährige sind nicht gefragt. Es würde mindestens noch zwei Jahre dauern, bis sich die Verhältnisse einigermaßen normalisiert hätten.

Offenbar will mein Vater nicht so schnell die Segel streichen, und als er fragt, was er denn mit seiner hochintelligenten kleinen Tochter tun soll, sieht der Rektor seine Chance, uns endgültig loszuwerden. Da gebe es ja noch eine Mittelschule (würde heute der Schweizer Sekundarschule entsprechen); dorthin würden sie all die abschieben, die es auf der Höheren Schule nicht schafften. Vielleicht würden die mich aufnehmen. Ich verstand das nur bedingt, denn vor dem Abschieben hätte ja zumindest eine Aufnahme erfolgen sollen, aber mein Vater erkundigt sich bereits nach der Adresse der Schule, die für mich in Frage käme; der Rektor liefert sie bereitwilligst. Wir würden es dann in zwei Jahren noch einmal versuchen, meint nun mein Vater. Der Rektor ist offensichtlich genervt von diesem Mann, und er dehnt seine Ablehnung auf mich aus. »Machen Sie sich da mal keine Hoffnung«, meint er zum Abschied mit kaum verhohlenem Hohn, »es hat noch keine geschafft, von der Mittelschule aufs Lyzeum zu kommen – der Weg geht in die umgekehrte Richtung!« Er hätte mir keinen größeren Motivationsschub vermitteln können; ich bin ihm heute noch dankbar dafür.

Die Aufnahmeprüfung für die Mittelschule war nicht schwer und die Tatsache, daß ich die Jüngste in der Klasse war, nicht neu. Ich gewöhnte mich schnell daran, daß ich hier wieder einmal Bestnoten liefern mußte – nicht nur, um meinen Vater zufriedenzustellen, sondern weil mich keiner auch nur für einen Moment vergessen ließ, daß ich ja nur für zwei Jahre ein Gastspiel geben wollte. Wenn ich wirklich den Weg zurück einschlagen wollte, den angeblich niemand erfolgreich beschreiten könnte, durfte ich nicht nachlassen. Leistung war also gefragt.

In die Zeit der Mittelschule fallen ein paar wichtige Ereignisse: Zum Beispiel der Beginn der Arbeitslosigkeit meines Vaters und, im Juni 1948, die Währungsreform, Beginn des deutschen Wirtschaftswunders. Die ersten Erfahrungen mit Heimarbeit und die ersten Lektionen einer Sprache, die einmal Anspruch erheben würde, mir meine Muttersprache zu ersetzen. Die Freundschaft mit der Bäckerstochter und die Geschichte mit den Schuhen meines Vaters. Der Vorfall mit dem Priester und mindestens zwei abortierte Schwangerschaften meiner Mutter. Es war eine Zeit des Lernens und Erfahrens, auch außerhalb der Schule. Aber nun mal hübsch eins nach dem anderen ...

Im Grunde war die Mittelschule nicht die schlechteste Schulzeit. Mein Schulweg dauerte eine Dreiviertelstunde mit der Straßenbahn oder gut zwanzig Minuten mit dem Fahrrad. Eine Zeitlang hatte ich ein Fahrrad, ein älteres Modell natürlich, nicht mehr solch ein schönes, rotes, nagelneues wie in Ostpreußen. Wie ich dazu gekommen bin, weiß ich nicht mehr, aber es hat mir sehr gute Dienste geleistet. Und eben: Natürlich konnte ich radfahren, sobald mein Vater es mir nicht mehr beibringen wollte.

Leider wußten alle in der Klasse, daß ich nicht die Absicht hatte, dort Wurzeln zu schlagen, und so mußte ich mich erst einmal bewähren und mich als verläßlich erweisen, bevor ich akzeptiert wurde. Dann aber machte wiederum das Lernen Spaß, besonders der Englischunterricht. Ich weiß nicht, was es war mit dieser Sprache – vielleicht die positiv besetzte Erinnerung an den jungen Amerikaner, der mich verwöhnt und meine Mutter angehimmelt hatte, oder Uncle Fred? –, aber vom ersten Tag an war ich ihr verfallen. Mit Ausnahme von Deutsch ist mir nichts je so leicht gefallen wie Englisch. Es waren die schönsten Stunden; gleich danach kam Aufsatz schreiben. Mit Rechnen, das nun schon Mathematik hieß, hatte ich immer noch nichts im Sinn, und das würde auch für den Rest meines Lebens so bleiben. Aber ich hatte auch Geschichte oder Geographie sehr gerne und konnte mich mit dem Lehrplan gut arrangieren. Die Hausaufgaben waren jetzt anspruchsvoller, und oft machte ich sie zusammen mit anderen Kindern nach der Schule. Zu mir nach Hause konnte ich natürlich niemanden einladen; als sich doch einmal eine Mitschülerin bei uns einfand, mußte ich dafür einen unverhältnismäßig hohen Preis zahlen.

Die Mitschülerinnen hatten schnell begriffen, daß sie bei mir die eine oder andere Lösung holen konnten. Und sie wußten auch, wie man mich dazu kriegen konnte: mit Pausenbroten zum Beispiel. Ich hatte immer Hunger und lernte zu essen, wann immer sich dazu Gelegenheit ergab. Zu der Zeit war ich noch hoch aufgeschossen und brandmager, später, nach der Pubertät, würde sich das dann in unnötigen Kilos niederschlagen. Noch aber war ich ein dünnes, hungriges Kind – mit einer Bäckerstochter als Freundin! Ediths Vater hatte eine gutgehende Bäckerei, aber keine so intelligente Tochter. Sie war dankbar, wenn ich ihr bei den Hausaufgaben half, und ich besuchte sie, so oft ich konnte, denn ich durfte das Haus durch die Backstube betreten! Dort konnte ich mich bedienen mit allem, was mein Herz begehrte bzw. was meine Hände auf dem Weg zum ersten Stock noch halten konnten. Ich fand Edith großartig, denn sie ließ mich nicht nur essen, sondern hie und da durfte ich dort auch baden, was mir das Höchste an Luxus schien.

Dann aber bekam das Bild einer harmonischen Schulzeit doch einen Riß, der alles verändern würde. Ich war in jeder Beziehung gewachsen und hatte inzwischen Schuhgröße dreiundvierzig. Als sich das einzige Paar Schuhe, das ich besaß, in Wohlgefallen auflöste und ich eines Morgens effektiv mit Schuhfetzen dastand, mußte eine Lösung her. Mein Vater hatte dieselbe Schuhgröße, und obwohl ich heftigst protestierte, mußte ich seine Schuhe anziehen und damit zur Schule gehen.

Wir alle kennen Geschichten von der Grausamkeit von Kindern – bitte glauben Sie, was immer Sie hören! Ich war das Gesprächsthema des Tages! Von dem Moment, wo ich auf den Schulhof radelte, bis zum Ende des Unterrichts ließen mich meine Mitschülerinnen nicht vergessen, was da wie Klumpen an meinen Füßen hing. Als ob ich das hätte vergessen können; die schweren Herren-Halbschuhe hingen an meinen dünnen Beinen und machten jeden Schritt zur Qual. Das Interessante ist, daß sich die Alternative eines verpaßten Schultags offenbar gar nicht gestellt hat; wahrscheinlich haben wir irgendeine Klassenarbeit geschrieben, die ich nicht verpassen konnte oder wollte.

Bis zum Nachmittag hatte meine Mutter genügend Geld aufgetrieben – wir waren jahrelang Stammkunden bei den Pfandleihen –, um mit mir einen Schuhladen aufzusuchen. Die Verkäuferin fiel fast in Ohnmacht, als sie meine Schuhgröße hörte. Nach langem Suchen fand sie dann doch ein Paar Schuhe, für das unser Geld reichte. Die hatten nur einen Schönheitsfehler: Sie waren Größe zweiundvierzig. Die Verkäuferin redete auf uns ein, daß wir in ganz Deutschland keinen Kinderschuh in meiner Größe fänden (womit sie zweifellos recht hatte) und froh sein sollten, daß sie noch etwas gefunden hatte. Mit dem zur Verfügung stehenden Geld hatten wir ohnehin keine Wahl, und der nächste Schultag kam bestimmt. Ich hatte zwar einen Vormittag in den Schuhen meines Vaters verbracht, aber ich hatte keinen Zweifel daran gelassen, daß ich dieses Spießrutenlaufen nicht noch einmal über mich ergehen lassen würde. Also kauften wir diese Schuhe, die natürlich weh taten. Meine Zehen haben das offenbar nicht so geschätzt, daß sie sich den Schuhen anpassen mußten – die Spuren von einer solchen Prozedur bleiben einem ein ganzes Leben lang.

Viele Jahre später, als die schwedische Schauspielerin *Liv Ullman* einer meiner Leinwandlieblinge war, habe ich einen großen Artikel über sie im *TIME Magazine* gelesen. Darin stand, daß sie sich für ihre Füße, die im Krieg in zu kleine Schuhe gepreßt worden waren, geschämt und sie, besonders als junges Mädchen, am Strand immer im Sand vergraben habe. Ich habe sie danach doppelt bewundert und fühlte mich ihr sehr verbunden! Und als ich dann noch hörte, daß *Ingrid Bergman* und *Audrey Hepburn* mit Schuhgröße dreiundvierzig durchs Leben gegangen sind, empfand ich es auch nicht mehr als Makel, daß ich mal Größe dreiundvierzig hatte – aber wenn man zehn Jahre alt ist und eine Verkäuferin vor sich hat, deren Einfühlungsvermögen in die Psyche eines Kindes wohl etwas unterentwickelt war, kann einen das schon umhauen. Kein Wunder, habe ich später im Leben eine Art Schuhtick entwickelt, der eben nur halb ein Tick ist. Es ist nicht nur die Schönheit eines Schuhs, die mich zum Kaufen animiert, sondern etwas ganz Pragmatisches: Ich muß Schuhe dann kaufen, wenn ich welche finde, die mir passen und nicht weh tun. Heute schlagen Verkäuferinnen zwar nicht mehr die Hände über dem Kopf zusammen, wenn sie meine Schuhgröße – jetzt zweiundvierzig – hören, aber in kleineren, sehr teuren Schuhläden haben sie dieses Lächeln auf dem Gesicht, das man für mild Verrückte bereit hält. So ist denn auch meine erste Frage in jedem Schuhgeschäft: »Was ist die größte Größe, die Sie führen?« Das verkürzt viele Aufenthalte.

Wieso konnte es überhaupt zu diesem »Schau mal, die trägt die Schuhe von ihrem Vater!«-Vorfall kommen? Das hatte – wundert es Sie? – wieder mal etwas mit meinem Vater zu tun ...

Kurz nach unserer Ankunft in seiner Heimatstadt hatte er eine Anstellung gefunden, als Chef-Sachbearbeiter in einer Fabrik, die Schrauben und Scharniere herstellte. Ich durfte ihn dort mal besuchen und war fasziniert. Bei meinem ersten Besuch in einer Fabrik zeigte sich schon, daß ich Betriebsbesichtigungen lieben würde – auch heute noch könnte ich locker pro Woche eine davon vertragen. Mich faszinieren Produktions-, Verpackungs- und Versandvorgänge, ich finde das Geschehen hinter der Bühne aufregender als das auf der Bühne, und beim Fernsehen nehmen mich Regie und das, was hinter der Kamera alles läuft, so gefangen, daß ich fast vergesse, warum ich eigentlich im Studio bin. Aber Fernsehen ist noch gar kein Thema, sondern vorerst sind wir ja noch bei meinem Vater, der mit dem Schicksal haderte, weil nach dem Krieg noch niemand auf die Idee gekommen war, ihn mit einer Chefredakteur-Position zu betrauen. Als die Schraubenfabrik Anfang 1947 schloß, wurde er arbeitslos – ein Zustand, der ihm so behagte, daß er ihn für die nächsten gut acht Jahre beibehalten würde. Er hatte keine Mühe, sich zu beschäftigen: in der Bibliothek konnte man jedes Buch für fünf Pfennig ausleihen, und da er ja Zeit hatte, schaffte er selbst achthundertseitige Wälzer in ein paar Tagen. Jedenfalls wurde er der Besucher der Stadtbibliothek, der am meisten Bücher ausgeliehen hatte.

Irgendwie ist es ihm gelungen, die Leute im Arbeitsamt davon zu überzeugen, daß er für viele Arbeiten gar nicht in Frage kam; erst 1955 würden sie darauf bestehen, ihn zum Buchhalter umzuschulen. Er würde dann siebenundfünfzig Jahre alt sein; sicher hat er sich täglich ausgerechnet, wann er den zu befürchtenden Angestelltenstatus mit dem des »in Ehren ergrauten Pensionierten« vertauschen könnte. Ich kann es bis heute nicht fassen, daß ein hochintelligenter, schreibbegabter Mann mit Familie offenbar beschlossen hatte, nicht mehr zu arbeiten – es sei denn, man würde ihm wieder einen Chefposten anbieten. Aber so blieb es, mit ganz wenigen, ganz kurzen Zeitspannen, wo er etwas mehr als die Arbeitslosenunterstützung nach Hause brachte.

Die Lage wurde noch zusätzlich erschwert durch seinen ungeheuren Egoismus. Mein Vater war sein ganzes Erwachsenenleben hindurch ein starker Raucher, mehr als zwei Päckchen pro Tag, und er liebte Kaffee. Dieser Bedarf an Luxusartikeln stand nicht ganz im Einklang mit den Einkünften der Familie, die sich viele Jahre lang auf die beeindruckende Summe von vierundvierzig Mark pro Woche beliefen. Genau dieser Betrag war das, was das Arbeitsamt für eine vierköpfige Familie als angemessen ansah. Ich weiß nicht, wie solche Berechnungen zustande kommen, aber das war das offizielle Einkommen unserer Familie meine ganze Jugend hindurch. Gut eine Wochenzahlung ging für die Miete weg, und von den anderen ca. hundertvierzig Mark hätten wir alles andere bestreiten sollen.

Wenn ich Sprüche höre wie »Armut ist keine Schande«, weiß ich, daß das jemand sagt, der wahrscheinlich noch nie mit Armut in Berührung gekommen ist. Was braucht man auch noch die Schande, wenn der Rest schon schlimm genug ist? Ich werde heute sehr wütend, wenn ich höre, wie Flüchtlinge in »echte« und in »Wirtschaftsflüchtlinge« unterteilt werden. Ich finde, Hunger ist ein verdammt guter Grund, um sich nach einem anderen Land umzusehen, und es ist unentschuldbar, daß wir täglich Tausende von Menschen in Entwicklungsländern verhungern lassen. Vielleicht ist es keine Schande, arm zu sein – aber erzählen Sie das mal einer Klasse von Halbwüchsigen, wenn Sie dauernd irgend etwas nicht mitmachen können oder durch die Klassenkasse finanziert werden müssen! Der Wunsch nach einem eigenen Bett für jedes Kind ist ja auch nicht übertrieben, aber er war uns viele Jahre lang verwehrt, denn nachdem wir irgendwann eine Matratze auf Backsteinen für mich organisiert hatten, war meine Schwester längst dem Kinderbett entwachsen, und nun mußte sie das Bett mit meiner Mutter teilen.

Die Probleme mit unserer Armut waren nicht so gravierend in einem Nachkriegsdeutschland, wo die meisten Menschen vor den Trümmern ihrer Existenz standen und diejenigen, denen der Krieg nicht alles geraubt hatte, klug genug waren, ihre Besitztümer nicht zu zeigen – damals kann man wahrscheinlich den Beginn der deutschen Neidkultur orten. Wenn alle arm sind, ist Armut eher zu ertragen. Das *Timing* unserer Armut war nicht gut: Sie fand gleichzeitig mit dem deutschen Wirtschaftswunder statt! Ohne zu übertreiben: Nach der Währungsreform im Juni 1948 brauchte es schon eine sehr große Willensanstrengung, um arm zu bleiben! Es war *die* Aufbruchstimmung schlechthin in einem Land, das sich neu erfand. Handwerker waren auf Jahre hinaus ausgebucht und taten einem bereits dazumal schon einen Gefallen, wenn sie überhaupt, geschweige denn termingerecht auftauchten. Gewerbetreibende mußten an- und umbauen, um alle die Waren unterzubringen, die nach Juni 1948 buchstäblich über Nacht aufgetaucht waren. Die Schwarzmarkthändler hatten zwar ihr Betätigungsfeld verloren, aber die Schrotthändler wußten nicht, wohin mit dem Geld. Schrott gab es in Deutschland nun weiß Gott genug, und wenn auch bei weitem nicht jeder Abtransport von einer Trümmerstelle legal war, so waren doch die meisten Hausbesitzer froh, daß sich überhaupt jemand um die Trümmer kümmerte.

Duisburg war nicht nur eine große Binnenhafenstadt,

sondern in erster Linie eine Bergwerksstadt. Kohle und Stahl waren zwei der begehrtesten Rohstoffe; Kohleförderung und Stahlbeförderung wurden die Basis des allgemeinen Wohlstands. Alles mußte repariert, erneuert oder ganz neu hergestellt werden, und eine in jeder Beziehung ausgehungerte Nation stürzte sich in die ersten Konsumräusche, die sich, wie wir aus der Rückschau wissen, in Freß-, Reise- oder Einrichtungswelle unterteilen lassen.

Die Eltern meiner Schulkameradinnen waren fast ausschließlich Handwerker und Gewerbetreibende – ich war die mit dem intellektuellen Vater und der intelligenten, urbanen Mutter, aber ohne Schuhe. Unsere Armut warf bei jedem, der damit in Berührung kam, die Frage auf: Wieso ging es dieser Familie so schlecht, wenn es doch allen anderen so gutging?

Angesichts der Tatsache, daß mein Vater keine Anstalten machte, diesen Zustand zu ändern, machte sich meine Mutter auf die Suche nach Verdienstmöglichkeiten und wurde schnell fündig: Ein cleverer junger Unternehmer hatte einen schwungvollen Versandhandel mit Rasierklingen aufgezogen, der einen ungeheuren Aufwand an Heimarbeit bedingte. Das muß ich Ihnen erzählen, denn es ist ein Stück deutscher Nachkriegsgeschichte, die Ihnen authentisch vermittelt, was Aufbruch in ein neues Zeitalter so im Alltag bedeutet. Also:

Bis zum Krieg hatte man offenbar keine oder kaum Rasierklingen gekannt. Jetzt konnte man die erstehen, und eben dieser Achtundzwanzigjährige hatte seine Chance erkannt und beglückte buchstäblich ganz Deutschland mit seinen per Postversand zugestellten Rasierklingen. Die Werbung dafür bestand in einer Musterklinge, die an jeden Männernamen in den Adreßbüchern größerer deutscher Städte geschickt wurde, was in vielen Fällen dann zu einer Bestellung führte. Wir haben diese Werbung in unserer Familie praktisch im Alleingang erledigt, und das bedingte einen Vorgang von sieben Schritten – mal sehen, ob ich sie noch zusammenbekomme:

1. Rasierklinge auf Werbebrief oben links aufkleben
2. Brief falten
3. Bestellkarte einlegen
4. Kuvert beschriften
5. Brief in Kuvert stecken
6. Kuvert zukleben
7. Kuverts in Bündel zu zweimal 25 abpacken

Unsere drei Minizimmer sahen zeitweilig aus wie das Warenlager einer Druckerei, und ich weiß, wie froh wir immer waren, wenn wieder eine Großlieferung weg war.

Wir wurden per ablieferungsbereites Kuvert bezahlt, und das hieß: Akkordarbeit. Da fallen zum Beispiel solche Faktoren ins Gewicht wie die Anzahl der Buchstaben in einem Städtenamen. Wenn Sie nur »Ulm« oder »Köln« schreiben müssen, können Sie einiges mehr produzieren als mit »Düsseldorf« oder »Wuppertal-Elberfeld«. Und es lassen sich jede Menge Minuten herausschlagen, wenn Sie den Aufkleb- und Einpackvorgang logistisch sauber hinkriegen: sehnen- und nervenschonende Plazierung manueller Arbeit habe ich schon als Zehnjährige begriffen. So etwas bleibt einem offenbar: Ich bin immer eine der schnellsten gewesen, wenn irgendwo in meinem Leben Versandarbeit angesagt war.

Selbst jemand wie mein Vater, der ausgesprochen phantasievoll war, wenn es darum ging, der Arbeit aus dem Weg zu gehen, konnte hier nicht passen. Wir hatten alle eine gute, sehr leserliche Handschrift, und so teilten sich Vater, Mutter und älteste Tochter ins Adressenschreiben. Wenn man müde wurde, passierten Fehler: Man irrte sich in der Zeile oder Spalte des Adreßbuches. Diese Kuverts kamen dann mit »Adressat unbekannt« zurück und wurden bei der nächsten Abrechnung abgezogen – direkteres Feedback für eine Arbeit kann man sich kaum vorstellen. Wehe uns, wenn aus dem geöffneten Kuvert die Rasierklinge herausfiel! Das hieß, daß wir nicht richtig geklebt hatten, und ergab einen Verweis oder, wenn es mehrfach vorkam, einen Abzug. Hie und da gab es Fehldrucke bei den Briefen oder Bestellkarten. Es war natürlich unsere Verantwortung, das rechtzeitig zu entdecken. Das heißt, daß die weniger glamouröse Arbeit des Aufklebens und Faltens auch mit großer Aufmerksamkeit erledigt werden mußte. Die kleine Schwester durfte daher in erster Linie den Brief zweimal falten oder den gefalteten Brief mit Karte ins Kuvert stecken. Daneben durfte sie »mitspielen«, indem sie Zählen übte, obwohl wir alles nachgezählt haben, denn schließlich war sie ja noch im Vorschulalter.

Meine Mutter hatte ein ausgesprochen kaufmännisches Flair, was dem Jungunternehmer schnell auffiel. Als sein Business boomte und seine Sekretärin die Versand- und Rechnungsarbeiten nicht mehr alleine schaffte, fragte er meine Mutter, ob sie aushelfen könne. Obwohl der Altersunterschied zwischen ihnen keine Generation ausmachte, sah er so etwas wie eine mütterliche Vertraute in ihr. Sie kannte die meisten seiner Geschäftsgeheimnisse, einschließlich der Tricks, wie er einen Teil seines Einkommens am Finanzamt vorbeischmuggelte. Er wußte, daß sie absolut vertrauenswürdig war, und da er sie mochte, gab es kleine Vergünstigungen. Als er expandierte und auch andere Adressenschreiber eingesetzt wurden, bekamen wir die kürzeren Städtenamen oder Mini-Vergünstigungen wie »Heilbronn«, wo man wenigstens aus den beiden letzten Buchstaben mit dem »o« zusammen einen Schlenker machen konnte. Und sie bekam natürlich zeitweilig so etwas wie einen Lohn – nicht immer, aber immer öfter. Und mit der Sekretärin, einer sehr hübschen, verheirateten Frau von Ende zwanzig, entstand sogar so etwas wie der Beginn einer Freundschaft.

Das Arbeitsamt hatte auch damals schon eine Limite für das Zuverdienen ohne Abzüge an der Wochenauszahlung. Wie mein Vater das gemacht hat, weiß ich nicht, aber egal, wieviel wir arbeiteten, wir waren immer innerhalb der Limite. Ich nehme an, daß es bei der Firma eine sehr kreative Buchhaltung gegeben hat, die halt auch nur soviel auswies, wie zugelassen war ...

Heimarbeit und Schularbeiten: Zum Glück haben mich die Schularbeiten nicht über Gebühr beansprucht, und so konnte ich doch pro Tag einige Stunden zum Familienunterhalt beitragen.

Obwohl sich das alles sehr dramatisch anhört, habe ich nicht einmal so schlechte Erinnerungen an diese Jahre. Wenn alle vier zusammen am Küchentisch arbeiteten, kam fast so etwas wie ein Familiengefühl auf. Wenn mein Vater aus irgendwelchen Gründen nicht mitmachte und meine kleine Schwester am Spielen war, unterhielt mich meine Mutter mit Singen. Sie sang sehr gerne und kannte sehr viele Musikstücke. Ich sage bewußt nicht »Lieder«, denn entweder waren es Chansons, wie sie im Berlin der 30er Jahre populär gewesen waren, oder es waren Operettenmelodien. Ich kenne heute noch unglaublich viele Texte aus diesen beiden Kategorien, obwohl ich Operetten nicht ausstehen kann und die Chansontexte oft ziemlich doof finde. Ab und zu war auch mal etwas darunter wie etwa das melodramatische Lied von Friedrich Löwe, *Ich trage, wo ich gehe, stets eine Uhr bei mir.* Manchmal habe ich die Texte erst Jahre später verstanden, aber wann immer ich die Musik höre, sehe ich meine Mutter vor mir, wie sie am Küchentisch bei der Heimarbeit Regie führt oder auf einer wackeligen Konstruktion von bezogenem Brett, das prekär über zwei Stuhllehnen balancierte, ihre Bügelarbeit verrichtet – immer noch übrigens mit dem Bügeleisen, das Bombardierung, Evakuierung, Flucht und Bunkerleben überstanden hatte.

Armut romantisch zu verklären ist nicht meine Sache. Aber im großen und ganzen war die Arbeit, die mich ab dem zwölften Lebensjahr begleiten sollte, um einiges unangenehmer, und so ist die Erinnerung an die Heimarbeit bei weitem nicht die schlimmste, trotz der Tatsache, daß wir alle hie und da Sehnenscheidenentzündungen hatten, die ja bekanntlich sehr schmerzhaft sind, oder daß ich ein paar Mal in der Schule eingeschlafen bin, weil ich am Abend zuvor unbedingt noch ein Adreßbuch hatte fertig machen wollen.

Eines Tages dann war es soweit: Der angekündigte und programmierte Einzug ins Lyzeum sollte in Angriff genommen werden. Wiederum ging mein Vater mit mir dorthin; es war immer noch derselbe Rektor, dessen Freude sich begreiflicherweise in Grenzen hielt: Schließlich stand er kurz davor, desavouiert zu werden. Aber da gab es noch eine Chance für ihn: die Aufnahmeprüfung, die dieses Kind, das ihm da aufgezwungen werden sollte, erst einmal bestehen mußte. Immerhin fragte mein Vater, wie man mich denn speziell darauf vorbereiten könnte, aber der Rektor blieb ihm die Antwort schuldig, denn es existierte ja gar keine Aufnahmeprüfung. Vor uns war noch niemand auf die absurde Idee gekommen, sich auf dieses Unterfangen einzulassen, und er war mit dieser Situation schlicht überfordert. In einer Lehrerkonferenz würde man bestimmen müssen, in welchen Fächern und mit welchem Schwierigkeitsgrad die Prüfung zu erfolgen hatte.

Und da war noch eine Hürde, die für uns schwieriger war als diese Aufnahmeprüfung: Die Höhere Schule verlangte Schulgeld. Und es war klar, daß wir das nie würden zahlen können. Pro Klasse gab es jedoch eine Freistelle, und auf die spekulierten wir natürlich. An dieser Schule kamen die Kinder aus Anwalts- und Arztfamilien, aus »gutem Hause« also, wo sich die Frage des Schulgelds nie stellte, und so hatte auch noch nie jemand die Freistelle in Anspruch nehmen müssen. Wenn ich Jahrzehnte später in Interviews sagen werde, daß mich in erster Linie Pionierprojekte interessieren, dann ist dieses Interesse wohl darauf zurückzuführen, daß ich ziemlich früh in meinem Leben immer wieder Neuland betreten habe, betreten mußte.

Schließlich kam der Prüfungstag, oder vielmehr waren es eineinhalb Tage. Ich wurde alleine in ein Schulzimmer gesperrt und anhand von ausgeklügelten Aufgaben einen Tag lang mit schriftlichen Arbeiten beschäftigt, zu denen selbstverständlich auch ein längerer Aufsatz gehörte. Wenn ich austreten mußte, kam doch tatsächlich die Aufsichtsperson, die mehrmals am Tage wechselte, mit! Am zweiten Tag gab es dann die mündliche Prüfung. Der Rektor war fast feindlich gesinnt, die Lehrerinnen und Lehrer, die über meine Zukunft zu bestimmen hatten, waren nur desinteressiert. Auf alle Fälle war niemand erpicht darauf, dieses Wunderkind aufzunehmen, das zu allem Elend auch noch Gratisunterricht genießen wollte.

Mal abgesehen von den Mathematikaufgaben, die ich nur halb gelöst hatte, war das Resultat jedenfalls so, daß sie mich nehmen mußten. Und so kam ich in die Quarta der Johanna-Sebus-Schule in ein Klassengefüge, das bereits seit der Sexta, also seit zwei Jahren, bestand, mit einem Fräulein Doktor als Klassenlehrerin. Alle Geschichten, die Sie kennen über Kinder, denen der Einzug in solch eine festgefügte Gemeinschaft schwer oder unmöglich gemacht wird, sind wahrscheinlich untertrieben! Ich kann es den Mädchen nicht einmal verübeln: Da kam diese Elfjährige – die anderen waren zwischen zwölf und vierzehn – von der Mittelschule, igitt! Sie wußte zwar viel, aber sie war arm. Das war neu für diese Kinder, verlor aber schnell seinen Reiz: Die konnte ja nirgendwo mitmachen, und was die anhatte – du meine Güte! Interessant waren allenfalls ihre Pausenbrote ... Meine bestanden nämlich in der Regel aus Margarine mit Zucker auf Graubrot, die meiner Klassenkameradinnen aus Butter und Leberwurst auf Brötchen oder Weißbrot. Irgendwie hatte ich es bereits auf der Mittelschule geschafft, meine Pausenbrote als etwas Begehrenswertes zu präsentieren und damit eine rege Tauschwirtschaft zu begründen. Dort hatten die Kinder es ab und zu ganz nett gefunden, ein Margarinebrot zu essen, hier war es geradezu exotisch. Und dann hatte ich noch einen zusätzlichen unausrottbaren Makel: Ich war nicht katholisch.

Die Gemüter beruhigten sich nach und nach, aber bis dahin hatte ich noch manches zu ertragen. Ich konnte bei keinem einzigen Streich mitmachen, weil mich ein Tadel im Klassenbuch die Freistelle gekostet hätte. Abgesehen davon, fand ich es blöd, einfach abzuhauen, wenn sich die Handarbeitslehrerin verspätete, auch wenn ich die noch blöder fand. So saß ich mutterseelenallein im Klassenzimmer, als die Lehrerin hereinkam. Ich weiß nicht, wie ich als Lehrerin reagiert hätte – vielleicht wäre auch mir das sehr suspekt gewesen, daß da eine nicht mitgemacht hatte, besonders die Schülerin, die sie ohnehin nicht mochte. Jedenfalls ging sie zum Rektor, und am nächsten Tag donnerte das Gewitter auf uns herab – auf alle, auch auf mich. Na ja. Ich weiß nicht mehr, was die Kollektivstrafe war, aber es hat zum Glück meiner Freistelle nicht geschadet.

»Wenn ich je jemanden aus meiner Schulzeit träfe ...«

heißt dieses Kapitel. Dazu gehören auch die folgenden Erwachsenen, die mir für die ersten drei Jahrzehnte meines Lebens ein Lehrerinnen-Bild vermittelt haben, das Alpträume hervorrufen kann. Das Fräulein Doktor war, im Gegensatz zu mir, sehr katholisch. Jedes zweite Wort bei ihr war »unkeusch«. Ich wußte am Anfang gar nicht, was das war, aber nach und nach begriff ich, daß alles, was nicht in einem Kirchgang mündete, schon Gefahr lief, unkeusch zu sein. Eigentlich hätte sie Nonne werden wollen, und ich bin sicher, sie hätte diesem Profil eher entsprochen als dem einer Lehrerin an einer weltlichen Schule. Bereits im ersten Schuljahr habe ich es mit ihr verdorben. Wir nahmen *Maria Stuart* durch, und ich glühte vor Begeisterung: Das war der schönste Deutschunterricht, den man sich denken konnte! Deutsch war ohnehin mein Lieblingsfach. Ich konnte viele Gedichte auswendig und mußte bei jeder Schulfeier irgend etwas »aufsagen«; am liebsten hatte ich Schillers *Die Bürgschaft*, das ich mit der richtigen Dosis Drama in der Stimme auch am häufigsten vorgetragen habe. Später kamen noch *Die Kraniche des Ibikus* und *Der Ring des Polykrates* dazu. Letzeres ist heute noch mein Lieblingsgedicht von Schiller, dessen Dramatik ich der Beschaulichkeit der Goethe-Gedichte vorziehe. Also, endlich ein Stück von meinem damaligen Lieblingsdichter. Ich kniete mich in die Hausaufgaben, lernte ganze Textpassagen auswendig und freute mich auf die Stunde.

Die Freude dauerte nicht lange: Die Diskussion war total zentriert auf die Figur der Maria, und die Interpretation völlig einseitig: Sie war um ihres Glaubens willen geköpft worden. Wie bitte? Da hatte ich wohl ein ganz anderes Stück mit dem gleichen Titel gelesen. Ich hörte mir das eine Weile an, aber als die Frustration zu groß wurde, streckte ich auf. In einem flammenden Plädoyer versuchte ich, ein bißchen Verständnis für die Lage von Elisabeth I. zu erzeugen: die Zweifel, die sie bis zuletzt hat, der Haß der Höflinge, die Ablehnung des Volkes, um dessen Gunst sie sich doch so bemüht hatte, und dann, ich bitte Sie, der Schluß, wo sie von dem Mann, den sie liebt, verlassen wird und damit das Stück mit einer der besten Zeilen endet, die ich auf der

Bühne kenne: »Der Lord läßt sich entschuldigen; er ist zu Schiff nach Frankreich.« *Wow!* Wie schwierig muß es gewesen sein, in diesem Umfeld weiterzuleben!

Man hätte das Schweigen in Scheiben schneiden können, es war so dick. Die Lehrerin sah mich mit weit aufgerissenen Augen an; sie brauchte eine gewisse Zeit, um mit dieser Situation fertig zu werden. Ich hatte die protestantische Antagonistin verteidigt, hatte aufzeigen wollen, daß es nicht immer einfach *a priori* besser ist, als angebliche Siegerin aus einem Konflikt hervorzugehen! Ich drehte mich um und schaute in die Runde, aber keines der Kinder, obwohl nicht alle katholisch waren, wagte es, sich mir anzuschließen. »Setz dich!« brachte das Fräulein Doktor schließlich heraus. »Lies das zu Hause nochmals gründlich durch – du hast offensichtlich nichts verstanden.«

Diese Deutschstunde hatte mich auf die schwarze Liste meiner Klassenlehrerin gebracht, auf die es so sehr ankam, wenn es darum ging, den Antrag für die Freistelle im nächsten Jahr befürwortend weiterzuleiten. Es war also nicht klug, sich mit ihr anzulegen, und ich ging ihr, soweit das möglich war, aus dem Weg. Aber da war ja noch ihre Obsession mit dem Wort »unkeusch«, und ich meine, ein Mädchen, das sich auf die Seite der Elisabeth schlägt, von der kann man alles erwarten, nicht wahr?

»Wir machen in diesem Jahr eine Klassenreise!« Das war zwar im Prinzip eine tolle Nachricht, aber sie war auch äußerst problembeladen. Wir redeten hier von zwei Wochen auf der Nordseeinsel Juist. Die Klassenkasse würde mein Fahrgeld zahlen, aber was sollte ich mitnehmen, und vor allem, in was für einem Behälter? Das größte Problem war der Badeanzug, den ich nicht besaß und der natürlich für einen zweiwöchigen Aufenthalt am Meer obligatorisch war. Die nette Sekretärin in der Versandfirma besaß zwei Badeanzüge und konnte mir einen leihen. Gott sei Dank! Oder nein, doch nicht! Ein neues Problem wird mitgeliefert: Es ist ein zweiteiliger, und das Oberteil ist trägerlos! Ich konnte es füllen, das war nicht das Problem, aber auf jedem Zentimeter dieses Badeanzugs stand »unkeusch«, und ich zitterte vor dem Moment, wo das Fräulein Doktor einmal mehr ihren Augen nicht trauen würde ...

Ein Foto beweist es: Ich war nicht die einzige mit einem zweiteiligen Badeanzug, aber die einzige mit einem trägerlosen Oberteil! Als wir das erste Mal zum Strand gingen, borgte ich mir einen Bademantel von einem der Mädchen, rannte damit bis ans Wasser, wo ich ihn auf den nassen Sand und mich in dem flachen Wasser auf die Knie warf. Ich blickte nicht zurück, aus Angst, das Fräulein Doktor ohnmächtig werden zu sehen. Dann blieb ich mal eine Weile im Wasser, und als ich herauskam, schien sie sich beruhigt zu haben.

Eine Horde junger Mädchen auf einer Klassenreise beaufsichtigen zu müssen ist kein Zuckerlecken. Aber sie war geradezu besessen von der Überzeugung, daß diese pubertierenden Schülerinnen etwas Unkeusches anstellen würden. Ständig schnüffelte sie hinter uns her, um uns dabei zu erwischen. Eines Nachts hatten wir das, was die Amerikaner *Pyjama-Party* nennen, geplant. Ich schlief im größten Zimmer, zusammen mit drei anderen Mädchen, und so fand das Ganze natürlich in diesem Raum statt. Wir müssen wohl zu laut gewesen sein, jedenfalls hörten wir die entschlossenen Schritte des Fräulein Doktor den Gang entlanghämmern. Wir löschten das Licht und verhielten uns ruhig, doch es gab kein Entrinnen. Sie riß die Tür auf, knipste das Licht an und rief entsetzt: »Wie unkeusch!« Na ja, überrascht war niemand, aber verstanden haben wir es auch nicht: Gut zwanzig junge Mädchen saßen, auf die vier Betten verteilt, in ihren Nachthemden und Pyjamas da. Wo zuvor eine Kissenschlacht stattgefunden hatte, gab es jetzt nur noch angstvolles Schweigen. Die Strafe war ein Tag Hausarrest. Strafe wofür? Was hatten wir getan? Eine freudlose Frau hatte ihre Ängste auf ein paar übermütige junge Mädchen projiziert – Papa Freud läßt grüßen.

Meine frühe Seelenverwandtschaft mit *Winston Churchill* verdanke ich der Turnlehrerin. Turnen war definitiv nicht mein Lieblingsfach. Es stank in der Turnhalle nach »ungewaschen«, und ich haßte die Umkleidekabinen. Außerdem war ich nach der Turnstunde immer viel zu hungrig. Natürlich besaß ich kein rich-

tiges Turnzeug, fand, ich sah verboten aus, war irgendwann einmal zu schwer, um schnell zu sein, und war bei allen Übungen im
letzten Drittel anzutreffen. Das wäre ja weiter nicht schlimm gewesen, aber die Turnlehrerin fand, daß aus mir irgendwann doch
noch eine Sportlerin werden müßte, und beschloß, mich zu for-
dern und zu fördern nach dem Motto: »Stell dich nicht so an!«

Eines Tages war Geräteturnen angesagt; wir übten den
Sprung über das Pferd. Nach jedem Durchgang wurden die Beine
des Geräts eine Stufe höher gestellt. Die ersten beiden schaffte ich
noch, bei der dritten hatte ich Mühe und daher Angst vor dem
vierten Durchgang. Diese Angst war berechtigt, denn ich schaffte
es nicht, blieb mit dem rechten Fuß hängen und baumelte in
einer prekären Lage am Gerät. Während meine Mitschülerinnen
entsetzt dreinschauten, meinte die Lehrerin, die ca. fünf Meter
entfernt mit ihrer blöden Trillerpfeife die jeweiligen Befehle gab,
ich solle mich eben nicht so anstellen ... Sie hat ziemlich spät begriffen, daß ich entweder für alle Ewigkeit dort hängen bleiben
oder unsanft landen würde. Irgendwann hat sie es dann wohl
doch mit der Angst zu tun bekommen und mir geholfen, mich
aus dieser Lage zu befreien. Danach war sie für mich gestorben.

Sie ahnen gar nicht, wie kreativ ich wurde im Erfinden von
Entschuldigungen, warum ich auch dieses Mal wieder dem Turn-
unterricht fernbleiben mußte. Das klappte nicht immer, aber die
meiste Zeit saß ich in der stinkenden Turnhalle auf der Seite und
guckte mit Widerwillen auf die Verrenkungen meiner Kamera-
dinnen. Churchills zwei Silben »No sports!« wurde mein Motto,
bevor ich je seinen Namen zum erstenmal gehört hatte, und
obwohl ich später eine gar nicht schlechte Skifahrerin und eine
passable Langläuferin wurde, ist Sport für mich eher Schicksalsschlag als Entspannung. Ich laufe gerne, kann es aber auch lassen, und wenn ich die Wahl habe zwischen einem gemütlichen
Sonntag daheim und einem Waldlauf am selben Tag, wird das
Pendel wohl immer zugunsten des Drinbleibens ausschwingen.

Zum Glück gab es noch genügend Fächer, die mir Freude
machten. Eines davon, neben all denen, wo man den Kopf brauchen mußte, war – Kochen! Ich fand den Kochunterricht unter-

haltsam und sah darin eine willkommene Ablenkung; zudem war es ein Fach, in dem nicht noch zusätzliche Hausaufgaben anfielen. Im Gegensatz zur Turnhalle liebte ich die beiden großen Küchen, die vor Sauberkeit geradezu strahlten. In der einen wurde gekocht, in der anderen Dessert gemacht und Kuchen gebacken. Alle redeten und lachten durcheinander, und die Zeit verging wahnsinnig schnell. Ich machte sogar den Abwasch gerne, und Tischdecken war eine richtige Freude. Jede von uns hatte ihren eigenen Löffel, den sie in jede Schüssel und jeden Topf steckte – nicht gerade hygienisch, aber aufregend, denn die Lehrerin durfte das ja auf keinen Fall mitbekommen.

Hätte ich beim eigentlichen Kochen besser aufpassen sollen? Oder schmeckte das von uns Gekochte im Unterricht einfach besser als zu Hause? Ich weiß es nicht, aber das Resultat dieses Unterrichts war niederschmetternd. Als meine Mutter nach einem Schlaganfall dazu verdammt war, mit einer Thrombose sechs Wochen lang liegen zu müssen, habe ich eines Tages angeboten, ihr etwas besonders Feines zu kochen. Es war ein Nudelauflauf – sie haßte Teigwaren –, und zum Nachtisch gab es »Apfel in Gelee«. Dazu mußte man den Apfel mit Marmelade füllen und Apfelsaft gelieren; das Ganze wurde dann zu einer Art Sulz, auf dem ein gefüllter Apfel thronte. Meine Mutter nahm zwei Löffel von dem Auflauf und einen von dem Dessert. Mit einem »Mein Gott, Kind, was haben die dir nur beigebracht!« gab sie ihr Werturteil ab; danach drohte sie, sofort aufzustehen – auf die Gefahr hin, an einer Embolie zu sterben –, wenn ich mich noch einmal ans Kochen wagen würde. Eine Drohung, der ich mich widerstandslos fügte.

Wieso hat eine Frau Mitte vierzig einen Schlaganfall? werden Sie sich wundern. Eine berechtigte Frage. Die Antwort finden Sie im nächsten Kapitel.

1953: Ein zweiteiliger Badeanzug! Wie verwegen!

Fünfundzwanzig Jahre sind genug!

> Gebt Ruhe, ihr Guten! Haltet still.
> Jahre binden, auch wenn man nicht will.
> Das ist schwer: ein Leben zu zwein.
> Nur eins ist noch schwerer: einsam sein.
>
> *Kurt Tucholsky, Ehekrach*

Vielleicht begreifen Sie nach dem letzten Kapitel, warum ich niemanden aus meiner Schulzeit wiedersehen möchte. Für mich war die Schulzeit in erster Linie da, um so viel Wissen und Neues wie möglich aufzunehmen. In zweiter Linie war sie der Beginn meines Arbeitslebens. Beidem, dem Wissen und der Arbeit, bin ich mein ganzes Leben lang treu geblieben.

Ein guter Rat noch (oder ein Wort der Warnung?): Überfliegen Sie dieses Kapitel nur; überspringen Sie es notfalls! Die Geschichten, die zeigen, wie ungeeignet mein Vater für ebendiese Rolle war, häufen sich hier, bevor wir sie und ihn mehr oder weniger ad acta legen können. Und das kann einen gewissen Ermüdungseffekt hervorrufen.

Sollten Sie jedoch wissen wollen, warum meine Mutter vierzehn Tage nach ihrer Silberhochzeit ihre Ehe als beendet betrachtet, die Koffer packt und mit ihren beiden Töchtern nach Berlin zieht – 1955 ein nicht alltäglicher Vorgang! –, dann müßten Sie sich schon durch die folgenden Seiten kämpfen. Aber denken Sie daran: Ich habe Sie gewarnt.

In den frühen 50er Jahren in Deutschland arm zu sein bedurfte einer gewissen Begabung. Mein Vater hatte sie; mir ging sie vollständig ab. Die Heimarbeit existierte in unserem Leben, um es überhaupt zu bewältigen, um nicht zu verhungern, um hie und da das Allernötigste zum Anziehen zu kaufen. Ich wollte etwas darüber hinaus wie zum Beispiel ein Theaterabonnement, und zwar für meine Mutter, die noch andere Bedürfnisse hatte. Und dafür boten sich mir ganz verschiedene Möglichkeiten.

Da war mal die Einrichtung, zusätzlich zu der Freistelle, die eine Familie vom Zahlen des Schulgeldes befreite, in ganz krassen Fällen von Armut noch eine sogenannte Erziehungsbeihilfe zu bekommen; in Einzelfällen betrug sie bis zu hundertzwanzig Mark pro Monat. Die Kriterien dafür waren ähnlich wie für die Freistelle, nur noch in absurdem Maße gesteigert. Man mußte praktisch ein kleiner Engel sein, ein Wesen ohne Fehl und Tadel mit den allerbesten Noten. Mit den Noten hatte ich ja schon Übung bei der Freistelle. Ein Engel war ich jedoch keinesfalls, sondern eine kritische Schülerin, die nicht richtig ins Bild paßte und sich deswegen laufend gegen irgend etwas wehren oder verteidigen mußte. Das kam mir allerdings im Religionsunterricht sehr zugute ...

Die Religionslehrerin hieß Fräulein Zorn und war damals schon zwischen achtzig und scheintot. Sie hatte eine große Warze auf der Unterlippe, was wohl ihren Zivilstand von vorneherein bestimmt hatte. Sie besaß einen Trägerrock für den Sommer und einen für den Winter, mit vier Blusen. Vielleicht besaß sie noch andere Kleidungsstücke, aber ich habe sie nie in etwas anderem gesehen. Ihr Körpergeruch war entsprechend, und wenn es etwas gibt, worauf ich extrem empfindlich bin, dann sind es Gerüche – positiv wie negativ. Noch heute kann ich beim Duft eines Rasierwassers den Mann vor meinen Augen erstehen lassen, der dieses Rasierwasser benutzte zu der Zeit, als ich wahnsinnig in ihn verliebt war. Ich glaube, ich habe mich mehrmals in Männer verliebt, weil sie so gut dufteten. Anderseits kann mich der Geruch nach »ungewaschen« (siehe Turnhalle) fast krank machen – und diese Lehrerin, deren Namen Programm war, schaffte das spielend.

Wenn Sie sich wundern, daß ich so viele komisch-bis-schreckliche Lehrerinnen hatte, denken Sie daran, daß es kaum eine Auswahl gab. Lehrer gab es nur ganz wenige, und die waren entweder Heimkehrer oder hatten etwas, was sie vom Militärdienst befreit hatte – und das mußte schon ein gravierendes Gebrechen gewesen sein! Alle, aber wirklich alle Lehrkräfte waren ein Produkt der Nazizeit; selbst die heißgeliebte junge Volksschullehrerin, die dafür gesorgt hatte, daß ich eine Klasse überspringen konnte, war unter den Nazis aufgewachsen und ausgebildet worden. Die Weltanschauung der Menschen, die mich durch meine Schulzeit begleitet haben, lag in Trümmern. Ihre Ausbildung war für eine ganz andere Epoche relevant gewesen, ihr Berufsleben war geprägt durch den Zwang, sich an völlig andere Gegebenheiten anzupassen, und nicht alle wurden damit fertig, daß es nun anders war. Fräulein Zorn gehörte zu dieser Gruppe. Sie verwechselte Religionsunterricht mit Militärdrill und erweckte damit bei den Kindern ihrer Klasse dieselbe Begeisterung, die man bei frischgebackenen Rekruten findet.

In der Schule ist man solchen Menschen ausgeliefert, und natürlich hat das mal wieder meinen Widerspruchsgeist geweckt, weil es meinem Sinn für Gerechtigkeit widersprach. Fräulein Zorn forderte Gehorsam, bestes Betragen und präzises Auswendiglernen. In ihrem Unterricht versammelten sich Schülerinnen verschiedener Altersstufen: Man hatte wohl alle Evangelischen gesammelt und sie für ihr Nicht-katholisch-Sein mit dieser Frau bestraft. Bestes Betragen war ja bereits in meinem Repertoire, Auswendiglernen erledigte ich jeweils auf dem Weg zur Schule, aber mit der lähmenden Langeweile, die sich ausbreitete, sobald sie die Tür von innen geschlossen hatte, konnte ich nichts anfangen. In solchen Situationen finde ich die Flucht nach vorne eine brauchbare Lösung. Ich begann also zuzuhören, schließlich hieß das Fach ja offiziell »Biblische Geschichte«. Bei ihr war die Geschichte eher zu naiv-kindlichen G'schichtli verkommen, die sie den vor sich hindösenden Schülerinnen erzählte, während sie dabei militärisch-zackig durch die Gänge zwischen den Sitzreihen marschierte.

Zweifel kamen in mir auf – diese Geschichten konnte ich nicht widerspruchslos hinnehmen. Wenn ich sie zu Hause nachlas, fand ich weitere Ungereimtheiten, die ich dann in den Unterricht einbrachte. Fräulein Zorn traute ihren Augen und Ohren nicht: Da war wirklich jemand, der sich meldete und Fragen stellte. Zuerst wollte sie mich mit Sprüchen wie »das verstehst du noch nicht« abspeisen; als das nicht funktionierte, fing sie an, an der kritisch-hinterfragenden Art dieser Schülerin Gefallen zu finden. Bald wurde ich der Star des Religionsunterrichts – Kunststück, bei der Konkurrenz! –, und dies, obwohl ich mich nicht mit ihren völlig inadäquaten Erläuterungen zufriedengab. Ihr Religionsunterricht ähnelte eher einer Märchenstunde – und dafür hatte ich gar kein Gehör . . .

Besonders das Neue Testament erregte bei mir Zweifel: Wie war das wirklich mit der Speisung der Fünftausend? Und diese Verwandlung von Wasser in Wein, vom Überschreiten des Wassers ganz zu schweigen . . . Ich fing also an, unbequeme Fragen zu stellen, die, weil die Antworten mich nicht befriedigten, in Streitgespräche ausarteten. Das hätte mich anderen Lehrerinnen sicher als renitent erscheinen lassen; Fräulein Zorn hingegen liebte mich, weil ich die einzige im Unterricht war, die noch erkennbare Lebenszeichen von sich gab.

Eines Tages, ich war vierzehn Jahre alt, wurde ich ins Rektorat gerufen (ja, immer noch derselbe Rektor). Dort sagte man mir, daß ich den Monat Juni in England verbringen dürfte. Eine Kirchgemeinde in St. Albans hatte beschlossen, eine Gruppe von deutschen Kindern für einen Monat einzuladen und bei Familien unterzubringen. Natürlich war das keine katholische Gemeinde, und so kam ich von vornherein dafür in Frage. Allerdings mußte man so gut sein, daß man einen Monat Unterricht versäumen konnte, und: Man mußte in Religion gut sein. Fräulein Zorn sang ein Loblied auf diese wache, diskussionsfreudige Schülerin – wundert es Sie, daß ich die einzige von meiner Schule war, die ausgewählt wurde?

Vier Wochen England, alles bezahlt! Unglaublich. Ich raste nach Hause, um meiner Mutter von diesem Wunder zu berichten. Sie konnte kaum fassen, was ihrer Tochter da in den Schoß gefallen war, und erzählte meinem Vater, als er nach Hause kam, mit leuchtenden Augen von diesem Geschenk. Seine Reaktion hieß: »Kommt gar nicht in Frage!« Der Grund dafür läßt sich in dem Satz zusammenfassen, den er schließlich nach langen Streitereien meiner Mutter aufzwang: »Du übernimmst die Verantwortung, wenn sie schwanger zurückkommt!« Schwanger? Ich?

Ich weiß nicht, wie er darauf kommen konnte, aber vielleicht dachte er, daß seine Töchter so leicht schwanger würden wie deren Mutter; vor allem aber fürchtete er wohl, daß sie die Moralvorstellungen ihres Vaters geerbt haben könnten. Die Vorfreude war mir gründlich verdorben, aber das dauerte nicht lange.

Diese vier Wochen waren etwas vom Schönsten in meiner ganzen Jugend. Ich konnte bereits gut Englisch, erlebte jetzt aber, wie wertvoll es ist, wenn man sich im Land selbst verständigen und durchschlagen muß. Die Familie, in der ich untergebracht war, hatte gleich zwei Kinder genommen; mit dem anderen Mädchen verstand ich mich ausgezeichnet. Wir haben viel unternommen; die Familie hat sich bemüht, uns einiges von der *English Countryside* zu zeigen. Es gab genug zu essen (wenn auch zum Teil gar Schröckliches), es herrschte eine gute Atmosphäre in dieser Familie, niemand schrie irgend jemanden an, alle versuchten, uns das Leben harmonisch und angenehm zu machen.

Ich hatte eine Brieffreundin in London, die ich besuchen durfte – ganz alleine. Als ich einmal auf dem falschen Bahnsteig in der U-Bahn stand, hätte ich ein neues Billett lösen müssen, wofür ich aber nicht genügend Geld bei mir hatte. Mit bestem Sonntagsenglisch habe ich einen Kontrolleur davon überzeugen können, mich durch die Barriere zu lassen, ohne daß ich ein neues Ticket lösen mußte. Gott, kam ich mir erwachsen vor! Ich entdeckte die Schönheit der *National Gallery*, saß verzückt auf dem Trafalgar Square und starrte in den Verkehr. Ich fand die Engländer hinreißend, so ganz anders als die Duisburger, und fing an zu begreifen, warum es meine Mutter mit aller Kraft nach Berlin zurückdrängte. Kurz: Ich verliebte mich in London – und diese Liebe hat bis heute angehalten!

Irgendwann war dann auch diese Atempause vorbei. Wir bekamen noch eine große Tasche mit Eßwaren, die wir als Mitbringsel nach Hause nehmen durften, und dann war sowohl Abschiedsschmerz als auch Vorfreude auf das Wiedersehen mit Mutter und Schwester angesagt. Während ich auf dem Hinweg im Kanal mit der Seekrankheit Bekanntschaft geschlossen hatte, wurde ich auf dem Rückweg verschont. Es war wunderschön gewesen, aber ich hatte auch ein wenig Heimweh gehabt. Ich kam also gerne zurück – zufrieden und unschwanger!

Vor England lagen jedoch noch weitere Bemühungen, unseren Lebensstandard zu erhöhen, und nach England – aber da müssen Sie noch ein paar Seiten warten.

Ohne darin bereits eine pädagogische Begabung zu erkennen, hatte ich großen Erfolg mit individuellem Nachhilfeunterricht bei Kindern. Jemand hatte mich irgendwohin empfohlen, und die Familie hat mich dann wieder weiterempfohlen. Es waren wohlhabende Familien, die sich für ihre Kinder diese Art von pädagogischer Unterstützung leisteten, und da gab es immer auch etwas zu essen. Ich bekam zwei Mark pro Stunde, plus Fahrgeld. Eine Familie wohnte fast schon außerhalb Duisburgs; jedenfalls mußte ich eine Stunde zu Fuß gehen und sieben Brücken überqueren, um dorthin zu gelangen. Natürlich hätte ich auch ein paar Straßenbahnen nehmen können, aber die eine Mark zwanzig, die ich dafür bekam, konnte ich woanders besser gebrauchen. Sieben Brücken, kaltes Wetter, zwei Stunden Laufen und inadäquate Kleidung ergaben eine Gleichung, die zu meinen Ungunsten ausfiel: Ich bekam eine sehr schmerzhafte Blasenentzündung und ging eine Weile lang nirgendwohin.

Eine andere Einnahmequelle war das Ausliefern von Zeitschriften für einen »Lesezirkel«. Wenn Sie nicht mehr zu den ganz Jungen gehören, sollten Sie (noch) wissen, was das ist. Abonnierte Zeitschriften wurden in einer Zentrale in einen Pappdeckel eingeheftet und dann zu einer Leserschaft gebracht, die ein Wochenabonnement hatte. Die Leser konnten bestimmen, welche Zeitschriften sie abonnieren wollten; das war der *eine* Teil der Preisbildung für das Abonnement. Der andere war das Alter der Zeitschriften. Wer Wert darauf legte, sie möglichst schnell zu bekommen, zahlte viel für das Wochenabonnememt; Frisiersalons gehörten definitiv in diese Kategorie. Wem es egal war, wie alt die Zeitschrift, wie ausgefüllt die Kreuzworträtsel, wie viele Seiten schon herausgerissen waren, wenn er oder sie sie anschauten, konnte für eine Mark pro Woche eine ganze Reihe von Zeitschriften lesen, die dann allerdings schon sieben oder acht Wochen alt waren. Als Verteilerin bekam man ein solides Fahrrad – kein Rennpferd, sondern eher Typ »Ackergaul« – mit einem gewaltigen Aufsatz auf dem Vorderrad, in dem die frischen Zeitschriften lagen. Wenn man sie ablieferte, mußte man die von der Woche zuvor einsammeln und vor allem den Wochenbetrag einziehen.

Auch hier ging es zu wie überall: Die besten Quartiere, dort, wo der Austausch beim Dienstmädchen stattfand und man die eigentlichen Leser nur zufällig zu sehen bekam, wurden von denen bedient, die schon länger für diese Firma arbeiteten. Wer zuletzt kam, bekam den schwierigsten Stadtteil: das Rotlichtviertel. Ich war dreizehn zu der Zeit, wieder mal die Jüngste, aber das interessierte dort keinen. Zum Glück nicht, denn ich glaube kaum, daß das Jugendamt Freude an dieser Tätigkeit einer Dreizehnjährigen gehabt hätte. Es war denen auch egal, daß der Anschauungsunterricht für ein junges Mädchen vielleicht doch etwas zu drastisch sein könnte, wenn man sie in diesem Alter in die Häuser der Prostituierten schickte. Ich war die letzte, die dazugestoßen war, und kriegte also die Tour durch das Bordellviertel von Duisburg. Dort durfte man zum Beispiel nie vormittags auftauchen, was mir als Schülerin zugute kam, denn ich konnte den Job ja nur am Nachmittag machen. Und nachdem ich meine erste Tour beendet hatte, fand ich sowieso nichts dabei . . .

Das sah meine Mutter nun wieder ganz anders. Sie verlangte von meinem Vater, daß er mich begleitete, weil »das Kind« ja nicht schutzlos in diesem Viertel herumfahren durfte. Das Viertel bestand hauptsächlich aus einer Straße mit niedrigen Häusern, wie man sie von der Hamburger Herbertstraße oder von Amsterdam her kennt, wo die Frauen im Fenster liegen, das sie damit zu einem wahren Schau-Fenster machen. Am frühen Nachmittag waren viele noch nicht im Dienst, so daß mich dieser Aspekt nicht störte. Hingegen hätte meine Mutter meinem Vater kaum eine bessere Freizeitbeschäftigung vermitteln können. Für seine Augen muß das, was schon am frühen Nachmittag zu sehen war, ein Festessen gewesen sein.

Für mich war es lediglich eine einträgliche Beschäftigung.

Die Damen liebten mich – sogar Waltrauds Mutter, die auch zu den Abonnentinnen gehörte, war anständig zu mir –, und sie waren sehr großzügig. Wenn ein Abonnement eine Mark siebzig pro Woche kostete, bekam ich sicher zwei Mark; manchmal warf mir eine sogar eine Mark ins große Portemonnaie. Außer bei Regen, wenn man sich höllisch bemühen mußte, die Zeitschriften vor den Tropfen zu schützen, machte ich diese Arbeit noch ganz gerne. Ich fand es interessant, daß die Behausungen, in die ich geführt wurde (meistens die im Rheinland übliche Wohnküche) genau so kleinbürgerlich aussahen wie die der »anständigen Leute« – mit dem großen Plüschsofa in der Küche, auf dem sich diese unsäglichen beigefarbenen Häkeldeckchen breitmachten. Davor der Küchentisch mit einem blitzblanken Wachstuch, an dem sich die weibliche Verwandtschaft aufhielt. Meistens gab es auch hier das in Bergwerksgegenden übliche schwarz-weiß gewürfelte Handtuch, das man nie als sauber empfand, auch wenn es frisch aus der Wäsche kam, das aber auch nie richtig dreckig schien; es war für die Hände der Bergmänner gemacht, in die sich der Kohlestaub auf ewig eingefressen hatte. Alles ganz normal.

Mein Vater sollte also mitkommen. Ich war nicht begeistert, weil ich längst an einem Punkt angelangt war, wo ich eigentlich nichts mehr mit ihm zu tun haben wollte, wenn es sich vermeiden ließ. Hier schien es unvermeidbar, denn meine Mutter war außer sich über meinen Bezirk, aber mein Vater sorgte von ganz alleine dafür, daß dieser Job für ihn nicht zu lange dauerte. Ich erwartete von ihm, daß er mir jeweils das richtige Pack Zeitschriften bereithielt und die gelesenen im Fahrradkorb so einordnete, daß ich sie schnell wiederfand, wenn ich sie nochmals irgendwo verteilen mußte. Das machte er nur widerwillig, denn diese Art von Betätigung paßte nicht zu seinem Status in dieser Straße. Die Damen waren begeistert, so früh am Nachmittag einen Mann zu sehen, und machten ihm Discount-Angebote. Offenbar hat nicht einmal er gewagt, eines davon anzunehmen. Aber er wollte sich anders schadlos halten – und beendete damit seine Begleitschutz-Karriere.

An einem Frühlingstag, als alle guter Laune waren und ich

besonders viele Trinkgelder eingenommen hatte, stoppte er auf dem Nachhauseweg vor einem Laden. »Wieviel hast du denn heute eingenommen?« fragte er. Ich zählte vor seinen Augen. »Und was mußt du davon abliefern?« Ich nannte den Betrag. Darüber hinaus gab es einen rechten Betrag, der mir gehörte und den ich in Gedanken schon verplant hatte. Davon nahm er sich den größten Teil: »Wir haben keinen Kaffee mehr, und ich brauche dringend Zigaretten.« Und dann verschwand er im Geschäft. Ich wartete nicht auf ihn, sondern fuhr zur Firma zurück, mit Tränen der Wut in den Augen.

Als ich nach Hause kam, saß dort ein zufriedener Vater. Diese Zufriedenheit hielt jedoch nicht lange an. Es war eines der wenigen Male, wo ich einen Krach vom Zaun gebrochen habe. Krach gab es bei uns fast jeden Tag, und mit meiner ausgeprägten Harmoniesüchtigkeit litt ich wahnsinnig darunter. Ich wollte Frieden zu Hause, aber nicht dieses Mal. Bebend vor Empörung (der Gerechtigkeitssinn, Sie erinnern sich . . .), erzählte ich meiner Mutter, was sich eine Stunde zuvor abgespielt hatte. »Ich werde ihn nie wieder mitnehmen«, schrie ich. »Eher gebe ich diese Arbeit auf!« Das wirkte. Ich mußte die Arbeit nicht aufgeben, und da ich mich bei der Firma als pünktlich und verläßlich erwiesen hatte, bekam ich bald einmal eine andere Tour, die weniger jugendgefährdend, aber leider auch weniger einträglich war. Meine Mutter war erleichtert, und mein Vater hatte einen Posten mehr auf seinem Kerbholz.

Von Prostituierten hatte ich also ein positivbesetztes Bild, vom Rauchen dagegen nicht. Auch ich finde es zwar schwierig, das zu glauben, was ich im Begriff bin hinzuschreiben, aber es ist absolut wahr. Wie wir alle wissen, ist Rauchen eine Sucht, und Süchtige sind zu vielem fähig, um ihre Sucht befriedigen zu können. Wenn ich mit meinem Vater irgendwohin ging und er erspähte eine Zigarettenkippe am Straßenrand, mußte ich sie aufheben und ihm bringen. Zu Hause wurde dann das Zigarettenpapier aufgeschnitten und der Tabak herausgelöst. Wenn genügend Kippen zusammengekommen waren, ergaben sie mit neuem Papier eine neue Zigarette. Ich haßte diese entwürdi-

gende Handlung, und sie hat mein Verhalten Suchtmitteln gegenüber geprägt.

Ich rauche zwar, seit ich achtzehn bin, aber ich inhaliere
nicht. Ich kann es gar nicht, und nachdem ich es ein paarmal versucht habe und dabei fast erstickt wäre, habe ich mich damit zu-
friedengegeben, daß ich niemals jemanden beeindrucken würde,
indem ich gelangweilt Ringe durch die Nase blasen würde, was
ich ganz toll fand. Das wiederum konnte meine Mutter, die ein-
bis zweimal pro Jahr bei irgendeiner Feier eine Zigarette rauchte
und dann auf meinen Wunsch die schönsten Ringe durch die Nase
blies. Ich wollte nicht süchtig werden, denn Sucht heißt Abhän-
gigkeit, und das habe ich mein Leben lang vermeiden wollen.

Das ist mir auch weitgehend gelungen. Mein Zigarettenkon-
sum beläuft sich auf durchschnittlich eine pro Tag, wobei ich tagelang ohne Zigarette auskomme, besonders, wenn ich am Schreibtisch sitze. So gerne ich Wein trinke, ich kann wochenlang darauf
verzichten – solange ich das selbst bestimme. Ich habe das ganz
große Glück gehabt, nie mit Drogen in Berührung gekommen zu
sein, und ich bin auf diesem Gebiet so unbedarft, daß ich den Ha-
schischkonsum meiner SchülerInnen viele Jahre später nicht
einmal am Geruch erkennen konnte. Dafür bin ich enorm dankbar, und das heißt ja, daß ich eigentlich meinem Vater für sein
schlechtes Beispiel dankbar sein muß. Zudem hat er mir durch
seine Arbeitsscheu sehr früh eine positive Einstellung zum Brot-
erwerb vermittelt. Nicht ganz beabsichtigt, aber erfolgreich.

Exkurs: Arbeit macht Spaß!
1993 habe ich ein Buch geschrieben mit dem provozierenden Titel »Arbeit macht Spaß!« Im Gegensatz zu meinem ersten Buch beim selben
Verlag, das drei Auflagen und eine Taschenbuchausgabe hatte, hat es von
diesem nur eine Auflage gegeben; es hat sich längst nicht so gut verkauft,
und das lag nicht am Inhalt, sondern am Titel. Die meisten Menschen haben es wohl als Witzbuch angeschaut und einen Kauf gar nicht ernsthaft
in Erwägung gezogen, denn in der Freizeitgesellschaft der 90er Jahre war
das eine absurde Vorstellung: Arbeit macht Spaß. Das wäre heute sicher
nicht anders, denn wir sind in erster Linie darauf versessen, Freizeit zu

haben, die Spaß macht. Arbeit wird schnell mit dem Wort »Streß«, einem der meiststrapazierten Wörter der deutschen Sprache, in Verbindung gebracht, und für viele kommt die Vorstellung, am Freitag noch bis zum offiziellen Arbeitsschluß zu arbeiten oder am Montagmorgen pünktlich und gut gelaunt am Arbeitsort zu erscheinen, bereits einer unzumutbaren Strapaze gleich. In einer Gesellschaft, wo die meisten Arbeitenden über eine beträchtliche Anzahl von Ferienwochen verfügen können, hört es sich für meine Ohren absurd an, wenn Menschen, die einen ganz normalen oder sogar aufregenden Schreibtischjob haben, von ihren »wohlverdienten« Ferien reden – und das mehrmals im Jahr!

Meiner Meinung nach sollte Arbeit ein Menschenrecht sein im Sinne einer Möglichkeit, seinen Lebensunterhalt selbst zu verdienen. Das gilt auch für Frauen, wie ich in meinem jüngsten Buch betont habe. Und wie man mit der Arbeit umgeht, die man verrichten muß, um sich zu ernähren, liegt im Auge des Beschauers. Lassen Sie mich erklären, wie ich zu der positiven Einstellung gekommen bin.

Es war der 13. Februar 1951, einen Tag nach meinem zwölften Geburtstag. Meine Mutter und ich gingen auf unsere erste Hausierer-Tour. Es war ein naßkalter Tag; ich habe mit meinen Kniestrümpfen auf der Straße zünftig gefroren. Um so lieber ging ich dann in ein warmes Treppenhaus, wo ich an jeder Wohnung klingelte und Postkarten anbot. Es waren keine gewöhnlichen Postkarten, sondern solche, deren Sujets von Männern gemalt worden waren, die keine Arme oder zumindest keine Hände mehr hatten; sie hatten sie mit dem Mund oder mit den Füßen gemalt, was auf den Postkarten vermerkt war. Klingt heute etwas makaber, war jedoch damals eine Möglichkeit für versehrte Kriegsheimkehrer, ihr Schicksal zu meistern – und als Verkaufsargument nicht ungeeignet. Der Preis war eine Mark für zehn Karten; davon durften wir zehn Pfennige behalten.

Wenn ich irgendwo erwähne, daß ich im Grunde eine schlechte Verkäuferin bin, ernte ich meistens ein müdes Lächeln. Aber es ist mir ernst. Ich kann nur das verkaufen, woran ich selbst glaube – und schon als Zwölfjährige empfand ich es als Zumutung für meine potentiellen KundInnen, auf ein Klingeln an ihrer Wohnungstür mit dem Kauf von zehn Postkarten zu reagieren. So war ich im Anfang überhaupt nicht überzeugt und daher auch nicht sehr überzeugend. Da ich jedoch dort, wo man mir öffnete, sehr oft positives Feedback in Form eines Kaufes und häufig sogar von zehn Pfennig (oder sogar mehr) Trinkgeld bekam, begann sich meine Einstellung zu ändern.

Die Probleme begannen dort, wo niemand zu Hause war. Die Vor-
kriegs-Wohnungen hatten alle einen Briefschlitz in der Tür. Wenn niemand auf mein Klingeln öffnete, warf ich das Postkarten-Päckchen durch
diese Öffnung, um am nächsten Tag erneut mein Glück zu versuchen, in
der Hoffnung, daß die Wohnungsinhaber dann erstens zu Hause und
zweitens bereit wären, sich entweder von einer Mark zu trennen oder mir
mein Kuvert in gutem Zustand wieder zurückzugeben. Viele taten auch
das eine oder das andere; einige aber behaupteten, sie hätten nie solch ein
Kuvert bekommen. Das war wieder mal etwas für meinen Gerechtigkeitssinn, denn für jedes Kuvert, das wir von der Vertriebsfirma bezogen
hatten, mußten wir neunzig Pfennig abliefern. Wer also behauptete,
keine Karten bekommen zu haben, kostete mich nicht nur zehn Pfennig
Verdienst, sondern auch die neunzig Pfennig Einkaufsgebühr. Ich war
wieder einmal empört, und wenn das mehrmals an einem Tag passierte,
konnte ich schon mal im Selbstmitleid versinken.

Manche Menschen sagten mir, daß sie die Karten nicht brauchten oder nicht mochten. Das konnte ich gut verstehen; mir gefielen sie
auch nicht. Aber damit konnten wir kein Brot kaufen. Es hat nicht lange
gedauert, bis ich begriff: Wenn ich nett, höflich, lächelnd mein Anliegen vorbrachte, war das Ganze viel einfacher. Die meisten Menschen
kauften nämlich, manche sogar mehr als ein Kuvert. Sicher taten viele
das aus Mitleid mit diesem Kind, das da vor ihnen stand – wer sich
an Erich Kästners *Pünktchen und Anton* erinnert, weiß, wieviel Pünktchen eingenommen hat, wenn sie abends zerlumpt auf der Brücke
stand und ihr herzerweichendes »Streichhölzer! Kaufen Sie Streichhölzer, liebe Leute!« von sich gab. Aber mir waren die Beweggründe eigentlich egal.

Jeder Verkauf motivierte mich für den nächsten und versetzte
mich in eine bessere Stimmung, und bald brauchte ich gar nichts vorzu-
täuschen, weil ich wirklich so etwas wie Spaß empfand, wenn das Geschäft gut lief. Ich setzte mir Tagesziele oder sogar Stundenziele; meistens erreichte ich sie, manchmal übertraf ich sie sogar, und wenn die
Dinge besonders gut liefen, wollte ich gar nicht nach Hause gehen, wo
dann ja immer noch die Hausaufgaben auf mich warteten – oder der Anblick meines Vaters, der vor einem vollen Aschenbecher und einer leer
getrunkenen Kaffeekanne saß und sicher mal gerade wieder einen
dicken Band zufrieden beiseite legte.

Ich behaupte nicht, daß ich damals schon bewußt gesagt habe,
»Arbeit macht Spaß!«, aber es war tatsächlich so, daß der Nachmittag

schneller verging und weitaus mehr einbrachte, wenn ich die Sache positiv anging – eine Erkenntnis, die sich auch bei allen anderen Tätigkeiten in meinem Leben bewährt hat.

Wahrscheinlich sind die verschiedenen Jobs dann wohl doch zuviel für mich geworden, was sich unter anderem in Nägelkauen niederschlug. Eine schreckliche Angewohnheit, besonders bei einem Mädchen, was auch meine Mutter fand. Sie versuchte die gängigen Mittel wie Belohnung und Bestrafung, aber alles nützte nichts. Natürlich war ich auch nicht glücklich damit, aber es wollte mir einfach nicht gelingen, davon loszukommen. Also vielleicht doch eine kleine Sucht? Aber da kam mir mein Vater zu Hilfe, wenn auch unbeabsichtigt. Als meine Mutter wieder einmal das Thema beim Tisch aufbrachte, sagte er unwirsch: »Hör doch auf, auf sie einzureden. Sie wird das nie lassen.« Mehr hatte es nicht gebraucht: sechs Wochen später hatte ich an jedem Finger einen schönen, intakten Nagel – und das ist bis heute so geblieben.

Solche Situationen wiederholten sich in schnellerer Abfolge als zuvor. Mein Vater interessierte sich im Grunde nur so lange für seine Töchter, wie sie nicht anderen Einflüssen ausgesetzt waren. Das heißt also, bis Schulanfang. Bei meiner Schwester dehnte er das Verfalldatum noch etwas aus; sie blieb das Objekt seiner Zuneigung über ihren Schulanfang hinaus. Mit mir hingegen kam es immer öfter zu unschönen Szenen. Je älter ich wurde, je mehr ich sah, was er seiner Familie antat – und besonders meiner Mutter –, desto gereizter wurde ich. Ab und zu kam er zu allem Elend auch noch auf die Idee, elterliche Gewalt auszuüben. So hatte ich einmal für meine Mutter und mich zwei Billette erstanden für einen Operetten-Abend, den eine reisende Truppe an einem einzigen Abend anbot. Wir freuten uns wahnsinnig darauf. Zum Abendessen gab es Bohnensuppe, mit der irgend etwas nicht stimmte. An sich mag ich nämlich Hülsenfrüchte, obwohl ich bei Graupen, die zeitweise unsere Hauptnahrung waren, ein zwanzigjähriges Moratorium eingelegt habe. War die Suppe sauer oder versalzen? Jedenfalls stocherte ich in meinem Teller herum und kriegte kaum einen Löffel herunter. Das war der Moment, wo mein Vater meinte, seine väterliche Autorität unter Beweis zu stellen: »Du ißt deinen Teller auf; sonst gehst du nicht ins Theater!« Alles Verhandeln oder Bitten nützte nichts – ich kriegte diese Suppe nicht hinunter, meine Mutter mußte alleine gehen, und das kostbare Billett verfiel.

Eines Tages kam es zum *Showdown*. Ich weiß nicht mehr, wie es angefangen hat, aber ich weiß noch, daß es verhältnismäßig früh an einem Sonntagmorgen war. Ich kam in die Küche; er saß bereits am Tisch und las, Zigaretten und Kaffee vor sich. Gegessen hatte er auch schon etwas; ein Teller mit einem Besteck lag vor ihm. Offenbar paßte es ihm nicht, daß ich ihn schon so früh störte, und er sagte etwas, was mich wütend machte. Meine Antwort mißfiel ihm, ein Wort gab das andere, ich blieb ihm nichts schuldig. Es eskalierte sehr schnell, und plötzlich nahm er das Messer, das vor ihm lag, und drohte: »Noch ein Wort, und ich schmeiß . . .« Ich stand innen an der Küchentür und zu unser beider Überraschung sagte ich: »Dann schmeiß doch!« Ich nehme an, daß die Bemerkung ihm bei einer Gerichtsverhandlung mildernde Umstände für Tötung im Affekt beschert hätte, aber dazu ist es ja Gott sei Dank nicht gekommen. Als ich das Messer durch die Luft fliegen sah, habe ich mich instinktiv gebückt; es blieb eine Sekunde an der Tür hängen (die Kerbe war dann für immer sichtbar), bevor es zu Boden fiel.

Ich eigne mich nicht so gut für Ultimaten; sie sind ziemlich weit entfernt von dem, was ich jahrelang in Seminaren weitergegeben habe und wovon ich selbst vollkommen überzeugt bin: *Win:Win*-Situationen, wo beide Verhandlungspartner einen Vorteil für sich erwirken können, ohne dem anderen einen Schaden zuzufügen. Ich glaube, daß an der Wurzel aller Konfliktsituationen ein Kommunikationsproblem liegt, und ich glaube nicht, daß man es löst, indem man einen Menschen vor eine unmögliche Wahl stellt. Wenn man mir also ein Entweder-Oder präsentiert, habe ich bis jetzt noch jederzeit für das Oder optiert. Sicher nicht immer so cool und souverän, wie sich das jetzt hier liest, aber auch wenn es im Affekt geschah, aus Empörung über die entwür-

digende Situation, so war es doch konsequent. Es soll daher nicht
der Eindruck entstehen, daß ich da oberlässig meinen eigenen
Tod oder schwere Verletzungen herausgefordert habe; ich habe
einfach instinktiv reagiert, ohne zu überlegen – und man darf
nicht vergessen, daß sich solche Situationen mit rasender Schnel-
ligkeit abspielen, die einem gar keine Zeit zum Reflektieren läßt.

Es war klar, daß es so nicht weitergehen konnte. Ich glaube,
daß meine Mutter an diesem Sonntagmorgen beschloß, ihre Ehe
mit diesem Mann zu beenden; sie zog die Einsamkeit des
Tucholskyschen Ehekrachs dem schwierigen »Leben zu zwein«
vor. Dieser Wechsel würde allerdings noch etwas dauern, denn
vorerst sah sie keine Möglichkeit, sich und ihre beiden Töchter zu
ernähren. Aber auch für sie selbst konnte es nicht so weitergehen.
Mein Vater hatte es doch tatsächlich fertiggebracht, sie nach der
Geburt meiner Schwester noch vier weitere Male zu schwängern.
Ich glaube nicht, daß ihm unsere finanziellen Verhältnisse noch
Seitensprünge erlaubten, obwohl sein Charme immer noch da
war, wenn er wollte, und es immer noch Frauen gab, die ihn unwiderstehlich fanden. Im Deutschland der frühen 50er Jahre
herrschte ein Männermangel; zu viele waren aus dem Krieg nicht
zurückgekommen oder in einer Verfassung, die sie nicht mehr so
begehrenswert machte. Mein Vater war kerngesund, konnte ein
Zahnpasta-Lächeln mit strahlend weißen Zähnen aufsetzen und
war sicher in keiner Weise gestreßt. Wovon auch? Was ihm völlig
abging, waren Einfühlungsvermögen, Zuhören können, auf die
Bedürfnisse anderer eingehen. Aber das war ja schon längst kein
Thema mehr zwischen meinen Eltern.

Vier Schwangerschaften, von denen jede, gemäß den Berichten meiner Mutter, mit der Bemerkung »Aber nicht von mir!«
von meinem Vater begrüßt worden ist. Von wem denn sonst?
könnte man fragen. Eine geradezu absurde Bemerkung, die
meine Mutter jedoch zutiefst getroffen hat. Vier Schwangerschaften, vier Fehlgeburten – oder nennen wir es korrekter: vier abge-
brochene Schwangerschaften, von denen nur eine wirklich eine
Fehlgeburt war. In katholischen Gebieten gab es die Engelmache-
rinnen: Frauen, die sich darauf verstanden, eine Fehlgeburt ein-

zuleiten – mit einer Stricknadel zum Beispiel. Die Frauen ließen sich das gut bezahlen, denn es war eine äußerst gefährliche Sache, vom legalen Standpunkt für sie wie auch vom gesundheitlichen Standpunkt für ihre »Patientinnen«, und es war jeweils ein Riesenproblem, dieses Geld zusammenzukriegen. Einmal hat meine Mutter eine Infektion bekommen, die dann aber wenigstens unter ärztlicher Aufsicht auskuriert werden konnte. Zehn Schwangerschaften, davon sechs in Zeiten von Krieg und Hunger! Das ist es, was ich meinem Vater am meisten übel genommen habe, weil ich überzeugt bin, daß sie ihren Körper so geschwächt haben, daß er später keine Chance hatte, gegen den Krebs zu kämpfen.

Bevor meine Mutter einen Weg sieht, mit ihren Töchtern dorthin zurückzukehren, wonach sie sich zehn Jahre gesehnt hatte, wird aber noch einiges passieren. Es waren dramatische Zeiten, die hier in chronologischer Reihenfolge noch einer Erwähnung wert sind.

Falls Sie meine Verwandten vermissen sollten, muß ich Sie enttäuschen. Obwohl wir die ganze Zeit praktisch zwanzig Meter voneinander in derselben Straße wohnten, sah ich Tante Änne und ihren Anhang nur zufällig. Wenn sie zum Beispiel bei den jährlichen Fronleichnamsprozessionen aufgrund ihrer Spenden einen Platz gleich hinter der Monstranz bekam, oder ganz sicher, wenn ich ihr am Sonntagabend über den Weg lief. Die Messe am Sonntagabend war ihre Gelegenheit, Hof zu halten und hinter ihren dicken Brillengläsern lauernd herumzuspähen, ob es nicht irgendwo eine unentdeckte Schwangerschaft bei einer Ledigen gab oder eventuell ein Ehepartner alleine in die Kirche gekommen war. Sie wußte alles, kontrollierte vieles und intrigierte überall.

Ein besonderer Dorn im Auge war ihr der abtrünnige Bruder und dessen Anhang. Er hatte eine Protestantin geheiratet und war zum evangelischen Glauben übergetreten, wenigstens auf dem Papier. Aber Sündern konnte man ja verzeihen, wenn sie sich reuig zeigten. Mein Vater wußte zwar nicht, wie man Reue buchstabiert, aber er war auch nicht abgeneigt, eine Weile wieder katholisch zu agieren, wenn ihm das gewisse Vorteile einbrachte.

Dennoch gehörte er beileibe nicht zu denen, die in den Schoß der Kirche zurückgeführt werden wollten. Vielleicht konnte man dem aber nachhelfen ...

Eines Tages klingelt es, und ein junger Priester kommt die vier Treppen herauf. Er suche sicher ihren Mann, meint meine Mutter, und der sei leider nicht da. Das sei gut so, antwortet der Priester, so könne er ganz ungestört mit meiner Mutter reden. Ich sitze natürlich dabei und ahne schon, daß das nicht gut ausgehen wird; meine Schwester spielt im selben Zimmer still vor sich hin. Dann hält der hochmotivierte Priester meiner Mutter eine flammende Rede über ihre kommende Verdammnis und über ihren derzeitigen Status in den Augen der katholischen Kirche: So sei sie gar nicht verheiratet, denn die Kirche würde die Scheidung meines Vaters von seiner ersten Frau ja nicht anerkennen, und lebe daher in Sünde, wofür die zwei unehelichen Kinder – er zeigt auf uns – Zeugnis ablegten.

Wie ich diese Szene in Erinnerung habe, hat er diesen Stuß wirklich geglaubt. Er war jung und äußerst motiviert, drei Seelen vor dem Fegefeuer zu retten. Dreieinhalb sogar, denn mein Vater konnte ja bei einer solch sündigen Angelegenheit auch nicht ganz ungeschoren davonkommen, aber bei ihm bestand wenigstens die Chance, daß er in den Schoß der allein seligmachenden Kirche zurückkehren konnte.

Ich sehe meine Mutter noch vor mir, wie sie hochrot wird – ein Zeichen allerhöchster Gefahr. Es war immer gut, dann aus ihrem Gesichtskreis zu verschwinden. Sie erhebt sich, richtet sich zu ihrer Größe von 1,68 Meter auf und sagt, erstaunlicherweise ganz ruhig, sinngemäß: »Sie wissen, wo die Treppe nach unten ist. Ich gebe Ihnen den guten Rat, sich auf der Stelle dorthin zu begeben, bevor ich Ihnen Beine mache!« Wahrscheinlich war der Priester eher auf Argument und Gegenargument geschult worden, und diese Antwort war wohl nicht in seinem Szenario vorgesehen. Vielleicht war er aber einfach intelligent genug, den drohenden Ton ernst zu nehmen. Er stotterte noch so etwas wie, sie solle mal darüber nachdenken und daß es noch nicht zu spät sei, bevor er das Weite suchte. Meine Mutter ging ihm nach bis zum

Treppenabsatz, um sich zu vergewissern, daß unten die Haustüre ins Schloß fiel; dann kam sie zurück und verfiel in einen Weinkrampf.

Ich weiß bis heute nicht, wofür es noch nicht zu spät gewesen sein soll. Aber ich glaube, er wollte allen Ernstes, daß meine Mutter sich von meinem Vater trennte, damit der nicht länger in Sünde lebte. Was ich definitiv weiß, ist, daß meine Mutter Tante Änne die Meinung sagte, weil sie genau wußte, woher diese Attacke gekommen war, und danach jeden freiwilligen Kontakt mit ihr verweigerte.

Nicht daß die Evangelischen soviel mehr zu bieten hatten! Ich ging in den Konfirmandenunterricht, der damals zwei Jahre dauerte, und wo sich das wiederholte, was sich schon mit Fräulein Zorn abgespielt hatte: Ich konnte alles auswendig (die Aufgaben, die der Pfarrer gab, waren happig, und die meisten Kinder waren damit ziemlich überfordert) und stellte alles in Frage. Der Pfarrer war von mir genauso begeistert wie das gräßliche Fräulein, und ich hätte ganz bequem durch diese Unterweisung durchrutschen können, wenn er nicht etwas getan hätte, wofür ich ihn zutiefst verachtete: Er hatte ein cholerisches Temperament und schlug die Kinder, die ihre Lieder oder Passagen im Katechismus nicht richtig gelernt hatten!

Auch ich hatte meine Krise mit ihm: Während der zwei Jahre Konfirmandenunterricht wurde von uns erwartet, daß wir sonntags in die Kirche kamen. Natürlich mußten wir in der ersten Reihe sitzen, damit er kontrollieren konnte, wer da war. Das paßte mir nun gar nicht – ich habe noch nie gerne in der ersten Reihe gesessen, sondern immer lieber von hinten den Überblick gehabt. Eines Tages hatte er eine Idee: Jede(r) von uns bekam eine Karte mit zweiundfünfzig Feldern, die wir jeweils nach dem Gottesdienst in der Kirche von ihm abstempeln lassen sollten.

Bis jetzt war ich noch ganz gerne in die Kirche gegangen, solange *ich* das wollte. Diese Karte war eine Zumutung, fand ich, und noch unverschämter war, daß man sie dem Vater präsentieren und er sie mit seiner Unterschrift versehen mußte, damit der Pfarrer sicher sein konnte, daß die Familie den jetzt obligatorischen, kontrollierbaren Kirchbesuch auch unterstützte. Zu meiner großen und freudigen Überraschung war mein Vater für einmal meiner Meinung: Er weigerte sich zu unterschreiben. Ich brachte die Karte also triumphierend ohne Unterschrift zurück; der Pfarrer reagierte äußert gereizt auf diese Befehlsverweigerung und ließ meinem Vater ausrichten, dann würde ich nicht konfirmiert. Dann eben nicht, befand mein Vater ungerührt. Obwohl das natürlich ein gesellschaftlicher Makel gewesen wäre, war auch ich unbeeindruckt: Der Pfarrer konnte sich gar nicht leisten, seine Star-Schülerin nicht zu konfirmieren, zumal er eine Reihe von Kindern aufgrund ihrer mangelnden Kenntnisse tatsächlich als nicht konfirmierungsreif befunden hatte. Und so war es auch: Sein Verhältnis zu mir wurde kühler, ich ging zwar zur Kirche, holte aber keinen Stempel ab, und das Ganze wurde für mich eine unerfreuliche Pflichtübung, deren Ende jedoch absehbar war.

Natürlich haben wir zwei Jahre lang gespart, um die Konfirmation ausrichten und vor allem, um mir ein Kleid nähen zu können. Das Kleid war schwarzer Taft, mit einer Jacke – wunderschön genäht von meiner Mutter und perfekt für eine Fünfzigjährige! Ich war aber erst fünfzehn und sah darin aus, als ob ich, blaß und gefaßt, zur Verkündigung meines Todesurteils schreiten würde – endlich würde ich mich doch Maria Stuart annähern . . . Was man Kindern so alles antut! Dieses Kleid würde aber noch eine weitere Gelegenheit bekommen, völlig deplaziert zu wirken: Ich trug es, mangels Alternativen, an meinem Mittelball in der Tanzstunde und führte damit die Polonaise an! Wundert es Sie, daß ich außer dem obligatorischen Eröffnungstanz, den der Polonaisen-Partner einem schuldete, den ganzen Abend unaufgefordert dagesessen habe?

O ja, auch bei mir gab es eine Tanzstunde; das Kursgeld hatte ich selbst verdient und gespart. Ich lernte tanzen, genau wie die anderen höheren Töchter, aber diesmal hatte ich nicht zu Ende gedacht – etwas, was ich bei Geldangelegenheiten noch viele, viele Jahre beibehalten würde. Am Ende dieses Tanzkurses steht das große Ereignis: der Schlußball. Das bedeutete im Klartext: Ballgebühr generell, zwei Eintrittskarten für meine Eltern, Verzehr an dem Abend – und natürlich das Ballkleid. Ich rechnete und rechnete, aber es reichte einfach nicht für alles. Mein Vater löste das Problem für mich, indem er mich vor eine Wahl stellte, die keine war: Ich konnte entweder den Stoff für das Kleid kaufen oder die zwei Eintrittskarten für ihn und meine Mutter – mehr läge nicht drin. Selten bin ich unglücklicher gewesen, wo ich doch schon ein Kleid für mich entworfen hatte und wir bereits in einem Geschäft den Stoff ausgesucht hatten! Es hat lange gedauert, bevor ich einsehen mußte, daß ich hier auf verlorenem Posten stand. Ich konnte mir das Geld nicht aus den Rippen schneiden und mußte nun wirklich zu Ende denken: Ich würde diesen Ball nicht mitmachen können. Was für Konsequenzen ergaben sich daraus?

Einen Tanzstundenherrn hatte ich nicht; da mußte ich zum Glück niemanden enttäuschen. Aber viele meiner Klassenkameradinnen waren in derselben Tanzstunde, und hier mußte ich mir etwas einfallen lassen. Die längste Zeit machte ich mit bei all den Gesprächen über den Schlußball und tat so, als ob ich mich genauso darauf freute. Vier Tage vorher tauchte ich plötzlich in der Schule mit einem Riesenverband am rechten Knöchel auf: Ich hatte mir, o je, den Fuß verstaucht; es sah bös aus für den Schlußball, und wenn nicht ein Wunder geschähe, würde ich wohl nicht dabeisein können. Daß es kein Wunder geben würde, war so klar wie die Tatsache, daß ich aus Gründen der Glaubwürdigkeit noch gut eine Woche nach dem Ball diesen blöden Verband tragen und hinken mußte. Selten habe ich das Leben ungerechter gefunden! Schade, daß man in solchen Momenten nicht weiß, wie viele wunderbare Abendkleider, aufregende Tanzpartner und durchtanzte Nächte da noch kommen werden ...

Die Kleiderfrage war überhaupt etwas Schreckliches. Ein Jahr zuvor hatte sich etwas abgespielt, was mich zutiefst getroffen hatte. Ich besaß ein paar Blusen und Pullis und einen schwarzen (!) Rock, den ich im Winter und Frühling fast täglich trug; wenn er speckig wurde, konnte man ihn mit schwarzem Kaffee und einer Kleiderbürste wieder einigermaßen hinkriegen. Ich habe selbst Mühe, das zu glauben, aber so war es. Für Sommer und Herbst gab es ein paar Kleider, die meine Mutter genäht hatte.

Das Fräulein Doktor glaubte an höhere Bildung für ihre Schülerinnen; ein Theaterbesuch war also angesagt – der *Prinz von Homburg* war echte Bildungsbürgerkost. Ich kriegte natürlich die Freikarte, die bei einer Klassenbestellung immer dabei war. Aber was sollte ich anziehen? Wer die Idee hatte, weiß ich nicht mehr, aber meine Mutter besaß ein dunkelblaues Kleid, das sie zu allen wichtigen Anlässen anzog. Sie würde mir das ausleihen. Ich glaube, man muß schon ziemlich blöd oder ziemlich verzweifelt sein, um auf solch eine Idee zu kommen. Aber es klappte: Mit ein paar strategisch plazierten Sicherheitsnadeln, die das Kleid dort verengten, wo es nötig war, sah das gar nicht mal so schlecht aus. Ich genoß die Matinee und kann mich noch gut erinnern, wie wir Halbwüchsigen nicht aufhören wollten, über die engen weißen Hosen des Hauptdarstellers zu kichern.

Irgendwann hat sich dann eine Gelegenheit gegeben, daß jemand aus der Klasse mir etwas bringen mußte. Wahrscheinlich war ich krank; auf alle Fälle wußten wir im voraus von diesem Besuch. Meine Mutter wollte auf die Klassenkameradin einen guten Eindruck machen und zog das Dunkelblaue an. Die Mitschülerin meinte nicht zu Unrecht, dieses Kleid schon einmal gesehen zu haben – aber an mir. Als ich zurück in den Unterricht kam, wußte die ganze Klasse, daß ich das Kleid meiner Mutter getragen hatte. Die Schuhe des Vaters in der einen Schule, das Kleid der Mutter in der anderen – es würde viele, viele Schuh- und Kleiderkäufe im erwachsenen Leben brauchen, bevor ich das ausreichend kompensiert hatte ...

Trotz all dieser Episoden habe ich auch gute Erinnerungen an diese Jahre; es war durchaus nicht alles Drama oder gar Tragödie – und wenn es das war, dann fand es zum Teil auch auf der Bühne statt. Schultheater war ein großes Thema in meinem Leben, und ich bekam auch laufend gute Rollen. Wenn Sie mich jetzt fragen, woher ich die Zeit dafür genommen habe, dann muß ich gestehen, daß ich das nicht weiß. Vielleicht hatte es damit zu tun, daß ich immer im Leben Zeit herausschinden konnte, wenn mich etwas wirklich gepackt hat. Ich kann gut mit wechselnden Prioritäten umgehen. Wahrscheinlich aber hatte es etwas damit zu tun, daß ich mühelos auswendig lernte und daher das Rollenstudium gar nicht mal so viel Zeit beanspruchte. Und ganz sicher war einer der Gründe, warum ich mir das auch noch auflud, der, daß ich darin eine Vorbereitung auf meine Berufslaufbahn sah, denn ich wußte, seit ich vier Jahre alt war, daß ich Schauspielerin werden wollte. Ich hatte nie eine Alternative dazu ins Auge gefaßt und sagte jedem, der es hören wollte, aus tiefster Überzeugung, daß ich »natürlich« Schauspielerin würde, sobald ich das Abitur gemacht hätte.

Die Schauspielerei verlieh mir ein wenig Status, erweckte aber auch viel Neid, und so war ich sehr froh, als sich das benachbarte Gymnasium für Knaben um mich bemühte. Man bot mir die Rolle der Viola in *Was Ihr wollt* an, und obwohl ich auch noch eine Rolle an meiner Schule probte, sagte ich zu. War das der vielzitierte Tropfen, der das Faß zum Überlaufen bringt?

An oberster Stelle der Liste von Menschen aus meiner Schulzeit, die ich auf keinen Fall wiedersehen möchte, steht die Lehrerin, bei der wir Biologie und Chemie hatten. Beide Fächer mochte ich zwar, auch wenn sie nicht zu meinen Lieblingsfächern gehörten, aber die Lehrerin mochte mich nicht. Durch meine ganze Schulzeit hindurch haben mich LehrerInnen entweder bewundert und gefördert oder total abgelehnt. Das erstreckt sich später auch auf die Studienzeit, und wenn wir das noch weiterverfolgen, sogar auf die Kurse, die ich genommen habe. Also, in diesen beiden Fächern mußte ich wenigstens gute Noten erbringen, denn bei den Lehrerkonferenzen, wo jeweils beschlossen wurde, ob ich noch ein weiteres Jahr gratis und mit einer Erziehungsbeihilfe von hundertzwanzig Mark pro Monat zur Schule gehen dürfte, konnte ich von dieser Lehrerin keine Unterstützung erwarten; da mußten die Noten für mich sprechen.

Der Beginn eines Schuljahres war immer ein Horror: Neue Schulbücher mußten her, die selbst, wenn ich sie gebraucht kaufte, noch zuviel kosteten. Hefte, Stifte und sonstiges Schulmaterial erforderten Geld, das erst einmal verdient werden mußte. Diesmal war es ein besonders teures Chemiebuch, das man in den ersten zwei Wochen anschaffen mußte. Chemie war am Mittwoch, die Arbeitslosenunterstützung meines Vaters wurde jeweils am Donnerstag ausgezahlt, und das hieß, daß ich auch erst dann das Buch besorgen konnte. Am Dienstag hatten wir Biologie, und nach der Stunde ging ich zu der Lehrerin, um ihr zu erklären, warum ich die *Deadline* um einen Tag überschreiten würde und also in der Chemiestunde am nächsten Tag noch bei meiner Banknachbarin ins Buch schauen würde. Sie nahm das kommentarlos zur Kenntnis.

Am nächsten Tag rief sie jede einzelne Schülerin auf, damit sie ihr Buch hochheben konnte. Schon das wäre unnötig gewesen, angesichts der Tatsache, daß ich ja keines zum Hochheben hatte. Als sie zu meinem Namen kam, schaute ich sie verwundert an. Sie wußte doch, daß ich (noch!) keines hatte. Nein, sie wußte gar nichts, wollte sich wohl nicht mehr erinnern, daß ich ihr am Tag zuvor die Situation erklärt hatte. Sie rief mich nach vorne, ich stand vor dem großen Chemietisch und hoffte, daß sich der Boden öffnen und mich verschlucken würde. Oder sie – je nachdem auf welcher Seite das Loch sich aufgetan hätte. »Das ist wieder einmal typisch für dich«, fing sie an – *oops*, das war der falsche Ton für den schon mehrfach erwähnten Gerechtigkeitssinn. Einerseits verstand ich das ganze Tamtam um dieses blöde Buch ohnehin nicht, andererseits hatte ich doch alles getan, um es nicht zu dieser Situation kommen zu lassen. Nach ein paar weiteren Sätzen hatte ich mich gefaßt; ich schrie sie an: »Sie sind gemein! Ich habe Ihnen das gestern erklärt, und es ist nicht meine Schuld, daß mein Vater erst morgen sein Geld kriegt!« Der Überraschungseffekt hätte nicht größer sein können: Sie stoppte ihre Tirade, ich hingegen redete mich in eine echte Hysterie hinein. Als ich fertig war, verließ ich den Chemiesaal und fing hemmungslos an zu weinen. Und weinte. Und weinte. Und weinte.

Drei Stunden später, auf der Notliege im Rektorenzimmer (ja doch, immer noch derselbe Mann, der mich sicher ins Pfefferland gewünscht hat!) war ich immer noch nicht ausgeweint;

Rektor, Sekretärin und das Fräulein Doktor, das ins Rektorat gebeten worden war, wußten nicht, wie sich diese einmal geöffnete
Schleuse wieder schließen ließ. Die Chemielehrerin wurde her-
beizitiert; bei ihrem Anblick kippte mein Heulen in Schreien um;
sie wurde schnell wieder aus meinem Blickfeld entfernt, und ich
weiß, daß sie einen scharfen Verweis bekommen hat, nachdem
ich wieder in der Schule zurück war und erklären konnte, was zu
diesem Ausbruch geführt hatte. Der herbeigerufene Arzt wußte
auch nicht so recht, was er mit mir machen sollte, und beschloß,
mich ins Krankenhaus einzuweisen. Ich schluchzte weiter im
Krankenwagen; ich schluchzte mich durch die Aufnahmeforma-
litäten hindurch und hörte erst auf, nachdem man mir eine Beruhigungsspritze gegeben hatte. Als ich aufwachte, fand ich mich
im Bett gegenüber dem meiner Mutter wieder, mit der Diagnose:
»Nervenzusammenbruch«. Etwas ungewöhnlich für eine Vierzehnjährige, aber es war ja wohl in erster Linie ein physischer Zusammenbruch ...

Meine Mutter hatte im Alter von sechsundvierzig Jahren
einen Schlaganfall erlitten und war schon längere Zeit im Krankenhaus. Mein Vater war vom Arbeitsamt zu einem Umschu-
lungskurs in Essen, ca. dreißig Kilometer von Duisburg entfernt,
verknurrt worden. Er verließ das Haus jeweils kurz nach sieben
Uhr morgens, um den Zug zu nehmen, und kam erst ca. zwölf
Stunden später zurück. Ich machte morgens für ihn und meine
Schwester Brote, sorgte dafür, daß sie zur Schule ging, und rannte
dann selbst in letzter Minute los. Der Nachmittag war aufgeteilt in
Theaterproben für zwei verschiedene Stücke sowie der zehn Kilo-
meter langen Fahrt mit dem Fahrrad zum Krankenhaus, wo
meine Mutter lag. Wenn ich dort fertig war, radelte ich nach
Hause, in der Hoffnung, daß meine Schwester ihre Hausaufga-
ben gemacht hatte, zu Hause war und keine unerwünschten
Spielkameraden herumhingen. Dann kam mein sehr hungriger
Vater nach Hause und kochte irgend etwas, während ich mit den
Schulaufgaben anfing, die ich dann nach dem Essen fertig
machte.

Es war November und regnete ununterbrochen; ich lief immer noch im Sommerkleid und ohne Strümpfe herum, weil ich keine Zeit hatte, mich um mich zu kümmern. Meine einzige Sorge war, daß ich mir eine zünftige Erkältung einfangen würde, was das absolute Chaos bedeutet hätte. Na ja, es war dann halt keine Erkältung, sondern etwas Dramatischeres – und plötzlich fand mein Vater Zeit, sich zu Hause um seine kleine Tochter zu kümmern, die er zum Teil mit nach Essen nahm, bis meine Mutter entlassen wurde. Bei ihr stellte sich dann bald heraus, daß sie eben diese Thrombose hatte, offenbar mit akuter Gefahr der Embolie, daß sie nicht aufstehen konnte, aber zu Hause bleiben wollte, damit meine Schwester wenigstens nicht alleine zu Hause sein mußte – denn ich war insgesamt vier Wochen im Krankenhaus. Ich habe meine Theaterrollen trotzdem noch spielen können, nachdem man für mich noch extra Proben angesetzt hatte.

Ostern verließ ich das Lyzeum, um für die letzten zwei Jahre meiner Schulzeit auf die sogenannte Höhere Handelsschule zu gehen. Nicht freiwillig, sondern auf Anordnung meines Vaters. Er sah keinen Sinn darin, mich das Abitur machen zu lassen, wenn ich doch aufgrund einer erstklassigen kaufmännischen Ausbildung, die u. a. Wirtschaftsenglisch, Spanisch und Buchhaltung umfaßte, schon nach zwei weiteren Jahren gutes Geld verdienen konnte ...

Schauspielerin würde ich also nicht. Abitur lag auch nicht mehr drin. Aber ich hatte auch nicht die Absicht, meinen Vater zu ernähren. Zwar mochte ich die neue Schule, wo ich natürlich wieder eine Freistelle bekam – und einen Lehrer, der mich enorm förderungswürdig fand. So sehr, daß er nach einem Jahr zu meinen Eltern kam und sie darum bat, mich nach der Höheren Handelsschule nochmals ein Jahr zurück aufs Gymnasium (!) zu schicken, damit ich dort das »richtige« Abitur, nicht das »Pudding-Abitur«, machen könnte. Dazu brauchte man natürlich Latein, was er beherrschte. Er anerbot sich, mich durch Gratis-Privatstunden in einem Jahr auf den Stand der anderen Schülerinnen zu bringen, mich sozusagen Oberprima-reif zu machen! Er stieß jedoch bei meinem Vater auf totale Ablehnung; das alles paßte nicht in dessen Szenario. Ein paar Monate später sollte das Schicksal ihm aber einen dicken Strich durch die Rechnung machen.

Chronologisch, bitte! Am Himmelfahrtstag 1955 ereignete sich etwas wirklich Dramatisches, an dem mein Vater zur Abwechslung mal keine Schuld hatte. Ich war aufgestanden, um einen Schluck Wasser zu trinken, und ließ mich, als ich mich wieder hinlegte, aufs Bett fallen. Der Schrei, den ich ausstieß, weckte mehr Hausbewohner als nur meine Familie! Ich hatte wahnsinnige Schmerzen in der Leistengegend, die nicht aufhörten. Es ist eine der Erfahrungen, die einem eine positive Einstellung zum Lärm der Ambulanzen vermitteln: Wer mal dringelegen hat, wird zeit seines Lebens eine andere Einstellung zum ohrenbetäubenden »Tatütata« haben.

Im Krankenhaus selbst bekam ich wenigstens eine schmerzstillende Spritze und die Versicherung, daß es weder Leistenbruch noch Blinddarm sei. Was »es« war, konnte mir allerdings keiner sagen, bis es einem jungen Arzt einfiel, mich auf die gynäkologische Abteilung zu verlegen. Obwohl eine Sechzehnjährige da an sich nicht hingehört, war das die richtige Entscheidung: Ich hatte nämlich eine männerfaustgroße Zyste, die sich beim Fallenlassen aufs Bett verdreht hatte und mir diesen Wahnsinnsschmerz bescherte.

Es war eine große Operation mit einer großen Wunde. Drei Tage danach durfte ich fast nichts trinken; ich saugte den Waschlappen und die Zahnbürste aus und klingelte mehr als zwanzigmal nach der Nachtschwester, um einen Löffel voll Tee zu bekommen. Ich glaube gerne, daß man vor Durst wahnsinnig werden kann. Acht Wochen würde es dauern, bis ich das Krankenhaus verlassen konnte, weil die Wunde einfach nicht heilen wollte. Inzwischen hatte ich mich dort häuslich eingerichtet. Die Nonnen waren in der Regel sehr nett, der Oberarzt spielte, wann immer er sich die Zeit dazu stehlen konnte, Karten mit mir; ich bekam viel Besuch und konnte sogar viermal mit dem Bus zu meinem englischen Stenographie-Unterricht fahren, denn dieses Fach brauchte Übung, die ich im Krankenhaus selbst nicht hatte. Die Fahrt tat der Wunde zwar nicht so gut, aber der Kontakt mit der Außenwelt war Balsam für meine Psyche. Ich hatte das ganze Bett voller Schulbücher, und wenn ich auch keine Klassenarbeiten schreiben konnte, so hoffte ich doch, mühelos wieder den Anschluß zu finden, wenn sie mich endlich gehen ließen.

Ich weiß nicht, ob ich ihn je gefunden hätte, denn ich bin nie mehr in diese Schule zurückgekehrt. Eines Tages nämlich, zwei Monate vor ihrer Silberhochzeit, kam meine Mutter mich besuchen und brachte nicht nur Schokoladenpudding mit Vanillesauce mit, sondern auch die aufregendsten Neuigkeiten: Ein Gesetz war verabschiedet worden, daß denen, die es wollten, die Rückevakuierung nach Berlin ermöglichte. Das hieß: Bezahlte Rückreise, bezahlter Transport des Umzugguts sowie eine im Rahmen des sozialen Wohnungsbaus erstellte Bleibe in Berlin. Sie wollte meine Meinung einholen, ob wir einen Antrag stellen sollten. Wenn ja, würde das heißen, daß wir drei alleine zurückgehen würden – sie würde also meinen Vater nach einem Vierteljahrhundert Ehe verlassen!

Was gab es denn da noch zu überlegen?! »Halt, halt!« meinte meine Mutter, und sie erklärte mir, was die Rückkehr für meine unmittelbare Zukunft bedeuten würde: Ich mußte ihr versprechen, daß ich mein ganzes Gehalt, das ich im Frühjahr darauf anfangen sollte zu verdienen, zu Hause abliefern würde, denn vorerst war das das einzige Einkommen, mit dem wir rechnen konnten. »Wie wär's, wenn du morgen früh den Antrag stellst?« war mein Kommentar. Sie umarmte mich, wir weinten mal wieder eine Runde, lachten gleich darauf und fingen an, Pläne zu schmieden.

Die einzige Hürde bestand darin, daß mein Vater seine Erlaubnis geben mußte. Wir hatten schreckliche Angst, daß er uns die Unterschrift auf dem Antrag verweigern würde. Aber diese Angst stellte sich als völlig unbegründet heraus. Er schrieb, seinem Charakter ganz und gar treu, auf das Formular: »Ich bin mit der Rückevakuierung meiner Familie nach Berlin einverstanden, solange mir dadurch keine Kosten entstehen.« Immerhin hat er damit etwaige Abschiedstränen verhindern können.

So, und nun können wir das Thema »Vater« als abgehandelt betrachten. Habe ich ihn gehaßt? Eine Zeitlang gewiß. Aber dann habe ich ihn nur noch verachtet, was viel tiefer geht. Habe ich ihm verziehen? Nein. Einmal, in meinem Erwachsenenleben, werde ich Gelegenheit haben, ihm die Meinung zu sagen. Einmal werde ich ihm aus den USA etwas berichten, was ihn in den Eingeweiden getroffen haben muß. Und schließlich werde ich ihn aus meinem Leben eliminieren, Jahre bevor er wirklich gestorben ist, indem ich ihn auf dem Papier für tot erklärte. Aber es wird eine Psychotherapie brauchen, um mich innerlich von ihm zu lösen, sowie die Liebe von Männern, die einiges älter waren als ich und mir die Geborgenheit gaben, die ich als Jugendliche nicht bekommen hatte. Als er dann in den 70er Jahren wirklich gestorben ist, lebten meine Schwester und ich bereits in Zürich, wo man uns ausfindig gemacht hatte. Ich habe die Nachricht ohne Emotion zur Kenntnis genommen; es war für mich eher ein administrativer Vorgang, der mir erlaubte, die Akte »Vater« zu schließen.

1959: *In Rimini, Ziel der »Uscità-Reise«*

1954: *Ein Teil der ungeliebten Verwandtschaft: die geizige Tante Edith,
der hypochondrische Onkel Fritz, die
ach-so-intelligente Cousine Uschi*

»Und was haben *Sie* im Krieg gemacht?«

> Napoleon war auch nicht der größte
> Deutsche, der größte Deutsche ist Hit-
> ler. Um das zu erklären, braucht man
> nur darauf hinzuweisen, daß Hitler bei-
> nahe die Schlacht von Tannenberg ge-
> wonnen hat, er war bloß nicht dabei.
> *Kurt Tucholsky, Hitler und Goethe. Ein Schulaufsatz*

Goodbye, Duisburg! Der Aufenthalt in einer ungeliebten Stadt und einem fast feindlichen Umfeld ging also nach neun Jahren und acht Monaten zu Ende – zuerst einmal für mich. Die Schule, die ich besuchte, genoß bei den Industriefirmen des Ruhrgebiets wie *Klöckner, Thyssen* usw. den Ruf, hervorragende potentielle Mitarbeiterinnen auf dem kaufmännischen Sektor zu liefern. Gute Arbeitskräfte waren damals offenbar eine Seltenheit, und so waren Vertreter dieser Unternehmen nach dem ersten Jahr bereits in unsere Schule gekommen, um ihre Auswahl unter den Abgängerinnen des nächsten Jahrgangs zu treffen. Ich hatte wieder einmal als Musterschülerin gegolten – nicht zuletzt, weil mir der Unterrichtsstoff enorm Spaß machte – und hatte ein verbindliches Angebot für einen gut bezahlten Job im Vorzimmer eines Direktors von Klöckner bekommen. vierhundert Mark hätte ich ab April 1956 ganz alleine verdienen sollen; kein Wunder, war mein Vater begeistert. Damit ich nun, ein halbes Jahr vor Schulabschluß, auch an der Höheren Handelsschule in Berlin in diesen Ausleseprozeß kam (er fand dort erst im Herbst des letzten Schuljahres statt), fand meine Mutter, ich solle das letzte Semester von Anfang an dort besuchen. Die Formalitäten für die Rückevakuierung brauchten jedoch ihre Zeit und waren im September noch nicht abgeschlossen. So sollte ich alleine vorausfahren; meine Mutter und Corina würden so schnell wie möglich folgen. *Hello*, Berlin!

Da müssen Sie nun noch einmal durch: Jetzt werden Sie den Rest meiner Verwandtschaft kennenlernen. Von ihrer besten Seite, die von der schlechtesten kaum zu unterscheiden ist. Als die guten Verwandten zugeteilt wurden, muß ich wohl gerade nicht aufgepaßt haben … Und als meine Mutter die Pateneltern aussuchte, war sie offenbar vor Freude über die kleine Tochter völlig benebelt. Anderseits: Tradition schreibt vor, daß von jeder Elternseite jemand ausgewählt wird, und nachdem die prachtvolle Tante Änne das Rennen auf meines Vaters Seite gemacht hatte, bot sich als Patenonkel der Bruder meiner Mutter an.

Vielleicht war ihre Schwester ihr deswegen böse und nahm nun späte Rache? Vielleicht war sie auch nur ganz einfach egoistisch und geizig? Sehen Sie selbst.

Wo würde ich in Berlin wohnen? Bei Tante Edith, der zehn Jahre älteren Schwester meiner Mutter, die damals auf die sechzig zuging. Hellblond gefärbt, permanent mit Lapislazuli-Ohrringen in den hängenden Ohrläppchen und immer dezent gepudert, sah sie jünger aus, und das war auch so beabsichtigt. Sie war Witwe eines völlig durchgeistigten, zarten Männleins, der sich aus allem herausgehalten und den sie behandelt hatte wie ein pflegebedürftiges Kind – nicht zuletzt, weil er die Hypochondrie erfunden haben muß. Völlig unvermittelt konnte er am Kaffeetisch einen kleinen Taschenspiegel herausnehmen, seine Zunge begutachten und seufzen: »Wieder ganz belegt!« Er war mindestens zehn Jahre älter als meine Tante und hatte es bis zum »höheren Beamten« gebracht, was sie sofort in einen viel imponierenderen Titel umfunktioniert hatte: Man war ja soooo vornehm, man hielt auf sich. Zusammen hatten sie immerhin eine Tochter geschafft, die längst studierte. Trotz aller belegter Zungen und den daraus zu befürchtenden Ausbrüchen einer tödlichen Krankheit war Onkel Fritz eines unspektakulären Todes gestorben, indem er, gegen die siebzig, eines Nachts einfach aufgehört hatte zu atmen. Diese Taschenspiegel-Komödie war eines von den beiden

Dingen, die mich bei Besuchen in der großen, dunklen Wohnung mit dem knarrenden Parkett und den gewaltigen Möbeln fasziniert hatte; das andere war eine gehäkelte Tischdecke auf dem Eßtisch in diesem undefinierbaren Beige, wie man sie noch heute hie und da in deutschen Wohnungen findet, die ungefähr fünfundzwanzig Zentimeter lange Fransen hatte. Der Haushalt meiner Tante war einer, wo Kinder sich möglichst ruhig zu verhalten hatten – wobei ich sagen sollte, daß in Gegenwart der äußerst energischen Tante Edith ohnehin niemand eine Chance hatte, sich bemerkbar zu machen, geschweige denn Mittelpunkt der Aufmerksamkeit zu werden. So langweilte ich mich tödlich, wann immer wir in den Berliner Zeiten dort zu Kaffee und Kuchen aufkreuzen mußten. Die einzige Ablenkung war die Tischdecke, deren Fransen man in gaaaaanz viele Zöpfchen verknoten konnte. Das erste Mal, als ich schon etwa ein Viertel der Decke geflochten hatte, ist meine Tante beinahe in Ohnmacht gefallen, als sie das mitbekam. Ich kriegte striktes Flechtverbot, was ich so interpretierte, daß ich weiterflocht, aber immer nur ganz wenige Zöpfchen machte, die ich rechtzeitig wieder entflechten konnte, bevor wir Gott sei Dank endlich nach Hause gingen.

Tja, Tante Edith. Sie war, wie meine Mutter eigentlich auch, die geborene Geschäftsfrau – kein Wunder bei den Genen meiner Vorfahrinnen mütterlicherseits. Aber im Gegensatz zu meiner Mutter hatte sie diese Begabung immer ausgelebt. Um das nicht gerade pompöse Beamtengehalt von Onkel Fritz aufzubessern, hatte sie eine Art Heimbüro für eine Schuhcreme-Firma eingerichtet, für die sie sowohl Schuhpflegemittel verkaufte als auch Rechnungen schrieb – »Fakturen«, wie sie sich ausdrückte – und die Buchhaltung machte. Ein früher Fall von *Outsourcing*, nehme ich an. Selbstverständlich war das in ihrem Vokabular etwas ganz besonders Hochstehendes, Vornehmes, Intellektuelles, das ihrem selbsternannten Status in der Gesellschaft entsprach. Daneben warf es auch noch ganz schön Geld ab. Später würde sie mit Damenunterwäsche handeln, völlig seriöser natürlich, danach mit Heimtextilien. Das muß ich ihr lassen: Sie war ein Energiebündel und tat immer etwas.

Andere Leute vermieten Zimmer. Meine Tante ließ nach dem Wegzug ihrer Tochter an die Uni Würzburg deren Zimmer – das schönste, hellste, eleganteste – renovieren und gestattete einem jungen Mann, der den anspruchsvollsten Ausleseprozeß überlebt hatte, gegen nicht zu kleines Entgelt dieses Zimmer während seiner Berliner Studienzeit zu benutzen. Es gab nur männliche Studenten, die selbstredend alle aus »allerbester Familie« kamen, »ganz reizend« waren und ihr, wann immer sie wollte, als Konversationspartner zur Verfügung zu stehen schienen. Ansonsten waren sie offenbar asexuell, denn Damenbesuch war nicht mal am Tage erlaubt. Einer hat sich wohl mal nicht an diese strikte Vorgabe gehalten und verlor auf der Stelle mitten im Semester seine Schlummermutter – man widersetzte sich Tante Edith nicht.

In dem stillen Wohnquartier hatte es kaum Bombenabwürfe gegeben; sie war jedenfalls verschont geblieben. Und so hatte sie sowohl vor als auch nach dem Krieg einen gepflegten Haushalt mit Perserteppichen, Meißner Porzellan und bestem Tafelsilber. Es ging ihr mit der Witwenrente und ihren diversen Geschäften finanziell gut und emotional nach dem Tod ihres Mannes sogar besser, denn nun mußte sie keine Rücksicht auf den eingebildeten Kranken mehr nehmen und konnte ihrer Energie freien Lauf lassen.

Die Beziehung zwischen den Schwestern war eher kühl. Meine Mutter hatte es nie verwunden, daß ihre zehn Jahr ältere Schwester auf die besten Schulen geschickt worden war, während das bei ihr, kurz nach Ende des Ersten Weltkriegs, nicht mehr möglich gewesen war. Daher rührte auch der Dünkel von Tante Edith. Sie war begreiflicherweise nicht gerade begeistert von der Wahl des Ehemannes, für den sich ihre Schwester entschieden hatte, und fühlte sich in keiner Weise für unsere spätere Situation in Duisburg zuständig. In jedem Brief, der von ihr zu uns ins ferne Duisburg kam, beklagte sie sich über die Zeiten, die so schlecht seien, und die Geschäfte, die angeblich so schlecht gingen, daß sie nur gerade genug für sie selbst erwirtschaften konnte.

Eines Tages antwortete sie auf einen Brief meiner Mutter, in dem sie ihre Schwester offenbar um Hilfe gebeten hatte, mit einer Epistel, mit der sie einmal mehr belehrend und vorwurfsvoll meiner Mutter klarmachte, daß sie den falschen Mann geheiratet hatte. Ach ja, wirklich? Ich kann mich noch genau erinnern: Es war ein warmer Sommertag, und wir hatten seit dem Morgen des Vortages nichts mehr gegessen. Am späten Nachmittag fand meine Mutter, daß uns ein Spaziergang vom Hunger ablenken würde. Mit der Nachmittagspost (ja, ja, das gab's damals noch) war dieser Brief gekommen, der nicht nur die lange Verurteilung enthielt, sondern auch – ein Zweimarkstück! Das sei alles, was sie entbehren könne, hatte sie geschrieben. Die Arme! Nachdem wir unsere Sprache wiedergefunden hatten, rechneten wir aus, daß das für ein Brot, etwas Margarine und ein halbes Pfund Zwiebelleberwurst reichen würde (bitte fragen Sie nicht, woraus die bestand – ich möchte es nicht zu genau wissen, bei einem Pfundpreis von einer Mark!) und wir so wenigstens diesen Tag nicht mit knurrendem Magen beschließen müßten. Bertolt Brechts »Erst kommt das Fressen, dann kommt die Moral« hat schon seine Berechtigung; wir konnten uns in diesem Moment wirklich nicht leisten, moralisch entrüstet ob dieser Beleidigung, diese zwei Mark nicht auszugeben.

Kennen Sie jetzt Tante Edith ein wenig? Gut, dann werden Sie sie gleich noch ein wenig besser kennenlernen, denn ich wurde ihr Hausgast. Es gab keine andere Möglichkeit: Meine Mutter mußte bei ihrer Schwester anfragen, ob sie mich ein paar Wochen bei sich beherbergen würde. Ich saß also, sechzehnjährig, in diesem Zug nach Berlin, wo mich nicht nur eine neue Schulumgebung, sondern auch die dunkle Wohnung einer Frau erwartete, die sich widerwillig bereit erklärt hatte, das Kind ihrer Schwester für eine kurze, aber unbestimmte Zeit bei sich unterkommen zu lassen. Doch die Aussicht, bald in der Stadt zu sein, von der meine Mutter ununterbrochen so geschwärmt und an die ich so gute Erinnerungen hatte, ließ mich diejenige auf Tante Edith leichter ertragen. Sie holte mich am Bahnhof ab, mäkelte an meinem Gepäck herum (zuviel und zu schäbig), und dann fuhren wir mit all dem Gepäck in der Straßenbahn (!) zu ihrer Wohnung.

Der Preis für die Herberge war hoch. Es war nicht der Küchendienst, den ich übernehmen mußte, nicht die Tatsache, daß sie mich dazu abkommandierte, sämtliche Einkäufe zu machen, nicht die kleinen Schikanen, mit denen sie ihre Nichte traktierte (so erinnerte sie mich x-mal an die Tischdecken-Zöpfchen, die ich vor einem Dutzend Jahren in die immer noch vorhandene Tischdecke geflochten hatte) – nein, es waren die täglichen Bemerkungen über meine Mutter, die mir zusetzten. Schnell verabreichte Giftspritzen oder längere Vorhaltungen, je nach Zeit und Laune, und meistens bei den Mahlzeiten, wenn ich nicht entkommen konnte. Natürlich meinte sie, laufend an mir und der Erziehung, die ich genossen hatte, herummäkeln zu müssen. Ich konnte ihr nichts recht machen, und mein Urteil über meine Tante festigte sich: Ich fand sie rechthaberisch, humorlos – und gemein.

Ab und zu rief meine Mutter für drei Minuten an; Tante Edith benutzte einen guten Teil dieser drei Minuten, um ihrer Schwester Vorhaltungen zu machen. Und da drei Minuten knapp dazu reichten, schrieb sie auch dementsprechende Briefe. Unter anderem beklagte sie sich bei meiner Mutter, daß ich meine beiden Frühstücksbrötchen nicht zusammengeklappt aß, sondern jede Seite mit Butter und Honig bestrich. Hunger war ihr ein Fremdwort; man hatte allenfalls einen vornehmen Appetit zu haben. Ich hatte jedoch immer noch Hunger, und wenn auch die Tatsache, daß ich hier geregelte Mahlzeiten bekam, sehr positiv war, so waren die Portionen jedoch so klein, daß ich nie richtig satt wurde.

Die Aussicht darauf, meine Mutter bald wiederzusehen, ließ mich vieles ertragen, aber die Zeit floß träge dahin. Nun waren es schon vier Wochen, und die Papiere in Duisburg waren immer noch ausstehend. Meine Tante war giftiger geworden; in ihren Augen hatte ich mein Gastrecht schon lange aufgebraucht. Auch beim nächsten Anruf konnte meine Mutter noch keinen Termin nennen. Aus dem Ärger darüber erging sich Tante Edith in einer Tirade über meine Mutter, die ich nicht mehr aushalten konnte. Ich sagte ihr, wie ich die letzten vier Wochen erlebt hatte und wie gemein ich sie fand, und schrie ihr ins Gesicht: »Ich hasse dich, ich hasse dich!« Dann brach ich in Schluchzen aus und legte eine Art Nervenzusammenbruch hin; Übung darin hatte ich ja noch von Duisburg her.

Hoppla! Das waren neue Töne, und wenn es je jemand geschafft hat, sie zu verblüffen, dann war ich es in diesem Moment. Ich ließ sie nicht in meine Nähe, um mich zu trösten. Sie hatte ohnehin irgend etwas vor an diesem Abend; zwar zögerte sie ein wenig, ob sie diese aufgelöste Nichte alleine lassen konnte, ging dann aber doch weg. Kaum war sie aus dem Haus, raffte ich mein Schulzeug zusammen, packte ein paar Sachen in eine große Tasche und rief dann die Gaake an.

Wer ist denn das? werden Sie zu Recht fragen. Hier kann ich Ihnen mal zur Abwechslung einen großartigen Menschen vorstellen: die Gaake hieß mit bürgerlichem Namen *Berta Ewert*, war eine waschechte Ostpreußin, die zu einer begeisterten Berlinerin geworden und so etwas wie die mütterliche Freundin meiner Mutter in den Berliner Zeiten gewesen war. Warum sie »die Gaake« hieß, weiß ich auch nicht, aber es hatte etwas damit zu tun, daß sie in ihrer Jugend Gouvernante in Guatemala (!) gewesen war, und dort hatte sich auf mirakulöse Weise die Berta in Gaake verwandelt. Sie war ein wunderbarer Mensch, von dem ich nur Gutes erfahren habe, und der beste Großmutter-Ersatz, den man sich vorstellen konnte, und ich war überglücklich, daß ich sie mehrmals pro Woche in ihrer Einzimmerwohnung besuchen durfte. Sie hatte nie dieses ostpreußische Deutsch abgelegt, das ich eigentlich mochte, und wenn sie lachend oder warnend ihr »Marjellchen, Marjellchen!« rief, fand ich das hinreißend.

Sie lebte in dieser Neubau-Wohnung mit Miniküche und normalem Bad, die sie sich von ihren Ersparnissen gekauft hatte, besaß ein gutes Radio, das man im Gegensatz zu dem im Haus meiner Tante auch anstellen durfte, und ein Telefon! Ich rief sie also an, erklärte ihr die Situation und sagte, daß ich jetzt auf der Stelle diese Wohnung verlassen würde. Wenn ich nicht bei ihr auf der Couch schlafen könnte, würde ich im Wartesaal am Bahnhof Zoo übernachten, aber hier würde ich keine Nacht mehr bleiben.

Natürlich konnte ich; sie war zwar schrecklich aufgewühlt über die Art, wie sich die Dinge entwickelt hatten, aber auch sehr froh, daß sie mir Asyl anbieten konnte. Als ich nach einer längeren U-Bahn-Fahrt bei ihr aufkreuzte, war die Couch schon als Bett hergerichtet, eine Kaffeekanne duftete still vor sich hin, und es gab Butterbrote, Umarmungen und tränendicke »Marjellchen, Marjellchen!«. Ich war im Paradies!

Und ich hatte meine Rache, denn natürlich hatte ich keine Nachricht hinterlassen, wohin ich geflüchtet war. Als meine Tante später am Abend nach Hause kam und ich nicht da war, war sie begreiflicherweise sehr beunruhigt. Irgendwann hat sie dann die Polizei benachrichtigt, die mich aber nicht gefunden hat, und schließlich mußte sie meine Mutter anrufen und ihr berichten, daß sich ihr Hausgast in Luft aufgelöst hatte. Inzwischen hatten die Gaake und ich natürlich auch mit meiner Mutter telefoniert, die ihrer Schwester mitteilte, daß sie sich nicht sorgen müßte, weder jetzt noch in Zukunft, denn »das Kind« hätte eine andere Unterkunft gefunden. Tante Edith rief am nächsten Tag bei der Gaake an und forderte mich auf, zu ihr zurückzukehren, was ich sehr bestimmt zurückwies. Sie würde mich nur noch sehen, wenn ich den Rest meiner Sachen abholte, und, fügte ich hinzu, sie müsse sich nicht mehr ärgern beim Anblick meiner auf beiden Seiten bebutterten Brötchen! Sie fand es gar nicht lustig, daß ich von dieser Klage wußte, und das machte mir Freude.

Am zweiten Tag nach meiner Flucht klingelte bei der Gaake das Telefon, und meine überglückliche Mutter berichtete, daß die Papiere da waren und sie sich in den nächsten Tagen mit meiner Schwester auf den Weg machen würde. Davon habe ich natürlich meiner Tante nichts gesagt, und es hat Wochen gedauert, nachdem der weibliche Teil der Ring-Familie wieder in Berlin lebte, bis sie davon erfuhr: Wir haben uns alle zufällig auf dem Kurfürstendamm getroffen. Sie küßte meine Mutter, die sie ja viele Jahre nicht gesehen hatte, und meine neunjährige Schwester, ihr Patenkind, das sie nur einmal gesehen hatte – und dann hätte ich drankommen sollen, aber ich weigerte mich, mich auch nur von ihr anfassen zu lassen. Statt dessen grinste ich sie trium-

phierend an, als sie fragte: »Wann seid ihr denn angekommen?«
Sie erwartete so etwas wie »vor zwei Tagen« und mußte dann ver-
nehmen: »Vor sechs Wochen!« Das saß. Aber sie hatte sich das ja
selbst zuzuschreiben: Sie hatte zwei Tage zu früh die Beherrschung verloren, und ich ließ sie das gerne wissen.

Der Kontakt mit ihr hielt sich in den Berliner Jahren in
Grenzen, und die letzte Begegnung, die ich mit ihr haben sollte,
fand in New York nach dem Tod meiner Mutter statt. Sie würde
mich dann nochmals so reizen, daß ich mich sehr zusammennehmen mußte, nicht die Autotüre auf ihrer Seite aufzumachen
und sie in den East River, an dessen Ufer wir gerade entlangfuh-
ren, zu werfen. Aber bis dahin wird noch viel Zeit vergehen, in der
ich zum Glück nicht viel von ihr sah. Die Gaake hingegen erhielt
Heroinen-Status, und wir pflegten einen regen Verkehr zwischen
ihrer und unserer Wohnung, auf die wir jedoch noch ein halbes
Jahr warten mußten. Wohin bis dahin? Das war die brennendste
Frage, nachdem meine Mutter und Schwester zwei Nächte in
einer Pension verbracht hatten.

Wir fanden schnell ein möbliertes Zimmer in einer großen
Parterre-Wohnung, in der neben der Hauptmieterin noch zwei
andere Parteien wohnten. Selbstverständlich gab es nur ein Badezimmer und eine Küche, die allerdings sehr groß war. Das hört
sich nicht so gut an, nicht wahr? Das Seltsame ist jedoch, daß
diese Wohngemeinschaft hervorragend funktionierte. Jeder half
jedem, alle vertrugen sich, und die Küche war groß genug, um
darin ständig größere Palaver abzuhalten. Natürlich wußte auch
jeder von jedem – das läßt sich auf so engem Raum kaum vermeiden. So war es allen bekannt, daß der Zimmernachbar links ein
Alkoholproblem hatte. Er war nicht fest angestellt, und man
wußte nicht, was gefährdender war: ihn arbeitslos zu Hause her-
umsitzen oder ihn arbeiten zu lassen, denn er war ausgerechnet
Kellner! Aber ein herzensguter Mann, einer von der Sorte »lie-
benswerter Besoffener«. Alle in der Wohnung hatten Verständnis
für ihn.

Er und seine Frau waren außerdem begeisterte Kartenspie-
ler, und wenn es etwas gab, womit man die Gunst meiner Mutter

erringen konnte, dann war es das. Sie würde später sogar die Männer, mit denen ich ausging (und die mich immer zu Hause abholen mußten) danach beurteilen, ob sie Karten spielen konnten oder wußten, was Patiencen waren. In zwei Fällen haben die Herren sogar darauf bestanden, mich früh nach Hause zu bringen, wo meine Mutter an Sommerabenden auf dem Balkon Patiencen legte, um dann mit ihr Patience zu zweit zu spielen ... Ich habe ja schon gesagt, daß sie Charme hatte, nicht wahr?

Zurück zur Wohngemeinschaft: Das Kartenspiel war ein harmloses Vergnügen, das einzig und alleine der Geselligkeit diente, an Wochenenden gut und gerne bis zwei oder drei Uhr dauern konnte und natürlich ohne Geld gespielt wurde. Es wurde viel gewitzelt und noch mehr gelacht. Aber Probleme kamen auch zur Sprache, und dann konnte die Unterhaltung sehr konzentriert sein, mit dem Ziel, Lösungen zu finden. Bei einem dieser Kartenspiel-Abende Mitte Dezember kam zur Sprache, daß wir wieder einmal kein Geld hatten. Mein Vater hatte – man glaubt es kaum – wieder Arbeit; ich habe vergessen, was es war, aber es war ein Büro-Job, den er nach einer vom Arbeitsamt verordneten Umschulung hatte annehmen müssen. Meine Eltern lebten in Scheidung; meine Mutter hatte sie noch vor ihrer Abreise eingereicht. Überrascht es irgend jemanden, daß er es mit den Zahlungen für seine Töchter nicht so genau nahm? Anderseits: Weihnachten nahte, und da fällt es immer besonders auf, wenn kein Geld im Hause ist. In diesem Falle war es wirklich nicht zu übersehen, denn wir wohnten in einem Zimmer mit Kohleheizung und hatten kein Geld für Kohlen. Der Kellner hatte am Abend zuvor von einem Obsthändler gehört, daß ihm die Verkäuferin für seinen Verkaufsstand abhanden gekommen war und er dringend jemanden suchte.

Warum ist die Wahl auf mich gefallen statt auf meine Mutter? Ich weiß es nicht; soweit ich mich erinnere, hatte der Kellner auch ihr für ein paar Tage irgendeinen komischen Job vermittelt. Jedenfalls ging ich am nächsten Tag zu dem Obsthändler und verabredete, daß ich an den fünf Werktagen vor Weihnachten Obst für ihn verkaufen würde. Fünfzehn Mark pro Tag war der Lohn, plus eine Tüte Obst. Mit fünfundsiebzig Mark würden wir Weihnachten ausrichten und das Zimmer heizen können. Ich hatte noch nie etwas so direkt verkauft, und ich entdeckte damals eine Eigenschaft an mir, die sich später immer wieder bestätigen sollte: Ich bin keine gute Verkäuferin, wenn ich mich direkt – und wenn möglich, noch unangemeldet – an meine Kundschaft wenden muß! Vielleicht ist es beim Verkaufen nicht so gut, das zu tun, was sich in vielen anderen Lebenslagen auszahlt: sich in die Köpfe der anderen zu versetzen. Ich stelle mir nämlich immer vor, wie unwirsch ich reagieren würde, wenn man mich zu direkt angeht, und dann kommt mein Angebot derart lahm und zweifelnd aus meinem Munde, daß kein Mensch darauf einsteigen will.

Der Obststand hatte einen hervorragenden Standort: direkt neben einer größeren Poststelle, wo sich vor Weihnachten natürlich jede Menge Leute tummelten. Alles potentielle Kunden! Aber das begriff ich zuerst gar nicht. Ich hatte alle Hände voll zu tun, zuerst einnmal die Verschalung von dem Stand abzunehmen, und mußte damals schon feststellen, daß ich mich für physische Arbeit nur sehr bedingt eigne. Dann kam als nächstes der Ofen; es war ein sehr kalter Dezember, und der Ofen war eine abenteuerliche Konstruktion mit einem eigenen Willen. Wenn er nicht wollte, brauchte ich Stunden, um ihn überhaupt nur dazu zu bringen, sich anzünden zu lassen, und er brauchte danach ebenso lange, um Wärme abzustrahlen. Spaß machte hingegen die morgendliche Kontrolle der Früchte, das neue Arrangieren, wenn die frischen Kisten geliefert wurden – und am schönsten war es, wenn ich über Tag mehrmals nachfüllen mußte, weil ich so gut verkauft hatte. Das passierte dann endlich ab dem dritten Tag.

Zwei Tage hatte ich hauptamtlich gefroren und mit dem Schicksal gehadert. Ich fand, der Stand sei so sichtbar, daß die Kunden doch bitteschön von alleine auf die Idee kommen sollten, bei mir zu kaufen. Die meisten hatten aber in der Kälte nur ein Ziel: so schnell wie möglich nach Hause! Ich dachte konzentriert an die fünfzehn Mark, die ich mit Frieren und Grollen verdienen würde, und ich kann Ihnen zuverlässig sagen: Ein Tag kann weit mehr als vierundzwanzig Stunden haben. Die ersten beiden Tage dehnten sich endlos, und es brauchte den Mut der Verzweiflung, am dritten Tag in der Dunkelheit den Weg zum Stand anzutreten. Was dann die Veränderung bewirkt hat, weiß ich auch nicht. Vielleicht die Tatsache, daß ich mich ungerne langweile, daß ich nicht gerne untätig herumstehe und friere – oder hatte ich mich an meine Entdeckung von »Arbeit macht Spaß!« erinnert? Ich fing also an, meine Waren laut anzupreisen, strahlte jede und jeden hoffnungsvoll an und suchte den Blickkontakt – und das Wunder geschah: Ich hatte ununterbrochen zu tun, verkaufte wie wild, konnte dabei noch die eine oder andere Bemerkung machen, und die Zeit verging wie im Fluge. Wie an den anderen Tagen, kam auch an diesem meine Schwester mit Butterbroten und einer Thermosflasche voll heißem Kaffee. Ich nahm mir kaum Zeit für diese an sich willkommene Pause. Während ich sonst gar nicht genug von ihrer Gesellschaft haben konnte, hatte ich diesmal keine Zeit für sie. Aber sie konnte etwas für mich tun: Ich bat sie, bei dem Obsthändler anzurufen, weil ich eine Nachlieferung brauchte. Der traute seinen Ohren nicht, denn an den ersten beiden Tagen war er alles andere als begeistert gewesen von meinen (Nicht-)Verkaufszahlen. Es war schon so, wie ich es beim Hausieren erkannt hatte. Auch wenn der Job so schrecklich ist, daß man daran verzweifeln möchte, lohnt es sich trotzdem, das Allerbeste aus ihm herauszuholen; die Belohnung folgt auf dem Fuße!

Ich hatte besondere Freude, wenn auch Männer, die gar nicht zum Einkaufen das Haus verlassen hatten, bei mir kauften – plötzlich konnte ich verkaufen und sah lauter zufriedene Kunden. Es war sicher nicht die Schönheit der Verkäuferin, die sie am Stand stehen bleiben ließen: Ich sah verboten aus mit den verschiedenen Lagen von Wolligem übereinander. Aber es gab eine richtige Sympathiewelle, und in den drei Tagen bis Weihnachten hatte ich fast schon eine Art Stammkundschaft. So schlecht war das Leben als Obstverkäuferin ja gar nicht!

Diese Weltanschauung bekam einen schmerzlichen Riß am Heiligabend. Der Obsthändler, der jeden Tag hatte nachliefern müssen und seinen Augen kaum traute, wenn er abends die

Kasse abnahm, kam gegen fünf Uhr – diesmal auch, um mir meinen verdienten Lohn auszuzahlen. Ich war müde, erschöpft – aber glücklich! In meiner Euphorie hatte ich gehofft, daß er die fünfundsiebzig Mark nach oben aufrunden würde, weil ich solche Traumumsätze gemacht hatte. Diese Erwartung stellte sich als ziemlich unbegründet heraus. Er war im Gegenteil ziemlich ungehalten: Hatte er mir nicht von Anfang an gesagt, daß ich bei jeder größeren Menge Orangen, Äpfel oder Mandarinen zuunterst immer eine angefaulte Frucht in die Tüte legen sollte? Jeden Abend war er wieder verärgert, daß ich am Abend so viel Abfallobst hatte. Ich konnte die Kundinnen und Kunden, die mir meinen Tag jetzt so angenehm gestalteten, einfach nicht betrügen; natürlich stellte ich mir wieder vor, wie ich reagieren würde, wenn ich eine faule Orange in der Tüte fände – und damit war das Thema vom Tisch.

Offenbar war ihm an diesem Tag eine Laus über die Leber gelaufen; jedenfalls war er diesmal richtig wütend auf mich, als er das Abfallobst sah, und er fand, so viel Unverständnis müsse geahndet werden. Er gab mir fünfzig Mark statt der abgemachten fünfundsiebzig, weil ich ihm ja durch meinen Ungehorsam solch einen Verlust eingebracht hatte, sowie eine große Tüte mit Obst, die er selbstverständlich unter Beachtung des Abfall-Gebots gefüllt hatte. Jetzt war ich müde, erschöpft – und unglaublich wütend! Natürlich habe ich auf die großen Umsätze hingewiesen und ihm gesagt, daß das unfair sei, aber das hätte ich mir sparen können. Ich ließ ihn dann einfach an seinem Stand stehen – sollte er doch die Verschalung selbst montieren! – und marschierte voller Empörung nach Hause. Dort fand Weihnachten statt, und wenn es für mich auch durch diese gigantische Ungerechtigkeit getrübt war, so hatten wir ein warmes Zimmer, genug zu essen und sogar noch kleine Geschenke.

Exkurs: O, dieser Gerechtigkeitssinn!

Ich habe mich immer enorm für etwas begeistern oder es vehement ablehnen können; lauwarm ist nicht meine bevorzugte Temperatur. Je älter ich werde, desto weniger wütend werde ich; die brennende Wut ist in vielen Fällen einem kurz aufflammenden Ärger oder einem abgekühlten

Sarkasmus gewichen. Trotzdem gibt es auch heute noch Dinge, Ereignisse, Haltungen, die mich wahnsinnig wütend machen – und das sind in erster Linie Lügen, unfaires Verhalten, nicht gehaltene Versprechen oder ganz allgemein Ungerechtigkeiten. Ich weigere mich zu akzeptieren, daß die Dinge eben so und nicht anders laufen; bei mir haben sie anders zu laufen. Und, wie ich an einer früheren Stelle in diesem Buch bereits geschrieben habe: Ich habe ein Elefantengedächtnis für erlittenes Unrecht.

Im Laufe meiner beruflichen Tätigkeiten habe ich den Ruf erworben, eine Kämpferin zu sein. Das ist die nette Version. Andere haben mich als aufmüpfig, rebellisch, nicht anpassungsfähig oder schlicht als *trouble maker* empfunden. Beide Versionen stimmen. Zuerst habe ich mich mit Händen und Füßen gegen dieses Image gewehrt: Auch ich wollte, wie die meisten Frauen, geliebt, gemocht, gelobt oder wenigstens verstanden werden. Irgendwann aber habe ich einsehen müssen, daß ich nicht anders kann, als mich gegen Ungerechtigkeiten zur Wehr zu setzen. Ich bin da ziemlich einfach gestrickt. Was ich sage, meine ich gewöhnlich. Offenbar habe ich schon als Teenager ein schlechtes Gedächtnis gehabt; jedenfalls konnte ich mir meine Lügen nie merken und wußte beim nächsten Mal nicht, was ich beim vorherigen Mal gesagt hatte. Komplikationen dieser Art fand ich völlig unnötig, und so habe ich sehr früh im Leben erkannt, daß ich mit der Wahrheit viel besser fahre.

Eine meiner Lieblingssätze zum Thema »Ethik« ist, daß Ethik im Berufsleben beim Spesenkonto beginnt: Wer bereit ist, zwanzig Kilometer mehr zu berechnen (wenn niemand es nachprüfen kann) oder eine private Restaurant-Rechnung der Firma unterzuschieben, würde sicher noch ganz andere Dinge tun, wenn ihm dafür eine Belohnung in der richtigen Höhe angeboten würde. Ich habe einfach bisher Glück gehabt, daß die Angebote, die mich für unethisches Verhalten belohnt hätten, mich nicht in Versuchung geführt haben; der Preis, der winkte, war offenbar nie hoch genug. Weder will ich damit sagen, daß mir dauernd unseriöse Angebote gemacht werden, noch erhebe ich Anspruch auf einen Heiligenschein, weil ich mich bisher als nicht korrumpierbar erwiesen habe. Ich wäre lediglich froh, wenn man diese Haltung verstehen könnte. Sie gehört zu mir wie die Tatsache, daß ich zweisprachig oder ungeduldig bin. Das ist hie und da ziemlich mühsam – nicht einmal so sehr für die anderen, sondern für mich.

Zum Beispiel kriege ich meistens schnell Krach mit Pförtnern oder Menschen, die hinter Anmeldeschaltern darüber befinden, ob ich

die Gesprächspartner, mit denen ich verabredet bin, sehen darf oder
nicht. Die latente Annahme, daß jede(r) Eintretende potentiell Werkspio-
nage betreiben oder ein Attentat auf den CEO ausüben möchte, regt mich
ziemlich auf. Als ich das erste Mal bei *Daimler-Benz* auf Einladung eines
Top-Managers an der Pförtnerloge ankam und mich durch verschiedene
Sicherheitsvorrichtungen durchschlängeln und gegenüber gleich zwei
Mitarbeitern in der Anmeldung die Legitimität meines Daseins beweisen
mußte, war ich kurz davor, wieder abzureisen. Als ich dem Manager
dann endlich gegenübersaß, habe ich als erstes mein Mißfallen kundge-
tan: Wenn die Art, wie Besucher empfangen wurden, repräsentativ für
die Firmenkultur sei, müßte ich mir eine Zusammenarbeit gründlich
überlegen ... Es ist dann trotzdem ein wunderbarer Auftrag geworden.

Mein Ton wird bei solchen Inquisitionen zu einer Mischung aus
Ungeduld und Ironie – etwas, was diese Menschen wiederum begreiflicherweise nicht so gut vertragen. In dieselbe Kategorie fallen Zoll,
Sicherheits- und Grenzbeamte, deren Fragerei für mich immer an Un-
terstellung grenzt. Wenn der Einwanderungsbeamte in Heathrow mich
fragt, warum ich ein paar Tage in London verbringen will, finde ich eigentlich, daß ihn das nichts anginge, weiß aber, daß ich natürlich trotzdem antworten und mein »For business« möglichst wertneutral hin-
hauchen muß.

Können Sie sich vorstellen, wie ich auf Formulare reagiere? Nein,
können Sie wahrscheinlich nicht. Denn das grenzt schon an Phobie. Es
gab Zeiten, wo ich gesagt hätte, ich sei aus Deutschland ausgewandert,
weil es dort zu viele Formulare gab – nachdem ich jedoch das Formular
für meine Einbürgerung in den USA ausgefüllt hatte (nur eins, das aber,
wenn ich mich recht erinnere, mit über vierhundert Fragen), wäre diese
Bemerkung ziemlich absurd gewesen. Ungerechtigkeiten, zu denen ich
eben auch Unterstellungen an ehrliche Menschen zähle, empören mich,
und wenn ich empört bin, habe ich Mühe, das nicht kundzutun oder
schweigend über den Grund der Empörung hinwegzusehen. Sie werden
dafür auf den folgenden Seiten noch einige Beispiele finden.

Am zweiten Weihnachtsfeiertag mußte unser Zimmernachbar,
der Kellner, arbeiten. Zu seinen Gästen an diesem Tag gehörte
auch der Obsthändler, der erzählte, wie gut ich seinen Stand ver-
waltet hatte! Seine Verkäuferin war immer noch nicht verfügbar,
und er ließ mich fragen, ob ich zwischen Weihnachten und Neu-

jahr nochmals arbeiten würde! Eben, so etwas empört mich einfach. Aber hier ging es ja nicht nur um nochmaliges Geldver-
dienen, sondern auch um Gerechtigkeit, nicht wahr? Ich überlegte
keine Sekunde: siebzehn Mark pro Tag, täglich ausgezahlt, und
kein Wort über Abfallobst – das waren meine Bedingungen, über
die wir in Gegenwart des Kellners verhandelten. Er ging darauf
ein; ich muß wirklich gut gewesen sein. Ich übernahm also den
Stand noch einmal und sorgte für Gerechtigkeit. An jedem Tag
entnahm ich der Kasse ein Fünfmarkstück, nach fünf Tagen hatte
ich das Geld, das er mir unrechtmäßig vorenthalten hatte, bei-
sammen. Er hatte keine Kontrolle, wieviel ich eingenommen
hatte, und hat davon nichts mitbekommen. Aber wenn das nicht
machbar gewesen wäre, hätte ich auch sonst eine Möglichkeit gefunden, zu meinem Recht zu kommen. Ich habe deswegen kein
schlechtes Gewissen gehabt, wäre nie auf die Idee gekommen,
darüber hinaus etwas aus der Kasse zu nehmen, und würde unter
denselben Umständen jederzeit wieder zu solch einer Methode
greifen. Zudem bekam ich meine siebzehn Mark pro Tag und
einen diesmal eher umgänglichen Obsthändler. Am 31. Dezember fragte er mich tatsächlich, ob ich nicht voll bei ihm arbeiten
wollte – ich wäre sicher nicht die erste Obstverkäuferin gewesen,
die ihre KundInnen auf Englisch, Französisch und Spanisch hätte
bedienen können, aber ebenso sicher auch nicht die glücklichste
aller Obstverkäuferinnen.

Dafür freute ich mich sehr darauf, nach den Weihnachtsfe-
rien wieder in die Schule gehen zu dürfen. Ach ja, die Schule. Das
wissen Sie ja noch gar nicht. Die Überlegung, daß ich da rechtzeitig auftauchen sollte, damit die Industrie mir einen Traumjob anbieten konnte, erwies sich insofern als falsch, als es gar keinen
Auswahlprozeß gab. Im Berlin lagen die Dinge völlig anders als
im Ruhrgebiet. Während man sich dort um die besten Arbeitskräfte balgte, gab es hier genügend arbeitswillige Menschen, für
die das Angebot hinten und vorne nicht reichte. Jede von uns
mußte sich also alleine bewerben, was für mich aus zwei Gründen sehr schwierig war: Ich hatte keine Kenntnisse des Marktes
und, was schwerer wog, ich sollte mich als Sekretärin bewerben,

konnte aber nicht tippen. Na ja, tippen konnte ich natürlich schon, aber nicht fehlerfrei. Ganz und gar nicht. Es war eine groteske Situation: Ich konnte hundertachtzig Silben Stenographie schreiben, war sogar in der Lage, Steno in English zu schreiben, konnte alles korrekt wieder lesen und brauchte dann eine unverhältnismäßig lange Zeit, um es abzutippen bzw. meine Fehler zu radieren. Wenn Sie nicht wenigstens fünfundvierzig Jahre alt sind, kommt Ihnen das wahrscheinlich verrückt vor: Wieso radieren, wenn es doch eine Korrekturtaste gibt? Damals eben noch nicht. Nicht einmal Tipp-Ex war auf dem Markt. Briefe wurden mit bis zu sieben Durchschlägen (= Kopien) geschrieben. Auch wenn ich bis zur letzten Zeile fehlerfrei geschrieben hatte, passierte mir in der Grußformel ein Tippfehler, und ich fing an, die Korrekturen zu radieren, wobei sich die dünnen Durchschläge selbstverständlich ganz leicht verschoben und das ganze Werk unbrauchbar machten.

Was war geschehen? Warum konnte ich nicht tippen? Auch das hatte zwei Gründe: einen inneren Widerstand und die Lehrerin im Fach »Maschinenschreiben«. Der Widerstand hatte noch mit meinem Vater zu tun: Ich hatte ja schließlich Schauspielerin und nicht Sekretärin werden wollen, und wenn er glaubte, daß der Verzicht so klaglos stattfinden würde, hatte er sich geirrt. Daß ich mir dabei ins eigene Fleisch schnitt, interessierte mein Unterbewußtsein eigentlich nicht. Es leistete Widerstand, indem es auf Verweigerung machte. Dem konnte mein Bewußtsein noch nachhelfen, wenn ich nur an die Lehrerin dachte. Sie muß eine Verwandte von Fräulein Zorn gewesen sein, jedenfalls in bezug auf ihre Garderobe. Ich habe sie nie in etwas anderem gesehen als in einem schwarzen Kleid, das ihren unförmigen Körper umhüllte und an strategischen Orten Speisereste aufwies; mir wurde jedesmal schlecht, wenn sie mir zu nahe kam. Sie hatte die Ausstrahlung von lauwarmem Milchkaffee und eine ähnliche Begeisterung und Begabung fürs Unterrichten. Auch wenn mir das Fach zuvor zugesagt hätte, bei ihr hätte ich jede Freude daran verloren.

So war also die absurde Situation entstanden, daß ich mit einer »5« in Maschinenschreiben von der Schule abgehen würde, auf einer Notenskala von »1« (beste Note) bis »6«. Welcher Chef hätte solch eine Sekretärin wollen? Kaum eine Mitschülerin hatte auch nur die Aussicht auf eine Anstellung – und jede war mir in diesem Fach überlegen, obwohl ich sie alle in Stenographie schlug. Aber nicht jede junge Frau mußte ja Sekretärin werden, oder? Also schaute ich mir die Zeitungen in bezug auf Angebote an, wo ich ziemlich sicher nicht tippen müßte. Ich wurde fündig – und bekam einen Traumjob: *British European Airways*, Prestige-Fluglinie damals, wollte mich als Mitarbeiterin am *Check-in-Counter!* Das war nicht nur ein für Berliner Verhältnisse gutbezahlter Job, sondern auch purer Glamour. Ich hatte mich bei dem Manager vorgestellt und den Job, um den sich Dutzende von Frauen und Männer bewarben, bekommen, weil er so beeindruckt von meinem Englisch war!

Wir schrieben das Jahr 1956, und Fliegen war etwas für einige wenige Privilegierte. Stewardessen, wie *Flight Attendants* damals hießen, mußten nicht nur schön, gepflegt und mindestens dreisprachig sein, sondern auch Abitur haben und über allerbeste Umgangsformen verfügen. Und lächeln, lächeln, lächeln mußten sie! Dafür wurden sie beneidet und umschwärmt, und so manch eine hat sich tatsächlich einen »Wirtschaftskapitän« geangelt, wie man in den Zeitschriften lesen konnte. Für das Bodenpersonal galten ähnliche Vorschriften, wobei man bei der Schönheit ein Auge zudrückte. Aber für Manieren, Sprachen und Kommunikationsfähigkeit galten dieselben Anforderungen. Das Wichtigste jedoch war: Kein Mensch verlangte von mir, daß ich auch nur eine Zeile tippen mußte!

Englisch war die Sprache, die wie für mich gemacht schien; ich hatte keinen Moment lang Mühe damit, habe nie Schwierigkeiten mit der erratischen Rechtschreibung oder der ebenso willkürlichen Aussprache gehabt und habe rechtzeitig mitbekommen, daß diese Sprache nur am Anfang so leicht ist, dann aber sehr anspruchsvoll wird. Für etwas, was mir also zugeflogen war, wurde ich so fürstlich belohnt! Natürlich hatte ich nichts dagegen, obwohl ich erstaunt war, daß so wenig Aufwand so viel Ertrag einbrachte.

Der Dienst war anspruchsvoll und fand an sieben Tagen

pro Woche in zwei Schichten statt. Das gefiel mir, denn ich habe immer schon gerne zu Zeiten gearbeitet, wenn andere frei hatten. Zwar flog ich nicht (was ich auch gar nie angestrebt hatte), aber ich war trotzdem im siebten Himmel. Dieser Höhenflug dauerte eine gute Woche. Dann wurde ich an einem Morgen bei Dienstantritt zum Manager gerufen. Dort saßen ein Mann und eine Frau vom – Jugendamt! Mit siebzehn Jahren, so machten sie uns klar, unterlag ich noch dem Jugendgesetz, und das bedeutete, daß ich keine Schicht- oder Wochenendarbeit leisten durfte. Damit war ich für den Job nicht mehr brauchbar. Eben noch die Schulabgängerin, die sich den mit Abstand besten Job aus ihrer Klasse geangelt hatte, saß ich jetzt ohne Arbeit da. Ich fand das so ungerecht, aber ich wußte, daß es mir nichts nützen würde, empört zu sein: Vorschriften waren Vorschriften, und da war in Deutschland, auch in dem geliebten Berlin, nichts zu machen.

Zum Glück war der Manager wirklich daran interessiert, mich zu behalten, und er sah ein Licht am Ende des Tunnels, wenn auch nur ein kleines, flackerndes: Er könne noch, auf der Höhe der Buchungen für den Sommer, eine Zusatzkraft in *Reservations* brauchen, aber nur für drei Monate. Okay, es war immer noch die BEA – aber ohne Glamour, mit weniger Bezahlung und viel schwieriger als unten in der Halle. Es gibt unheimlich viele Akzente im britischen Englisch, und »britisch« schließt ja automatisch irisch und schottisch mit ein. Die Kunden nahmen keine Rücksicht darauf, daß sie mit Menschen sprachen, deren Muttersprache nicht Englisch war; sie ließen uns bei der geringsten Schwierigkeit auch immer sehr schnell wissen, daß sie die Besatzungsmacht und wir die Besetzten waren. Sie am Telefon zu verstehen war gewöhnungsbedürftig, aber es gab keine Eingewöhnungszeit. Flugreservierungen oder Berechnen von Flugrouten in der Zeit vor dem Computer waren eine knifflige Angelegenheit, Irren wurde jedoch nicht als menschlich eingestuft. Okay, man lernt mit jedem Tag dazu, und als die drei Monate um waren, geschah nochmals ein kleines Wunder: Ich bekam eine Verlängerung von weiteren zweieinhalb Monaten. Dann aber hieß es, von British Airways und Flughafen Tempelhof Abschied zu nehmen –

ich war ja immer noch siebzehn, also immer noch nicht voll ein-
setzbar, und ein anderer Temporärjob war nicht verfügbar. Und so
passierte, was ich mir in meinen schlimmsten Alpträumen nicht
hätte vorstellen können: Ich war ein halbes Jahr aus der Schule
heraus und – arbeitslos! Ganz echt, mit Antrag auf Arbeitslosenunterstützung, Stempeln und allem, was dazu gehört!

Mein Arbeitsbeginn war mit dem Einzug in unsere Drei-
zimmerwohnung zusammengefallen. Endlich hatten wir eine
echte Wohnung, die erste seit 1943, und zum erstenmal eine
richtige Küche mit Kühlschrank, Backofen und Abwaschbecken
sowie, o Seligkeit, ein echtes Badezimmer! Eingerichtet hatten
wir uns mit Gebrauchtmöbeln, mit denen Onkel Erwin, mein
Patenonkel, handelte; im Laufe der Jahre würden dann auch wir
eine jeweils billige Version von Nierentisch, Tulpenlampe oder
diesen absurden Polstermöbeln, deren Beinchen in alle vier
Himmelsrichtungen strebten, erwerben. Zum erstenmal hatte
jede von uns ein richtiges Bett für sich alleine, und: Es gab neue
Bettwäsche! Für meine Mutter kam als Krönung noch der Balkon hinzu; sie war balkonsüchtig und hatte, neben all den Not-
wendigkeiten, die wir nicht hatten, diese Annehmlichkeit sehr
vermißt. Endlich gab es ein Betätigungsfeld für ihren grünen
Daumen! Die Wohnung war zwar entlang der S-Bahn gebaut
worden, und damit ziemlich laut, aber sie lag im vornehmen
Viertel Tiergarten; von unserem Balkon aus haben wir dann
1961 den Bau der Berliner Mauer mitverfolgen können – ein
Logenplatz in der Geschichte sozusagen.

Ich war zum Glück nicht alleine für den Familienunterhalt
zuständig; auch meine Mutter hatte eine Arbeit gefunden: Sie
putzte »bei den Amerikanern«. Meine Mutter als Putzfrau! Das
war weitaus schlimmer als ich als Obstverkäuferin. Zum einen
war Putzen nicht unsere Lieblingsbeschäftigung, zum anderen
hatte sie in den letzten zehn Jahren nicht viel Übung darin gehabt:
die drei Mansarden waren kein Objekt, an dem man Putzkünste
üben konnte. Aber für die Büroreinigung, die man ihr anbot,
reichte es allemal. Die Büros befanden sich in den vornehmen
Villen des Stadtteils Dahlem und sahen eigentlich gar nicht wie

Büros aus. Über Tag waren die Rolläden heruntergelassen, und die Bürobenutzer kamen und gingen zu seltsamen Zeiten. Meine Mutter mußte ein Papier unterschreiben, auf dem sie strikte Geheimhaltung über alles, was sie sah und hörte, versprach. Begreiflich, denn sie arbeitete jetzt für den CIA!

CIA. Central Intelligence Agency. Berlin war einer der größten Umschlagplätze für Informationen, und die Männer, die korrekt gekleidet waren, auch bei großer Hitze in Anzügen und Krawatte herumliefen und ihr Bestes taten, sich möglichst »normal« und unamerikanisch zu verhalten, hatten keinen Mangel an Arbeit. Wenn sie meiner Mutter überhaupt begegneten, waren sie sehr höflich, und es dauerte lange, bevor sie überhaupt begriff, in was für einer Art Büro sie da saubermachte. Meine Mutter und der CIA! Aus solchem Stoff werden heute Krimis oder Fernsehkomödien gemacht – es entbehrte wirklich nicht einer gewissen Komik.

Aber es war nicht zum Lachen. Die Schmach, ohne mein Zutun arbeitslos zu sein, war so groß, wie meine Geduld mit den endlosen Formalitäten, um Unterstützung zu beziehen, klein war. Die Situation spitzte sich schnell zu, als es darum ging, eine Arbeitsbestätigung vom Arbeitgeber meiner Mutter zu erhalten, aus dem hervorging, was sie zum Familienunterhalt beitrug. So mutig und kämpferisch meine Mutter sonst war, so sehr hatte sie Hemmungen, wenn es um solche Kleinigkeiten ging. Vielleicht ahnte sie, daß es keine Kleinigkeit war, die Mitarbeiter einer CIA-Filiale zu irgend etwas Schriftlichem zu bewegen: Sie lehnten das rundweg ab. Das Arbeitsamt weigerte sich daraufhin, meinen Antrag weiter zu bearbeiten. Meine Mutter also wieder zurück zu ihren Arbeitgebern; wiederum taube Ohren dort und erneute Weigerung beim Arbeitsamt. Irgendwie ist es ihr gelungen, ein Stück Papier zu ergattern, worauf stand, daß sie als Putzfrau beschäftigt war und was sie verdiente; irgendein Stempel und eine unleserliche Unterschrift besiegelten diesen Inhalt. Na, endlich! Es gab jedoch eine Auflage: Dieses Papier war ausschließlich zum Vorzeigen da; es durfte auf keinen Fall beim Arbeitsamt bleiben.

Erleichtert machte ich mich also auf den Weg dorthin, um

das so dringend erwünschte Papier vorzuzeigen. Der Beamte fand, er könne das nicht durch das Schalterfenster hindurch lesen; ich fand, ich könne es nicht aus der Hand geben. Das ging eine Weile hin und her, bis der Beamte versprach, es wirklich nur anzuschauen und mir dann wieder zurückzugeben. Ich schob also das kostbare Stück Papier unter dem Fenster hindurch und – Sie ahnen, was kommt, nicht wahr? Der Beamte grinste: »Warum nicht gleich so?«, nahm seinen Amtsstempel, den er auf das Dokument knallte, lochte das Papier vor meinen entsetzten Augen und wollte es abheften. Sie erinnern sich an den Gerechtigkeitssinn, der mir hie und da das Leben erschwert? Ich schrie ihn an, daß er mich soeben belogen hatte, was ihn nicht weiter überraschte: Das wußte er ja selbst am besten! Leider sagte er mir auch noch von oben herab, daß ich nicht solch ein Theater machen sollte. Daraufhin schrie ich so laut nach seinem Chef, daß ich auf der ganzen Etage zu hören war; irgend jemand begriff, wie gefährlich es war, in solchen Fällen nicht auf mich einzugehen, und führte mich in das Chef-Büro. Meine Schilderung, wie mich sein Mitarbeiter hintergangen hatte, muß den Mann so überzeugt haben, daß er ihn dazurief. Es gab nichts zu leugnen, denn das Schriftstück bestätigte ja, was ich soeben, außer mir vor gerechter Wut, gesagt hatte. Er rüffelte ihn vor mir (!), befahl ihm, mir sofort die Bestätigung zurückzugeben und meinen Antrag ohne weitere Verzögerung zu bearbeiten.

Ich hatte »gewonnen«, aber ich wußte nicht, wie ich meiner Mutter beibringen sollte, daß sie ein Dokument zurückbringen müßte, das offensichtlich nicht nur »vorgezeigt« worden war. Nun, sie hat das überlebt, ich bekam meine erste Wochenzahlung vom Arbeitsamt und begrub mein Vertrauen in die Beamtenschaft. Es sollte meine einzige Auszahlung werden, denn da ich keine Absicht hatte, in bezug auf Arbeitslosigkeit meinem Vater Konkurrenz zu machen, war ich jeden Tag auf Stellensuche und wurde bald fündig. Die *Askania-Werke*, ein mittelständisches Industrie-Unternehmen, wollten mich, bzw. die Direktionssekretärin von einem der vier Direktoren wollte mich. Mit sicherem Instinkt hatte sie das Arbeitsbienchen in mir erkannt und witterte für sich selbst Morgenluft. Offiziell wurde ich als ihre Assistentin angestellt; ich war immer noch siebzehn, sie war Mitte fünfzig. Sobald ich ein wenig in die Geheimnisse dieses Vorzimmers eingearbeitet worden war, wurde sie krank. Zuerst nur für eine Woche oder so, dann auch mal für vier oder fünf Wochen. Danach mußte sie selbstverständlich zur Kur – die dauerte sechs Wochen. Sie hatte eine Mutter, um die sie sich kümmern mußte, und einen Freund, um den sie sich kümmern wollte. Dafür brauchte sie Zeit, was unser beider Chef, ein arroganter, anspruchsvoller Herrenmensch, ihr nicht in genügendem Maße gelassen hatte. Sie schaffte es, in dem Jahr, das ich dort verbrachte, insgesamt fast vier Monate abwesend zu sein! Was für eine Lehrzeit, besonders für jemand, der nicht tippen konnte!

Ich hatte also wieder Arbeit, mit demselben Gehalt wie bei British European Airways, aber nicht halb so viel Freude. Für längere Perioden bekleidete ich die Position einer Chefsekretärin, mit all den Detailarbeiten und all den vertraulichen Vorgängen, die dazu gehören. Und natürlich mußte ich mich mit dem Radieren meiner Fehler auf den sieben Kopien abmühen. Da ich in bezug auf Aussehen von Schriftstücken, die das Haus verlassen, geradezu perfektionistisch bin, habe ich die meisten Briefe mehr als einmal geschrieben. Aber auch ohne diese durch mich verursachte Zusatzarbeit mußte ich weitaus mehr als fünfundvierzig Stunden arbeiten, was außer mir niemandem aufzufallen schien.

Mein Arbeitsplatz lag in einem völlig anderen Teil der Stadt, die für ihre Weitläufigkeit bekannt ist. Ich mußte zuerst den Bus nehmen, und dann eine Dreiviertelstunde mit der Straßenbahn fahren. Arbeitsbeginn war 7.15 Uhr. Nicht 7.16 Uhr oder gar 7.17 Uhr, sondern 7.15 Uhr. Wenn die Bahn einmal länger als üblich an einem Rotlicht halten mußte, konnte es vorkommen, daß ich es nicht auf die Sekunde schaffte. Na und? Schließlich kam ich kaum einen Abend vor neun Uhr aus dem Büro, und selbst wenn es früher war, mußte ich immer noch ein Postamt finden, wo ich meinen Postberg abladen und Päckchen und eingeschriebene Briefe aufgeben konnte. Eines Tages, nachdem ich eine sehr intensive Zeit als Alleinsekretärin mit vielen unbezahlten Überstunden hinter mir hatte, ereignete sich etwas, was wieder mal meinen Gerechtigkeitssinn strapazierte ...

Vier Direktoren hatte das Werk; »meiner« war für Administration und Personal zuständig. Zu seinen (selbstgewählten) Aufgaben gehörte die verbale Züchtigung derjenigen Mitarbeiter, die es mit der Pünktlichkeit nicht so genau nahmen. Ich hatte die Aufgabe, ihm eine Liste der Schuldigen zu erstellen; die dazu nötige Information bekam ich von dem Pförtner, der morgens da war. Da sich damals schon meine Allergie auf Pförtner abzuzeichnen begann, ging ich morgens gewöhnlich mit einem freundlichen »Guten Morgen« an seinem Fenster vorbei; mehr lag nicht drin. Der Pförtner, der mich jeweils abends aus seinem Verzeichnis austrug, war da schon ein anderes Kaliber. Er hatte eine Tochter im selben Alter; ich tat ihm leid, daß ich so viel arbeiten und so lange bleiben mußte. Er wußte auch, daß ich, nachdem ich das Werk verließ, noch eine gute Stunde Weg hatte, bis ich endlich zu Hause war. Wir beide fanden immer Zeit, noch ein paar Worte zu wechseln.

Was ich nicht wußte, war, daß der Pförtner vom Morgen und der vom Abend offenbar keine Informationen austauschten. Jedenfalls sah ich eines Tages mehrere Tagesrapporte, wo der Morgen-Türhüter mich aufgeschrieben hatte, als ich um 7.17 Uhr oder sogar einmal um, o Schande, 7.21 Uhr aufgetaucht war. Ich wollte das dem Herrn Direktor nicht vorenthalten, sondern im Gegenteil mal mit ihm über Sinn und Unsinn solcher Kontrollmaßnahmen reden; also setzte ich auch meinen Namen mit den entsprechenden Tagen und Zeiten auf die Liste. Er hatte an diesem Tag eine lange Schlange abzufertigen; der ganze lange Korridor war voll mit Frauen und Männern – vom Lehrling bis hin zu gestandenen Abteilungsleitern –, die dort warteten, um sich in Einzelabreibungen für ihr Zuspätkommen rechtfertigen zu müssen. Mir war das immer so schrecklich peinlich, daß ich mich in mein Büro verschanzte und möglichst nicht auf den Korridor hinausmußte. Irgendwann bekam ich einen Anruf von meinem Chef, daß ich sofort zu ihm kommen sollte. Er war geladen, das konnte ich gleich sehen, und ließ mich auf der anderen Seite seines Schreibtisches stehen, während er natürlich saß. Völlig außer Fassung machte er mir die heftigsten Vorwürfe, daß auch mein Name auf dieser Liste zu finden war! Ich fiel aus allen Wolken: Wie bitte? Das, nachdem ich im Durchschnitt elf oder zwölf Stunden pro Tag in seinem Vorzimmer saß, zu denen zwei Stunden Fahrzeit kamen. Ich versuchte, ihm das entgegenzuhalten, aber er ließ mich gar nicht zu Worte kommen, sondern wurde immer lauter. Wie peinlich das für ihn sei, daß jemand aus seinem Büro auf dieser Liste der Schuldigen stand! Das war offenbar sein eigentliches Problem: Er fühlte sich desavouiert von mir! Ich fühlte mich überaus ungerecht behandelt. »Machen Sie das nicht noch einmal!« Mit dieser Warnung beendete er seine Tirade.

Sie wissen, was jetzt kommt, nicht wahr? Ich habe an diesem Abend kein Papier mehr angerührt, sondern bin nach Hause gefahren, um meiner Mutter von dieser Begebenheit zu erzählen und sie schonend darauf vorzubereiten, daß ich mir einen anderen Job suchen würde. Sie mochte diese Art von Impulshandlungen gar nicht, aber das interessierte mich nicht. Ich machte mich sofort auf die Stellensuche, und sobald ich etwas Passendes gefunden hatte – eine Anstellung als Sachbearbeiterin bei der amerikanischen Armee –, habe ich mit Freude dem völlig verdutzten Herrn Direktor meinen Kündigungsbrief in die Unterschriftenmappe gelegt. Zu spät bin ich in der verbleibenden Zeit nicht mehr gekommen, am Abend geblieben aber auch nicht mehr. Damit fiel wieder der Großteil der Arbeit an die eigentliche Direktionssekretärin zurück, die plötzlich gesund werden und ihr Privatleben neu arrangieren mußte.

In diese ganze Arbeitsmisere fiel auch der Beginn der Zeit, in der ich mich mindestens einmal im Monat unsterblich verliebte. Ich begann auszugehen – und das war aufregend, besonders weil ich nie wußte, was ich dazu anziehen sollte. Nicht wegen der Qual der Wahl, sondern wegen der Tatsache, daß ich nicht sehr viel besaß. Das Paradestück war ein graues Kostüm aus einem phänomenalen Stoff: Es war als Uniform für British European Airways angefertigt worden! Eines Tages verkaufte sie intern alte Uniformen, unter die sich auch das eine oder andere neue Stück gemischt hatte. Ich ergatterte eine neue Jacke und einen neuen Rock für ganze dreißig Mark, und wenn ich das behalten hätte, würde ich es sicher heute noch tragen können, so gut waren Stoff und Verarbeitung. Das war ja wohl kaum das, was man in Jazz-kellern trug, aber ich mochte Jazz ohnehin nicht, und zum Essen-gehen war es dann wieder brauchbar. Ansonsten hatte ich nicht viel vorzuweisen, und wenn ich denke, wie einfach es heute für junge Menschen wäre, »gut angezogen« zu sein, könnte ich vor Neid erblassen. Damals mußte alles »Qualität« sein – so alt konnte man gar nicht werden, bis man das zermürbt hatte. Ein Jahr hatte ich gespart, um mir die verrücktesten Schuhe zu kaufen: spitze cremefarbene Pumps mit sehr hohem Absatz, der, zusam-men mit einer Schleife vorne, ein ganz kleines Schwarz-Weiß-Karo aufwies. Hört sich komisch an, war aber wirklich elegant! Wenn mir einer aus Versehen beim Tanzen auf die Füße trat, geriet ich in Panik. Ich war siebzehn oder achtzehn, sah aus und benahm mich aber wie dreißig; es ist die einzige Zeit in meinem Leben, wo ich über mein Alter gelogen habe. Und das hatte einen guten Grund.

Die Männer, die mich interessierten, waren im Durch-schnitt fünfzehn bis zwanzig Jahre älter als ich. Höre ich Sie da et-was von Vaterkomplex sagen? Nun, das letzte, was ich mir wün-schen würde, wäre irgend jemand, der mich auch nur entfernt an meinen Vater erinnert hätte. Aber ich hatte schon einiges an Le-benserfahrung hinter mir und fand keinen Gesprächsstoff mit jungen Männern meines Alters. Und ich habe mich zeit meines Lebens nicht in das Aussehen des jeweiligen Auserwählten ver-liebt, sondern in die Art, wie er sprach, wie schnell er reagierte, wie er mich umwarb – und vor allem in seinen Sinn für Humor. Das setzte schon ein gewisses Alter voraus, und zu der Zeit hatten Männer schon das, was man später als *midlife crisis* bezeichnen würde und was sie auch damals schon auf dieselbe Art bekämpf-ten: mit einer um einiges jüngeren Frau.

Dieser Altersunterschied, der beiden Seiten behagte, hat nur einen gewaltigen Nachteil. Es ist die Zeit der späten 50er Jahre; so lange ist der Krieg noch nicht zu Ende, als daß er schon vergessen wäre. Noch immer rieben sich viele Deutsche die Augen und konnten nicht fassen, daß ihnen das Dritte Reich abhanden gekommen war. Und wenn es auch nicht *comme il faut* war, ihm öffentlich nachzutrauern, so war der Mythos Hitler immer noch sehr präsent. Ich hatte zu Hause davon genügend mitbekommen, um für immer geschädigt zu sein.

Ende der 50er Jahre war zwar die Bedrohung durch den kalten Krieg und den Kommunismus eine sehr reale, aber mein Privatleben sah sich von etwas ganz anderem bedroht ...

Ich mußte immer wissen, mit wem ich es zu tun hatte. Wenn ich sehr verliebt war, würde ich ein Weilchen warten, bis zum dritten oder vierten Rendezvous, bevor ich die Frage aller Fragen stellen würde: »Und was haben *Sie* im Krieg gemacht?« Die Männer, mit denen ich ausging, waren alle alt genug, um »etwas« gemacht zu haben – ich wollte wissen, was es war und wie sie heute darüber dachten. Wenn ich nur milde an jemandem interessiert war, brachte ich das Thema bereits am ersten Abend auf – was zu einer Reihe von ersten und einzigen Abenden geführt hat.

Tja, was hatten sie gemacht? Nicht so viel, vor allem nicht so viel Böses, aber das Problem lag woanders. Wenn das Thema einmal auf dem Tisch lag, konnten sie sich nicht mehr davon trennen, und nach dem soundsovielten Bier oder anderen alkoholischen Getränken gerieten die meisten schon fast ins Schwärmen, was gewöhnlich mit dem Satz begann: »Aber es war ja nicht alles schlecht, was er getan hat, nicht wahr?« Dann folgte die übliche Aufzählung der Hitler-»Leistungen« wie: »Er hat doch die Autobahnen gebaut« (Ehrenwort, das haben sie wirklich gesagt!) oder »Aber Arbeitslose gab es damals nicht!« und ähnliches. Reminiszenzen an einen liebenden Volksführer also, der nicht immer alles richtig gemacht hat, dem man manchmal hätte auf die Finger klopfen sollen, der aber im Grunde nur Gutes für sein Volk wollte! Am Anfang traute ich meinen Ohren nicht, nach und nach kannte ich das Repertoire bis zu einzelnen Formulierungen, und immer wunderten sich diese Herren, daß ich sie nach diesem Diskurs nicht mehr sehen wollte.

Nicht ein einziges Mal hat mich die Antwort auf meine Frage befriedigt, aber die Frage bzw. die Antworten darauf sollten mein Leben grundlegend verändern. Wenn sich die Herren in schwärmerischen Erinnerungen ergingen, wußte ich nicht, ob ich über ihre Kurzsichtigkeit den Kopf schütteln oder über den Mangel an Einsicht entsetzt sein sollte. Eine echte Beziehung mit ihnen lag aber nach der Diskussion dieses Themas nicht mehr drin – und ich wurde zunehmend mißtrauischer, und zwar fast allen Menschen gegenüber, die älter als fünfunddreißig Jahre waren. Der Mangel an Vertrauen – Vertrauen ist einer der Grundwerte, ohne die ich nicht leben kann – gab mir das Gefühl zu ersticken, und ganz leise entstand der Wunsch, meinem Geburtsland den Rücken zu kehren.

Moment mal, werden Sie jetzt vielleicht sagen, was ist denn aus der Sehnsucht nach Berlin geworden? Ja, da schulde ich Ihnen noch eine Erklärung. In einem meiner Bücher habe ich eine Hommage an diese Stadt eingebaut und dabei gesagt, daß von den drei Städten, die in meinem Leben prägend waren – Berlin, New York und Zürich – Berlin diejenige ist, die für Z-U-K-U-N-F-T steht. Das ist sie jedoch erst in den letzten fünf, sechs Jahren geworden; bis zum Fall der Mauer hatte das Inseldasein ihre Persönlichkeit verändert. Natürlich hat meine Mutter nicht geglaubt, in »ihr« Berlin zurückzukehren, und sie konnte sich – heimwehkrank, wie sie war – ganz gut mit dem Berlin, das sie vorfand, arrangieren, selbst als sie erfuhr, daß ihre Arbeit beim CIA uns für immer daran hindern würde, durch die russische Zone zu fahren. Es war also nicht so sehr der Inselstatus – da wir kein Geld hatten zum Reisen, war es uns ziemlich egal, daß wir eine demokratische Insel in einem kommunistischen Meer waren –, sondern die Tatsache, daß Berlin in den 50er Jahren etwas angestaubt wirkte. Es war immer noch offener, aufgeschlossener, urbaner als die meisten Städte in Westdeutschland, aber es war nicht mehr Hauptstadt, nicht mehr die elegante Metropole, die es in den 20er und auch noch weitgehend in den 30er Jahren gewesen war.

Die seltsame Liaison mit dem CIA führte übrigens dazu, daß unser allererster Flug in einem amerikanischen Militärflugzeug stattfand, das für das Hin- und Herfliegen amerikanischer

Truppen benutzt wurde. Es erinnerte an das Sitzarrangement in amerikanischen U-Bahnen; ich dachte, der Flug nach Frankfurt würde nie enden, und habe dabei herausgefunden, daß luftkrankgrün mir gar nicht steht. Wenn man bedenkt, daß ich bei den vielen Flügen danach bisher nie die Papiertüte gebraucht habe (ich habe jetzt gerade auf Holz geklopft, natürlich!) und auf dem Schiff, auf dem ich nach den USA auswanderte, sogar einem Hurrikan getrotzt habe, können Sie sich vielleicht ein Bild von diesem Flug machen.

Irgendwann beschlossen wir dann, daß der gesamte Stasi-Apparat wohl kaum eingerichtet worden war, um eine ehemalige Putzfrau in den CIA-Büros mit ihren beiden Töchtern abzufangen. Nach langem, eisernen Sparen leisteten wir uns nämlich drei Wochen Ferien in – Rimini! (Wo denn sonst? Das war doch, wo *alle* Deutschen irgendwann mal landeten. Und dementsprechend war es auch!) Und natürlich konnten wir uns keinen Flug leisten, sondern nur Zug, zweiter Klasse. Und, stellen Sie sich vor, wir sind weder verhört noch verhaftet worden!

Zwei Reisen habe ich mit meiner Mutter gemacht, und an beide erinnere ich mich sehr genau. Die Fahrt von Berlin nach Rimini dauerte lange und fand hauptsächlich in der Nacht statt. Wir schliefen auf den Holzbänken der zweiten Klasse; das heißt, wir versuchten zu schlafen. Aber das Rangieren, besonders in Norditalien, war laut und störend und verhinderte Nachtruhe. Wir waren also in Italien angekommen – für meine Mutter die allererste Begegnung mit fremdsprachlichen Lauten; ich hingegen hatte ja schon England hinter mir, und meine Schwester war drei Monate in Schweden gewesen. Wir hatten uns ein wenig mit »30 Stunden Italienisch für Anfänger« vorbereitet, dabei aber offenbar ein paar Seiten überschlagen. Es ist also Nacht, der Zug steht längere Zeit still, und meine Mutter fragt: »Wo sind wir eigentlich?« Ich schiebe den Rolladen hoch, schaue auf das Schild vor mir und sage: »Uscità.« Aha. Kannten wir nicht, aber was kannten wir denn von Italien überhaupt? Der Zug setzt sich mehrmals in Bewegung, quietscht herzzerreißend dabei; an Schlaf ist nicht zu denken; dann steht er wieder eine Weile still. »Wo sind wir denn

jetzt?« fragt meine Mutter. Per Zufall ist der Zug wieder an dem
»Ausgang«-Schild zum Stehen gekommen; ich schaue also und
rufe enttäuscht aus: »Der Zug muß im Kreis herumgefahren
sein; wir sind immer noch in Uscità.« *Si non è vero, è ben trovato –
ma è vero!* Wenn Sie ein Beispiel brauchen, wie sich ein Mensch
doch noch entwickeln kann, nachdem er sich so idiotisch benommen hat: Meine absolute Lieblingssprache heute ist Italienisch.
Ich liebe das Land, trotz der Anfänge in Rimini, und empfinde
ein richtiges Glücksgefühl, wenn ich irgendwo Italienisch höre
oder sich jemand outet, daß er oder sie italienischer Abstammung
ist. Ich liebe (fast) alles Italienische: Essen, Wein, Sprache, Musik,
Design, Eleganz oder Sinn für Humor – und meine Erinnerungen an italienische Beziehungen gehören zu meinen besten! Und
da die Italiener so viel liebenswürdiger auf sprachliche Annähe-
rungen von AusländerInnen reagieren als die Franzosen, glaube
ich, daß sie mir die »Uscità«-Episode verzeihen würden. Bei mir
bin ich da nicht so sicher ...

Bei der zweiten Reise mit meiner Mutter und Schwester
brauchte es dann keine Fremdsprachen: Wir verbrachten drei
Wochen in und um Wien. Aber das war einiges später und kurz
bevor ich mich nach New York einschiffte – haben Sie Lust auf
das nächste Kapitel?

1962: Das grüne Jersey-Kleid auf dem Weg zur Green Card

Die Freiheitsstatue hat mir zugelächelt!

> Give me your tired, your poor,
> Your huddled masses yearning to breathe free,
> The wretched refuse of your teeming shore,
> Send these, the homeless, tempest-tost to me,
> I lift my lamp beside the golden door.
> *Emma Lazarus: Inschrift auf der Freiheitsstatue*

Es liegt vor mir, auf vergilbtem Papier in der sehr schönen Hand-schrift meiner Mutter – das Gedicht, das sie über alles liebte und mir öfter vorgelesen hat. Ich begreife, warum es ihr so gut gefiel: Zu der Zeit war eine Hommage an gefallene Soldaten, die von Jazz und Verliebtsein handelte, ungeheuerlich, und meine Mutter liebte so etwas; sie war Neuem gegenüber in der Regel sehr aufgeschlossen. Heute schockiert uns das nicht mehr, aber berühren tut es immer noch.

Ein Brief an Petrus

(An der Wand der Kapelle eines amerikanischen Soldatenfried-hofs in England sind die folgenden einfachen Verse angebracht, die von einer Amerikanerin verfaßt wurden.)

Sie sind sehr müde, Petrus; laß sie ein
Und laß im Schlaf sie ruhn auf Engelskissen.
Erweck sie wieder heil im Morgenschein
Verjüngter Sonnen, die vom Krieg nichts wissen.

Gib ihnen wieder ihrer Jugend Schwung;
Gib, was ihr Herz begehrt, und laß sie lärmen.
Gott weiß, der Tod zerbrach sie viel zu jung!
Sie brauchen Jazz, nicht Harfen, um zu schwärmen.

Zu kurz war ihre Zeit! Laß sie verliebt sein
In Mädchen süß wie Wind am Wiesenhang;

Gib ihnen Bäume, Berge, Vogelsang –
Sie sollen unserthalben nicht betrübt sein.

Sag ihnen, Petrus, wie wir sie auch missen,
Wir werden unseren Weg zu finden wissen.

Dieses Gedicht, das meine Mutter aus irgendeiner Zeitschrift abgeschrieben hatte, hat mich also auf dem Weg ins Erwachsenenleben begleitet. Wenn Sie jetzt noch die Erinnerungen an den Mittzwanziger hinzufügen, der mich mit Hershey Kisses begeisterte und meine Mutter gerne mit ganz realen Küssen bezaubert hätte, und dazu noch den Status zufügen, den die amerikanischen Besatzer im Vergleich zu den russischen bekommen hatten – dann wird es Sie sicher nicht überraschen, daß ich ein ausgesprochen positives Verhältnis zu Amerika und seinen Bewohnern entwickelt hatte. Als ich dann einen Büro-Job bei der amerikanischen Armee bekam, fühlte ich mich dort vom ersten Tag an zu Hause.

Inzwischen putzte meine Mutter nicht mehr beim CIA, sondern bei einer sehr netten amerikanischen Familie, die sie liebte und sich ihr gegenüber sehr anständig verhielt; es war der jungen Frau irgendwie peinlich, jemanden wie meine Mutter als Putzfrau zu haben, und sie sah in ihr eher eine mütterliche Freundin der Familie. Hie und da hatten wir denselben Arbeitsweg, und ab und zu durften Corina und ich sie an ihrer neuen Stelle besuchen. So bekam ich Einblick in amerikanisches Wohnen, mit den gewaltigen Kühlschränken, die immer voll waren, den großen, komfortablen Sofas und der Tatsache, daß sich Wohnungsgröße anhand der Anzahl Schlafzimmer mit den dazugehörigen Bädern definierte. Es gefiel mir sehr.

Diese Familie eröffnete mir auch den Zugang zu amerikanischem Denken und Sein. Meine Mutter durfte alle Zeitschriften, die im Papierkorb lagen, mit nach Hause nehmen (dies übrigens neben diversen Resten von Mahlzeiten oder sonstigen Lebensmitteln und hie und da Textilien, die die Familie nicht mehr brauchte), und ich startete in dem Zimmer, das gleichzeitig Näh-, Bügel- und Abstellraum sowie mein Schlafzimmer war, »die

Wand«. An dieser Wand kreierte ich nach und nach eine riesige Collage der schönsten Fotos der allerschönsten Models, im Sinne von »Wenn ich groß bin, möchte ich auch so aussehen!«. Ich hatte keine Ahnung davon, wieviel Arbeit es braucht, bevor diese Art von Foto entsteht, wieviel Betrug in solchen Fotos enthalten ist, und glaubte allen Ernstes, daß solche himmlischen Wesen ganz normal auf der Straße herumliefen und auch morgens, beim Aufwachen, genauso aussahen wie auf diesen atemberaubend schönen Fotos.

Mein Lieblingsfotomodell war eine bildschöne Rothaarige: *Suzy Parker*, die unter anderem auch für *Coco Chanel* arbeitete. Ich studierte ihre Gesichtszüge, verglich sie mit meinen vor dem Spiegel, und fand, daß ich mit etwas Kosmetik, etwas mehr Diät und den richtigen Kleidern gar nicht so weit von ihrer Schönheit entfernt war. Als Kind mochte ich keine Märchen, doch als Teenager verspürte ich offenbar den Wunsch nach einer Märchenwelt. Das »Wenn ich groß bin«-Spiel dehnte ich auch auf Filmstars aus, was zu urkomischen Gedankengängen führte. Sah ich zum Beispiel einen Film mit Audrey Hepburn, von der ich natürlich begeistert war, dann stellte ich mich vor den Spiegel, sog die Luft ein, um hohle Wangen zu markieren, zog meinen Hals in die Länge und fand, daß wenn ich »ein paar Kilos« abnähme, ich ihr gar nicht so unähnlich sähe. Ein paar Wochen später kam ein neuer Film mit *Sophia Loren* heraus, die ich auch umwerfend fand. Also stand ich vor dem Spiegel, zerrte mir mit einem breiten Gürtel oder Schal eine schmale Taille zurecht, hob den Busen an und fand ... siehe oben. *Ava Gardner* oder *Grace Kelly*? Oder doch *Romy Schneider*? Sie alle bevölkerten meine Märchenwelt und inspirierten mich zu Höhenflügen, was meine Zukunft als Frau betraf. Gar nichts hingegen konnte ich mit *Brigitte Bardot* oder *Jeanne Moreau* anfangen, und ganz sicher habe ich nie aussehen wollen wie *Ruth Leuwerik* ...

Diese Wunschträume – harmlos, aber zeitintensiv – verschönten mir die Wochenenden. »Dazwischen« lagen jeweils fünf interessante Tage im Berliner Hauptquartier der amerikanischen Armee. Ich war jetzt Sachbearbeiterin, und meine Aufgabe bestand darin, für die reibungslose Belieferung der Armee mit Spielfilmen zu sorgen. Das waren fünf oder sechs pro Woche, von denen die Mehrzahl als 16-mm-Filmrollen angeliefert, von mir kontrolliert und zur Auslieferung vorbereitet wurden. Die Armee betrieb mehrere Kinos in Berlin, und nicht jeder Vorführer ging sorgfältig mit den Filmrollen um. Wenn ich sie von einem Kino zurückerhielt, mußte ich sie kontrollieren und öfter reparieren, bevor ich sie ans nächste Kino schicken konnte. In meinem eigenen (!) kleinen Büro stand neben den üblichen Büromöbeln auch ein großer Tisch mit all dem, was ich brauchte, um mit diesen Filmrollen zu arbeiten. Ich lernte also, wie man sie einfädelte, um gerissene Filme gekonnt zu reparieren, und durfte einen Kurs für Vorführer besuchen, so daß ich da sogar hätte einspringen können. Für eine junge Frau von achtzehn oder neunzehn Jahren keine geringe Verantwortung! Ich liebte natürlich die Amerikaner dafür, daß sie fanden, wenn ich das könnte, dann sollte ich das auch tun, egal wie jung ich war.

Dieser Job alleine hätte noch nicht eine ganze Stelle gerechtfertigt, aber ich mußte im Laufe eines Jahres noch drei gestandene Kolleginnen während deren langen Abwesenheiten vertreten: die Büronachbarin, die die eher komplizierten Abrechnungen der Kino-Einnahmen machte; die Kollegin, die das Reisebüro für Armeeangehörige führte, und die Frau, die weltweit Stars und Sternchen buchte, die dann an amerikanischen Feiertagen im Offiziersclub auftraten. Sie hatte den anspruchsvollsten Job, und mir war nie ganz wohl bei der Ferienvertretung – das Verhandeln mit Agenten lag mir nicht so, denn ich wußte viel zu wenig von diesem Metier, und wenn einer anrief, um mir zu sagen, daß Mr. oder Miss Soundso leider, leider nicht bei uns auftreten könne oder sogar ein ganzes Musik-Ensemble ausfiel, war ich zuerst einmal starr vor Angst, bis mir dann irgendeine Lösung einfiel.

Reisebüro und Künstleragentur waren eng miteinander befreundet und gaben ach-so-ungerne Informationen an eine um so viel jüngere Kollegin weiter. Beide Frauen waren »in festen Händen«, was sie nicht daran hinderte, mit der halben Armee zu schlafen. Theater-Finanzabteilung hingegen war das, was man früher als klassische alte Jungfer bezeichnet hat: Um die Sechzig, mager, unsinnlich, launisch und ein absolutes Biest. Erklären konnte sie auch nicht; sie ging davon aus, daß ich, wenn ich in ihren Akten nachlas, das Abrechnungssystem schon begreifen würde. Sie hatte nur eine einzige Leidenschaft: ihre völlig irrwitzige Beziehung zu *Mario Lanza*, dem sie offenbar einmal hatte die Hand drücken dürfen. Sie gab ihr gesamtes Geld – und sie verdiente aufgrund ihres Alters sehr gut – dafür aus, Platten von diesem Herrn zu kaufen oder ihm irgendwo in Europa nachzureisen, ein frühes *Groupie* also. Die einzige Art, wie man zu ihr Zugang hatte, war, das Gespräch auf diesen Tenor zu bringen – aber das habe ich erst viel später begriffen ...

Alle, außer der Mario-Lanza-Frau, rauchten. Zigaretten kosteten einen Vierteldollar pro Päckchen; alle amerikanischen Kollegen lieferten auch an uns, obwohl das natürlich verboten war. Ich begann zu rauchen und stellte dabei sehr schnell etwas fest, was mich damals sehr betrübte, nämlich daß ich keinen Lungenzug machen konnte. Wie lange mag es gedauert haben, bis ich realisierte, was für ein Geschenk das war?! Ich rauche seit über vierzig Jahren, ohne einen einzigen Lungenzug. Für die Ärzte gelte ich als Nichtraucherin, für mich als Genußraucherin. Die Hysterie der Amerikaner in bezug auf Passivrauchen regt mich furchtbar auf, besonders angesichts der Tatsache, daß gerade sie in bezug auf Luftverschmutzung noch sehr viel zu lernen haben. Noch mehr regt mich auf, daß die Hinterbliebenen von Menschen, die jahrzehntelang KettenraucherInnen waren und dann an Lungenkrebs gestorben sind, danach die Stirn haben, die Zigarettenhersteller zu verklagen, weil die angeblich nicht laut genug ihre Warnungen herausposaunt haben! Der Mangel an Eigenverantwortung sowie die Sucht, aus erlittenem Unglück Kapital zu schlagen, führen zu absurden Beschuldigungen und Prozessen.

Ich ging jetzt mit Männern aus, denen ich die berühmte Frage nicht stellen mußte; sie waren nicht mehr a priori eine Generation älter, dafür aber machte es Spaß, mit ihnen zusammen zu sein. Ich ging mit ihnen in amerikanische Kinos, aß amerikanisches Essen aus dem PX, wie der große Supermarkt hieß,

tanzte zu amerikanischer Musik usw. – ich hatte das Gefühl, ich
sei irgendwo angekommen, wo ich schon lange hätte sein wollen!

Im dritten Jahr wechselte wieder mal der Offizier, der für
uns zuständig war. Der Neue war ein Mann Mitte vierzig, gut aussehend, jedoch ohne die geringste Ausstrahlung. Eher muffig
und humorlos (was bei Amerikanern selten ist), trat er an den
häufigen Büro-Parties immer nur als gelangweilter Zuschauer
auf, wie es sich für einen Familienvater ja auch gehört. Er war der
klassische Fall eines Mannes, der nur wollte, was er nicht bekommen konnte – und leider war ich das Objekt seiner ungelenken
Avancen; als er wirklich zudringlich wurde, habe ich versucht,
nein zu sagen, ohne ihn zu verletzen. Schließlich war er ja mein
unmittelbarer Vorgesetzter!

Daran erinnerte er sich auch. Eines Tages, nachdem er noch
weitere erfolglose Versuche hinter sich hatte, rief er mich in sein
Büro. Ich wußte nicht, was mich dort erwartete, aber ich brauchte
nicht lange zu rätseln. In dürren Worten stellte er mir sein Ulti-
matum: Entweder ich würde mich mit ihm einlassen, oder er
würde mich entlassen!

Was ich gesagt habe, weiß ich nicht mehr, aber es war sicher
nicht hollywoodreif, wo sich die bedrohte Unschuld zu ihrer vollen
Größe von 1,75 Meter aufgereckt, mit klarer Stimme ein paar tref-
fende Worte hingeworfen und den würdevollen Abgang geprobt
hätte. Eine Kündigung war für mich existenzbedrohend; zwar
hatte meine Mutter inzwischen eine Teilzeitarbeit als Kassiererin
in einem Supermarkt, aber der allergrößte Teil des Familienein-
kommens kam nach wie vor von meiner Seite. Das ist mir ganz
sicher durch den Kopf gegangen – und dann fand ich das Ganze
so entwürdigend, daß ich nur den einen Wunsch hatte, das Büro
zu verlassen. Nachdem ich ihn gebeten hatte, diese Entscheidung
nochmals zu überdenken, grinste er mich an und meinte, ich sei
diejenige, die hier etwas überdenken müßte. Daraufhin habe ich
ihm wohl gesagt, daß ich das anders sähe, und bin mit hochrotem
Kopf aus seinem Büro gegangen.

Ein Mann, ein Wort: es verging keine Woche, und die Kündigung lag auf meinem Pult! Es war Mitte September 1960; mit

einer dreimonatigen Kündigungsfrist würde ich Ende Dezember arbeitslos sein! Meine Mutter geriet wieder mal in Panik, weil der Untergang ihrer Familie programmiert schien. Ich guckte mir den Kündigungsbrief an, in dem mir ungenügende Leistung vorgeworfen wurde; das konnte er nun wirklich nicht sagen, denn kein Mensch hatte sich je über meine Arbeit beklagt, im Gegenteil: Ich wurde wegen der Zuverlässigkeit und der schnellen Auffassungsgabe sehr geschätzt.

Mein Chef hatte den Rang eines Hauptmanns; sein Chef war Major – ein total integrer, intelligenter, liebenswürdiger amerikanischer Familienvater. Mit ihm hatte ich ein langes Gespräch, in dem ich ihm offen sagte, was der wirkliche Kündigungsgrund war. Er sprach danach mit dem Hauptmann – und die Kündigung war vom Tisch. Aber ich kam nicht dazu, mich darüber zu freuen, denn so schnell mein Chef nur konnte, ließ er sich die Zahlen für den Unterhalt seiner Abteilung zusammenstellen und beschloß, daß gespart werden müsse: *Ein* Job müsse gestrichen werden, weil überflüssig. Nein, nein, Sie müssen nicht dreimal raten, welcher. Ich mußte mich mit dem Gedanken vertraut machen, daß ich nur noch drei Monate Gehalt (vierhundertzwanzig Mark pro Monat) bekommen würde, denn kurz vor Monatsende bekam ich die Mitteilung, daß es natürlich meine Stelle war, die gestrichen würde.

Ein geradezu klassischer Fall von *Sexual Harassment* oder »Sexueller Belästigung am Arbeitsplatz«, wie es später heißen würde! Eine unglaublich entwürdigende Situation für die Frau und eine, in der sie, egal was sie macht, auf alle Fälle verliert. Ich konnte meiner Wut nicht einmal Ausdruck verleihen, sondern nur hoffen, daß ich die nächsten drei Monate, trotz seiner Schikanen, noch heil überstehen würde. In meinem späteren Leben muß ich das dann wohl total verdrängt haben! Wie anders könnte man verstehen, daß ich Jahrzehnte später, als diese Art von Chef-Mitarbeiterin-Beziehung überall diskutiert wurde, behauptet habe, ich hätte so etwas nie erlebt? Meine Bewunderung für Frauen, die damit an die Öffentlichkeit gehen, ist riesig, und ich hoffe sehr, daß jeder Fall, der bekannt wird, doch einige Männer zur Raison bringt. Auch hier gilt es, das Thema zu enttabuisieren

Das Zeugnis, das er mir dann zwischen Weihnachten und Neujahr zusandte und das meine mehr als dreijährige Tätigkeit bewerten sollte, war eine Ohrfeige. Ich ging damit auf direktestem Wege zu dem *Chief Officer for Personnel*, erklärte ihm den Hintergrund für dieses beleidigende Stück Papier und bat ihn, dafür zu sorgen, daß ich das Zeugnis bekam, das ich verdiente. Der Major, bei dem ich vorher war, hat es dann neu geschrieben, und der Herr Hauptmann hat einen Verweis bekommen. Dabei haben sie es belassen; ich könnte mir vorstellen, daß sie nicht unfroh waren, mich loszuwerden.

Tja, der Abschied von meinem Mini-Amerika war programmiert. Ich wußte inzwischen, daß ich Deutschland verlassen mußte. Wohin ich gehen würde, war nebensächlich; Hauptsache, es war ein Ort im Ausland. Ich stellte also meine Bewerbungsunterlagen zusammen, ließ sie zehnmal kopieren und fand an einem Wochenende neun Inserate, die Jobs in anderen Ländern anboten, u. a. in Holland, Luxemburg, Dänemark – und sogar in der Schweiz, in Herzogenbuchsee! Neun Kuverts lagen versandbereit auf dem Tisch, ein Set Unterlagen war noch da. In einem seltenen Anfall von Ordnungsliebe fand ich, daß da noch eine zehnte Bewerbung auf die Post müsse. Es war ein Inserat, das schon eine Woche alt war, direkt aus den Wunschträumen vieler junger Mädchen in die Zeitung gefallen, ungefähr so: »Fernsehproduzent sucht mehrsprachige Sekretärin, die selbständig sein Büro führen und ihn auf seinen Reisen in Europa begleiten kann. Interessante Tätigkeit; großzügiges Gehalt.« Wie gesagt, es war die Tatsache, daß ich diese Bewerbungsunterlagen nicht herumliegen lassen wollte, die mich auf dieses Inserat antworten ließ. Während ich den Begleitbrief schrieb, dachte ich an die Waschkörbe voller Briefe, die der Postbote diesem Fernsehproduzenten ins Haus bringen würden; selten habe ich etwas mit so wenig Enthusiasmus geschrieben wie diese Bewerbung.

Das Bild mit den Waschkörben stimmte haargenau: Es sollte meine erste Aufgabe bei dem Fernsehproduzenten sein, die Bewerbungen zu sichten und die paar seriösen, die einen Absagebrief verdienten, aus den zwei Waschkörben herauszufiltern. Ich hatte nicht nur einen tollen Job ergattert, sondern auch mein Salär vom 31. Dezember 1960 auf den 1. Januar 1961 verdoppelt. Warum hatte ich den Job bekommen? Zum einen, weil ich mich später als die meisten beworben hatte, und der Fernsehproduzent die letzten Briefe, die eintröpfelten, doch noch aufgemacht hatte, nachdem er angesichts der zum großen Teil eindeutigen Angebote oder naiven Briefe in den Waschkörben verzweifelt aufgegeben hatte. Zum anderen hatte ich etwas vorzuweisen, und vor allem konnte ich die Sprache, in der er seine Geschäfte führte.

Er war ein äußerst kapriziöser Mensch, Anfang vierzig, mit einer Vollglatze und einer häßlichen Narbe am kahlen Kopf. Er war ungeduldig und ziemlich launisch, was mich immer nervt. Hochintelligent und schnell, ließ er Menschen, die das nicht waren, seine Ungeduld spüren. Ich erfuhr bald, daß er in einem deutschen Konzentrationslager gewesen und danach nach Amerika ausgewandert war. Ich verzieh ihm auf der Stelle alles! Seine Leistung bestand in meinen Augen zusätzlich noch darin, daß er sich ein akzentfreies Amerikanisch zugelegt hatte; wenn er eine Sitzung mit Deutschen in Englisch leitete, hätte niemand vermuten können, daß er jedes Wort der verhaßten Sprache verstand. Er genoß das; es war Teil seiner kleinen Racheakte, für die ich großes Verständnis hatte.

Es war also kein Job im Ausland geworden, aber einer, in dem ich für einen Ausländer arbeiten konnte. Die Tätigkeit selbst war nicht halb so aufregend wie im Inserat beschrieben (so habe ich zum Beispiel meinen Chef nicht ein einziges Mal auf irgendeine Reise begleitet), aber die achthundert Mark pro Monat veränderten unser Leben drastisch. Bis dahin waren die Berliner Jahre immer von Entbehrung und äußerster Sparsamkeit gekennzeichnet gewesen. Oftmals leerten wir drei am Freitagabend unsere Portemonnaies und Manteltaschen und berieten, was man mit den fünfzehn Mark einundsechzig oder siebzehn Mark dreizehn, die auf der Tischdecke vor uns lagen, an Eßwaren fürs Wochenende kaufen konnte. Meine Mutter, inzwischen als Supermarkt-Kassierin tätig, hatte dort einen Rabatt, was die Summe etwas vergrößerte. Nötige Anschaffungen wie Wintermäntel oder etwas für den Haushalt gaben größere Probleme auf. Noch immer mündeten unsere Fahrten ins Stadtinnere fast ausschließlich in *windowshopping* statt echtem Shopping. Und es gab weit und breit auch hier niemanden, der geholfen hat.

Tante Edith war kein Thema – meine Schwester hatte genauso viel Glück mit ihren Paten wie ich, denn ihr Patenonkel war Uncle Fred, der sich aber nach den ersten spektakulären Auftritten verdünnisiert hatte –, aber da gab es ja noch den Möbelhändler Onkel Erwin, *meinen* Patenonkel (ha, ha!). Er hatte aus Liebe eine Frau polnischer Herkunft geheiratet, mit der er eine Tochter produziert hatte. Die Verbindung kam in den Augen seiner Schwestern einer Mesalliance gleich, und wenn Onkel Erwin bei uns überhaupt ein Thema wurde, weil zum Beispiel ein Stuhl ersetzt werden mußte, der zusammengebrochen war, unternahmen wir die größten Anstrengungen, ihn in seinem Laden möglichst dann zu sehen, wenn Tante Claire nicht zu sehen war. Sie hatte es besonders mit meiner Schwester verdorben, weil sie mit penetranter Taktlosigkeit jedesmal, wenn sie Corina sah, zuerst laut fragte: »Na, hast du mal wieder was von deinem Vater gehört?« Onkel Erwin war zwischen seiner Familie, für die er gut bis sehr gut sorgte, und seiner offensichtlich hilfsbedürftigen Schwester hin und her gerissen; die Entscheidung fiel aber meistens zugunsten seiner Frau aus, die dafür sorgte, daß man ihn nicht übertriebener Großzügigkeit bezichtigen konnte.

Von einem Tag auf den anderen hatte sich mit meinem verdoppelten Gehalt unsere Situation nun verändert. Wir gingen ein wenig aufrechter. Wenn mir jemand gesagt hätte, daß ich ein paar Wochen später nochmals vierhundert Mark mehr verdienen würde, hätte ich laut gelacht. Genau das passierte jedoch, aber ich bin wieder ein wenig zu schnell ...

Mein Chef war offenbar zufrieden mit meiner Leistung, und ich genoß die Situation, daß ich an keinem Pförtner vorbei mußte. Mein Geburtstag kam, und mein Chef flog kurz davor nach Paris. Er hatte mich aufgefordert, mir während seiner Abwesenheit zu überlegen, was ich als Geschenk haben möchte. Etwas

»Richtiges«, meinte er. Hätte er das nicht hinzugesetzt, so hätte ich wahrscheinlich etwas ganz Banales gewünscht. Ich wußte gar nicht, was in den Augen anderer etwas »Richtiges« war, und ich hatte noch gar nie erlebt, daß sich einer meiner Vorgesetzten um meinen Geburtstag gekümmert hatte. Nach und nach fand ich heraus, daß er nicht etwas für um die zwanzig Mark im Sinne hatte, und so nahm ich allen Mut zusammen und erwähnte das, was ich mir am meisten wünschte, was aber in unerreichbarer Ferne lag: Fahrstunden! Wenn mein Herz daran hinge, fand er, dann solle ich mal den Führerschein machen; er würde die Kosten dafür übernehmen. Und da er das offenbar als ein etwas abstraktes Geschenk einstufte, brachte er mir noch etwas ganz Konkretes mit: eine wunderschöne schwarze Handtasche, die aus der Rue de Faubourg Saint-Honoré kam. Ich liebte den Klang dieser Adresse, obwohl ich keine Ahnung hatte, was genau das war. Aber auch das sollte sich bald ändern.

Das Business, in dem ich jetzt arbeitete, hatte wieder etwas mit Film zu tun, aber diesmal nicht auf der Vorführerseite, sondern auf der Produzenten-Ebene. Spezifisch ging es um Fernsehfilme für das gerade erblühende deutsche Fernsehen. Mein Chef war unabhängiger Produzent, arbeitete aber eng mit einer in Berlin ansässigen amerikanischen Produktionsfirma zusammen, die nach deutschen Partnern Ausschau hielt. Diese Firma hatte mehrmals mit mir zu tun gehabt und bot mir nun an, für sie zu arbeiten. Ich war etwas überrascht und lehnte ab; ich hatte ja gerade einen tollen neuen Job gefunden und sah keinen Grund, meinen Chef im Stich zu lassen. Die Firma ließ jedoch nicht locker: Sie würden das mit meinem Chef regeln, der mir ja keine Aufstiegsmöglichkeiten bieten konnte, während bei ihnen da noch das eine oder andere möglich war. Zudem würden sie mir ein höheres Gehalt bieten: DM 1200.–, plus nun wirklich Reisetätigkeit. Das klang zwar irreal, aber nicht uninteressant.

Mein Chef ließ mich gehen. Er hatte, soweit ich das beurteilen konnte, ohnehin die Lust an seinem Berliner Aufenthalt verloren, falls er sie je gehabt hat. Begreiflicherweise haßte er Deutschland und seine Bewohner, und obwohl er in den drei Monaten, die ich für ihn gearbeitet habe, mehr in London und Paris als in Berlin war, fand sein Business jedoch in dem Land statt, das ihm so Schreckliches angetan hatte. Als introvertierter Single, der ziemlich arrogant wirken konnte, ging er offenbar in Berlin mit niemandem aus und machte auf mich den Eindruck eines sehr einsamen Mannes. Er sah in der Entwicklung dieser Dinge einen Fingerzeig, wieder in die USA zurückzukehren, was er dann im Laufe des Sommers auch getan hat. Vorher hat er jedoch noch sein Versprechen eingelöst und meine Fahrstunden, einschließlich Fahrprüfung, bezahlt. Gewöhnt, Musterschülerin zu sein, wollte ich auch hier beweisen, wie förderungswürdig ich war: Ich schaffte die Prüfung mit dem gesetzlich vorgeschriebenen Minimum an Stunden (ich glaube, es waren zwanzig); an einem regnerischen Samstagvormittag im Juni 1961 wurde ich glückliche Besitzerin eines Führerscheins – hauptsächlich, weil der Prüfer davon beeindruckt war, daß ich das Parken auf der linken Straßenseite auf Anhieb schaffte, oder vielleicht auch, weil ich die letzte Fahrschülerin war und er nach Hause wollte. Noch heute denke ich an meinen damaligen Chef in größter Dankbarkeit zurück – und noch immer bin ich eine leidenschaftliche Autofahrerin.

Ich habe in meinem Leben sehr viel Glück gehabt: An den großen Weggabelungen, die ich natürlich immer erst im nachhinein als solche begriffen habe, hat es immer einen Mann oder eine Frau gegeben, der oder die mich auf den Weg gelenkt haben, der mich zur nächsten Gabelung hingeführt hat. Der Hintergrund für die Bemühungen meines neuen Arbeitgebers war etwas mehr als die Tatsache, daß er an meiner Arbeitskraft – auch hier besonders wieder an den Sprachkenntnissen – interessiert war. Der Regisseur der Gruppe, ein hochintelligenter, überaus kultivierter Engländer, hatte sich in mich verliebt. Ich fand es nicht schwer, mich in ihn zu verlieben, trotz des Altersunterschieds von fast dreißig Jahren. Er verkörperte alles, was ich mir in einem Mann wünschte; zusätzlich sah er noch unglaublich gut aus, und er hatte lange Zeit in New York gelebt. Zwar wußten alle um uns herum, was sich da abspielte, aber wir sorgten dafür, daß Arbeit und Privates strikt getrennt blieben; niemand hatte Anlaß, an dieser Geschichte Anstoß zu nehmen, zumal es dann ja auch mehr als nur eine »Geschichte« wurde ...

Die Firma wollte Berlin verlassen und ihre Zelte in München aufschlagen. Hauptabnehmer ihrer Produktionen sollte das Zweite Deutsche Fernsehen sein. Das war aber in Mainz ansässig und nicht in Berlin. Da schien München die bessere Wahl für den Firmensitz zu sein. Die Verhandlungen mit dem ZDF waren übrigens ein ausgesprochen faszinierender Aspekt meiner Arbeit: Bei den Besprechungen saßen sich die beiden Parteien immer an langen Tischen gegenüber. Meine Firma brachte mich als offizielle Dolmetscherin zu diesen Verhandlungen mit. Ich wurde als »Miss Ring« vorgestellt und muß aufgrund der Tatsache, daß ich mich fließend und locker mit meinen Kollegen unterhielt, wohl auch als Ausländerin eingestuft worden sein. Jedenfalls unterhielten sich die deutschen Verhandlungspartner ziemlich ungeniert über Punkte auf der Tagesordnung wie auch über ihre Verhandlungspartner, ohne sich bewußt zu sein, daß ich nicht nur alles verstand, sondern auch bei der erstbesten Gelegenheit auf Englisch weitergab. Warum sie so wenig begriffen hatten, weiß ich auch nicht; vielleicht war es auch nur die Tatsache, daß sie die einzige Frau in dieser Runde, mit ihren zweiundzwanzig Jahren noch sehr jung, nicht ganz ernst nahmen. Wenn dem so war, dann hat sich diese Einstellung absolut nicht ausgezahlt.

Hauptjob war jedoch, als Produktionsassistentin Koordinationsaufgaben zu erledigen: Produzenten wie auch Regisseur und einige der Techniker waren Amerikaner oder Engländer, »der Rest« war deutsch. Damit waren Nicht-Verstehen und Mißverständnisse programmiert; es war meine Hauptaufgabe, dies auf ein Minimum zu reduzieren. Hurra! Ich mußte nicht einmal mehr tippen. Natürlich sagte ich auf der Stelle ja, als man mich fragte, ob ich nach München ziehen würde. Und ebenso natürlich beschwor ich damit zu Hause eine Tragödie herauf ...

Sie haben schon lange nichts mehr von meiner Mutter gehört, stimmt's? Das hat etwas damit zu tun, daß ich bereits während der Zeit im Berliner Hauptquartier meinen Abnabelungsprozeß begonnen hatte. Nur in kleinen Schritten, denn zum

einen war ich ja immer noch weitgehend für das Familienein-
kommen zuständig, und zum anderen registrierte meine Mutter
mit seismographischem Gespür jeden kleinsten Schritt ihrer Tochter in Richtung Unabhängigkeit – und reagierte ausgesprochen
unfreundlich darauf. Sie war inzwischen geschieden; mein Vater
war Geschichte, wenigstens für sie und mich. Egal, wo sie ihren
neuen Zivilstand angeben mußte, setzte sie immer ungefragt
dazu: »Aber unschuldig.« Ja, das gab es damals noch, daß man
»schuldig« oder »unschuldig« geschieden wurde, und es war für
sie ungeheuer wichtig, daß alle wußten, wie das bei ihr war. »Als
geschiedene Frau mit zwei unmündigen Töchtern ...« fingen
viele ihrer Sätze an. Sie hielt nicht nur darauf, daß wir gute Tischmanieren hatten oder uns, im Rahmen unserer Möglichkeiten,
»passend« anzogen, sondern wir hatten auch in bezug auf Moral
Extraklasse zu sein.

Ich erinnere mich an einen Abend, als ich spät von einem
Rendezvous nach Hause kam. Der Mann, der mich nach Hause
gefahren hatte, wollte sich noch gebührend verabschieden. Der
Kuß vor der Haustüre war lang und leidenschaftlich. Immerhin
war ich neunzehn und ziemlich erwachsen, wenn man die Verantwortung der Familie gegenüber in die Waagschale warf. Nach
Abwägen aber war meiner Mutter, die auf dem Balkon gestanden, alles gesehen hatte und den Ruf ihrer Familie bereits unwi-
derbringlich ruiniert sah, ganz und gar nicht zu Mute. Ich ging
nach oben, steckte den Schlüssel in die Wohnungstüre, die sich
viel zu schnell magisch von innen öffnete, und wurde mit einer
gezielt plazierten Ohrfeige empfangen. Immer wenn meine
Mutter außer sich war, mußte man auf eine Überreaktion gefaßt
sein. Es war, als ob sie ihre Widerstandskraft oder Krisenfestig-
keit verloren hätte, und Dinge oder Situationen, die sich ihrer
Kontrolle entzogen, überforderten sie einfach.

Ich habe ihr diese Ohrfeige sehr übel genommen, obwohl
sie mich schnell um Verzeihung gebeten hat. Dieses Getue um
den guten Ruf der Familie ging mir auf die Nerven; ich verstand
die Aufregung wegen eines Kusses nicht, besonders da sie im Gegensatz zu ihrer Mutter nicht prüde war. Sie hatte nie vergessen,

wie es zu ihrer Heirat mit einem Mann gekommen war, von dem sie schon vor der Ehe wußte, daß sie ihn eigentlich besser nicht heiraten sollte, und sie sprach darüber sehr offen mit ihren Töchtern: Wir sollten sicher sein, daß der erste Mann in unserem Leben ein Mensch war, der »es« wert war. Aber es sollte auf keinen Fall ein Mann sein, den wir danach unbedingt heiraten wollten. Das Schicksal hatte ihr in Ostpreußen eine kurze, aber beglückende Liaison zu einem französischen Kriegsgefangenen beschert. Es war zwar eine lebensgefährliche Beziehung, aber eine voller Abenteuer, Leidenschaft und Zärtlichkeit, die ihr zumindest eine Alternative zu meinem Vater gezeigt hatte. Ausgestattet mit dieser begrenzten Erfahrung, wollte sie sicher sein, daß wir uns nicht an einen Unwürdigen ketteten, nur weil er der erste Mann in unserem Leben gewesen war.

Ich fand das immer großartig von ihr und konnte daher um so weniger verstehen, warum sie ausrastete, als ich mich vor der Haustüre küssen ließ. Und dann noch eine Ohrfeige! Was ich auch nicht verstehen konnte, war, daß man ihr alles, oder fast alles, erzählen sollte. Das ist nun etwas, worauf ich ausgesprochen allergisch reagiere. Wenn man mich zu intensiv befragt, mache ich zu und gebe kein bißchen mehr von mir preis. Wenn ich hingegen freiwillig etwas erzählen will, kann man ziemlich viel über mich erfahren, was Sie ja sicher auch schon gemerkt haben, oder?

Wir hatten also unsere Differenzen. Aber die waren längst nicht so gravierend wie diejenigen, die sie mit meiner Schwester hatte. In deren Welt gab es eine Mutter, die sehr präsent war, sich dauernd autoritär gebärdete oder irgend etwas verbot, und einen abwesenden Vater, der in der Erinnerung verklärt wurde. Dazu kam noch diese blöde Schwester, die sich aufgrund der sieben Jahre Altersunterschied sowie der Tatsache, daß sie das Geld zum Leben nach Hause brachte, als eine Art Ersatzvater aufspielte. Corina entwickelte eine kräftige Abneigung gegen dieses Pseudo-Elternpaar wie überhaupt gegen Autoritätspersonen, zu denen zweifellos auch ihr Lateinlehrer gehörte. Sie zog es vor, seinen Unterricht nicht zu besuchen und sich statt dessen im berühmten Dahlemer Museum mit den Bildern Rembrandts auseinanderzusetzen.

Corina besuchte das beste Gymnasium Berlins. Sie war hochintelligent (ist es natürlich immer noch), aber schwer zu integrieren. Hausaufgaben machte sie nur, wenn ihr danach war oder es unumgänglich wurde. Als sie eines Tages aufgerufen wurde, ihren Deutschaufsatz vorzulesen, nahm sie ihr leeres Heft und fing an, die nicht existierenden Sätze flüssig vorzulesen. Eine absolut brillante Leistung – aus der Rückschau! Aufgeflogen ist das Ganze, weil sie vergessen hatte, die Seiten im Heft umzudrehen, und die Lehrerin fand, so viel könne nicht auf einer einzigen Seite stehen, womit sie ja nicht so Unrecht hatte. Heute würde ich meiner Schwester zu dieser hervorragenden Leistung gratulieren, damals mußte ich eine aufgelöste Mutter beruhigen, die man zum Rektor bestellt hatte. Der Lateinlehrer, der sich in seiner Autorität bedroht sah, gesellte sich zur Deutschlehrerin im Lamentieren über dieses Kind, und beide sorgten für einen ernsten Verweis.

Meine Schwester war das, was man als Schlüsselkind bezeichnet, und wir beide konnten ihr wohl nicht das bieten, was sie suchte: Geborgenheit, Kontinuität, Liebe, die keine Bedingungen stellt. Im Gegenteil: Als ich anfing, gut zu verdienen, wollte ich unbedingt, daß sie all das haben sollte, was ich nie gehabt hatte. Also meldeten wir sie im Ballettunterricht und zur Klavierstunde an, selbstverständlich, ohne ihre Meinung dazu einzuholen. Ebenso selbstverständlich empfand sie das dann nicht als Privileg, sondern als einen weiteren Zwang, der ihr aufoktroyiert wurde. Ich verstand nicht, daß sie dieses Verwöhntwerden nicht schätzte, lernte aber auch nichts aus diesen Situationen. Es würde noch viele Jahre dauern, bis ich begriff, wieviel meine Mutter und ich falsch gemacht bzw. daß wir auf einem Versuch am untauglichen Objekt beharrt hatten; inzwischen haben wir gelernt, darüber zu lachen, und meine Schwester weiß sehr wohl, daß wir ihr eigentlich Gutes hatten tun wollen. Kurz ausgedrückt, könnte ich das so zusammenfassen: Das Gegenteil von »gut« ist – nein, nicht »schlecht«, sondern »gut gemeint«!

Die Tatsache, daß meine Mutter sehr schnell nervös wurde, wenn die Dinge nicht so liefen, wie sie sich das vorstellte, hing sicher auch damit zusammen, daß sie eine sehr kranke Frau war.

Begonnen hatte es mit dem Schlaganfall in Duisburg, den sie als Mittvierzigerin erlitten hatte und dem sich die Thrombose anschloß. Gallenprobleme begleiteten sie jahrelang, und die vier letzten Schwangerschaften bzw. die Art, wie sie unterbrochen wurden, taten das Ihre. Schließlich kam Krebs dazu. Sie hat zwei Operationen durchgestanden – ich erspare Ihnen die Details, was man damals allgemein versicherten Patientinnen angetan hat, wenn sie Brustkrebs hatten. Natürlich hatte sie enorme Schmerzen und natürlich versuchte sie, tapfer zu sein. Es war für alle ziemlich schrecklich, und heute ahne ich, wie sehr sie sich zusammengenommen haben muß, um uns trotzdem noch so viele fröhliche Stunden zu bereiten.

München war meine Gelegenheit, all dem auf legitime Weise zu entfliehen, obwohl meine Mutter alles andere als glücklich war, daß ihre älteste Tochter das Haus verließ. Ich fand schnell eine möblierte Einzimmerwohnung, meine erste eigene Behausung, und die Arbeit in den Bavaria-Studios machte mir sehr viel Spaß. Zu meinen Aufgaben gehörte auch das Übersetzen der *Scripts*, die mein Freund verfaßte, oder das Redigieren der deutschen Fassung, wenn sie woanders übersetzt worden war. Das war eine Arbeit, die ich besonders gerne machte – es war der Beginn meiner literarischen Tätigkeit, ohne daß ich es als solchen erkannt hätte. In Berlin begann der Bau der Mauer; München hingegen war im Herbst 1961 Biergarten, Unbeschwertheit, Herumfahren im offenen Karmann-Ghia-Cabriolet, war schlicht Lebensgenuß.

Das Auto gehörte natürlich meinem Freund, zu dessen Eleganz dieser schnittige Sportwagen auch sehr gut paßte. Er hatte großes Vertrauen in meine Fahrtüchtigkeit und ließ mich als Anfängerin mit diesem tollen Ding durch die Gegend kurven. Nicht nur durch die Gegend, sondern sogar von Berlin nach Westdeutschland ...

Das passierte zwölf Tage, nachdem ich meinen Führerschein gemacht hatte, und ich muß sagen, daß ich an diese Aufgabe mit Respekt herangegangen bin. Zum einen war ich nicht hundertprozentig sicher, daß die Russen wirklich nicht darauf

warteten, die Tochter einer ehemaligen Putzfrau beim CIA auf
der Stelle festzunehmen. Zum anderen konnte ich nur hoffen,
daß ich in bezug auf Autofahren genügend wußte, um diese Reise
von einigen hundert Kilometern zu bewältigen. Es gab tatsächlich
eine ungemütliche Situation an der Grenze zu Westdeutschland,
als ich meinen Paß am Schalter durchreichen mußte. Der Volks-
polizist nahm ihn an sich, zog dann – demonstrativ, wie ich fand –
einen Rolladen herunter und verschwand mit meinem Paß. Es
hat fast eine halbe Stunde gedauert, bis ich ihn wieder hatte; ich
nehme an, der Polizist hat inzwischen ein Butterbrot vertilgt.
Zum Glück war kein anderer da, den ich hätte fragen können, wo
mein Paß hingekommen sei; wie ich mich kenne, hätte es da diesen ätzenden Unterton in meiner Stimme gegeben, der geradezu
garantiert, daß die andere Seite ausrastet.

Ich benutzte diese Reise, um die noch offene Rechnung
mit meinem Vater zu begleichen; irgendwie war da noch eine
Lücke, die es zu schließen galt. Ich rief ihn an, er war zu Hause,
und ich fuhr also in diesem chicen Cabriolet vor das Haus, in dem
ich fast zehn Jahre lang arm gewesen war. Denn, unglaublich,
aber wahr: Mein Vater wohnte immer noch in diesen Mansarden!
Irgendeine Frau gab es natürlich auch in seinem Leben: eine gelb-
blonde, üppige Endfünfzigerin wuselte um ihn herum, bis ich ihn
bat, dafür zu sorgen, daß wir ungestört miteinander reden könnten. Als wir alleine waren, legte ich los: Zuerst ganz ruhig, dann
immer erregter, redete ich mir alles von der Seele! Hauptpunkt
meiner Anklage war, wie er meine Mutter behandelt hatte, und da
gab es ja einiges zu erwähnen. Als ich auf ihren schlechten Ge-
sundheitszustand zu sprechen kam, für den ich ihn weitgehend
verantwortlich machte, meinte er, er hätte es jetzt auch mit der
Bandscheibe. Ich war kurz davor zu explodieren; die Genugtuung, mich so zu sehen, wollte ich ihm natürlich nicht verschaffen,
und so beendete ich die Unterhaltung an diesem Punkt. Mein Vater ist bis zu seinem Tode ein kerngesunder Mann gewesen; er
hat wohl nie begriffen oder begreifen wollen, was er meiner Mutter angetan hat. Das habe ich bei dieser Auseinandersetzung sehr
deutlich gemerkt; es war das letzte Mal, daß ich ihn gesehen habe.

Die Tatsache, daß ich vor dem besten Hotel Duisburgs vorfahren konnte, um dort zu übernachten, hat die Erinnerungen an mein Leben in dieser Stadt und an den Mittelball, den ich in diesem Hotel in meinem Konfirmationskleid durchsessen, nicht durchtanzt hatte, ein wenig gemildert. Ich war zu müde von der langen Fahrt und dem aufwühlenden Gespräch, um das Restaurant auszuprobieren, und ging sofort ins Bett. Es war mir damals schon gegeben, auch nach Katastrophen schlafen zu können. Ich fiel ins Bett und schlief mir die belastenden Emotionen von der Seele. Am nächsten Morgen fuhr ich nach Kassel, wo ich den Besitzer des Cabriolets treffen würde. So nervenaufreibend der Abend zuvor gewesen war, so urkomisch sollte der nächste werden.

Wir waren in Kassel in einem Hotel abgestiegen, wo abends ein Orchester zum Tanz aufspielte. Höhepunkt des Abends war ein Wettbewerb, in dem es um ein Operetten-Quiz ging: Das Orchester spielte den Anfang einer Melodie, und die WettbewerbsteilnehmerInnen schrieben dann auf ihren vorbereiteten Zettel die Operette oder die erste Zeile des Liedes. Als ich bereits die vierte Melodie erkannt hatte, nahm ich auch einen Zettel, den ich weiter ausfüllte und in den Topf warf, als jemand die Zettel einsammelte. Zwanzig Fragen waren es; ich hatte achtzehn richtig beantwortet – schließlich hatte mir meine Mutter nicht umsonst all diese Operettenarien vorgesungen! – und wurde damit Gewinnerin des Wettbewerbs. Mir war es ungeheuer peinlich, als mein Name aufgerufen wurde und ich nach vorne auf die Bühne mußte. Dann hatte ich Mühe, das Lachen zu verbeißen, denn der erste Preis war: eine riesige Schokoladencreme-Torte! Genau das also, was man sich wünscht, wenn man irgendwo kurz übernachtet und am nächsten Morgen weiterfahren muß; ein dankbares Zimmermädchen hat sich über das unerwartete Geschenk sehr gefreut. Hätte ich gewußt, daß dies der einzige Erste Preis in einem Wettbewerb sein würde, den ich je gewinnen würde, hätte ich ihn sicher mehr genossen.

Meine Mutter besuchte mich in München, nachdem Corina schon einen Teil ihrer Herbstferien dort verbracht hatte; sie schlief in meiner Einzimmerwohnung. Nach ein paar Tagen war sie ziemlich beunruhigt; sie hatte festgestellt, daß die anderen Wohnungen offenbar an einzelne junge Frauen vermietet waren, die ziemlich häufig Besuch von nicht mehr so jungen Männern bekamen. Ich war nie lange genug in der Wohnung gewesen, um das selbst feststellen zu können, und war dann doch ziemlich überrascht, als ich herausfand, daß ich in Münchens erstem Eros-Center eine Wohnung hatte! Mein Gott, muß ich naiv gewesen sein! So schnell bin ich noch nie irgendwo ausgezogen.

München war das Tor zu einem lockenden Süden, der sich vorerst einmal in Südfrankreich befand. Von einem Wochenend-Ausflug nach Nizza mußte mein Freund geschäftlich nach London weiterreisen und ich alleine nach München zurückfliegen. Sein Flug ging eine Stunde vor meinem, und nachdem ich alle Magazine angeschaut und einige gekauft hatte – *VOGUE* und *Glamour* und *Harper's Bazaar* natürlich –, ging ich an die Bar. Es war zu früh, um einen Drink zu bestellen, aber Kaffee wollte ich auch nicht. Den trank ich zu Hause – o Schreck, o Graus! – mit Kondensmilch. In Frankreich war er so bitter, Zucker im Kaffee fand ich schrecklich, und von Kondensmilch hatten die Franzosen (zum Glück!) noch nie gehört. Der Bartender mixte gerade einen Martini für jemanden, in den er statt der üblichen Olive eine *zeste de citron*, ein Stück Zitronenschale, hineingab. Ich liebe Zitronenschale. Wenn das einen Martini perfektionieren konnte, was würde es dann für den bitteren Kaffee tun? Der Bartender stand jetzt vor mir und fragte, was ich wolle, und aus einer Laune heraus sagte ich: »*Un café avec un zeste de citron.*« – »*Comment?*« fragte er ungläubig. Ich wiederholte meinen Wunsch, dem er kopfschüttelnd nachkam. Ich trank – und das war der Beginn einer Liebe auf den ersten Schluck, die jetzt über vierzig Jahre gehalten hat. Wenn man die Schale nämlich zwischen Daumen und Zeigefinger sanft drückt, sieht man, wie das Öl in Dutzenden von Mini-Mini-Tröpfchen versprüht, und wenn man danach das angedrückte Stück Schale in den Kaffee fallen läßt, hat man sowohl einen angenehmen Duft an den Fingern als auch ein Aroma im Kaffee, das die Bitterkeit wegnimmt. Wohlgemerkt, es geht um das Öl in der Schale, nicht um den Saft der Zitrone. Den spritzen offenbar italienienische Großmütter in einen *Caffè*, wenn sie Kopfschmerzen bekämpfen wollen, und so werde ich dann auch bei der Kaffee-Bestellung in Italien laufend mitfühlend gefragt, ob ich Kopfschmerzen habe. Erst wenn ich bekräftige, daß es sich um eine *scorza di limone* oder *buccia di limone* handelt, geht das Staunen los. Inzwischen bekommt man übrigens in Manhattan etwas Ähnliches, ohne Fragen oder Erklärungen. So, und nun wissen Sie auch, wie es zum Titel des Buches gekommen ist, das Sie in der Hand halten ...

Nach meiner Flucht aus dem Eros-Center (hört sich dramatisch an, nicht wahr?) zog ich offiziell zu meinem Freund in eine dieser wunderschönen Vorkriegswohnungen mit hohen Decken, Wintergarten und Terrasse. Leider verließen wir beide schon bald die Firma, die nicht richtig Fuß fassen konnte. Wohin jetzt? Aus Gründen, an die ich mich nicht mehr erinnern kann, wurde Brüssel die nächste Station. Dort mieteten wir eine ebenfalls schöne, aber viel kleinere Wohnung. Zum erstenmal in meinem Leben wohnte ich offiziell mit einem Mann zusammen, was mir sehr schnell zeigte, daß ich dafür nur bedingt gemacht war. Es gab zwei Probleme: Wir mußten auf begrenztem Raum leben – und wir mußten sparen, denn wir wußten nicht, wann er sein nächstes Engagement bekommen würde, und für mich war gar nichts in Aussicht. Beides, der begrenzte Raum und die Sparmaßnahmen, war ja nicht neu für mich, bedeutete jedoch eine echte Herausforderung für ihn.

Die *Avenue Tervueren*, wo wir wohnten, war eine der Ausfahrtsalleen aus der Stadt heraus; uns zog es jedoch ins Stadtzentrum, und ich lernte nun, was Auto fahren wirklich heißt. Zu der Zeit brauchte man in Belgien keinen Führerschein; es genügte, daß man das Geld für ein Auto hatte. Von beidem gab es in Brüssel mehr als genug, und es fuhren jede Menge Männer in riesigen »Amerikanerschlitten« umher, ohne auch nur zu ahnen, was für ein Mordinstrument sie da unter ihrem Allerwertesten hatten. Irgendwie habe ich es überlebt, genauso wie Auto fahren in Neapel, Israel oder, ganz am Anfang, um den *Rond Point* in Paris.

Brüssel gilt als Touristenattraktion, aber es gehört auch zu den Orten, für die die Tour-Veranstalter nur sehr wenig Zeit einplanen. Jenseits der berühmten Statue »Maneken Pis« und der wunderschönen *Grand' Place* hat die Stadt eher Kulinarisches als Sehenswürdiges zu bieten. Wir durften zwar das Geld nicht zum Fenster hinauswerfen, aber nachdem wir beschlossen hatten, daß das Beste an Brüssel seine Nähe zu Paris war, haben wir viele Wochenenden dort verbracht, in einem kleinen, unspektakulären Hotel, zentral gelegen, das uns fast das Gefühl gab, Einheimische zu sein. Jedenfalls habe ich zu der Zeit Paris von seiner besten Seite kennen- und liebengelernt, was sicher auch damit zu tun hatte, daß ich meine Hemmungen der französischen Sprache gegenüber abgelegt hatte und einfach sprach, ohne lange über den nächsten *subjonctif* nachzudenken.

Die Situation wurde langsam ungemütlich; das Warten auf neue Filmangebote zermürbte, ich hatte keinen Job und fand wenig Befriedigung darin, für den Mann, den ich liebte, Bewerbungsbriefe und Lebensläufe zu tippen – meine Allianz mit dem Wort »Arbeitslosigkeit« wurde mir langsam unheimlich. An einem Wochenende, das wir wieder mal zu Hause verbrachten, besprachen wir die Situation und kamen zu folgendem Ergebnis: Der amerikanische Markt war für einen englischsprachigen Regisseur und Drehbuchautor viel ergiebiger als der europäische, zumal mein Freund die *Green Card* hatte und arbeiten konnte, wo und was er wollte. Er würde also nach New York zurückkehren – und ich würde ihm folgen, sobald meine Papiere in Ordnung waren. Es gibt wenige Entscheidungen in meinem Leben, die mir so richtig erschienen sind – und wenige, die in meinem Leben solch tiefgreifende Veränderungen hervorgebracht haben.

Um als Deutsche in die USA auszuwandern, brauchte es im Sommer 1962 nicht viel; zu der Zeit ging es den Deutschen blendend und, ihre Lust, sich 3000 Meilen entfernt in einem fremden Sprachraum ein neues Leben aufzubauen, war verhältnismäßig klein. Das Auswanderungskontingent wurde nicht mehr ausgeschöpft, und die Behandlung auf dem Konsulat war fast schon zuvorkommend. Das A und O des Antrags war natürlich, neben dem Gesundheitszeugnis, das *Affidavit*, die Bürg-schaft eines in den USA ansässigen Menschen, der sich verpflich-tete, für den Einwandernden aufzukommen, falls der nicht mehr für seinen eigenen Lebensunterhalt sorgen könnte. Das hatte mein Freund noch vor seiner Rückkehr nach New York erledigt, und meine kurzfristigen Befürchtungen, daß ich aufgrund der Kinder-Tbc nicht ins Land gelassen würde, erwiesen sich als unbe-gründet. Sicher haben die drei Jahre, die ich für die Armee gear-beitet hatte, geholfen, die Nachforschungen über mein Vorleben zu beschleunigen ... aber, einen Moment noch, bitte: Vor der Hürde des Konsulats stand die unüberwindlich scheinende Barrie-re, meiner Mutter beizubringen, daß ihre älteste Tochter dem-nächst etwas weiter weg als Brüssel wohnen würde.

Mein Freund und ich beschlossen, das erste Gespräch ge-meinsam zu führen; er kannte und mochte meine Mutter, und das beruhte auf Gegenseitigkeit, obwohl es eine etwas absurde Si-tuation war, denn die beiden waren fast gleichaltrig. Jetzt waren auch Heiratspläne im Spiel, was für sie die Sache fast noch schlimmer machte, denn sie sah Tochter, zukünftigen Schwie-gersohn und eventuelle Enkel in weite Fernen entschwinden. Vielleicht hat sie das damals nicht so ernst nehmen wollen, viel-leicht hat sie die Konsequenzen meines Schrittes nicht ganz ermessen können – jedenfalls fing das eigentliche Drama an, als ich mit den Formularen für den Auswanderungsantrag nach Hause kam und anfing, sie auszufüllen und die Beilagen zusam-menzusuchen. Sie rastete aus und, Sie wissen es inzwischen, das führte zu einer Überreaktion. Die bestand diesmal darin, daß sie sich weigerte, auch nur ein einziges Dokument für mich heraus-zusuchen oder mir in irgendeiner Weise bei den Vorbereitungen zu helfen. Dafür gab sie die melodramatische Erklärung ab, daß sie von dem Moment an, wo ich das Haus verlassen würde, um abzureisen, nur noch *eine* Tochter haben würde!

»Melodramatisch« habe ich gerade geschrieben. Diese leicht spöttische Evaluation ihres Verhaltens ist nur aus der Rück-schau möglich. Als es passierte, als ich durchlebte, wie meine ge-liebte Mutter sich laut und deutlich von mir lossagte, war es pures

Shakespearesches Drama. Die Vorbereitungszeit war furchtbar; meine Mutter würde mindestens einmal pro Tag einen Weinkrampf bekommen und sich laufend in ätzenden Bemerkungen ergehen, die mich furchtbar nervten. Ich versuchte, ihr klarzumachen, daß uns nur eine Telefonschnur trennte: Ein Anruf, und ich würde in Berlin zur Stelle sein, wenn sie mich wirklich brauchte. Und dann – denn das war von Anfang mein Plan – würde ich sie und Corina nachkommen lassen, sobald es ging. Nie würde sie mir folgen, versicherte sie mir, nie! Heute würde ich solche Ausbrüche ganz anders verarbeiten als damals, wo ich die Angst, die sie hatte, zwar begriff, aber nicht damit umgehen konnte.

Kurz vor meiner Abreise entschärfte sich die Situation insofern, als wir noch die Reise nach Wien unternahmen, die wir schon lange geplant hatten. Meine Mutter wollte unbedingt zwei Städte in ihrem Leben sehen; Wien war eine davon, und sie hat den Aufenthalt dort sehr genossen. Wir hatten einen Waffenstillstand beschlossen, um die Ferien nicht zu ruinieren, und ich hatte mir schon Hoffnungen auf die große Versöhnung vor der Abreise gemacht.

Im Sommer 1962 drehte *Walt Disney* seinen berühmten Film über die Lipizzaner. Die Innenstadt Wiens war voll mit Disney-Leuten; Disney-Wagen standen überall und erschwerten die Durchfahrt. Die Wiener schauten sich das mit ausgeprägtem Mißtrauen an; sie waren nicht gerade begeistert, daß diese Amerikaner sich mit ihrem Kulturgut beschäftigten. Als wir uns eines Tages an Aufnahmewagen und Crew gegenüber der Hofburg vorbeiquetschen mußten, sagte ich etwas zu einem der Disney-Leute in der Richtung, daß sie sich vielleicht auch intelligenter plazieren könnten. Er schnellte herum: »*You speak English?*« Blöde Frage. Er strahlte mich an und meinte, mich sende der Himmel. Davon hatte der mir zwar nichts mitgeteilt, aber ich wurde neugierig. »*Where's the problem?*« fragte ich cool. Das erklärte er mir sehr schnell: Sie hatten fast keine österreichischen Mitarbeiterinnen gefunden, die Englisch sprachen, und waren ziemlich verzweifelt: Alles verzögerte sich, sie kamen mit den Wienern nicht

zurecht, niemand konnte kompetent zweisprachig verhandeln –
und da tauchte ich auf. Ich hatte einige Monate nicht gearbeitet,
was ich gar nicht goutiert hatte; es war schmeichelhaft zu hören,
daß ich als die »Retterin der Nation« gesehen wurde – und das
finanzielle Angebot verschlug mir fast den Atem. Die mußten
wirklich verzweifelt sein! Ein Blick auf meine Mutter erinnerte
mich daran, daß ich ihr drei Wochen volle Präsenz versprochen
hatte und diese Art von Aktivitäten darin wohl kaum eingeplant
waren. Also lehnte ich dankend ab. Was ich aus dieser Moment-
aufnahme mitnahm, war die Ahnung, daß Englisch und ich eine
brauchbare Kombination war. Diese Ahnung würde sich ein paar
Wochen später in eine Überzeugung verwandeln.

Zurück in Berlin, war der heimische Waffenstillstand vorbei. Zum Glück blieben mir nur noch wenige Tage bis zur Abreise. Am 30. August 1962 stand ich in einem Abteil des Zuges,
der mich nach Bremerhaven bringen sollte, wo ich eine Passage
auf der »United States« gebucht hatte. Sie galt damals als schnell-
stes Schiff und brauchte nur sechs Tage für die Überfahrt. Natürlich hätte ich auch fliegen können, aber auf die Idee wäre ich nie
gekommen; sechs Tage Zäsur zwischen zwei Leben schien mir
schon wenig genug. Meine Familie stand draußen; an den Bahnhof hatten sie mich wenigstens gebracht. Ich glaube, Corina witterte Morgenluft: Eins der Aufsichtsorgane in ihrem Leben würde
sich mit der Abfahrt dieses Zuges in Luft auflösen. Meine Mutter
hingegen versuchte, einen steinernen Gesichtsausdruck aufzu-
setzen, was ihr wegen der Tränen gründlich mißlang. Soeben
hatte sie nochmals ihren Standpunkt klargemacht: Von dem Moment an, wo ich in diesen Zug steigen würde, sei ich nicht mehr
ihre Tochter. Irgendwie konnte ich das nicht ganz glauben, aber
mir fehlte damals die Fähigkeit, neben mir zu stehen, das Ganze
von außen zu betrachten und die durchaus vorhandene Komik in
dieser tränenreichen Situation zu entdecken.

Der Zug setzte sich in Bewegung, und nun konnte ich meinen Tränen freien Lauf lassen. Ich weinte nicht nur eine Runde,
sondern hörte bis Bremerhaven gar nicht mehr auf. Am Ende der
Zugfahrt war ich leer geweint, aber auch entschlossen, mich so-

wohl positiv auf das Leben, das vor mir lag, einzustellen als auch meine Mutter zurückzugewinnen.

Ozeandampfer sind gigantisch, und es dauert etwas, bis man sich im Inneren zurechtfindet. Ich hatte eines der beiden unteren Betten in einer Vierer-Kabine: die Mitbewohnerinnen haben sich in meiner Erinnerung in keiner Weise festgesetzt. Nein, halt, das stimmt nicht, aber darüber gleich mehr. Wo war das Kino, wo das Touristendeck? Wie viele Treppen bis dorthin? Wo war der Eß-Saal, der mehr als tausend Hungrigen dreimal pro Tag Gastrecht bot? Dreimal pro Tag zu den richtigen Mahlzeiten, dazwischen zweimal größere Buffets, die einem die Wartezeit zwischen den Mahlzeiten verkürzen sollten ... Und wo war die Bar? Man ist ganz schön beschäftigt, das alles zu finden, aber eine Dreiundzwanzigjährige, die gerade im Begriff ist, ihrem Geburtsland den Rücken zu kehren und auf einem Ozeandampfer in eine fremde Zukunft zu gleiten, bekam Hilfe von allen Seiten. Die Stewards waren dankbar, daß sie mit einer jungen Frau flirten konnten – so viele gab es davon nicht –, und verwöhnten mich, wo immer sie konnten. Der Bartender, ein Gentleman von ca. sechzig Jahren, sah in mir eher eine Tochter oder sogar eine Enkelin, auf die man mit Argusaugen aufpassen mußte. Er machte extragroße Portionen von meinem Lieblingsdrink, den ich soeben entdeckt hatte – *Brandy Alexander,* ein Drink mit Identitätskrise: Ist er jetzt ein *Digestif* oder doch eher ein Dessert? Ich habe ihn nicht gefragt, sondern beim Preis von einem Vierteldollar einen nach dem anderen bestellt.

An den langen Tischen im Eß-Saal gab es viel Spaß und noch mehr zu essen. Du meine Güte, war das ein reichhaltiges Menu! Und es war ja nicht so, daß man unbedingt Hunger hatte, nach den beiden Morgenmahlzeiten und dem Nachmittags-Kuchenbuffet, aber Essen ist nun mal die Hauptbeschäftigung auf einem Schiff. Für die allermeisten Passagiere sollte sich das allerdings sehr schnell sehr drastisch ändern. September ist *Hurricane*-Zeit, und am dritten Tag begann unsere Begegnung mit einem ausgewachsenen Exemplar. Außer meinem Flug mit dem Militärflugzeug, wo ich mich zwar nicht hatte übergeben müssen, aber doch ziemlich grün herausgekommen war, hatte ich mich bei allen anderen Flügen und der Kanal-Überfahrt als ziemlich wetterfest erwiesen. Zu meiner dankbaren Überraschung galt das auch hier. Während sich drei Frauen in meiner Kabine laut stöhnend fragten, was sie verbrochen hätten, um so furchtbar bestraft zu werden, spazierte ich noch munter herum. Es roch grauenhaft in der Kabine (das ist sie, die einzige Erinnerung an meine Kabinengenossinnen!), und ich verbrachte jede mögliche Minute irgendwo auf dem Schiff, unter anderem auch im Eß-Saal bei sämtlichen Mahlzeiten!

Am schlimmsten Abend, als die Gesamtgästezahl beim Abendessen auf ganze fünfundzwanzig (!) zusammengeschmolzen waren, passierten drei Dinge in schneller Folge:

- Das Schiff hob sich abwechselnd rechts oder links. Je nach Richtung rutschten dann alle Teller, Schüsseln, Bestecke auf die eine oder die andere Seite den ganzen langen Tisch entlang. Das sah urkomisch aus, und wir Seetüchtigen mußten schrecklich lachen, wenn die Stewards, die am Kopf und am Fuß des Tisches standen, alle Hände voll zu tun hatten, das Geschirr am Herunterfallen zu hindern.

- Nach dem Essen, auf meinem Weg in die Bar, den ich ganz langsam an den gespannten Seilen entlang zurücklegte, hatte ich das Gefühl, daß der Schiffsboden sich stockwerkhoch von meinen Füßen entfernte und dazwischen ein riesiges Watteloch entstand. Ich schaffte es zwar noch bis zur Bar, wo ein halbes Dutzend Passagiere versuchte, nicht von den Barstühlen zu fallen. Der Bartender schaute mich besorgt an. »*A Brandy Alexander, please!*« brachte ich hervor. Er schüttelte den Kopf: »*Young lady, you won't get a Brandy Alexander from me!*« Woraufhin ich mich wortlos umdrehte, auf diesem komischen Watteboden den Weg zur nächsten Toilette zurücklegte und doch einmal kurz und kräftig ausprobierte, was denn Seekrankheit sei.

- Danach ging es mir wunderbar; ich schaffte es zurück zur Bar und strahlte den Bartender an: »*And now, can I have my Brandy Alexander?*« Er mußte lachen, bestand aber zuerst

einmal auf der Unterlage eines Pfefferminztees, bevor er
mir den ertrotzten Brandy Alexander servierte, ohne ihn zu
berechnen.

Für den Rest der Überfahrt erzählte er allen, die es an die Bar
schafften, von dieser jungen Frau, die zu einem bestimmten Zeitpunkt wohl doch wieder ziemlich grün ausgesehen haben muß,
dann aber unverwüstlich zu ihrem Dessert-Drink zurückgekehrt
war ...

Wir ließen den Hurricane hinter uns und hatten noch
einen Tag, um die Spuren zu verwischen und uns auf das Dinner
vom letzten Abend, das ja immer den Höhepunkt einer solchen
Reise bedeutet, einzustellen. Dann kam das Packen, die letzte
kurze Nacht – und dann war er da, der strahlende Morgen des
5. September 1962, und jemand rief, daß man die Skyline von
New York sehen könne. Alle rasten an die Reeling, und da sah ich
sie – nicht die Skyline, sondern die mütterliche Frau, die schon so
viele Millionen von Einwanderern in Empfang genommen hatte:
die Freiheitsstatue! Tränenüberströmt blickte ich zu ihr auf; ich
möchte es nicht beschwören, aber ich glaube, sie hat mir zugelächelt.

Warum hätte sie es auch nicht tun sollen, wo sie doch sicher schon wußte, wieviel Schönes und Aufregendes mir in den
nächsten Jahren bevorstand?

Gegen 11.00 Uhr waren die Landeformalitäten beendet,
und wir konnten von Bord. Unten wartete mein Freund. Ich
schritt die Laufplanke hinunter – und zum erstenmal in meinem
Leben hatte ich das Gefühl, wirklich zu Hause zu sein. *I became a
New Yorker instantly.*

1964: Letzter Ausflug ans Meer mit unserer Mutter

1965: Meine erste Geburtstags-Party

Verliebt, verlobt – verkalkuliert

> In three words I can sum up
> everything I've learned about life:
> It goes on.
>
> *Robert Frost*

New York war all das, was ich mir vorgestellt hatte, aber natürlich noch viel besser und viel mehr! Und alle waren so nett! Und wollten mich kennenlernen und mir sagen, wohin ich gehen, was ich sehen sollte. Bereits am zweiten Abend sah ich das Musical *A Sound of Music* in der Originalbesetzung, und man ging danach essen, nicht vorher. Tagsüber konnte ich mich nicht satt sehen an den Fenstern der großen Kaufhäuser *Saks Fifth Avenue, Lord & Taylor, Bonwit Teller* oder *Bergdorf Goodman*. Häuser, die von oben bis unten der Mode gewidmet waren, und wo man all das kaufen konnte, was ich an »der Wand« als Fotos zurückgelassen hatte. Und das Irrste: Es gab wirklich viele Frauen in Manhattan, die aussahen, als seien sie diesen Fotos entstiegen und auf direktem Wege auf die Park Avenue transportiert worden!

Exkurs: America, the beautiful!

Ich schreibe dieses Kapitel im Februar 2002. Auf CNN sieht man fast täglich den derzeitigen Verteidigungsminister *Donald Rumsfeld* oder seinen Chef, den derzeitigen Präsidenten der Vereinigten Staaten, *George W. Bush*. Kein schöner Anblick, keine glaubwürdige Rhetorik. Dafür äußerst fragwürdige Parolen und Statements, die die Vermutung nahelegen, Mr. Bush hält sich und seine Entourage für fähig, der ganzen Welt den Krieg zu erklären und daraus als Retter des Guten im Reich des Bösen in die Geschichte einzugehen (ach nein, er ist ja der mit der »Achse des Bösen«, das »Reich« haben wir noch von einem seiner republikanischen Vorgänger, *Ronald Reagan*, in Erinnerung). Siegestaumel ob des so schnell beendeten Militärschlags gegen die Taliban und die Fehler, die aus dem entstehen, was in älterem Deutsch als »Hoffart« bezeichnet wird, sind für diese unerträgliche Rhetorik verantwortlich. Im klassischen Drama heißt dieser ernste Charakterfehler, der den Helden – hie und da auch die Heldin, wie zum Beispiel Antigone – straucheln und ins Verderben stürzen läßt, Hybris. Diese aufdringliche Dame, der dann Eingang gewährt wird, wenn Humilitas die Arena verlassen hat, hat jedoch eine Zwillingsschwester: Nemesis, die Rachegöttin. Einer meiner »Podest-Männer« ist *Robert Townsend*, der kluge amerikanische Manager, der in den späten 6oer Jahren aus einem dahinserbelnden Firmenkonglomorat die überaus erfolgreiche Autoverleih-Firma *AVIS* machte. Sie erinnern sich vielleicht an den Werbeslogan: »*We try harder. We're only number two.*« Er hat vor über dreißig Jahren ein Buch geschrieben, das ich heute noch als Pflichtlektüre für jede(n) ManagerIn vorschreiben würde, wenn es nicht schon längst vergriffen wäre. Darin stehen u. a. die merkenswerten Sätze: »Manager neigen dazu, ihre größten Fehler auf den Gebieten zu machen, in denen sie sich bisher am besten bewährt haben. Im Geschäftsleben ist, wie auf allen Gebieten, die Hybris die unverzeihliche Todsünde, vorwitzig zu handeln, wenn alles in Butter ist. Schon die alten Griechen haben uns die verdrießliche Wahrheit mitgeteilt, daß auf die Hybris unerbittlich und unvermeidlich die Rachegöttin Nemesis folgt.«

Es liegt auf der Hand, daß das auch für PolitkerInnen gilt, aber da man dem derzeitigen Präsidenten erst erklären müßte, wer a) die »alten Griechen« sind, b) wie man Hybris buchstabiert und c) Nemesis ausspricht, ohne sich bei diesen drei Silben heillos zu verheddern, hat diese Weisheit wenig Chancen, im Weißen Haus Gehör zu finden. Einem Mann, der sich nicht geniert, einen Blödsinn wie »*Economic growth is not the problem; it's the solution*« bezogen auf seine zukünftige Umwelt»politik« über die Lippen zu bringen, ist alles zuzutrauen. In sein Amerika wäre ich wohl auch 1962 nicht ausgewandert, und es ist gut möglich, daß ich es heute verlassen hätte, nachdem sich laufend die schlimmsten Befürchtungen in bezug auf seine Regierung als begründet herausstellen. Aber es war nicht sein Amerika, damals – ach, es war ja auch gar nicht Amerika, wo ich sein wollte, sondern New York bzw. Manhattan! Und das ist bekanntlich nicht Amerika . . .

Wenn Sie mit älteren Hollywood-Filmen vertraut sind, kann ich Ihnen etwas anbieten, was mehr als irgendeine Beschreibung das damalige Amerika repräsentiert: *Breakfast at Tiffany's* mit der unvergleichlichen Audrey Hepburn. Es war der letzte Film, den ich vor meiner Auswanderung gesehen habe, und ich traute meinen Augen nicht, als ich feststellen konnte, daß New York genau so war, wie es in diesem Film porträtiert war. Der Herbst war genauso, die Frauen sahen genauso gut aus (wenn auch nicht ganz so dünn wie A.H.), es gab solche verrückten Parties wie auch solche untermöblierten Wohnungen an bester Adresse. Auf meinem Arbeitsweg, den ich meistens zu Fuß zurücklegte – ich liebe es, in New York zu Fuß unterwegs zu sein; in keiner anderen Stadt mache ich so viele Kilometer –, fand ich schließlich das Haus, in dem *Holly Golightly*, die Filmheldin, wohnte – was für eine Entdeckung! Ich gehe heute noch gerne dort vorbei.

Dieses New York war Teil des Amerikas von *John F. Kennedy* und seiner unvergleichlichen *Jackie*, und dieses Amerika war von Offenheit und Optimismus geprägt. Die Wunden, die der Zweite Weltkrieg geschlagen hatte, waren vernarbt, und mit diesem jungen Präsidentenpaar ging es einer Zukunft entgegen, die Wachstum und Wohlstand versprach. Das lag in der Atmosphäre, zumindest in New York. Und das war der Hintergrund für meine Liebe zu Amerika.

Wir wissen inzwischen, daß Wachstum und Wohlstand nicht alles sind, daß dieses Land, das ich tatsächlich als »Land der unbegrenzten Möglichkeiten« erlebt und geliebt habe, seine gravierenden Charakterfehler hat (zwei der größten, Rassenkonflikte und »Vietnam«, manifestierten sich zu meiner Zeit deutlich), daß es seine Persönlichkeit wie auch seine Haltung zum Rest der Welt mit jedem neuen Präsidenten variiert. Das ist das Amerika, das zur Zeit in den Schlagzeilen ist; das meine war unschuldiger, unwissender, unbefangener. Und ich war zu dieser Zeit in der aufregendsten Stadt der Welt.

Am meinem ersten amerikanischen Sonntag reichte mir mein Freund das Kilo Zeitung, das die Sonntagsausgabe der *New York Times* ausmacht, und zeigte mir, wo die Stellenanzeigen standen. Ich hatte ja einige Übung in der Job-Suche aus meiner Berliner Zeit: fehlerfrei getippter Lebenslauf, Kopie sämtlicher Zeugnisse, Angabe von Referenzen und vor allem ein handgeschriebener Begleitbrief. Einschicken und warten, bis man eine Einladung zu einem Vorstellungsgespräch bekam. In New York lief das offenbar anders: Gewöhnlich stand am Ende eines Inserats eine Telefonnummer neben einem Namen, oder es hieß: »*Interviewing: 9:00 to 12:00 am and 1:00 to 4:30 p.m.*« neben einer Adresse. Es war

meine erste Begegnung mit dem, was sich später als »*Hire & fire*«
auch in unseren Breitengraden einbürgern sollte.

Ich hasse Hitze und liebe Schnee. Deswegen mag ich den
Sommer nicht besonders, zumal da auch noch Schwitzen, zer-
knüllte Kleider und allerlei Ungeziefer, das es auf mich abgesehen hat, hinzukommen. Mir ist die Sonnenanbetung, die sich bei
uns und vor allem in den Wetterberichten der elektronischen Medien breitgemacht hat, zuwider, besonders angesichts der nicht
mehr zu leugnenden Klima-Erwärmung, die uns mehr Sonne
bringen dürfte, als auch den größten Sonnenanbetern lieb sein
kann. Ich fange erst wieder zu funktionieren an, wenn ich das Ka-
lenderblatt des 1. September abreiße. Für mich ist Herbst die mit
Abstand schönste Jahreszeit, nicht zuletzt, weil sie das Versprechen eines Winters in sich trägt, für den ich mir jeweils viel
Schnee wünsche. Zum Glück würde ich ja im September in New
York ankommen, und so hatte ich selbstverständlich kein einziges leichteres Kleid eingepackt, sondern nur Jersey und Wolle –
Herbst- und Wintergarderobe eben.

Viele von Ihnen werden New York kennen. Vielleicht haben Sie schon das Glück gehabt, an einem Oktobertag durch den
Central Park zu gehen, wenn die Farben der Bäume Ihre Vorstel-
lungskraft sprengen und Sie zumindest über Mittag noch ohne
Jacke oder Mantel auskommen können. Im Oktober! Wenn es also
dann noch so warm ist, kann ja wohl der September nicht meinen
Vorstellungen von Herbst entsprechen, stimmt's? Stimmt.

1962 hatte New York einen seiner wärmsten September. Es
gab damals in der Welt der ungeschriebenen Mode-Gesetze
eines, das besagt, daß eine Frau nach *Labor Day* (erster Montag
im September) ihre Sommergarderobe einmotten mußte, egal,
wie heiß es noch würde. Und so waren die Straßen und Avenuen
voll von Frauen mit perfektem Make-up, perfekten Frisuren und
perfektem Outfit. Das bestand in erster Linie in kurz- oder drei-
viertelärmeligen schwarzen Kleidern, deren leicht ausgestellte
Röcke knapp unter dem Knie endeten, großen Perlenketten,
schwarzen Lack-Pumps sowie einer *Pillbox* als Hut und kurzen,
weißen Handschuhen. Sie sahen alle ziemlich gleich aus, fast

schon geklont (das Wort gehörte damals selbstverständlich noch nicht zu meinem Alltagsvokabular), und vor allem wirkten sie auf mich *cool, calm and collected,* wie man so schön sagt. Ich kam aus dem Staunen nicht mehr heraus: »Die Wand« erstand vor meinen Augen als Wirklichkeit – so wollte ich immer noch aussehen, wenn ich groß wäre. Aber das mußte ich wohl vertagen, denn im Moment mußte ich mich mit mir und dem Anblick auseinandersetzen, den ich bot: Bei achtundzwanzig Grad im Schatten lief ich in einem olivgrünen Jerseykleid herum, das irgendwo zwischen Wade und Knöchel aufhörte. Mein Make-up löste sich bei der Hitze langsam auf, und meine Kurzhaarfrisur, die mit einer soliden deutschen Dauerwelle gestützt wurde, hatte sich entschlossen, dasselbe zu tun. Ich hatte zwar den Trost, daß mich zum Glück niemand kannte, aber gleichzeitig auch die Horror-Vision, daß ich mich in diesem Zustand irgendwo vorstellen müßte!

Das Inserat, das mir von allen am besten gefallen hatte, lautete ungefähr so: »*Wanted: Young lady, communication skills, perfect manners, as Junior Assistant Manager. Area of activity: Guest Relations. Foreign languages desirable. Interviews: ...*« Dann kam eine Zeitangabe, ein Männername sowie die magischen drei Wörter: »The Waldorf-Astoria« und die Adresse für den Personaleingang. Der Nachmittag wurde immer heißer und ich immer aufgelöster; trotzdem fand ich mich plötzlich auf der Madison Avenue an der 53. Straße. Noch ein paar Blocks also, und ich würde vor dem Hotel aller Hotels stehen. Hineingehen würde ich nicht in diesem Aufzug, aber anschauen wollte ich es mir.

Der Anblick ist heute noch beeindruckend. Es war wirklich eine besondere Adresse, die für die meisten Politiker, Stars, Adligen, Rennfahrer und gekrönten Häupter (damals gehörten Manager noch nicht zur Elite) der Ort war, wo sie in New York abstiegen.

Mein Gott, war das heiß draußen! Aber drinnen würde es, wie überall in den öffentlichen Räumen, angenehm kühl sein. Also, schnell mal durch die berühmte Lobby zum Abkühlen. Als ich in der Lexington Avenue wieder herauskam, hatte ich mein Gehirn wieder soweit belebt, daß ich eine Idee produzieren konnte: Wieso nicht zum Personaleingang, wo man mir sicher wieder (das hatte ich schon mitbekommen) einen dieser Monster-Fragebogen hinhalten würde, die man ausfüllen mußte, um überhaupt zum Interview zugelassen zu werden?!

Als ich das Büro betrat, sah ich mich einem guten Dutzend dieser geklonten Schönheiten in ihren *little black dresses* gegenüber, die mich mit unverhohlener Verachtung musterten. Das »Was will die denn hier?« stand auf jedem Gesicht. Ja, es gab ein vierseitiges Formular, das man mir entgegenstreckte. Wenn ich langsam schreiben würde, könnte ich vielleicht mit fünfzehn Minuten Kühle rechnen – also versenkte ich mich in das Formular. Hinter mir gab es ein emsiges Kommen und Gehen, und als ich fertig war mit dem Ausfüllen, saß nur noch ein Klon-Baby da. Während ich mir noch überlegte, was ich mit dem Formular tun sollte (es war niemand mehr da, dem ich das abgeben konnte), ging sie in das Büro, wo Mr. Soundso saß. Ich war alleine und wollte mich für eine ganz kurze Zeit nur dem Abkühlen hingeben, aber da kam sie schon wieder aus dem Büro und zischte mich an: »*You're next!*« Ich hatte vergessen, wie ich aussah, und ging hinein.

Drinnen entspann sich das verrückteste Vorstellungsgespräch meines Lebens. Der Personalchef wollte wissen, wo ich vorher gearbeitet hatte. Ich erzählte es ihm. Nein, wo in New York, wollte er wissen. Ich sagte ihm, daß ich erst vor fünf Tagen angekommen sei. Na gut, dann: wo zuvor in den USA? Konnte ich auch nicht mit dienen. Er brauchte ein paar Minuten, bevor er begriffen hatte, daß ich eine echte Einwanderin aus Deutschland war, ohne vorherigen Amerika-Aufenthalt und ohne amerikanische Eltern. Er konnte nicht glauben, daß man als Fremdsprachige so gut Englisch sprechen konnte – dies plus die Tatsache, daß ich Europäerin war (was für ihn die Frage nach den »*perfect manners*« zufriedenstellend beantwortete), neben Englisch auch Deutsch, Französisch und Spanisch in die Waagschale werfen und dann noch sofort anfangen konnte, war für ihn ein Geschenk, das er mit »*Can you start on Monday?*« quittierte. Nun traute wiederum ich meinen Ohren nicht: Was war denn aus all den schwarz-beröckten, weiß-behandschuhten Schönheiten geworden? Sie hatten ihn offenbar nicht beeindrucken können, und

ihre Qualifikationen werden wahrscheinlich in bezug auf Sprachen nicht seinen Anforderungen genügt haben.

Wenn ich noch eine Bestätigung gebraucht hätte, daß ich im
richtigem Land war, dann war es dieses erste Job-Interview. Sicher
verstehen Sie jetzt, wenn ich Ihnen sage, daß ich jahrelang eigentlich Englisch als meine Muttersprache angesehen habe. Ich zähle
und fluche heute noch in dieser Sprache, liebe und hasse auf Englisch und habe Mühe, ein englisch geschriebenes Buch in deutscher
Übersetzung zu goutieren. Anderseits habe ich durch mein Studium die Schönheit und den Reichtum der deutschen Sprache (wieder)entdeckt und schreibe heute tatsächlich lieber in dieser Sprache.

»Guest Relations« hieß natürlich nicht, daß wir zu den
Gästen eine Beziehung aufnahmen (obwohl eine Reihe von Männer das so interpretieren wollte), sondern daß wir die erste An-
laufstelle für die Gäste waren. Oben auf dem Treppenabsatz am
Park-Avenue-Eingang stand ein Louis-XV-Schreibtisch, hinter
dem wir uns sehr dekorativ ausnahmen. Ach ja, Sie wissen ja
noch gar nicht, warum ich »wir« und »uns« schreibe. Der Job be-
inhaltete Schichtarbeit, weil er sich über einen 12-Stunden-Zeit-
raum erstreckte, und deswegen hatten sie zwei Young Ladies angestellt. Meine Kollegin war eine ehemalige Französischlehrerin
aus New Jersey, die nicht ihrer früheren Tätigkeit, wohl aber den
vielen Ferienwochen nachtrauerte. Ich fand sie natürlich wieder
traumhaft, mit den blonden Strähnen in den schulterlangen Haaren, der perfekten Figur und dem tollen Gesellschaftsleben, das
sie offenbar hatte. Allerdings war sie bereits Anfang dreißig und
noch unverheiratet, oje! Das war ein absoluter Makel in den Augen ihrer Umwelt und drückte sehr auf ihr Selbstbewußtsein. Ich
war dreiundzwanzig, mit meinem Aussehen unzufrieden, aber
sehr verliebt und geliebt – ich kann nur annehmen, daß ich mein
Glücklichsein ausgestrahlt und so wettgemacht habe, was sie an
Aussehen mitbrachte. Schon bald besserte sich mein Gemütszu-
stand: Wir hatten, neben den fünfundachtzig Dollar pro Woche,
den Lunchbons und gewissen Vergünstigungen in den Läden des
Hotels, auch einmal in der Woche einen Coiffeur-Besuch gut;
meine ersten Mêches habe ich dort bekommen. Und dann war je-

mand auf die seltsame Idee gekommen, für uns je zwei türkisfarbene Kostüme mit weißen Seidenblusen anfertigen zu lassen, was mich aller Kleidersorgen enthob.

Was sollten wir denn nun eigentlich tun, außer hübsch aussehen und lächeln? Je weiter die Herbstsaison fortschritt, desto klarer wurde die Aufgabe: Das Hotel hatte zu dieser Zeit die Angewohnheit – wie die anderen Hotels übrigens auch –, bis zu zwanzig Prozent zu überbuchen. Damals wie heute war das Waldorf-Astoria ein beliebter Ort für Großanlässe, und wenn irgendein Automobilverband oder eine Ärztegesellschaft mit tausend Mitgliedern und der entsprechenden Anzahl Ehefrauen und/oder Geliebten anreiste, passierte es regelmäßig, daß nicht genügend Zimmer vorhanden waren. Das war dann unsere Stunde. Nachdem wir über die Hausleitung ein paar eindeutig zweideutige Anrufe von Gästen bekommen hatten, die sich in ihren Zimmern nach uns sehnten, wurde der pompöse Schreibtisch gegenüber dem *Registration Desk* plaziert, wo wir weniger exponiert waren; in Stoßzeiten saß eine von uns am Pult, wohin wütende Gäste geschickt wurden, und die andere stand neben der Schlange von wartenden Gästen, die die Wut der anderen mitbekamen und selbst anfingen, unruhig zu werden. Mir war jetzt klar, warum die Job-Qualifikation »*communication skills*« beinhaltet hatte . . .

Ich habe nur ein einziges Mal die Fassung verloren, als ein Gast, der getrunken hatte, wirklich beleidigend wurde. Dafür mußte ich mich dann vor meinen Chefs rechtfertigen, aber das war keine große Sache. Ansonsten war das ein Traumjob, und ich konnte mein Glück kaum fassen.

Inzwischen waren wir aus dem ersten Studio in ein hübsches *Two-Bedroom-Apartment* auf der East Side gezogen. Mein Freund arbeitete wieder für seinen ehemaligen Auftraggeber, NBC, und wir hatten ein hochinteressantes Privatleben, denn fast alle Bekannten und Freunde arbeiteten für eine Fernsehanstalt oder in der Filmbranche. Die meisten tranken zwar etwas viel und rauchten noch mehr, aber sie waren unheimlich witzig, urban, kreativ, intellektuell. Sie nahmen mich alle sofort in ihren Kreis auf, und ich weiß nicht, was ich schöner fand: die Abende in ihrer

Gesellschaft, an der Seite meines Freundes, oder die Tage in einem Job, den ich liebte. Das professionelle Glück sollte nach gut drei Monaten, das private Glück ein Jahr später zu Ende gehen. Nehmen wir zuerst das *unhappy end* mit dem Hotel:

Das Hotel war gerade von der Hilton-Kette übernommen worden, die sich gleich zu Anfang beim Personal beliebt machte, indem sie drastische Sparmaßnahmen einführte. Die forsch auftretende Geschäftsleitung versuchte, dieses Schmuckstück von einem Hotel genauso zu führen wie die anderen Hotels der Kette in Brüssel oder Berlin, was sich u. a. in der folgenden Maßnahme ausdrückte: Sie teilte Kellnern, Küchenpersonal und Zimmermädchen mit, daß die meisten von ihnen vom 22. Dezember bis zum 6. Januar unbezahlten Urlaub nehmen müßten. In der Zeit gab es so gut wie keine Geschäftsleute, und dann brauchte es ja auch nicht alle diese dienenden Wesen. Allerdings erwartete sie von jeder und jedem, daß sie Silvester und Neujahr dem Hotel zur Verfügung stünden, womit sie denen, die vielleicht für vierzehn Tage etwas in Florida hätten finden können, die Tour vermasselten. Ach ja, und da war noch etwas: In diesem Jahr gäbe es auch kein Weihnachtsgeld ...

Das Personal des Waldorf war gewerkschaftlich gut organisiert und nicht gewillt, sich das bieten zu lassen. Sie kündigten also eine Arbeitsniederlegung an. Die Gewerkschaftsvertreter drohten, daß dort, wo wir noch vor kurzem, zusammen mit den Gästen, atemlos der über Lautsprecher übertragenen Rede Kennedys zur Kuba-Krise gelauscht hatten, in der berühmten Lobby nämlich, das gesamte Personal des Hotels einen Sitzstreik durchführen würde. Das Management war in heller Aufregung: Das konnten sie nicht zulassen, aber sie wollten die Ursache dafür auch nicht rückgängig machen. Die Gegenmaßnahmen beinhalteten u. a., daß meine Kollegin und ich eines Tages instruiert wurden, wie man die Lifts in den beiden berühmten *Towers* bedienen mußte. Dort residierten Prominente wie der frühere amerikanische Außenminister *Adlai Stevenson*, dem man wohl kaum zumuten konnte, einige Dutzend Stockwerke zu Fuß zurückzulegen. Ich fand das zwar interessant, weil ich es meistens interessant finde, zu lernen, wie etwas funktioniert. Aber mir war überhaupt nicht wohl bei dieser Geschichte. Ich hatte beim wöchentlichen Meeting durchblicken lassen, daß ich den Streik sehr wohl verstünde; wenn ich eine Familie ernähren müßte und um die Weihnachtszeit, wo man am meisten Geld braucht, zwei Wochen weniger Gehalt bekäme, würde ich wahrscheinlich auch streiken. Das trug mir, nach einem konsternierten Schweigen, den dezidierten Hinweis ein, daß ich zum Management gehörte, wenn auch nur »junior«, und solch ein Verständnis in dieser Position nicht angemessen sei. Als Mitglied des Managements, was sich übrigens hauptsächlich im Titel ausdrückte, sei ich hingegen verpflichtet, das Renommé des Hauses hochzuhalten, und daher seien wir beide für die *Tower Elevators* vorgesehen. Ach ja?

Der Streik fand statt – ein Anblick, den ich nie vergessen werde, denn das Personal kam in seiner Arbeitskleidung, und der Anblick von Hunderten von Zimmermädchen, Köchen oder Kellnern in der eleganten Lobby war schon etwas Besonderes. Wie sie das mit den Lifts gelöst hatten, weiß ich nicht mehr, aber wir mußten sie nicht bedienen, sondern konnten das Spektakel bestaunen. Ich weiß auch nicht mehr, wie die Lösung ausgesehen hat, die zwischen Gewerkschaft und Management ausgehandelt wurde. Was ich hingegen weiß, ist, daß man uns beiden Mitte Dezember mitteilte, daß auch wir zwei Wochen lang nicht gebraucht und in den unbezahlten Urlaub geschickt würden. Meine Kollegin flippte aus vor Freude: Sie, die zu Hause bei ihren Eltern und Geschwistern in einer gutbürgerlichen Familie wohnte, konnte mit ihren Freunden nach Barbados fliegen! Ich flippte auch aus: Noch immer schickte ich einen beträchtlichen Teil meines Einkommens nach Berlin und trug auch in New York zu den Haushaltskosten bei. Ein halbes Gehalt in dem Monat, wo ich Geld für Weihnachtsgeschenke brauchte, entsprach nicht meiner Vorstellung von Fairneß. Aber da war nichts zu machen: Am 22. Dezember war unser letzter Arbeitstag, bis wir Anfang Januar wieder einsatzbereit sein sollten. *»Merry Christmas! Happy New Year!«* hieß es nach allen Seiten – ich ahnte, daß ich dieses neue Jahr nicht mehr im Waldorf verbringen würde.

Und so war es auch. Je länger ich über diese Situation nach-
dachte, desto sicherer wußte ich: Für mich gab es kein Zurück,
und ich teilte meinem sehr netten Chef schriftlich mit, daß ich im
Januar nicht zurückkehren würde.

*»Verrückt!« höre ich Sie sagen. Vielleicht haben Sie recht, besonders
nachdem mein Chef mir in seiner Antwort auf die Kündigung angeboten
hatte, unser Salär auf hundert Dollar pro Woche aufzustocken – man
war rundherum mit uns zufrieden. Aber es war mal wieder der Gerechtigkeitssinn, der mir da einen Strich durch die Rechnung machte. Durch das
Vorgehen des neuen Managements hatte ich das Vertrauen verloren –
und Sie erinnern sich, daß das zu meinen Urbedürfnissen gehört. Hätte
ich gewußt, was in bezug auf Jobsuche auf mich zukam – na, vielleicht
hätte ich wenigstens gewartet, bis es etwas weniger kalt gewesen wäre …*

Der Winter 1962/63 war einer der härtesten in einer Stadt, in der
man auch sonst ganz schön frieren kann. Die Temperaturen im Januar bewegten sich auf die Null-Grad-Grenze zu. Fahrenheit,
meine ich, was einiges unter Null auf der Celsius-Skala bedeutet.
Das wäre für jemanden wie mich, der Winter liebt, nicht so
schlimm gewesen, hätte da nicht der berüchtigte Zeitungsstreik
statt gefunden. Auch die Drucker und Setzer müssen Mühe mit
ihren Arbeitgebern gehabt haben und quittierten das mit einem
Gesamtstreik, der kurz vor Neujahr begann. Soweit ich mich erinnere, war New York drei Wochen lang ohne Zeitungen, und das
hieß: keine Stelleninserate! Nachdem ich begriffen hatte, daß dieser Streik nicht in achtundvierzig oder zweiundsiebzig Stunden
vorbei sein würde, machte ich mich mit dem Gedanken vertraut,
wieder mal hausieren zu gehen: diesmal mit meinem CV und
einem *Letter of Recommendation* vom Waldorf-Astoria statt Postkarten in der Tasche. Ich war nicht die einzige, die von Firma zu Firma
ging und fragte, ob man mich brauchen könne, aber Sie können
sich sicher vorstellen, wie ich das gehaßt habe. Nach einer Weile lagen die Nerven blank, und sicher war die Tatsache, daß ich keinerlei Perspektive für einen neuen Job hatte, keine gute Vorausset-
zung für das, was dann bei *Revlon* geschah.

Diese Kosmetikfirma residierte in einem der damals modernsten *Office Towers*, 666 Fifth Avenue, einer begehrten Adresse. Als ich oben auf der Empfangsetage ankam, fand ich da schon jede Menge Menschen vor, die Arbeit suchten. Eine zu Tode gelangweilte junge Frau mit zentimeterdick aufgetragenem Make-up saß in ihrer Empfangsloge und verteilte wieder mal Formulare. Dieses hier war noch umfangreicher als das im Waldorf – mein Gott, was die alles wissen wollten! Schon bald paßte mir eine Frage nicht, und ich las daraufhin zuerst alle durch. Und das ersparte mir die Arbeit des Ausfüllens, denn auf Seite vier wollte Revlon doch tatsächlich wissen, ob es mir etwas ausmachte, bei einer eventuellen Einstellung meine Fingerabdrücke abnehmen zu lassen! Ich fühlte Wut in mir aufsteigen und ohne viel zu überlegen, ging ich zu der blasierten Tante am Empfang, die sich inzwischen mit voller Konzentration die Fingernägel lackierte, zerriß vor ihren entsetzten Augen das Formular in acht Teile und sagte laut und vernehmlich: »Ihr Formular ist viel zu lang und viel zu indiskret und ja, es würde mir etwas ausmachen, meine Fingerabdrücke abzugeben!« Damit ließ ich die Papierfetzen auf ihr Pult hinunterregnen, drehte mich um und ging in Richtung Lift. Alle hatten mich feindselig angestarrt; ich hatte mich gegen die Gruppe gestellt.

In einem Hollywood-Film würde die junge Heldin jetzt erhobenen Hauptes zum Lift gehen, wo sich die Tür sofort öffnen und der Lift sie sanft nach unten bringen würde, und dort würde sie ... aber lassen wir das, denn dies war kein Drehbuch aus Hollywood, sondern *real life* in New York.

Es kam kein Lift. Ich stand da und spürte die Aggressionen der anderen, die sich im Blickkontakt mit der Nägellackiererin kollektiv über diese blöde Gans, die da am Lift stand, entrüsteten. Ich schätze, es hat drei Jahrhunderte gedauert, bis endlich, endlich das »Ping« ertönte, ein Lift mich aufnahm und mich so vor dem Lynchmord rettete. Ich zitterte still vor mich hin, war aber von meinem Mut ziemlich angetan. Zumindest hatte ich mein Selbstbewußtsein wiedergefunden, was einem bei einer erfolglosen Jobsuche ziemlich schnell abhanden kommen kann.

Und ich wurde belohnt. In derselben Woche fand ich einen Sekretariatsjob bei einem Dauertrinker, der im nüchternen Zustand ein begabter *Fundraiser* war. Leider wurden die nüchternen Tage immer seltener; meistens konnte er nur noch etwas am Vormittag erledigen, bevor er nach einem Lunch, bei dem er oft bis zu acht (!) Martinis durch die Kehle rinnen ließ, als Schnapsleiche ins Büro zurückkam. Im Englischen heißt es von einem Chef, der von seiner Sekretärin noch etwas anderes als Büroarbeit erwartet: »*He chased her around the desk.*« Das versuchte er öfter, wenn er im Laufe des Nachmittags hereintorkelte, wobei mein Desk an der Wand stand und ich meine Mühe hatte, ihm auszuweichen. Zum Glück erschöpfte ihn das sehr schnell, so daß er sich in sein Büro zurückzog, wo er auf die Couch fiel und einschlief. Manchmal gelang es ihm noch, vorher seine Frau anzurufen, die dann irgendwann mit dem Auto vorgefahren kam und ihn abschleppte. Meistens konnte ich den Tag danach alleine verbringen, was mich grenzenlos langweilte. Er war im Grunde ein gutartiger Trinker, aber das änderte für mich auch nichts.

Ich arbeite sehr gerne, und was ich gar nicht mag, ist, ein Salär zu beziehen, für das ich meiner Meinung nach nicht genügend Gegenwert geliefert habe. Im Sommer suchte ich mir etwas anderes und fand einen Job als Alleinsekretärin für die drei Partner einer Hypothekenmakler-Firma. Madion Avenue & 57th Street war fast so gut wie die Park-Avenue-Adresse des Waldorf, und ich arbeitete in einem bildschönen Büro auf der obersten Etage. Die drei Herren waren – welch angenehme Abwechslung! – Gentlemen und fanden alles toll, was ich für sie tat. Sie waren offen für Neuerungen, die ich vorschlug, und schätzten die Neuorganisation des Büros, die ich vornahm. Ich war in meinem Element und interessierte mich für diese für mich neue Branche: *real estate*. Ich fand eine Abendschule, die *Real estate salesmen* und *Mortgage brokers* (Hypothekenmakler) ausbildete, meldete mich an und bekam am Ende des Kurses mal wieder ein Zertifikat. Nun wußte ich, wie man Architekturpläne evaluiert, wieviel Kubikmeter Heizung eine Überbauung haben sollte oder ob Wohnungsgröße und -komfort die budgetierten Mieten rechtfertigten. Und

zudem hatte ich das Gefühl, daß man die Projekte bei den Geld-
gebern viel attraktiver präsentieren könnte.

Schon bald durfte ich dabei sein, wenn die von mir erstell-
ten Dossiers den Kunden präsentiert wurden, und hie und da
sogar mitreden. Einer dieser Kunden war ein Anwalt aus Con-
necticut, der keine Lizenz hatte, sich in New York mit einer Firma
niederzulassen. Nachdem er mich ein paarmal an diesen Sitzungen erlebt hatte, machte er mir ein Angebot: Wir könnten uns unternehmerisch zusammentun und eine Hypothekenmakler-Firma in New York gründen; er gäbe das Startkapital, ich, die in New
York Ansässige, würde das Büro führen und als Maklerin amten;
bei schwierigen Fällen würden wir beide zusammen auftreten.
Ich überlegte nicht lange – und so fand ich mich im Frühjahr
1964 im Alter von fünfundzwanzig Jahren als Chefin von vier
Menschen wieder: zwei Männern, die für Akquisition zuständig
waren, einem Halbtagsbuchhalter und einer Vollzeit-Sekretärin.
Das Land der unbegrenzten Möglichkeiten, in der Tat!

In meine Zeit bei der Hypothekenmakler-Firma fiel der
22. November 1963. Offenbar wissen die meisten Menschen in
unseren Breitengraden, wo sie an dem Tag waren und was genau
sie gemacht haben, als sie hörten, daß John F. Kennedy ermordet
worden war. Ich war im Büro. Ich habe selten so intensiv geweint
wie an diesem Tag. Zwischen den Schluchzanfällen griff ich zum
Telefon und rief, auf Geschäftskosten, meine Mutter an. Es war
ihr Geburtstag, und ich hatte selbstverständlich geschrieben und
die Geschenke rechtzeitig geschickt, aber Telefonieren war nur
für ganz große Notfälle reserviert. Wir sprachen wieder miteinander, aber nur, wenn es etwas zu entscheiden gab. Bei diesem Tele-
fonat nun waren wir wieder mal im Weinen vereint, und so etwas
kittet ja bekanntlich. Ab diesem Tag hatte meine Mutter wieder
zwei Töchter.

Die Ermordung Kennedys war für die damalige Zeit eine
Art Äquivalent dessen, was für uns Heutige der 11. September
2001 ist: totaler Vertrauensverlust, völlige Desorientierung, dif-
fuse Angst – das Ende eines Märchens, wie es bei den Gebrüdern
Grimm nicht vorgesehen war. Wer konnte damals schon ahnen,

daß wir am Anfang einer Serie von Polittragödien standen, von denen die Ermordung *Martin Luther Kings* und *Bobby Kennedys* die traurigsten, der Rücktritt Präsident *Nixons* die skandalöseste sein würde?

Und mein Privatleben? Das war nicht mehr so rosig wie am Anfang meiner amerikanischen Zeit. Nachdem meine Mutter und ich wieder miteinander kommunizierten, wurde der Wunsch, mit meiner Familie vereint zu sein, immer stärker. Ich war nicht begeistert von der Reaktion meines Freundes auf diesen Gedanken, denn der war davon gar nicht angetan. Das verursachte einen Riß in unserer Beziehung. Als er sich dann noch sehr schwer tat mit der Idee, meine Mutter zu Weihnachten auf Besuch kommen (meine Finanzierung) und bei uns wohnen zu lassen (seine Wohnung), war die Trennung programmiert. Ich entschied mich kurzfristig, sofort nach Weihnachten nach Berlin zu fliegen und mit meiner Mutter über die Auswanderung zu reden. Soooo abgeneigt schien sie mir nicht mehr, also ging ich aufs Konsulat und holte die Formulare. Bis ich Anfang Januar wieder zurückflog, hatten wir sie ausgefüllt und eingereicht; gut vier Monate später würden meine Mutter und meine Schwester in New York von *ihrem* Schiff gehen ...

Ich mochte meine Arbeit sehr; es machte Spaß, als Mittlerin zwischen einer kreditwilligen Bank und einem kreditbedürftigen Bauherrn zu wirken. New York ging gerade durch eine Bauboom-Phase, die Banken wollten ihr Geld loswerden, und es gab noch jede Menge unbebautes Terrain oder Gebäude, die abgerissen und neu erbaut werden konnten. Inzwischen hatte ich in bezug auf Aussehen einiges zugelegt, und für die Männer bei *Chase Manhattan* oder *First National City Bank* muß es eine »unheimliche Begegnung der dritten Art« gewesen sein, wenn ich in ihren Vorzimmern auftauchte. Meistens fragte mich die Empfangsdame, ob mein Chef noch nachkäme ... Dann teilte sie *ihrem* Chef telefonisch mit, daß nicht ein gestandener Mann, sondern eine junge Frau die Verabredung mit ihm wahrnehmen würde. Oft mußten diese Damen mich offenbar zuerst einmmal am Telefon beschreiben, ihren taxierenden Blicken nach zu urteilen.

Empfangen haben mich danach aber alle Banker, skeptisch mögen viele gewesen sein, aber die Professionalität der Präsentation, das Know-how und der europäische Akzent auf meinem Englisch haben dann doch den Ausschlag gegeben. Ich, anderseits, habe es genossen, daß ich den professionellen Respekt dieser ziemlich harten Business-Männer erwerben konnte, und die Provision von den Millionenbeträgen war ja auch nicht ohne.

Die brauchten wir auch, um den Betrieb aufrechtzuerhalten. Theoretisch hätte ich finanziell hervorragend dastehen sollen, aber hier, wie fast immer in meinem Leben, hat mich der finanzielle Aspekt nicht genügend interessiert. Das mag Ihnen komisch vorkommen, in einer Zeit, in der wir täglich der langen Liste der schamlosen Selbstbediener neue Namen hinzufügen, aber es ist tatsächlich so. Und ich weiß, daß es bis vor einigen Jahren den meisten Frauen auch so ergangen ist. Ich mußte schmunzeln, als ich vor kurzem in dem Büchlein von *Maria Shriver, Ten Things I Wish I'd Known Before I Went Out into the Real World* die folgenden Worte las: »*My regret is that I never took the time to be really smart about finances. Advice from the trenches: Don't do what I did.*« Maria Shriver ist Mitglied des Kennedy-Clans, eine erfolgreiche Fernseh-Frau und mit *Arnold Schwarzenegger* verheiratet. Geld war also von Anfang an da, und verdient hat sie auch nicht schlecht. Ich fand es interessant, daß sie sich erst als Mittvierzigerin für Geldangelegenheiten zu interessieren begonnen hat. Immerhin ist sie mir damit um gut anderhalb Jahrzehnte voraus ... Ich habe damals meinem Geschäftspartner zu sehr vertraut und ihn zu wenig kontrolliert – er zumindest ist bei diesem Arrangement nicht ärmer geworden!

Der Frühling 1964 war die Vorbereitungszeit für meine Familie. Ich wohnte in einem *One-Bedroom-Apartment* in einem Haus mit Portier. Ich genoß New York und die Vorfreude darauf, was ich meiner Mutter und Schwester alles zeigen, woran ich sie teilhaben lassen würde. Und ich entdeckte zum ersten Mal die Freuden des Alleinlebens. Wenn es mir am Freitagabend einfiel, daß ich eigentlich die Wände im Flur anstreichen wollte, dann kaufte ich noch schnell Farbe und malte vielleicht bis Mitternacht.

Wenn ich bis dahin nicht die Lust verloren hatte, hatte ich am Montagmorgen einen Flur mit burgunderroten Wänden, auf denen es goldene *Fleurs de Lys* zu bewundern gab. Wenn ich wollte, las ich ein Buch (fast) in einem Zug durch; ich mußte ja nicht kochen, nicht Konversation machen, mich nicht nach den Bedürfnissen anderer richten. Es gefiel mir – so sehr, daß ich es, mit einer kurzen Ausnahme, für den Rest des Lebens beibehalten sollte.

Und zu meinem fünfundzwanzigsten Geburtstag gab ich die erste *birthday party* meines Lebens, und zwar nach dem Motto »wenn schon, denn schon«. Ich kreierte eine originelle Einladung, stellte ein Menu zusammen, das man als Buffet-Dinner offerieren konnte, bestellte Geschirr, Silber und Gläser bei einem Caterer und lud zwei Dutzend Gäste in Smoking und Abendkleid zu mir nach Hause ein. Wenn ich je etwas typisch New Yorkerisches getan habe, dann war es das. New Yorker finden so etwas eher normal als exotisch, zumindest taten sie das in den 6oer Jahren; zu der Zeit hatten sie Smoking und Abendkleid und zogen diese Art von Garderobe auch an – eben: wie bei *Breakfast at Tiffany's*. Es war ein wunderbarer Abend, der bis spät in die Nacht hinein dauerte; das Schönste war, daß ich das schmutzige Geschirr wieder in die Kisten einordnen konnte, die dann am nächsten Tag abgeholt wurden. Wie schade, daß meine Mutter nicht hatte dabeisein können!

Dann kam der große Tag im Mai: die »Bremen« lief in New York ein, und zumindest für meine Mutter wiederholte sich, was ich erlebt hatte: Sie war New Yorkerin von dem Moment an, wo sie ihren Fuß auf amerikanischen Boden setzte. Inzwischen war alles vergeben und vergessen, und nach den ersten Eindrücken von New York konnte sie voll verstehen, daß es mich dorthin gezogen hatte. Sie hatte die Überfahrt genossen – nicht zuletzt, weil sie dort etwas erlebt hatte, was wie die Erfüllung einer frühen Prophezeiung schien. Sie erinnern sich: Sie war leidenschaftliche Kartenspielerin. Auf dem Schiff wußte man das zu schätzen. Und endlich sah sie sich bestätigt in dem, was sie ihren Töchtern immer eingeschärft hatte: sich an die Regeln zu halten, total korrekt zu spielen und mit Anstand zu verlieren – immer mit dem Zusatz: ». . . für den Fall, daß ihr mal Gelegenheit habt, international zu spielen.« In Duisburg war die Aussicht, jemals weiter als bis Rimini, Amsterdam oder ins Elsaß zu kommen, schlicht nicht vorhanden. Dafür konnte sie sich jetzt ausleben, und Verlieren mit Anstand war kein Thema: Sie gewann beim bedeutendsten Schiff-Turnier den ersten Preis – eine Zigarettendose aus beigefarbenem Porzellan, auf der die »Bremen« verewigt war. Bis vor ein paar Jahren gab es diese Trophäe noch in meinem Haushalt, obwohl sie kein dekoratives Meisterwerk war. So sehr meine Schwester und ich unsere Mutter aufgezogen haben mit ihren internationalen Regeln, wir waren doch stolz auf sie ...

Sie hatte eine Menge Medikamente mitgebracht, die sie den Tag hindurch nehmen mußte und die bald nicht mehr genügten. Corina und ich hatten keine Ahnung, wie krank sie wirklich war. Wußte sie es? Der erste Krankenhausaufenthalt kam nach ungefähr zwei Monaten; sie wurde in das berühmte Krebszentrum *Sloane Kettering* eingeliefert. Für sie hieß das, zum ersten Mal in kompetenten Händen zu sein; für mich war es die erste Bekanntschaft mit dem amerikanischen Gesundheitswesen. Meine Mutter hatte selbstverständlich keine Krankenversicherung, und ich könnte schwören, daß auch Sie nicht so schnell rechnen können, wie sich die Posten auf der Tagesrechnung eines Krebsspitals ansammeln. Ich jedenfalls hatte keine Ahnung, was da auf mich zukam, aber nachdem ich die ersten Rechnungen noch gezahlt hatte, wurde mir klar, daß ich dringend einen Zusatzverdienst brauchte, denn was ich verdiente, reichte nur für unser normales Leben. In Amerika ist so etwas nicht schwer: *Bloomingdale's*, das Traum-Kaufhaus, suchte Teilzeitverkäuferinnen für den Abend- und Samstagsverkauf. Sie nahmen mich sofort und gaben mir die soeben eröffnete Dior-Boutique, die gleich oben an der Rolltreppe im ersten Stock plaziert war. Hatte ich nicht mal sehr erfolgreich Obst verkauft? Was hatte ich damals richtig gemacht? Was immer es war, es funktionierte auch hier: Ich verkaufte sehr gut am Montag und Donnerstagabend sowie am Samstag den ganzen Tag; es war ja auch sehr schöne Ware. Zweimal wurde die Situation brenzlig, als ich Kunden meiner Makler-Firma auf der Rolltreppe erspähte; aber ich erkannte sie rechtzeitig genug, um mich hinter dem Ladentisch zu verstecken, bis sie in sicherer Distanz von mir waren.

Zwei Jobs hieß: immer weniger Zeit für meine Mutter und eine große Müdigkeit, die mir sehr zusetzte. Dazu kam, daß das, was ich da verdiente, in keiner Weise reichte – mein Zusatzeinkommen war nur der berühmte Tropfen auf dem heißen Stein. Ich meldete mich also bei der Spitalleitung an, um zu sehen, wie man dieses Problem lösen konnte. Sie kamen mit einem Vorschlag, den sie zuerst mit mir besprechen wollten, bevor sie ihn meiner Mutter machten: Der Krebs hatte verschiedene Körperteile befallen, und sie war, vom medizinischen Standpunkt aus, ein interessantes Studienobjekt für die Studenten. Wenn sie sich bereit erklären würde, sich vor ihnen, die, durch eine Glaswand getrennt, die Erklärungen und Kommentare der Ärzte mitverfolgen konnten, untersuchen zu lassen, könnte sie gratis behandelt werden. Der Gedanke war furchtbar; noch schlimmer aber war die Aussicht, sie ohne medizinische Versorgung zu wissen. Obwohl das sicher eine der wichtigsten Unterhaltungen mit meiner Mutter gewesen ist, kann ich mich nicht mehr erinnern, wie ich das Thema überhaupt aufbringen konnte. Natürlich hat sie zugestimmt – sicher in erster Linie, um ihre Tochter zu entlasten, und wir gingen also regelmäßig mit ihr ins Krebszentrum, wo sie auch als ambulante Patientin weiterhin erstklassig betreut wurde.

Trotz dieser furchtbaren Entwicklung habe ich noch viele gute Erinnerungen an diesen Sommer. Unter anderem mietete ich hie und da ein Auto und wir fuhren nach *Jones Beach*, dem beliebten öffentlichen Strand auf Long Island. Meine Mutter liebte Meer und Strand, blühte richtig auf und war, obwohl sie nie in der Sonne lag, braungebrannt. Sie lernte Englisch wie verrückt und freute sich über ihre Fortschritte. Ihr Lieblingslied war eines von *Louis Armstrong, What a wonderful world!* Hatte es wirklich eine Zeit gegeben, wo sie dachte, wir würden nie wieder zusammen sein? Warum hatte sie nur Bäche geweint, wenn sie ihre beiden Töchter beschuldigte, sie später einmal alleine zurückzulassen und in ein Altersheim abzuschieben? Fing das Leben nicht jetzt erst an, wirklich schön zu sein?

Ihr Zustand verschlechterte sich sehr plötzlich; wir mußten einen Rollstuhl mieten, weil sie nicht mehr gehen konnte. Sie wurde sehr schwierig in dieser Zeit, und zu den Dingen, die ich wirklich bedaure, gehört auch meine Ungeduld angesichts ihrer Angst, wenn wir sie im Rollstuhl durch den Central Park schoben. Ich konnte nicht verkraften, daß diese tapfere, souveräne Frau plötzlich in Panik geriet, wenn wir auf einen Bordstein zusteuerten, obwohl New York auch damals schon weitgehend rollstuhlgängig war und man mühelos von einer Straßenseite auf die andere fahren konnte.

Schließlich wurde es unumgänglich, daß sie wieder ins Krankenhaus eingeliefert wurde. Dort feierten wir am 22. November ihren siebenundfünfzigsten Geburtstag, wenn man das Wort »feiern« hier überhaupt gebrauchen darf. Ich wünschte ihr das obligatorische »*Many happy returns!*«, und sie sah mich mit einem Blick an, den ich nie vergessen habe: Auch wenn wir nicht darüber sprachen, so hat sie offenbar geahnt, daß es keine Wiederholungen mehr geben würde. Sie wollte zwar das Krankenhaus verlassen, um die berühmten Weihnachtsdekorationen in den Schaufenstern der großen Kaufhäuser zu sehen, aber sie war intelligent genug zu wissen, daß sie dazu im Moment nicht in der Lage war. Am 15. Dezember hatte ich eine Unterredung mit dem für sie zuständigen Arzt. Ich bat ihn, mir ohne Umschweife zu sagen, wie lange meine Mutter noch zu leben hatte. Seine Antwort war schmerzhaft, aber doch auch wieder tröstlich: Er rechne noch mit maximal zwei Jahren. Okay. Könnte sie noch reisen? Ja, wenn er ihr die richtige Medizin mitgäbe. Auch nach Europa? Ja, warum nicht? Es würde nicht ohne das eine oder andere Problem abgehen, aber sie könne durchaus noch in ein Flugzeug.

Meine Mutter hatte den Traum, neben Wien einmal im Leben Paris zu sehen, und diesen Traum wollte ich ihr jetzt erfüllen. Sie sollte ein ganzes Bett voller Prospekte haben und sich darauf freuen, bald ihre Traumstadt zu sehen. Am nächsten Tag ging ich in ein Reisebüro und nahm mit, was immer ich über Paris finden konnte. Als wir an diesem Abend ins Krankenhaus kamen, lag sie bereits in einem Sauerstoffzelt auf der Intensivstation.

Sie ist noch in derselben Nacht, siebenundfünfzigjährig, gestorben.

Bald vierzig Jahre sind vergangen, seit ich das erlebt habe, und noch heute spüre ich die Emotionen, die dieser völlig überraschende Tod in mir ausgelöst hat. Da war einmal der Zorn auf den Vollidioten von Arzt, der nicht zwischen »zwei Jahren« und »zwei Tagen« unterscheiden konnte. Dann eine hilflose Wut auf alle anderen Menschen, außer meiner Schwester natürlich. Tränenüberströmt saßen wir im Taxi, das ich auf direktem Wege zu dem Bestattungsunternehmen im selben Block wie unser Wohnhaus fahren ließ. »*Who died?*« fragte der Taxifahrer mitfühlend. »*Our mother!*« brachten wir schluchzend hervor. »*What? Just before Christmas?*« rief der Mann aus. Noch ein Vollidiot!

Dann die Verachtung für die geschäftstüchtigen Bestatter! Die meisten Amerikaner haben ein ziemlich gestörtes Verhältnis zu Sterben und Tod, was sich u. a. auch darin ausdrückt, daß sie sehr aufwendige Bestattungen veranstalten. Ich bin da genau das Gegenteil: Ein mit cremefarbener Seide ausgeschlagener Sarg aus teurem Holz würde nicht mehr meiner Mutter, sondern nur dem Bestattungsunternehmer etwas nützen. Trotz Tränen und Emotionen gelang es meiner Schwester und mir mit vereinten Kräften, die billigste Bestattung zu bestellen, und am 20. Dezember beerdigten wir unsere Mutter auf einem der großen Friedhöfe in Queens, an denen man auf dem Weg von und nach dem JFK-Airport vorbeifährt. Ich würde heute noch genau dasselbe tun: Solange meine Mutter lebte, hätte ich Gott weiß was getan, um sie glücklich zu machen; nachdem sie tot war, fand ich jeden Luxus überflüssig, und ich bin sicher, daß sie mir voll zugestimmt hätte. Dieses Geschäft mit der Trauer fand und finde ich einfach widerlich.

Eine Woche lang lief ich in demselben schwarzen Kostüm herum, ohne mir dessen bewußt zu sein; ich ging zwar nach Weihnachten ins Geschäft, um nach dem Rechten zu sehen, aber verhielt mich eher wie ein Zombie. In der Silvesternacht, die wir natürlich in Tränen aufgelöst verbracht hatten, faßte ich einen Entschluß:

Der Tod meiner Mutter war das Ende meines Glaubens! Was war das für ein Wesen da oben, das so etwas zuließ? Offenbar ein Gott, dem meine Mutter gleichgültig war, der ihr nicht mal die Reise nach Paris gegönnt hatte, der sie mir weggenommen hatte zu einer Zeit, wo ich sie zum erstenmal hätte verwöhnen können. Nun, der würde wohl ganz gut ohne mich auskommen können. Erinnerungen an die Bigotterie der Familie meines Vaters tauchten auf, und alle Zweifel, die ich schon im Religionsunterricht hatte, liefen jetzt zu einem Crescendo auf: Ich beschloß, mich aus diesem Bereich meines Lebens ein für allemal zu verabschieden. Mehr als alles andere hat mir dieser Entscheid geholfen, mich ab dem 2. Januar 1965 auf das »Leben danach« einzustellen. Und zu meiner großen Überraschung erfuhr ich, daß es wirklich stimmte: »*It goes on.*«

Eine meiner ausgeprägtesten Eigenschaften, für die ich enorm dankbar bin, ist die Fähigkeit oder Gabe, mit Katastrophen umzugehen bzw. sie zu überleben. Sentimentalen Zeitgenossen mag ich in solchen Situationen unbegreiflich pragmatisch erscheinen, aber zusammen mit dem Sinn für Humor, der mich das komische Element sehen läßt, das in den meisten Tragödien eben auch enthalten ist, hat dieser Pragmatismus mir geholfen, in schwierigen Zeiten nicht den Verstand zu verlieren. Es würde für meine Schwester und mich ein »Leben danach« geben, auch wenn der Verlust vorerst noch unfaßbar schien. Ich hatte ein Geschäft, eine Verantwortung den Mitarbeitern gegenüber, eine Schwester, die mit mir trauerte; gemeinsam machten wir uns daran, all die Aufgaben, die beim Tode eines geliebten Menschen bewältigt werden müssen, zu erledigen. Offenbar lebte ich aber neben mir her; ich hatte keine Lust, mich zu pflegen und lief immer noch in dem schwarzen Kostüm herum. Es war mir egal, wie ich aussah; ich sprach nur das Nötigste im Geschäft und wollte niemanden sonst sehen – ein Gefühl, das ich sicher mit vielen Millionen von Menschen geteilt habe, die ihre Mutter verloren haben.

Freunde überredeten mich schließlich, sie am Samstag, 10. Januar 1965, zu begleiten: Ich sollte mal wieder unter Leute und mit ihnen zu einer Dinner Party bei einem gemeinsamen Freund kommen. Es reizte mich eigentlich nicht, aber ich wollte meine Ruhe haben und sagte lustlos zu. Endlich kam ich aus dem schwarzen Kostüm heraus, und wie! Gerade neben dem Bestattungsunternehmen, an dem ich immer vorbei mußte, wenn ich zum Supermarkt wollte, war ein *Second-Hand Shop*. Im Fenster hing ein einziges Stück: ein roter Prinzeßmantel mit verdeckten Druckknöpfen, dessen Saum und Manschetten aus dunkelbraunem Pelz waren. Dazu gehörte noch ein abnehmbarer Pelzkragen. Der Pelz sah aus wie Zobel, aber für den Preis von achtzig Dollar konnte das ja nicht stimmen; was immer es war, es war beeindruckend. Ich blieb vor dem Laden stehen, magisch angezogen von diesem Wunderwerk, dann ging ich hinein, um den Mantel anzuprobieren. Es war zehn Minuten vor Ladenschluß; die Verkäuferin wurde noch einmal wach, als ich den Mantel anzog. Den müsse ich unbedingt nehmen, meinte sie. Als ob man mich noch hätte überreden müssen ... Ein Scheck für »achtzig Dollar plus tax«, und das Wunderwerk gehörte mir. Ich hatte keine Ahnung, wie sehr dieser Kauf mein Leben verändern würde.

Mit den Lebensmitteln in der einen und dem Mantel in der anderen Hand kam ich nach Hause. Was war sonst noch im Kleiderschrank? Irgend etwas muß ich gefunden haben, was nicht schwarz war und noch einigermaßen gut aussah; aber das Wichtige war der Mantel, der ein A und O der Bewunderung hervorrief, als ich zu meinen Freunden ins Auto stieg. Amerikaner sind ja bekanntlich viel schneller und großzügiger mit Komplimenten, aber hier spürte ich, daß sie es wirklich meinten.

Wir kamen also bei dem Freund an. Ich hatte gedacht, es würden acht bis zehn Leute da sein; statt dessen wuselten ungefähr dreißig herum. Am liebsten wäre ich wieder umgekehrt, aber es war zu spät. Jemand sagte: »*Let me have that beautiful coat of yours*«; ich nahm den Pelzkragen ab und zog am obersten Druckknopf, worauf sich alle Druckknöpfe mit dieser einen Handbewegung öffneten.

Falls Sie sich jetzt fragen, ob das hier eine Lektion in Damenschneiderei wird, kann ich Sie beruhigen: die Mantel-Geschichte führt Sie nicht in ein Nähatelier, sondern schnurstracks in meine Ehe! Na, lesen Sie jetzt weiter?

Es war der große Auftritt *par excellence*, nicht geplant, aber auch nicht bedauert, und er hatte zumindest *einen* Beobachter gefunden. In einer Ecke saß ein Offizier der amerikanischen Navy auf dem Boden, klimperte auf einer Gitarre und sang ein Lied von – *François Villon*! Ich bitte Sie, sich das detailliert vorzustellen: der Text eines französischen Dichters aus dem 15. Jahrhundert im Munde eines amerikanischen *Navy Officer* – und das auf einer Party in New York! Das ist doch was, nicht wahr? Ich wußte damals ebensowenig, wer François Villon war, wie, welchen Rang dieser Uniformierte hatte oder zu welcher Einheit der amerikanischen Streitkräfte er gehörte. Aber ich erwiderte sein Lächeln, als ich an ihm vorbeiging. Noch im Laufe des Abends würde ich erfahren, daß er *Mark Simon Siegel* hieß und von meinem Auftritt mit dem roten Mantel so fasziniert gewesen war, daß er beschloß, diese Frau näher kennenzulernen.

François Villon! Wie hätte ich nicht darauf hereinfallen können! Als wir uns am Buffet wiedertrafen, ließ ich mich nicht ungern in ein Gespräch verwickeln. Er traute seinen Ohren nicht: Da hatte er doch eine echte Europäerin aufgegabelt! Toll! Europa war ihm von verschiedenen Aufenthalten vertraut; er hatte es – Gott, wie originell! – mit Rucksack und Gitarre ziemlich weiträumig mit einem alten Auto er-fahren und kannte daher viel mehr von meinem Geburtskontinent als ich, was ihn noch interessanter machte. Eigentlich hatte ich ja nur kurz bleiben wollen, aber jetzt war es schon ziemlich spät, als er vorschlug, noch für einen Drink in den Club »21« zu fahren. Das war einfach umwerfend, denn das war damals *der* Ort, und ich war noch nie dort gewesen!

Wir saßen an der Bar, und er erzählte mir, wie er den Mantel-Auftritt erlebt hatte. Dann erfuhr ich, daß seine Anwesenheit auf dieser Party ein Riesenzufall war, denn normalerweise würde er jedes Winterwochenende in Vermont beim Skifahren verbringen. Aber dieses Wochenende habe er als Reserve-Offizier in der Navy Dienst auf Abruf – daher die Uniform. Ich hörte ihm zu und war beeindruckt. Es ging auf 2.00 Uhr zu, als wir den Club verließen und er mich im Taxi nach Hause fuhr. Unterwegs teilte er mir noch mit, daß ich, falls ich ihn wiedersehen wollte, eingela-

den wäre, am nächsten Wochenende nach Vermont mitzukommen; er würde mich am Mittwoch anrufen, um herauszufinden,
wie ich mich entschieden hätte.

Skifahren war etwas, was ich aus Filmen und Zeitschriften
kannte. Ich wußte nicht, wie ein Ski aussah, geschweige denn,
was man damit macht, bzw. was er mit einem macht. Sport war ja
noch nie mein Thema gewesen. Sonntag, Montag und Dienstag
überlegte ich, ob ich mir das antun wollte. Am Mittwoch kaufte
ich mir ein tolles Outfit zusammen: Wenn ich schon hinfallen
würde, wollte ich wenigstens gut dabei aussehen, und als das Telefon am Abend läutete, erklärte ich, daß ich gerne nach Vermont
mitkäme.

Amerikaner haben wenig Ferien; dafür pflegen sie den
»Let's get away for the weekend!«-Kult. Mir hat das immer nur sehr
bedingt Spaß gemacht. Der Aufwand ist enorm, die Zeit der an-
geblichen Entspannung viel zu kurz, und die Staus am Freitag-
und Sonntagabend machen alle Erholung zunichte. Dies war
meine erste Erfahrung mit diesen Wochenend-Fluchten – wir kamen gegen Mitternacht in einem großen Haus irgendwo in Vermont an, wo die anderen Hausbewohner schon länger auf uns
warteten. Es war eine Ferienhaus-Gemeinschaft von zwölf Mitgliedern; sie hatten seit Jahren das Haus, samt einem reizenden
älteren Ehepaar, ursprünglich aus Deutschland, gemietet. Alle
wußten, daß ihr Kollege Mark eine neue Freundin mitbringen
würde, und die Spannung war groß. Zu meinem Glück empfan-
den sie diesen europäischen Zusatz als echte Bereicherung, und
innerhalb einer halben Stunde fühlte ich mich richtig wohl.

Das sollte sich am nächsten Morgen schnell und drastisch
ändern. Offenbar gehörten zum Skifahren auch diese schrecklich
unförmigen Stiefel, die einen Innenschuh hatten, dessen Schnürsenkel einem bereits die Hände zerschnitten, was sich beim
Außenschuh, der ebenfalls geschnürt werden mußte, noch inten-
sivierte. Zudem taten sie noch weh, was man leider erst merkte,
nachdem man den Laden, wo man sie mieten konnte, verlassen
hatte. Darin zu laufen war für einen Neuling eine demütigende
Erfahrung.

Demütigend? Nein, nein, das sollte erst noch kommen. Ich bekam eine rudimentäre Einführung in das, was man so tut, um auf Skiern in der Senkrechte zu bleiben und möglichst heil vom Berg herunterzukommen. Begreiflicherweise verloren mein Instruktoren bald die Lust, nicht zuletzt, weil sie ja nicht gekommen waren, um ein Wochenende am Fuße des Skilifts zu verbringen. Schon bald einmal ließen sie mich alleine, nachdem sie mir gezeigt hatten, wie man den Idiotenhügel hinaufkraxelt.

Es war kalt. In Vermont kann das Quecksilber im Januar locker in die Nähe von null Grad Fahrenheit sinken, und das heißt, daß sich gescheite Leute nicht zu lange außerhalb ihrer schützenden vier Wände aufhalten. Bevor mein Gehirn so eingefroren war, daß es auch diese Weisheit ignorierte, ging ich in die Snackbar an der Talstation. Als es dann etwas wärmer wurde, wagte ich mich wieder zurück in den Anfängerbereich, wo ich sehr bald hinfiel. Na und? Andere Leute fallen auch hin, aber da gab es einen wesentlichen Unterschied: Die standen danach wieder auf! Einfach so. Ich hingegen lag da, und jeder Versuch auzustehen, endete damit, daß die Skier mit mir ein paar Meter weiter nach unten rutschten.

Amerikanische Skifahrer sind sehr hilfsbereit, und es kam jemand, um mich aus dieser unangenehmen Situation zu befreien. Das passierte einige Male hintereinander, alles in Sicht des Basis-Lifts, auf dem meine HausgenossInnen strahlend nach oben glitten und mir immer liebevoll zuwinkten. Irgend jemand brachte mir bei, daß man sich mit einem Skistock gegen die Neigung des Berges stemmen mußte und dann mühelos aufstehen konnte. Selbst wenn mir das mit meinen untrainierten Armen hie und da gelang, hatte ich vergessen, die Skier querzustellen – und schon saß ich wieder auf meinen hellblauen Stretchhosen. Okay, ich hatte ja wenigstens gut aussehen wollen, wenn ich schon nicht skifahren konnte, aber ich war nicht mal mehr überzeugt, daß mir das jetzt gelang. Zum Glück wird es im Januar früh dunkel, und die Kälte hatte auch den anderen zugesetzt, so daß wir gegen halb vier Uhr die gastliche Stätte verlassen konnten. Als ich endlich die Schraubstöcke an den Füßen loswurde, fiel ich fast wieder hin, aber die Erleichterung war enorm.

Der Abend war wunderbar, im Kreise lachender Menschen in einem warmen Haus, wo ich Freundschaft und Geborgenheit spürte. Ich sprach Deutsch mit dem älteren Ehepaar, das mich sofort in ihr Herz schloß. Es war ein Monat her, seit meine Mutter gestorben war, und ich hatte zum erstenmal das Gefühl, daß das Leben danach noch sehr schön sein könnte.

Am nächsten Tag hatte ich wegen meiner geschwollenen Knöchel Schonfrist und verbrachte den größten Teil des Sonntags lesend in der Snackbar oder am Basis-Lift, wo ich die rasenden Abfahrten und die eleganten Haltemanöver vor mir mit bewundernden Blicken quittierte. Und dann kamen die vielen Stunden im Auto, die unterbrochen wurden durch einen Halt in einem Restaurant, das nicht nur gute Hamburger servierte, sondern auch Whisky über die Straße verkaufte. Und zwar, wie mir Mark erklärte, Whisky, der »eigentlich« meine Lieblingsmarke, *Johnny Walker Black*, war, aber aus irgendwelchen Gründen dem letzten Qualitätstest nicht genügt hatte. Wir kauften zwei Flaschen für den halben Preis von dem, was mich sonst eine richtige Flasche kostete. Spät abends war ich dann endlich zu Hause – ich hatte selten eine anstrengendere Freizeit erlebt!

Wenn Sie Ski fahren und nicht gerade sechzig + sind, werden Sie bei den letzten Abschnitten den Kopf geschüttelt haben. Sicher können Sie sich gar nicht vorstellen, wo denn das Problem gelegen hat. Aber 1965 war eine Zeit, wo es weder Plastik-Skischuhe mit Schnallen noch Kurzskis gab, geschweige denn all die Erkenntnisse, die wir heute über die Instruktion von Anfängern in diesem Sport haben. Und ich hätte gerade am Anfang einen professionellen Skilehrer gebraucht und nicht die wohlmeinenden, aber ziemlich unnützen Versuche meiner Hausgenoss-Innen, einer Frau, die Sport bisher sorgfältig vermieden hatte, beizubringen, wie man auf so blöden schmalen Holzstangen überleben kann.

Vor diesem Wochenende hatte ich keine Ahnung gehabt, wo einem überall etwas weh tun konnte. Jetzt wurde es mir schmerzlich bewußt. Gab es irgend etwas in meinem Körper, was nicht aufschrie, wenn ich es bewegte? Aber wie wir alle wissen, geht Muskelkater auch wieder vorbei. Mark und ich gingen in der Wochenmitte essen, und dabei erzählte er mir von seiner Familie. Von seiner Mutter, der schönsten und tollsten Frau Amerikas, von seinem Vater, dem in Pennsylvania eine Radiostation gehörte, von seiner Schwester, die mit ihren fünfundzwanzig Jahren noch ledig war (oh, oh!) und dringend unter die Haube gebracht werden sollte. Und von seiner Mutter, die zwar nur 1,58 groß war, aber den Mittelpunkt eines Clans von ca. achtzig näheren und weiß der Himmel wie vielen ferneren Verwandten bildete. Er erzählte von seinem engsten und besten Freund, mit dem er auf dem College gewesen war – immerhin Cornell University, eines der fünf führenden Colleges damals – und mit dem er sooooo viel zusammen erlebt hatte. Und von seiner Mutter, die Präsidentin der *American Herb Growers Society* gewesen war und immer noch nicht nur die beste, sondern die allerbeste Köchin der Welt war . . .

Ich nahm das Wort *mother* als dominierende Komponente wahr – und das tat ja so gut! Natürlich erzählte ich ihm von meiner Mutter; ich hatte ein großes Bedürfnis, ihm klarzumachen, daß auch ich eine Wunderfrau als Mutter gehabt hatte. Er hörte aufmerksam zu, und im Reden über unsere Mütter entstand etwas, was so stark war, daß ich mich tatsächlich am nächsten Wochenende wieder auf die Skier stellte.

Im Februar lernte ich plötzlich, wie man wieder in die Senkrechte kam, nachdem ich fast am Berg angefroren war. Ich kaufte die besten Skischuhe der Welt; noch immer hinterließen die Schnürsenkel schmerzhafte Spuren an meinen Händen, aber da es nicht *comme il faut* war, sich die Schuhe von einem Mann binden zu lassen, mußte ich lernen, damit umzugehen. Ich fand einen Lehrer, nahm Stunden und entwickelte ein ungekanntes Glücksgefühl, als ich zum erstenmal den Idiotenhügel mit der nächsthöheren Bergstrecke vertauschen konnte. Der Haken hier war der Sessellift: Wie kam man von dem heil herunter? Sicher nicht, indem man sich zurücklehnte, wie ich herausfand, aber es bedurfte eines besonderen Anlasses, bevor ich auch dieses Problem meistern lernte.

Die Strecke mit dem Sessellift war lang, und man fror gewaltig, besonders, wenn der Lift unerklärlicherweise zum Stillstand kam. Mark pflegte dann kräftig zu fluchen und sich unüberhörbar über den Idioten auszulassen, der die anderen Sesselliftbenutzer jetzt zum Frieren verdammte. Darüber hatte ich mich eines Tages so geärgert, daß ich beim Absteigen vom Lift nicht aufpaßte und wieder mal hinfiel. Aufstehen konnte ich zwar inzwischen, aber nicht auf dieser eisigen Fläche. Der Mann, der dort Dienst hatte, stoppte den Lift und half mir lachend hoch. Er betrachtete das als einen normalen Teil seines Jobs, nicht als persönliche Beleidigung – im Gegensatz zu Mark: Er konnte nicht fassen, daß seine Freundin einen Liftstop, über den er sich doch so abendfüllend aufregen konnte, verursacht hatte. Ohne mich eines Blickes zu würdigen, drehte er seine Skier Richtung Tal und fuhr davon. Ich traute meinen Augen nicht, aber bevor ich nachdenken konnte, überkam mich die Wut: Auch ich drehte meine Skier Richtung Tal und fuhr einfach los. Das Wunder geschah: Ich schaffte es, ohne auch nur einmal zu stürzen, und kam unten sogar mit einem eleganten Schwung zum Stehen. Mark war stumm vor Staunen, ich vor Ärger. Ich sprach kein Wort mit ihm, sondern nahm die Einladung eines einzelnen Skifahrers weit vor ihm in der Liftschlange an, mit ihm auf den Sessellift zu gehen. Selbst wenn ich hätte flirten wollen, wäre das nicht gegangen, denn ich hatte nur den einzigen Gedanken: »Bloß oben nicht wieder hinfallen!« Das Schicksal hatte ein Einsehen, denn es verhalf mir just an dem Tag zu der Erkenntnis, daß man sich beim Heruntergleiten von einem Sessellift nach vorne, nicht nach hinten, beugen muß ...

Immerhin wußte ich jetzt, daß ich Ski fahren konnte. Ende März konnte ich dann das erleben, was den sportlichen Höhepunkt meines ganzen Lebens repräsentieren sollte: Mit zwei riesigen braunen Einkaufstüten voller Zutaten für Sandwiches in den Armen schaffte ich es, ohne die Skistöcke zu benutzen, alleine von der Talstation bis zur obersten Bergspitze zu fahren, zweimal den Lift zu wechseln und oben heil anzukommen – unter dem Applaus der ganzen Hausgemeinschaft, die sich hinter einem Schneehaufen versteckt hatte, weil sie sicher waren, sie müßten mir zu Hilfe kommen, wenn ich mit all den Lebensmitteln hinge-fallen sei. Ich war sechsundzwanzig und hatte mich für den Mann, in den ich mich verliebt hatte, einem fordernden Lernprozeß un-terzogen. Ich war nicht unstolz auf mich.

Verliebt? War ich es denn? Ja! Aber ich bin heute nicht mehr so sicher, in wen oder was ich verliebt war: wirklich in die-sen Mann oder eher in den Zustand des Verliebtseins? Oder war ich verliebt in die Tatsache, daß er aus dieser immens großen Fa-milie stammte? Das war auf alle Fälle der Grund, warum ich ihn geheiratet habe, wie ich in der Rückschau erkannt habe.

Aber bis dahin dauert es noch ein bißchen. Zuerst einmal wurde ich der Schwester vorgestellt, die mit ihrem Hund in New York wohnte. Als Tochter einer sehr schönen Frau war sie er-staunlich hausbacken; natürlich mußte sie später eine meiner vier Brautjungfern werden. Dann kamen Marks Eltern nach New York; ich hatte meine Probezeit hinter mir und konnte der Wun-der-Mutter vorgestellt werden. Sie hatte eine Angewohnheit, die mich ungeheuer nervte (*eine* Angewohnheit? Also, wenn ich Ihnen alle aufzählen würden, wäre das Buch so schwer, Sie könn-ten es nicht in der Hand halten . . .): Sie liebte es, chinesisch zu es-sen; ich mag das überhaupt nicht; also gingen wir chinesisch es-sen. Sie konnte sich nie entscheiden, was sie gerade an diesem Abend ausprobieren wollte; mußte sie auch nicht, denn sie hatte jeweils die Auswahl von genau so vielen Gerichten, wie Personen am Tisch saßen. Sie nahm zuerst von dem, was sie selbst ausge-sucht hatte, schob diese Schüssel dann ihrem Nachbar zu und be-diente sich aus der nächsten, bis sie alles probiert hatte.

Marks Mutter war klein, zierlich und sehr elegant. Und sie hatte ein wirklich schönes Gesicht, aber mit diesem leidenden Zug um den Mund, der immer auch etwas leicht Vorwurfsvolles hatte. Wer hätte es gewagt, ihr seine Schüssel zu verweigern? Ich. Wie gesagt, ich gehe überhaupt nicht gerne in ein chinesisches Restaurant. Meine Idee von einer guten Mahlzeit hat intensiv zu tun mit Pasta, Brot, Basilikum, Rotwein und Espresso. Nichts da-von gab es im chinesischen Restaurant; zuerst las ich immer noch die Karte in der Hoffnung, etwas zu finden, was ich mochte; später war das nicht mehr nötig: Mir blieb die Wahl zwischen *Beef Chop Suey* und *Beef Chop Suey*.

Ein Gerücht besagt, daß man nach einer chinesischen Mahlzeit eine Stunde später wieder hungrig sei. So lange mußte ich gar nicht warten: Ich stand schon hungrig vom Tisch auf! Nachdem ich mich das erste Mal aus meiner Schüssel bedient hatte, mußte ich sie selbstverständlich auf die Reise schicken, und wenn sie überhaupt wieder bei mir landete, war sie leer. Da ich das Zeug, das die anderen bestellt hatten, nicht aß, empfand ich diese chinesischen Restaurants als ungewollte Diät. New York hat schätzungsweise 27 485 chinesische Restaurants; wir haben vielleicht ein Dutzend ausgelassen ... Überlebt habe ich das, indem ich meine Schüssel nicht mehr auf Reisen schickte: der erste von einigen Aufbegehrungsakten gegen diese ungeschriebenen Gesetze.

Josephine Siegel war sicher in ihrem vorigen Leben eine verwunschene Prinzessin gewesen; irgendwas muß dann mit dem Wachküssen nicht so geklappt haben. Ihr Mann war ein bodenständiger, grundanständiger Mann, dessen Radiostation genug abwarf, um beide Kinder aufs College zu schicken und der Familie ein anständig-bürgerliches Leben zu bieten. Obwohl er mindestens eineinhalb Köpfe größer war als sie, konnte man sich des Eindrucks nicht erwehren, daß sie ein bißchen auf ihn hinunterguckte. Er fuhr zwar ein sehr schönes Auto, aber ein Cadillac war es eben nicht (mehr). Das Haus, hundert Meilen von Pittsburgh entfernt, war zwar mehr als adäquat, aber es war nicht grandios. Sie hätte locker zwei Kompanien bewirten können mit dem Silber, dem Porzellan und der Tischwäsche, die sie im Laufe der mehr als dreißig Ehejahre angesammelt hatte, aber drei Kompanien wäre doch auch etwas, nicht wahr? Was immer ihr Mann mit der Radiostation verdiente, hatte gereicht, um ich-weiß-nicht-wieviele Kleiderschränke zu füllen. Ich habe nie eine Frau getroffen, die mehr Kleider hatte als Josephine, mit den dazugehörigen Schuhen und Handtaschen, versteht sich. Aber trotz allem Wohlstand ließ sie durchblicken, daß sie »eigentlich« zu etwas viel Höherem geboren wäre ...

Auch Prinzessinnen haben hie und da Probleme, die sich nicht einfach so wegwünschen lassen: Bei Josephine waren es zwei unverheiratete Kinder in fortgeschrittenem Alter und keine Enkelkinder! Ihre Tochter war Mitte zwanzig, was für eine Amerikanerin in den 60er Jahren sehr nach »alter Jungfer« aussah; Mark war bereits einunddreißig – und auch hier waren weit und breit keine Nachkommen in Sicht!

Im Familienclan war sie der Mittelpunkt: Was Josephine sagte, war Gesetz, was sie trug, war Mode, und was sie kochte, war Haute Cuisine. Und im Küchenbereich war sie unschlagbar, mit den Hunderten von Kochbüchern, die sie besaß. Noch heute kriege ich Komplimente, wenn ich eins ihrer Rezepte wieder auferstehen lasse. Man mußte schon masochistisch veranlagt oder sehr naiv sein, um zu glauben, daß es irgendwo eine Frau gab, die als etwaige Schwiegertochter Gnade vor ihren Augen finden könnte. Ich war zumindest in der Hinsicht naiv, daß ich allen Ernstes glaubte, im Falle von Meinungsverschiedenheiten würde Mark sich auf meine Seite stellen. Na ja.

Also, diese chinesische Tortur wiederholte sich alle paar Monate. Anfangs Sommer lud ich die Familie zu einem Brunch bei mir daheim ein, wo es u. a. eine deutsche Erdbeertorte mit Schlagsahne gab. Das muß wohl mein Test gewesen sein; danach bekam ich das Güte-Siegel und Mark grünes Licht. Die Erdbeertorte war es aber nicht allein; ich hatte auch sonst bewiesen, daß ich mit Messer und Gabel (oder sogar mit Stäbchen!) umgehen konnte. Aber den Ausschlag für das mütterliche »Gut zum Druck« gab etwas anderes.

Ich wußte vom ersten Abend an, daß Mark Jude war, und wenn ich darauf überhaupt reagiert habe, dann war es allenfalls, daß ihn das für mich interessanter machte. Seit mein Vater einmal am Tisch geäußert hatte, es sei schon schade, daß man »noch ein paar übriggelassen habe«, interessierte ich mich fürs Judentum. Nicht aktiv, aber immer wieder. Das Motto hieß: Wen er haßte, der mußte okay sein. Irgendwann im Frühling erwähnte Mark, daß seine Eltern nie ihre Einwilligung zu einer Eheschließung mit einer Nichtjüdin geben würden. Das war wohl auch wieder so ein Test gewesen, auf den ich offenbar richtig reagiert hatte.

An einem wunderschönen Sommerabend, als er Reserve-Dienst hatte, aßen wir im Offiziersclub. Er hatte diese Umgebung ausgesucht als passenden Rahmen für seinen Heiratsantrag; schließlich hatten wir uns ja auch an solch einem Wochenende kennengelernt. Es ist der einzige Heiratsantrag, den ich mit JA beantwortet habe; vielleicht hätte ich auch den ablehnen sollen?

Im September gab es die offizielle Verlobung, bei seinen Eltern natürlich, und ich lernte den Clan kennen, der mich mit offenen Armen aufnahm. So war das also, wenn man Familie hatte: Marks Eltern hatten beide eine Reihe von Geschwistern, alle verheiratet mit mehreren Kindern, die wiederum mehrere Kinder hatten. Dann gab es Cousins und Cousinen, Onkel und Tanten *en masse*, und alle waren nett zu mir, obwohl ich Deutsche war. Die Tatsache, daß ich vor unserer Hochzeit zum Judentum konvertieren würde, mag da mitgeholfen haben, aber im Grunde hätte es auch eine sehr unkomfortable Situation werden können. Ich würde also heiraten, Kinder bekommen und in dieser Familie aufgehen.

Und ich würde wieder so etwas wie eine Mutter haben, chinesisch essen hin oder her. Aber noch nicht, denn sie erwies sich als schwer zugänglich. Am Morgen des Tages, an dem wir offiziell Verlobung feierten, sagte ich immer noch »Mrs. Siegel« zu Marks Mutter – für amerikanische Verhältnisse unglaublich! Selbst ihm erschien das lächerlich, und es war das erste Mal, daß ich ihn ganz leise aufbegehren sah: »*Don't you think, Mother, it's time Monique stopped calling you Mrs. Siegel?*« fragte er beim Frühstück. Sie drehte sich vom Herd zu uns um, wiederum mit diesem leicht vorwurfsvollen Gesichtsausdruck, schaute in meine Richtung und meinte lakonisch: »*You can call me Josephine.*« Erst am Tag der Hochzeit, ein halbes Jahr später, als wir zu unserer Hochzeitsreise aufbrechen wollten, alle in Tränen aufgelöst waren und sogar ihr ein paar Tropfen über das schöne Gesicht rannen, meinte sie: »*You may now call me ›Mother‹.*« Das war sechs Monate zu spät.

Ich war eine traditionelle Braut mit einer großen, wunderschönen Hochzeit in der Park-Avenue-Synagoge, wohin ich mit meinem Lieblingsauto, einem Lincoln Continental, gefahren wurde. Mein selbstentworfenes Brautkleid war ein Traum, ziemlich anders als ein traditionelles und später noch als tolles Abendkleid zu nutzen; ich hatte vier Brautjungfern und einen Empfang im *Women's Faculty Club* der Columbia University.

Aber bis dahin gab es noch einige Hürden zu überwinden, von denen meine Vorbereitung zur Konversion die kleinste war. Sie fand bei einem großartigen Rabbiner statt, der mich u. a. in jüdische Philosophie einführte. Ein Teil meines Unterrichts umfaßte große jüdische Denker; ich lernte die Bibel aus einem anderen Gesichtswinkel kennen und genoß die Diskussionen, die meinen Intellekt forderten. Die Hohen Feiertage im Herbst waren faszinierend, und ich drang darauf, am Freitagabend in die Synagoge zu gehen und am *Yom Kippur*, dem jüdischen Bußtag, zu fasten. Die Familie meines Verlobten feierte zwar Weihnachten, war aber sehr von dem Eifer der zukünftigen Schwiegertochter angetan. Das Judentum ist eine Familienreligion, und hier konnte ich mein Bedürfnis nach Familie mit meiner Wertschätzung für Traditionen kombinieren.

Es hatte ein paar Situationen gegeben, wo ich aufkommende Zweifel an der Richtigkeit meines JAs ersticken mußte. Da war zum Beispiel die äußerst enge Freundschaft Marks zu Ted, einem Studienkollegen, die bei allen Dingen Vorrang zu haben schien. Sie waren im Prinzip unzertrennlich, und ich war froh, daß ich mich mit Teds Frau befreunden konnte, um doch noch ein bißchen mehr von meinem Verlobten zu haben, auch wenn ich ihn mit seinem Freund teilen mußte. Ted und seine Frau hatten schon zwei Kinder, und ein drittes war unterwegs. Er war Anwalt, sie war in leitender Funktion an der Columbia University tätig und war eine von diesen wahnsinnig effizienten Frauen: Klein, mager, flink, aber sehr sympathisch, schien sie alles »mit links« zu erledigen. So bekam sie das Kind, fünf Minuten nachdem man sie aus ihrem Büro ins Krankenhaus transportiert hatte; sie hatte noch selbst die Ambulanz bestellt. Unwillentlich hat sie in nicht

geringem Masse zum Entstehen eines Minderwertigkeitskomple-
xes bei mir beigetragen. Ich tat mein Bestes, die »Entweder Ted
oder ich«-Situationen auf ein Minimum zu beschränken – nicht
zuletzt, weil ich nie sicher sein konnte, wie Mark sich entscheiden
würde. Sie müssen viel Dummes auf dem College angestellt haben, worüber sie sich noch als erwachsene Männer immer wieder
halb totlachen konnten.

Viel schlimmer war für mich aber, daß ich das eine oder andere entdeckte, was mich vermuten lassen mußte, daß Mark geizig war. Das ist eine Eigenschaft, die ich absolut nicht nachvollziehen und auch nicht tolerieren kann, und ich wollte das einfach
nicht wahrhaben. Ich überhörte oder übersah Situationen, wo ich
Grund gehabt hätte, die Hände über dem Kopf zusammenzu-
schlagen, und setzte mich durch, wo man etwas nicht mehr ignorieren konnte. Noch während unserer Vermont-Wochenend-Zeit
gab es solch einen Zwischenfall, der mir hätte die Augen öffnen
müssen. Sie erinnern sich an den Whisky, den wir aus Vermont
mitnahmen? Es handelte sich dabei ja um eine nicht so perfekte
Variante von Johnny Walker Black. Ich gab eine Party, und Mark
half mir bei den Vorbereitungen. Er schlug vor, daß ich den billi-
gen Whisky in eine leere JWB-Flasche füllen und ihn als »*the real
thing*« servieren sollte. Merken würde es ja ohnehin niemand; er
wisse das aus eigener Erfahrung bei seinen Parties sehr gut. Ich
war konsterniert und machte ihm klar, daß es so etwas in meinem
Haus nie geben würde. Offenbar habe ich das dann als einmali-
gen Ausrutscher eingestuft und mich danach bemüht, wo immer
möglich, solch problematischen Situationen zuvorzukommen.

Es gab nicht nur die »Entweder Ted oder ich«-Situationen,
sondern auch die Fälle, wo ich mit Josephine Probleme bekam –
oder sie mit mir, wie man's nimmt. Zuerst ging alles seinen richtigen, sprich: prätentiösen, Gang: Wir erschienen in der *New York
Times*, wo Paare ab einer gewissen Gesellschaftsstufe ihren Hei-
ratswunsch mitteilen. Wir gehörten meiner Meinung nach nicht
in diese Kategorie; gefreut hat's mich natürlich trotzdem. Ich war
bei Tiffany's registriert, was sich später u. a. in einem Sterling-
Silber-Besteck für acht Personen niederschlug, das ich heute

noch habe. Marks Schwester arrangierte den traditionellen *bridal shower* – die Party für die Braut, wo sie von ihren Freundinnen mit praktischen Dingen beschenkt wird. Und dann kam das Wochenende, wo wir die vierhundert Meilen »nach Hause« fuhren, um die Hochzeit zu planen.

Mark und ich waren da schon ein ganzes Stück vorangekommen; es gab ca. fünfzig Menschen, die wir zu unserem Freundeskreis zählten, und sie, kombiniert mit den Verwandten, die ich sehr mochte, würden eine größere Hochzeitsgesellschaft abgeben. Mitten in unserer Präsentation dieser Pläne meinte Josephine sinngemäß: »Das ist alles ganz und gar unnötig. Ich bin am Arm meines Vaters in meinem Elternhaus die Treppe hinuntergegangen, und unten haben unsere engsten Angehörigen und der Rabbiner der Familie gewartet, der uns dann im Wohnzimmer getraut hat. Ich schlage vor, ihr macht das auch so, und das wären dann insgesamt ca. dreißig Gäste. Dafür bietet unser Haus genügend Platz.« Ich schaute Mark an, der jedoch keine Anstalten machte zu protestieren. Es hatte sich einiges angesammelt, und ich fand, nun sei es genug. Also holte ich tief Luft und sagte: »Das war sicher wunderschön. Was uns betrifft: Ich habe weder ein eigenes Haus noch einen Vater, mit dem ich irgendeine Treppe hinunterschreiten würde, und was die engsten Angehörigen angeht, so hat Mark achtzig Verwandte zum Auswählen – und ich *eine* Schwester, was wohl nicht unbedingt eine faire Aufteilung ist. Hingegen haben Mark und ich einen großen Freundeskreis, und den möchten wir dabeihaben, und zwar in New York.« Ta, taa! Tusch für die junge Heldin, deren Verlobter wenigstens zustimmend nickte! Vielleicht hatte es da einen Ton in meiner Stimme gegeben, der Josephine aufhorchen ließ; jedenfalls gab sie erstaunlich schnell nach.

Eben: die eine Schwester, die ich hatte und die dem Clan von achtzig Verwandten auf der Seite des Bräutigams gegenüber stand. Und »gegen« ist hier die maßgebende Vorsilbe. Corinas Begeisterung über die Verlobung ihrer Schwester hielt sich in sehr engen Grenzen. Sie mochte Mark nicht. Punkt. Sie hatte ihn viel schneller durchschaut, weil sie ihn nicht durch eine rosa

Brille sah. Mark mochte sie auch nicht, hätte sich aber noch mit ihr arrangiert. Na, wunderbar! Und ich mittendrin zwischen den beiden Parteien. Wenn es nach meiner Schwester gegangen wäre, so hätte sie gerne auf die große Hochzeit verzichtet, zumal sie mir wohl bis heute nicht verziehen hat, daß sie als eine der vier Brautjungfern ein Kleid als altrosa Moirée mit einem mauvefarbenen Samtjäckchen tragen mußte ...

Zweimal hat sie in bezug auf meine Ehe ein Schlüsselerlebnis bei mir ausgelöst, das erste Mal am Abend vor der Hochzeit. Ich hatte sie gebeten, bei mir zu übernachten, weil ich so nervös war; wir lagen beide längere Zeit wach, und in die Stille hinein fragte sie plötzlich: »Bist du sicher, daß du das Richtige tust?« Ich war völlig überrascht und zögerte so lange mit der Antwort, daß sie meinte: »Okay, du mußt nicht mehr antworten.« Dennoch kam mein »I do!« am nächsten Tag, dem kalten 27. März 1966, aus vollem Herzen; ich war entschlossen, eine gute Ehefrau zu sein – wobei ich mich, wie die meisten Frauen, der Illusion hingab, das, was mich an Mark störte, würde sich im Zusammenleben dann schon in Wohlgefallen auflösen. *Message* an alle Leserinnen, die mit ähnlichen Gedanken spielen: Vergessen Sie's!

Es gab einen einzigen Wermutstropfen, der noch zu manch einer Träne wurde: Meine Mutter konnte das nicht miterleben! Ob sie Mark gemocht hätte? Da bin ich nicht so sicher. Aber die Hochzeit hätte ihr sicher gefallen: Der Champagner-Empfang für einhundertdreißig Gäste (von einhundertfünfzig Eingeladenen), die Tonnen von zum größten Teil sehr schönen Geschenken, der Hochzeitstanz des strahlenden Brautpaars, das Werfen des Brautbouquets, das eine deutsche Freundin von mir auffing, der Reis in Haaren und Kleidern und der ganze *»Just married«*-Klimbim an unserem Cabriolet, das uns nach Mexiko bringen sollte – es war so, wie man es sich erträumt! Was ich natürlich nicht wissen konnte: Das war der Höhepunkt meiner Ehe. Achtzehn Monate später würde sie vor dem Scheidungsrichter, ebenfalls in Mexiko, enden. Verliebt-verlobt-verheiratet hatte insgesamt zweieinhalb Jahre gedauert, und bereits nach eineinhalb wußte ich, daß ich mich verkalkuliert hatte.

1966: Am Abend vor der Hochzeit mit dem Villon-Sänger

Der sympathische Schwiegervater mit Josephine

Corina (2. v. l.), die die Brautjungfer-»Uniform« gar nicht gut fand

Die beiden großen Leidenschaften meines Lebens

> Dummheit ist nicht: wenig wissen.
> Auch nicht: wenig wissen wollen.
> Dummheit ist: glauben, genug zu wissen.
>
> *Anita*

Sie haben das Inhaltsverzeichnis angeschaut und sind schnurstracks zu diesem Kapitel gegangen, stimmt's? Mit dem Titel ist das ja auch verständlich. Das tut mir jetzt aber leid, denn ich muß Sie enttäuschen: Es wird in diesem Buch keine Schlüsselloch-Geschichten geben. Das steht übrigens im Prolog. Daher: »Do not pass GO, do not collect twohundred Dollar; go directly to jail!« *Dort werden Sie ja Zeit haben, dieses Buch von Anfang an zu lesen. Und wer oder was die beiden großen Leidenschaften in meinem Leben waren bzw. sind, werden Sie dann später in diesem Kapitel erfahren . . .*

Von meiner Seite war außer meiner Schwester niemand an meiner Hochzeit. Wer hätte es auch sein können? Die Gaake? Sie war zu alt und durch eine Hüftoperation zu gebrechlich, um den Flug zu überstehen. Und das war's denn auch schon, denn Tante Edith oder Onkel Erwin kamen nicht in Frage. Die Familie meiner Mutter hatte sich so herzlos verhalten, als ich ihnen den Tod ihrer Schwester mitgeteilt habe, daß ich niemanden wiedersehen wollte. Onkel Erwin hatte vierzig Mark in einem Brief beigelegt, damit ich für die Beerdigung Blumen kaufen könnte; ich habe diese zehn Dollar an die Krebsliga überwiesen. Tante Edith schickte nichts, kündigte aber ihren Besuch an, wo sie dann am Grab etwas niederlegen wollte. Sie kam tatsächlich im Sommer 1965 und wohnte natürlich bei meiner Schwester und mir. Wenn sie einkaufen ging, gab ich ihr das Geld dafür, was sie auch nahm. Sie lernte meinen Noch-nicht-Verlobten kennen und ließ sich gerne von ihm herumchauffieren. In seinem Cabriolet fuhr ich sie zum Friedhof, wo sie ein paar müde Blumen am Grabe ihrer Schwester deponierte. Dies, nachdem sie mir auf dem Weg dorthin nochmals in aller Deutlichkeit gesagt hatte, daß meine Mutter mit der Wahl ihres Ehemannes ihr Schicksal selbst bestimmt hätte. Es war dieser Moment, wo ich am liebsten die Autotüre auf ihrer Seite aufgemacht und sie in den East River gekippt hätte. Ansonsten ließ sie uns wissen, daß sie sich an dem Grabstein beteiligen wollte; wir sollten ihr dann sagen, was er gekostet habe. Ich informierte sie, daß auf diesem Friedhof keine Grabsteine mehr gesetzt werden durften, sondern nur noch eine Platte gestattet war. Das war das letzte, was ich von ihr in bezug auf Beteiligung gehört habe. Anlaß genug für uns, ihre für zwölf Tage geplante Reise auf eine Woche zu verkürzen – ich würde sagen, wir haben ihr glasklar zu verstehen gegeben, daß wir genug von ihr hatten.

Trotzdem hat sie eine Hochzeitsanzeige bekommen, und sie hat es sich nicht nehmen lassen, mir ein großes Tischtuch zu schicken – ein gebrauchtes, wohlgemerkt, für das sie in ihrem verkleinerten Haushalt keine Verwendung mehr hatte. Wo habe ich bloß bei der Wahl meiner Verwandten meine Augen gehabt? Aber diesmal hielt sich der Schmerz in Grenzen; zu oft war ich schon von ihr oder den anderen Verwandten enttäuscht und beleidigt worden. Und außerdem hatte ich ja genügend Ersatz: Die näheren Verwandten meines Mannes, die mich mit offenen Armen ihrem Clan einverleibt hatten, bildeten jetzt meine Familie! Ich hatte nicht nur einen Mann, sondern achtzig Angehörige geheiratet, und sie waren fast alle bei unserer Hochzeit, zum Teil von weit her angereist.

Eine Hochzeitsanzeige in Form eines kurzen Briefes bekam auch mein Vater. Dieser Gelegenheit, ihn vor den Kopf zu stoßen, konnte ich nicht widerstehen. Er kommentierte die Entscheidung seiner Tochter, einen Juden zu heiraten und zum Judentum zu konvertieren, mit den Worten, daß es sich finanziell wohl für mich lohnen müsse, so etwas Absurdes zu tun ... Typischer hätte unsere letzte Kommunikation wohl kaum verlaufen können! Ich bin jedoch froh, daß ich ihm meine Eheschließung mitgeteilt habe; genauso froh bin ich, daß er nie erfahren hat, wie falsch er mit seiner Vermutung lag ...

Distanzen bedeuten in einem so weitläufigen Land wie den USA nicht dasselbe wie in Mitteleuropa. Dennoch war es wohl eine ziemlich exotische Idee, im eigenen Auto von New York nach Mexiko zu fahren, wie wir das für unseren *Honeymoon* geplant hatten, doch das war die Art von Erlebnissen, die mein Mann mochte. Elche jagen in Neufundland und Tiefseefischen vor der Küste Floridas bildeten ebenso einen Teil seiner Vergangenheit, die er immer wieder und gerne heraufbeschwor, wie Autorennen oder halsbrecherische Ski-Abenteuer. Softball und Tontauben-Schießen gehörten zu den milden Sportarten, bei denen ich sogar mithalten konnte. Aber generell konnte es nicht gefährlich und betont männlich genug sein; *Hemingway* ließ laufend grüßen. Natürlich war er auch der weltbeste Autofahrer, und das größte Kompliment, das ich in meiner Ehe bekommen habe, war, als wir zum erstenmal nach unserer Hochzeit die vierhundert Meilen nach Pennsylvania machten und ich fahren »durfte«, weil er müde war. Er ist tatsächlich ganz beruhigt eingeschlafen und hat mich ca. zweihundert Meilen am Steuer gelassen!

Von New York über Hershey, Pennsylvania, nach New Orleans; von dort über Texas nach Mexiko City – je weiter südwärts wir fuhren, desto mehr lernte ich das Cabriolet schätzen. Das eigentliche Ziel war Acapulco. Es hatte mal einen Kalender von einer Fluglinie gegeben, der auf einem Monatsblatt eine Aufnahme von *Las Brisas*, dem damals berühmtesten Hotel Mexikos, zeigte: dieses ganz besondere Hotel, wo jeder Gast seinen eigenen Bungalow mit Swimming-Pool hatte. Da das Hotel an einen Hang gebaut wurde, bekam man beim Einchecken einen Jeep mit Sonnendach, mit dem man in dem ganzen weitläufigen Gelände herumkurven konnte. Ich hatte diese Aufnahme vom Hotel in meinem Gedächtnis gespeichert, und als wir daran gingen, unsere Hochzeitsreise zu planen, konnte ich Mark dafür begeistern.

Er hat es nicht bereut. Es war schlicht der perfekte Ort; wir waren nicht die einzigen Hochzeitsreisenden, die das entdeckt hatten. Ich ging sogar freiwillig mehrmals am Tag in den Pool, der zu unserem geräumigen, luxuriösen Bungalow gehörte. Einziger Regiefehler: Vom ersten Abend an zogen zwei kleine Eidechsen ihre Bahn über unserem Bett. Hätte ich gewußt, daß sie sehr wohl ihre Grenzen kannten und nie daran gedacht hätten, sich auf mein Kopfkissen fallen zu lassen, wäre ich einiges entspannter gewesen.

Acapulco ist natürlich nicht Mexiko, und was das Land sonst noch zu bieten hat, er-fuhren wir im wahrsten Sinne des Wortes. Es war rundherum schön und romantisch, ohne einen einzigen Mißton. Hatte ich wieder mal etwas nicht wahrnehmen wollen oder verdrängt?

Von dem Moment an, wo wir zurück in New York waren, nachdem wir noch einen Halt in Pennsylvania gemacht hatten, war mein Mann nämlich ein anderer. Besitzergreifend war er auch vorher schon gewesen; ein Steinbock ist das offenbar, wie ich später herausgefunden habe. Das Sternzeichen teilte er mit meinem Vater, und daß Steinbock-Männer mit Wassermann-Frauen keine so umwerfende Kombination ist, habe ich auch später immer wieder feststellen müssen, sowohl privat als auch bei Berufskollegen. Wassermänner sind freiheitsliebend, und wenn man wie ich noch Schütze als Aszendenten hat, ist man da in bezug auf Freiheitsdrang doppelt belastet. Nicht umsonst hatte ich ja auch vor Mark keine Lust zum Heiraten gehabt und nach ihm jeweils frühzeitig durchblicken lassen, daß das nicht unbedingt mein Thema sei . . .

Mark äußerte Wünsche, und ich kam ihnen nach. War ich zuvor, als er mich kennenlernte, kurzgelockt und strähnig erblondet gewesen, so ließ ich jetzt meine braunen Haare wachsen; sie wurden lang, glatt, in der Mitte gescheitelt – selten habe ich unvorteilhafter ausgesehen. Unser großer Freundeskreis forderte viel von unserer Zeit; wir waren fast jeden Abend irgendwo eingeladen oder hatten Freunde bei uns. Ich lernte, wie man einen Truthahn füllt und größere Gesellschaften bekocht. Ich lernte überhaupt kochen. »Endlich!« hätte meine Mutter geseufzt, die sich jahrelang vergeblich mit mir abgemüht hatte. »Jetzt komm her und schau zu, wie ich den Gulasch mache: Zuerst die Zwiebeln anbraten . . .« Ja, ja, ja. Wen interessierte das schon? Mich als Achtzehn- oder Neunzehnjährige sicher nicht. Aber sie hatte jetzt die späte Genugtuung, daß von ihren Lektionen offenbar doch etwas hängengeblieben war. Ich versuchte, mein europäisches Kochgut einzubringen, denn ich wollte mich nicht auf einen permanenten Kochwettbewerb mit der besten Köchin der Welt einlassen. Immerhin hat sie mir auch etwas beigebracht, und sie war großzügig im Weitergeben von Rezepten – schließlich gingen die ja an die Schwiegertochter, die für ihren Sohn kochte, nicht wahr?

Mein Hochzeitsgeschenk an Mark war ein achtwöchiges Collie-Baby. Als wir ihn abholten, hatte er gerade auf meinem Schoß Platz; als ich mich tränenreich von ihm trennen mußte, hatte er die Ausmaße eines kleineren Kalbs. Ein schwarz-weißes Prachtstück, mit ellenlangem Stammbaum selbstverständlich, klug und ruhig, war *Lord* – so nannten wir ihn, denn er sah auch so aus – meine allererste Erfahrung mit einem Haustier, während Mark mit Hunden aufgewachsen war. Das war eben das Geschenk, daß ich mich wieder mal etwas Neuem aussetzte, ihm zuliebe.

Natürlich war abgemacht, daß er sich um den Hund kümmerte; ebenso natürlich fiel die Aufgabe schon bald mir zu. Wir wohnten an der 86th Street & Riverside Drive, einer wunderbaren Lage, mit dem Riverside Park gerade über die Straße. Wenn Lord um sechs Uhr früh hinaus mußte, konnte mein Mann völlig auf stur schalten: »*Lord, go away. Let me sleep a little longer.*« So klug Collies auch sein mögen, diesem fehlte das Musikgehör für Marks Forderung – und Sie müssen nicht dreimal raten, um zu wissen, wer mit dem Hund Gassi ging. Nachdem ich das ein paarmal gemacht und gelernt hatte, daß er beim Herumtollen im Park schwerhörig zu sein schien, irgendwann einmal aber so hungrig würde, daß er sogar freiwillig zu mir zurückkam, ging ich morgens immer öfter mit ihm hinaus. Als mein Schwiegervater erfuhr, daß seine Schwiegertochter morgens früh in einem dunklen Park ihr Leben aufs Spiel setzte, gab es einen ziemlichen Wirbel. Aber im Unterbewußtsein wußte Mark, daß ich sein Goldstück nicht leiden lassen konnte, und er verließ sich immer wieder darauf. Ich hatte nun zwar einen dankbaren, bildschönen Hund, aber das war nicht ganz im Sinne der Schenkenden.

Finanziell hatten wir ein sauberes Arrangement: Wir lebten von meinem Einkommen und taten seins auf die Bank. Mark war im *Factoring* tätig, also im Finanzwesen. Was denn sonst, bei seiner Präokkupation mit Geld! Mark las schon täglich Börsenberichte, als das überhaupt noch nicht *en vogue* war; selbstverständlich telefonierte er auch täglich mit seinem Broker. Er fand die besten *Deals* und Sonderangebote heraus; er sparte, wo er konnte. Zwar kam mir der Whisky-Verschnitt nicht ins Haus, aber in dieser Richtung produzierte er mindestens einmal die Woche eine neue Idee. Aufbegehrt habe ich schließlich, als er mir Vorwürfe machte, daß ich große Eier gekauft habe, wo doch die mittleren im Supermarkt im Sonderangebot waren ...

Woher er diesen fast schon krankhaften Geiz hatte, habe ich nie eruieren können. Mein Schwiegervater war warmherzig und großzügig, selbst meine Schwiegermutter schenkte gerne, und meine Schwägerin ging eher verschwenderisch mit ihrem Salär um. Mark hingegen war die Verkörperung von Oscar Wildes Zitat: »*What is a cynic? A man who knows the price of everything and the value of nothing.*« Wenn ich ein Geschenk bekam, lieferte er mir selbstverständlich gleich den Preis mit: Entweder hatte ich extra dankbar zu sein, weil es sich seiner Meinung nach um ein teures Geschenk handelte, oder ich hatte ihn zu bewundern, daß er etwas so Gutes so billig hatte erstehen können ...

Sie haben mich ja bis jetzt nicht als sonderlich nachgiebig oder angepaßt erlebt, oder? Jetzt lernen Sie einen Charakterzug an mir kennen, der Sie vielleicht erstaunt: Ich habe ein ausgeprägtes Harmoniebedürfnis und war in meiner Ehe zu lange zu willig, das eine oder andere zu akzeptieren, damit es keinen Krach gab. Sie erinnern sich: Ich wollte eine »gute Ehefrau« sein, was immer man oder ich darunter verstand, und gute Ehefrauen befinden sich nicht im Dauer-Clinch mit ihren

Männern. Und zudem vertraute ich auf die Zeit – ein Kardinalfehler,
wie sich herausstellte. Aber ein bißchen aus meinem Ehealltag müssen
Sie schon noch wissen, damit Sie das frühe Ende verstehen können . . .

Wir arbeiteten beide, wie sich das in New York für kinderlose Ehepaare gehört. Ich hatte das Hypotheken-Business verlassen, nachdem ich bei einer New Yorker Prestigefirma, *Wm. A. White & Sons*,
ein knappes Jahr als *Real estate salesman* gearbeitet hatte. Meine
Hochzeit rettete mich aus einem ungeliebten Job, dem einzigen,
in dem ich auch nicht erfolgreich war. Ich mußte potentielle Kunden »kalt« anrufen. Mir fiel es schwer, mir vorzustellen, daß jemand auf meinen Anruf gewartet hatte: Ein Mann, der ein großes
Bürogebäude, Shopping Center oder eine Überbauung besaß und
darauf drei Hypotheken aufgenommen hatte, wußte doch wohl
sicher selbst, wann die fällig würden. Ich sah den Sinn nicht ein,
daß ich jemanden fragen mußte, ob er schon wüßte, daß seine
zweite Hypothek am soundsovielten fällig würde und daß wir
ihm gerne helfen würden, die neu zu plazieren. Mit großen Zwei-
feln bin ich jeden Morgen an diese Arbeit gegangen, und dementsprechend schlecht waren meine Resultate; ich habe nur ganz wenige Kunden akquirieren können. So gerne ich arbeite, diesmal
war ich froh, daß meine Eheschließung mich aus dieser unbefrie-
digenden Situation rettete.

Inzwischen arbeitete ich als Sekretärin oder was immer gerade angesagt war bei einer Firma, die *Industrial Shows* produzierte. Inhaber waren ein Ehepaar: Er ein *Yul-Brynner*-Verschnitt,
der sich meistens auch so gebärdete wie Yul Brynner in *The King*
and I; sie eine begabte Schauspielerin, die auch singen und tanzen konnte. Zwei wohlgeratene Kinder gehörten mit zum Fami-
lienporträt; in meiner Zeit kam noch ein drittes hinzu. Der Job
machte mir Spaß; es war eine Atmosphäre, die gleichzeitig fami-
liär und glamourös war. Revuen, die zum Beispiel für eine Auto-
Präsentation in Detroit konzipiert, geschrieben, ausgestattet und
produziert wurden, mußten genauso professionell sein wie eine
Broadway-Show, und Yul Brynner war ein fordernder Produzent.
Seine Frau war ein warmherziger, humorvoller Mensch; sie hatte

ihm zuliebe eine vielversprechende Karriere im Showbusiness aufgegeben und war dankbar, wenn sie jetzt noch irgendwo mitspielen »durfte«. Je länger ich dieses Ehepaar kannte, desto mehr sah ich, wie ungleich auch hier Verantwortung und Arbeitsbelastung verteilt war. Nach und nach sah ich meine eigene Situation im Spiegel dieser Ehe, und was ich sah, gefiel mir immer weniger. Der große Unterschied zwischen dieser Ehe und meiner waren allerdings die Kinder.

Die Träume meines Mannes gipfelten in der Vorstellung, daß wir eines Tages ein Haus auf dem Lande haben würden, mit Pferden, Hunden und – vier Kindern! Die Verwirklichung dieser Vorstellung scheiterte an verschiedenen Dingen, u. a. daran, daß Haus, Pferde und Hunde nicht gratis geliefert werden und wir kein Geld für die Verwirklichung solcher Träume hatten. Und auch das mit den Kindern war so eine Sache ...

Im nachhinein glaube ich, daß man mich schon prüfend in bezug auf eine eventuelle Schwangerschaft anschaute, als wir gerade von unserer mehr als dreiwöchigen Hochzeitsreise zurückgekommen waren. Das war jedoch nur der Anfang. Es schien, als ob es in diesem Clan plötzlich nur noch ein Thema gab: »Ist sie oder ist sie (noch) nicht?« Mark war zweiunddreißig, ich war siebenundzwanzig – da konnte man damals in den USA bereits die biologische Uhr ticken hören. Ich erspare Ihnen die Einzelheiten, wie ich versuchte, dieser Erwartungshaltung Rechnung zu tragen; sie wären wirklich zu belastend. Was zählt, ist ja sowieso das Resultat – und das war gleichbleibend null. Das belastete unsere Beziehung, zumal mein Mann sich weigerte, sich untersuchen zu lassen. Ganz langsam dämmerte es mir, daß es hier nicht eigentlich um mich als Frau, sondern um mich als potentielle Mutter der vier imaginären Kinder ging. Hatten wir das so abgemacht?

Zum Glück war dies kein Fall einer königlichen Erbfolge, sonst wäre ich vielleicht verstoßen oder geköpft worden. Aber immerhin ging es darum, meine Schwiegermutter und meinen Mann – in der Reihenfolge – glücklich zu machen, was immer schwieriger wurde.

Ich verdiente zwar nicht schlecht, aber mein ganzes Geld

ging für Hund und Haushalt, einschließlich Miete, Versicherungen und Steuern, drauf. Kein Wunder, wenn ich ja auch weiterhin auf großen Eiern bestand! Irgendwie blieb nichts für mich übrig. Das war ich ja von zu Hause gewohnt, aber inzwischen hatte ich das Leben auch von einer anderen Seite kennengelernt und begann, die Richtigkeit des Arrangements mit den beiden Salären insgeheim anzuzweifeln. Aber mit Mark über Geld zu reden war alles andere als einfach – besonders, wenn es darum ging, daß er sich davon trennen sollte. Das konnte zu absurden Situationen führen, wie an Silvester, wo wir sowohl bei Freunden *downtown* als auch bei meinem Chef *uptown* eingeladen waren. Bei letzterem sollten wir spätestens kurz vor Mitternacht auftauchen. Wir verließen das Dinner viel zu spät; Mark machte ein paar halbherzige Versuche, um halb zwölf Uhr ein Taxi zu ergattern, während wir tapfer in Richtung U-Bahn marschierten. Zu seiner Freude und meinem Ärger erreichten wir die U-Bahn-Station, bevor sich ein Taxi unser erbarmen konnte. Mark rechnete glückstrahlend vor, wieviel Geld wir jetzt gespart hätten, indem wir zusammen für nur 50 Cents *uptown* fuhren – und das bei den New Yorker Taxipreisen, die zu den günstigsten gehören! –, und so habe ich Mitternacht des einzigen Silvesters meiner Ehe irgendwo zwischen Grand Central Station und 50th Street in einer dahinrasenden U-Bahn verbracht. Wie heißt es doch bei der englischen Königin: »*We are not amused.*«

Höhepunkt des finanziellen Debakels war ein angekündigter Besuch meiner Schwiegereltern, bei dem irgend etwas gefeiert wurde. Ich schaute in meinen Kleiderschrank und fand unter dem Wenigen, das da herumhing, wirklich nichts Passendes. Was immer ich dann angezogen habe, hat meinen Schwiegervater dazu veranlaßt, sich für den nächsten Morgen mit mir zu verabreden, um mir etwas Anständiges zum Anziehen zu kaufen. Dem war ein Krach mit seinem Sohn vorausgegangen, der in Hörweite von mir stattgefunden hatte. Ich glaube, dieses demütigende Erlebnis war der Tiefpunkt meiner Ehe – und damit auch der Beginn von etwas Neuem.

Haben wir je Zeit nur für uns verbracht? Ich kann mich

nicht erinnern. Sehr viel von Marks Freizeit war sportlichen Aktivitäten mit Freund Ted gewidmet; wenn das Wetter so etwas nicht zuließ, verbrachte er die Zeit mit ihm in seinem Arbeitszimmer, während ich dessen Frau zuschaute, wie sie aus dem Nichts eine tolle Mahlzeit zauberte, die drei Kinder im Griff hatte und gleichzeitig noch irgendein Problem ihrer Arbeit löste. Ich deckte dann niedergeschlagen den Tisch und wußte, daß ich es mit diesen Super-Hausfrauen nie würde aufnehmen können.

Was wir zu zweit geplant und erlebt haben, fand immer außer Haus statt: Das eine große Dinner pro Monat in einem der teuren Restaurants, über dessen Preis-Leistungs-Verhältnis dann der Freundeskreis während der restlichen neunundzwanzig Tage informiert wurde (meistens hatte das Restaurant den Test nicht bestanden). Einmal waren wir in der Oper: »Aida« noch in der alten Met an einem Montagabend, wo Abendkleid und Smoking ungeschriebenes Gesetz waren. Abendgarderobe hatte ich noch von der Zeit vor meiner Ehe; es war ein Abend, an den ich mich gerne erinnere, nicht zuletzt, weil wir beide miteinander alleine und nicht von einem Dutzend Freunde umgeben waren. Selbstverständlich entrüstete sich Mark über den Preis des Abendessens. Wir führten ein ziemlich oberflächliches Leben, in dem es viel Sport, wenig Theater und gar keine Literatur gab. In den achtzehn Monaten unserer Ehe hat mein Mann ein einziges Buch gelesen: *The Dirty Dozen*, das kein Sex-, sondern ein Kriegsbuch war, was er vielleicht zu spät gemerkt hat. Ich war intellektuell ausgehungert und zusätzlich mit einem ziemlichen Komplex beladen.

In unserem Freundeskreis waren alle aufs College gegangen. Sie redeten immer wieder von ihren Erlebnissen während der Studienzeit, von den Streichen, die sie erdacht und ausgeführt hatten, von den Höhepunkten der Abschlußfeiern, und ich saß daneben und konnte nichts dazu beitragen. Zwar fand ich den Durchschnitts-IQ unserer Freunde nicht gerade überwältigend, und Marks Interesse an Bildung schien sich mit dem einen Lied von François Villon erschöpft zu haben, aber diese Geschichten lieferten einen Kitt, der die ganze Clique verband. Nicht daß sie mich ausgeschlossen hätten, denn ich war voll akzeptiert. Als Europäerin hatte ich ohnehin einen Sympathie-Bonus, und daß ich nicht ganz unterbelichtet war, hatten sie längst mitbekommen. Daneben mochten sie meine Schlagfertigkeit, besonders dann, wenn ich damit Mark von irgendwelchen Höhenflügen oder Selbstinszenierungen zurückholte. An der Oberfläche gab es also kein Problem.

Das lag tiefer. Die Geschichten über die verschiedenen Fächer, über Examen oder den Streß von Semester-Abschlüssen hatten in mir eine Sehnsucht geweckt, die immer stärker wurde. Ich wußte nicht einmal genau, worin diese Sehnsucht bestand, aber ich beschloß, das mit meinem Mann zu diskutieren: Wenn es mit dem Kindersegen noch nicht klappen wollte, vielleicht könnte ich dann aufs College und dort etwas lernen, was mir Spaß machte? Die Columbia University war nur dreißig Blocks entfernt; dort gab es die *School of General Studies*, wo man mindestens einundzwanzig Jahre alt sein mußte, um überhaupt aufgenommen zu werden. Dafür war ich mit meinen achtundzwanzig Jahren nicht zu alt, und ich hatte solche Lust zu lernen!

Ich habe meinen Mann nie so heftig reagieren sehen wie bei dieser Diskussion. Diskussion? Was für eine Diskussion denn? Es gab gar keine. Er hatte mir mit Mühe zugehört, und kaum war ich fertig mit meinem Vorschlag, sagte er kategorisch, daß das gar nie in Frage käme. Ich würde diese vier Kinder bekommen und großziehen und mit ihm in das Irgendwo-Haus aufs Land ziehen. Aus. Ende. Basta. Schade, daß er in den zweieinviertel Jahren, die wir uns kannten, so wenig über mich gelernt hatte!

An einem Sonntagnachmittag im Frühling 1967, als Mark mit einer Reihe von Freunden vor dem Fernsehgerät saß und eines der ersten Baseball-Spiele der Saison anschaute, lief ich mit meiner Schwester durch den Central Park. Sie hatte natürlich längst mitbekommen, daß diese Ehe nicht das war, was ich mir darunter vorgestellt hatte. Plötzlich blieb ich stehen und sagte ihr, daß ich sehr unglücklich sei und diesen Zustand ändern wollte. Das war die zweite Schlüsselfunktion meiner Schwester in meiner kurzen Ehe: Sie umarmte mich, beglückwünschte mich zu meinem Entschluß und sagte mir ihre volle moralische Unterstützung zu, was ich dringend als Bestätigung brauchte. Der verhaßte Schwager, der dauernd an ihr herummäkelte, und dessen Gutsherren-Getue ihr gründlich auf die Nerven ging, würde es jetzt mit ihrer entschlossenen Schwester zu tun kriegen.

Aber wozu war diese Schwester eigentlich entschlossen? Das konnte ich nicht einmal sagen, außer daß ich in der Woche darauf zur Columbia University wollte, um mich nach den Aufnahmebedingungen zu erkundigen. Daneben wollte ich mich nicht mehr in eine Rolle zwängen lassen, die mit mir wenig bis nichts zu tun hatte. Wie das aussehen sollte, war noch nicht ganz klar, aber daß ich mich aktiv zur Wehr setzen und versuchen würde, zu der Frau zurückzukehren, die ich vor meiner Ehe gewesen war, stand fest.

Etwas, was Menschen, die mich oberflächlich kennen, nicht verstehen, ist dieser Zustand der Entschlossenheit. Wann immer ich meiner Umwelt ankündige, daß ich etwas anfangen oder beenden möchte, hat es keinen Zweck, mir das ausreden zu wollen. Das hat einen einfachen Grund: Wenn ich darüber zu reden anfange, habe ich den Prozeß der Entscheidungsfindung bereits abgeschlossen. Ein wichtiger Entschluß entsteht bei mir über einen längeren Zeitraum, in dem mich alle möglichen Signale erreichen, die ich zuerst einmal ignorieren will. Nach und nach beginne ich, die Botschaften einzuordnen, und wenn dann genügend Bausteine da sind, um das Fundament der Entscheidung zu bilden, rede ich darüber mit jemandem, dem ich voll und ganz vertraue. Wenn es darum geht, die Optionen bei der Umsetzung des Entschlusses zu diskutieren, nehme ich gerne Rat und Hilfe an, aber der Entschluß selbst steht nicht zur Diskussion. Der kann allenfalls modifiziert werden. Auf die hoffnungsvolle Frage meiner Schwester, ob ich Mark jetzt verlassen würde, habe ich an jenem Sonntag noch mit nein geantwortet; ich war noch nicht so weit, mir das Scheitern meiner Ehe einzugestehen.

Eines der großen »Projekte« unserer Ehe war eine dreiwöchige Reise nach Europa, auf der ich all seinen europäischen Freunden und Bekannten präsentiert werden sollte. Wir hatten

von Anfang an dafür Geld zurückgelegt, öfter die Reiseroute diskutiert und uns schließlich entschieden, daß wir im Sommer
1967 direkt nach London fliegen und von dort über Kopenhagen,
Brüssel, Hannover, Berlin und Paris nach Madrid reisen würden.
Die Organisation dieser Reise, die bis ins kleinste Detail geplant
war, nahm viel von Marks Zeit und Gedanken ein – so viel, daß
ich nicht einmal sicher war, ob ich mich darauf freuen sollte. Anderseits setzte ich einige Hoffnung in die Zeit, die wir zusammen
auf meinem Kontinent verbringen würden.

Vorerst aber suchte ich Verbündete, die meinen Entschluß,
aufs College zu gehen, unterstützen würden, und fand unter den
Freunden sogar ein paar. Teds Frau zum Beispiel, die diese Idee
voll befürwortete. Oder der Rabbiner, der Mark und mich in sein
Büro bat, um meinem Mann klarzumachen, was mir das bedeuten würde. Er war zufällig auch Vorstandsmitglied einer staat-
lichen Stelle, die College-willigen Erwachsenen ein zinsloses
Darlehen anbot. Mark, der vorher immer noch höflich, aber sehr
bestimmt erklärt hatte, er würde auf keinen Fall »erlauben«, daß
ich aufs College ginge, begann aufzuhorchen: »Geld« war für ihn
ein Zauberwort. Nach einer weiteren Viertelstunde war er soweit:
Okay, ich könne mich ja mal erkundigen, wann der Eintrittstest
sei und was das Ganze so kosten würde ...

Das ließ ich mir nicht zweimal sagen. Harmoniebedürftig,
wie ich bin, war es mir natürlich lieber, ich hatte das Einverständ-
nis meines Mannes, als daß ich mich mit ihm in den Clinch begeben hätte. Ich meldete mich also zum *College Entrance Test* für
einen Nachmittag im Juni an; meine Anmeldung wurde angenommen.

Bis zu diesem Nachmittag ging unser Leben wie gehabt weiter, gewürzt ab und zu von ein paar spitzen Bemerkungen von
Marks Seite. Anderseits renommierte er im Freundeskreis mit mir,
daß ich als Erwachsene diesen Schritt wagte, und wo immer er darüber sprach, stieß mein Plan auf Zustimmung. Auch mein Chef
beglückwünschte mich; er war nicht auf einem College gewesen
und hatte das immer sehr bedauert. Er hat seiner Bewunderung
mit einem Bonus am Ende meiner Tätigkeit Ausdruck verliehen.

Vorerst sagten wir Marks Eltern noch nichts davon, obwohl ich gerne gewußt hätte, wie sie darüber dachten. Die Tatsache, daß sie ihren Sohn auf ein *Ivy League College* – die Bezeichnung für die fünf besten Colleges Amerikas – und ihre Tochter auf das ebenso renommierte *Barnard College* an der Columbia University geschickt hatten, war ein Indikator dafür, wie hoch sie den Stellenwert einer *College education* einschätzten. Hätten sie Verständnis für mein Bedürfnis nach Bildung? Noch immer erkundigte sich die Verwandtschaft, ob ich nun endlich schwanger sei, und meine Schwiegermutter erklärte tapfer, daß es damit ja noch nicht eile ... Sie ließ uns jedoch wissen, wie schwer ihr diese Erklärung fiele; sie betrachtete meine Nicht-Schwangerschaft als eine Art persönlichen Schicksalsschlag und nahm mir übel, daß ich ihr noch nicht die ersehnten Enkelkinder beschert hatte. Wenn *Mother* etwas nicht gut fand, war auch unsere Ehe nicht gut, und die Solidarität, die ich mir von meinem Mann erhofft hatte, war offenbar aufgebraucht mit dem Entschluß, unsere Hochzeit in großem Stil in New York zu feiern. Danach hat er immer Partei genommen für das, was Josephine meinte, wenn es im Gegensatz zu dem stand, was ich fand.

An einem Samstagmorgen im Mai, drei Wochen vor meinem Eintrittstest, spitzte sich die Situation zu. Schon lange hatte Mark viele seiner Junggesellen-Gewohnheiten wieder angenommen. Dazu gehörte u. a., daß er seine Sachen auszog und sie dort liegen ließ, wo sie gerade hinfielen. Aufräumen fand er überflüssig; wir wohnten in einer sehr schönen 4-Zimmer-Wohnung, wo es ein Zimmer für Kleiderschränke, Bügeln und Bastelarbeiten aller Art gab. Wenn wir diesen Raum für eine unserer größeren Parties brauchten, schmiß er alles, was herumlag, in irgendeinen Schrank, den er dann abschloß. Was nicht Platz hatte, wurde temporär ins Auto verfrachtet. Sein Badezimmer sah aus, als ob ein Hurricane durchgefegt hätte. Nicht daß ich ein Musterbeispiel an Ordnung bin, aber ich wohne gerne und dafür möchte ich eine Umgebung haben, in der Wohnen möglich ist.

Unser Rhythmus war völlig verschieden. Ich bin schon damals gerne früh aufgestanden, weil ich den Frieden und das Versprechen der frühen Morgenstunden schätzen gelernt hatte. Mark hingegen schlief gerne und lange. Und wenn er dann endlich aufstand, duschte er gerne – bis zu einer halben Stunde. Er war ein Meister im Verdrängen und Verzögern, und beides, das Schlafen wie das Duschen, waren eine Art Sicherheitspuffer zwischen ihm und den wichtigen Entscheidungen, die das Leben ihm abverlangte.

Zu Hause lief mein Mann in Sweatshirt und den dazugehörigen Hosen herum. In solch einem Outfit saß er auch an diesem Vormittag im Eßzimmer; ich kam vom Einkaufen zurück und sah, wie er gerade fingerdick Erdnußbutter auf das weiße Wattebrot klebte, das man schon geschnitten kaufen kann, auf das er dann eine ebenso dicke Schicht Thon-Salat häufte. Dazu trank er etwas, was *Pink Lemonade* hieß und leider auch so aussah. Ich hasse Erdnußbutter, und allein der Anblick von Pink Lemonade genügt, daß mir schlecht wird. Ich fragte daher sarkastisch, was denn aus dem Gourmet geworden sei, als der er sich vor unseren Freunden immer ausgab; ein Wort gab das andere, und schließlich sah er von der *New York Times* auf und fragte unvermittelt: »*Do you want a divorce?*« Das hatte ich vor diesem Morgen noch nicht ins Auge gefaßt, aber jetzt war mir klar, daß das der einzig richtige Schritt war. Fünfzehn Monate nach meinem ersten »I do!« kam jetzt ein zweites. Ich war erstaunt, wie ruhig ich war, und dankbar, daß er diese Entscheidung provoziert hatte. Von da an wurde unser Zusammenleben viel besser; die unerträgliche Spannung, die ich nicht einmal richtig hatte einordnen können, war weg, und wir konnten plötzlich wieder einigermaßen normal miteinander kommunizieren.

Mark hatte zwar erstaunlich schnell eingewilligt, aber eine gewichtige Bedingung gestellt: Die Reise nach Europa sollte trotzdem stattfinden; er hatte nicht den Mut, all seinen Freunden zu schreiben, daß seine vor kurzem geschlossene Ehe bereits zu Ende war. Ich überlegte, wie sich das bewerkstelligen ließe; aus Dankbarkeit darüber, daß er kein Theater machte, willigte ich jedoch ein, vor seinen Freunden Mrs. Mark Simon Siegel zu spielen – aber nicht, wenn wir alleine waren! Er war einverstanden.

Wir beschlossen, daß er alleine nach Hause fliegen würde, um seinen Eltern die Neuigkeit mitzuteilen. Ich feierte unseren Entschluß damit, daß ich zu einem guten Coiffeur ging; als ich herauskam, hatte ich wieder meine blonden Strähnen und kurzen Haare.

Ich bat meine Schwester, das Wochenende bei mir zu verbringen, damit ich nicht alleine war, wenn mein Schwiegervater käme. Daß er sich in ein Flugzeug setzen und versuchen würde, mir das auszureden, war für mich klar; nur *wann* er kommen würde, wußte ich nicht. Ich hatte etwas Angst vor dieser Begegnung; wir mochten einander, und es tat mir sehr leid, ihm diesen Kummer zuzufügen. Aber ich hätte mir die Angst sparen können: Ich habe nie wieder etwas von meinen Schwiegereltern gehört oder gesehen! Nach unserer Scheidung habe ich erfahren, daß Josephine ihrem Sohn eine Szene gemacht hatte; offenbar hat sie ihm die Schuld am Scheitern dieser Ehe gegeben. So einseitig möchte ich das allerdings nicht sehen; ich glaube, daß hier zwei Menschen zusammengekommen waren, die in keiner Weise zueinander paßten, und daran war ich ja nicht unschuldig. Hätte meine Mutter noch gelebt, als Mark in mein Leben trat, wären seine Chancen sehr klein gewesen. Meine Trauer, als wir uns kennenlernten, und meine unbewußte Suche nach Zugehörigkeit haben mir dann die Sicht vernebelt – und dann, ich bitte Sie, wer kann schon widerstehen bei François Villon?

Bevor wir aber auf diese Reise und danach für immer auseinandergingen, gab es Anfang Juni noch ein großes Ereignis, das uns temporär einen gemeinsamen Fokus gab: den Sechstagekrieg in Israel. Wir klebten am Fernsehgerät, und es war nicht nur gut für die Israelis, daß der Krieg nicht länger dauerte, sondern auch für mein Budget. Wir hatten permanent das Haus voller Freunde, die sich durch mehrere Mahlzeiten aßen und tranken, damit sie Kraft für ihr lauthals geäußertes militärisches Expertentum tanken konnten. Du meine Güte, ich hatte gar nicht gewußt, was für begnadete Feldherren da in unserem Freundeskreis vorhanden waren, allen voran natürlich der Göttergatte, der in seiner Eigenschaft als Reserve-Offizier am lautesten schrie und kommentierte! So wie zum Beispiel fast jeder Mann in den Zeiten der Weltmeisterschaft ein Fußballexperte ist, so begleiteten diese Herren das Kriegsgeschehen mit ihren süffisanten Kommentaren. Natürlich waren alle stolz auf die Israelis, aber keiner von den jüdischen Freunden war je in Israel gewesen – von den nichtjüdischen ganz zu schweigen!

Das wiederum konnte ich nicht verstehen, denn die Bilder erzeugten in mir eine große Sehnsucht, Israel kennenzulernen, die ich schon bald in die Tat umsetzen würde, um dann dem Zauber dieses Landes für immer zu erliegen.

Aber erst kam der Tag des Eintrittstests. Ich hätte ihn gerne kühler gehabt, aber dieser Samstag im Juni war schon ziemlich heiß, und im Saal selbst müssen es weit über dreißig Grad gewesen sein. Nun müssen Sie wissen, daß dieser Test eine klassische Einrichtung des amerikanischen Bildungswesens ist; die AbsolventInnen der High Schools werden jeweils längere Zeit darauf gedrillt, ihn zu bestehen. Und das ist auch mehr als nötig, wie ich schmerzhaft erfahren sollte. Es war zu meiner Zeit – und ist es vielleicht immer noch – ein Test, der aus drei Segmenten bestand: Englisch, Mathematik und Allgemeinwissen. Das Ganze dauerte gut drei Stunden und wurde nach militärischem, um nicht zu sagen, strafanstaltsähnlichem Regime durchgeführt, wobei der Zeitfaktor die wesentliche Rolle spielte. Ich hatte keine Ahnung, worauf ich mich da eingelassen hatte, und daher auch keine Angst, außer der in solchen Momenten üblichen Nervosität. Englisch konnte ich ja und als Europäerin mit einer guten Schulbildung verfügte ich über ein beträchtliches Allgemeinwissen. Mathematik? Na, vielleicht war inzwischen ein Wunder geschehen und ich war gar nicht mehr so blöd wie in meiner Schulzeit? Und wenn kein Wunder geschehen wäre, auch nicht weiter schlimm: Zwei bestandene Drittel würden für die Aufnahme genügen.

Ungefähr einhundertzwanzig schwitzende Erwachsene saßen andächtig und respektvoll vor je einem großen, dicken Heft. Vorne saß eine Aufsichtsperson mit einer Stoppuhr. Als jemand das Heft aufmachen und hineingucken wollte, bekam er sofort einen furchterregenden Verweis: Wenn er das noch einmal versuchen würde, könne er das College gleich vergessen! Und das gelte für alle anderen auch, und überhaupt: hier kämen jetzt die *DOs & DON'Ts* des Nachmittags. Sie gipfelten darin, daß man bei dem Befehl »*Turn the page!*« zur nächsten Aufgabe übergehen mußte, auch wenn man nur noch drei Sekunden gebraucht hätte, um die Frage, an der man gerade arbeitete, vollständig zu beantworten. Die Augen desjenigen, der vorne am Pult saß und die Kommandos gab, schienen überall zu sein; einen, der die Instruktionen nicht ernst genug genommen hatte, hat er tatsächlich disqualifiziert.

Ganz abgesehen davon, daß mir diese Art von Zwang zutiefst zuwider ist und in mir heiße Opposition mobilisiert, war ich jetzt voller Angst, daß ich etwas falsch machen und mich dadurch um die Aufnahme ins College bringen könnte. Als ich einmal austreten mußte, war ich erstaunt, daß nicht noch jemand mit mir auf die Toilette kam, um irgend etwas Gräßliches, was nur im Kopf einer solchen Aufsichtsperson existiert, zu verhindern. Aber nachschauen konnte man ja eh nichts, und es durfte immer nur eine oder einer den Saal verlassen. Die meisten meiner Mathematikaufgaben sind an der zu knappen Zeit gescheitert; einige der englischen wohl auch. Beim Allgemeinwissen habe ich wahrscheinlich am besten abgeschnitten, was bei meinem Leben nicht weiter erstaunte. Aber der Streß war fast nicht zum Aushalten. Und das Interessante war, daß ich offenbar die einzige war, die sich nach Test-Ende darüber aufregte. Alle anderen schienen gewußt zu haben, was da auf sie zukam, und die meisten hatten während ihrer High-School-Zeit schon Gelegenheit gehabt, herauszufinden, wie mit dieser Streßsituation umzugehen ist.

Als wir das letzte Mal »*Turn the page!*« gehört und das inzwischen voll geschriebene Heft abgegeben hatten, lagen meine Nerven blank. Ich ging die dreißig Blocks am Fluß entlang zurück, um ein bißchen Abstand zu gewinnen, aber das genügte nicht. Mark war zur Abwechslung mal alleine zu Hause, und auf seine Frage: »*Well, how did it go?*«, warf ich mich in seine Arme

und heulte los. »*I didn't make it!*« brachte ich noch unter Schluchzen hervor, und ich muß so herzzerreißend geweint haben, daß
er mich tröstete und seinen Triumph nicht gezeigt hat.

Ich weiß nicht mehr, wie lange es dauert, bis man die Resultate bekam. Einerseits war das sowieso kein Thema, denn ich
war überzeugt, daß ich den Test vermasselt hatte; andererseits hofft
man ja auch in aussichtslosen Fällen darauf, daß man sich in dieser Art von Annahme irrt. Eines Tages jedenfalls, noch vor unserer Abreise, war das Kuvert mit dem schicksalsschweren Inhalt
da. Mit einem flauen Gefühl im Magen riß ich es auf und mußte
den Brief zweimal lesen, um den Inhalt zu erfassen: Ich war nicht
durchgefallen, aber meine Aufnahme hing an einem seidenen
Fädchen! Neunundsechzig Punkte brauchte man, um den Test zu
bestehen; bis zu zwei Punkten weniger hieß, daß man provisorisch aufgenommen war. Ich hatte siebenundsechzigeinhalb
Punkte! Ich hatte es also geschafft: Ich würde im Oktober 1967
endlich wieder einmal etwas lernen dürfen. Davor lagen jedoch
noch ein paar unangenehme Situationen, die es zu bewältigen galt.

Da war einmal die Reise, die ich nicht genossen habe. Ich
spielte meine Rolle gut; Marks Freunde, die er einige Jahre nicht
gesehen hatte, waren entzückt von seiner Frau und wollten, daß
wir bald wiederkämen. Hmh. Das würde dann sein Problem sein,
ihnen zu erklären, warum er in dieser Kombination nicht wieder
auftreten könnte. Mark hingegen hielt sich nicht an unsere Ab-
machung: Obwohl er sich bis dahin, mit Ausnahme der Hochzeitsreise, nicht besonders für seine Frau interessiert hatte, fing
er jetzt an, um mich zu werben. Sie erinnern sich, was ich weiter
oben über meine Entschlüsse gesagt habe? Wir hatten eine Ab-
machung, daß wir sofort bei unserer Rückkehr offiziell die Scheidung einleiten würden; für mich war das unumstößlich, für ihn
offenbar nicht. Sicher werden wir auch ein paar gute Stunden
gehabt haben, aber im Grunde genommen war es eine unmögliche Situation. Der Streß entlud sich bei mir eines Abends in der
Diskothek des Berliner Kempinski-Hotels. Der DJ legte *Scott
McKenzie's If you're going to San Francisco* auf, und obwohl ich
Kalifornien überhaupt nicht mochte und San Francisco noch nie

gesehen hatte, wurde ich von einem alles überschwemmenden Heimweh nach Amerika gepackt, was sich in vielen großen Kullerträmen manifestierte.

Zurück in New York, suchten wir uns je einen Anwalt. Mark hatte dabei viel mehr Glück als ich. Seiner war ein Mann, der frisch geschieden war – in einer Kampfscheidung, bei der ihn die Ex-Frau offenbar ausgenommen hatte. Er hatte sich geschworen, es jeder Frau, deren Mann er vertrat, heimzuzahlen! Eine tolle Ausgangslage! Mein Anwalt hingegen war ein sanfter Trottel, ca. fünfundsechzig Jahre alt, zufrieden verheiratet, sehr konventionell im Denken und für einen Anwalt beunruhigend naiv. Okay, ich erzählte ihm also meine Geschichte. So etwas ist ziemlich schwierig, und er mußte mir die Informationen, die er brauchte, abringen. Ich fand es absurd, mit einem Fremden über die intimen Details meiner Ehe zu sprechen; Scheidungsanwälte hingegen haben da gar keine Hemmungen, entsprechende Fragen zu stellen. Er begriff nicht, warum ich meinen Mann nicht in Grund und Boden stampfen wollte; ich wiederum sah nicht ein, warum ich böse sein mußte, wo es doch hier um einen einfachen Fall von Unverträglichkeit der Charaktere ging.

Offenbar haben wir dann doch einen Weg gefunden, und als er über genügend Informationen zu verfügen glaubte, sagte er, daß er dafür sorgen würde, daß ich eine große Abfindung kriegte. Wie bitte? Das wollte ich doch gar nicht. Mein Gerechtigkeitssinn funktioniert eben auch, wenn sich eine Situation zu meinen Ungunsten ergibt. Wir hatten von meinem Geld gelebt – was sich auf ca. $15 000 belief und was ich anhand meines Scheckheftes fast bis auf den letzten Dollar belegen konnte. Marks Gehalt hatte ich nie gesehen; schließlich war ich keine von den Witzblatt-Frauen, die ihren Mann am Letzten des Monats auf den Kopf stellen, damit auch die letzte Münze herausfällt. Mein Vertrauen in unsere Abmachung war grenzenlos. Mein Anwalt wollte zumindest dieses Geld von Mark, was er auf ca. $35 000 bezifferte; ich fand, $10 000 seien genug, und er gab widerwillig nach. Er hatte noch nie eine Frau vertreten, die nicht hinter dem Geld ihres zukünftigen Ex-Mannes her war, und verstand die Welt nicht mehr.

New York hatte damals noch kein liberales Scheidungs-
recht; für eine Konventionalscheidung, wie wir sie anstrebten, hätten wir zwei Jahre getrennt von Tisch und Bett leben müssen! Nur
das nicht! Auch wenn ich eine gewisse Zeit für einen Entschluß
brauche – wenn ich ihn einmal gefaßt habe, möchte ich ihn am
liebsten gestern umgesetzt sehen. Die Alternative hieß: Einer von
uns geht nach Mexiko und reicht dort die Scheidung ein. So seltsam es klingen mag, aber die Rechtsprechung des Staates New
York anerkannte solche mexikanischen Scheidungen; Filmstars
und andere Prominente machten regen Gebrauch von dieser Einrichtung. Alle Bedingungen wurden von amerikanischen Anwäl-
ten ausgehandelt und festgelegt, die Scheidung selbst jedoch von
einem mexikanischen Richter in Mexiko ausgesprochen. Mein
Mann war nicht darauf erpicht, nach Mexiko zu fliegen, und so erklärte ich mich bereit, diesen Schritt zu tun, wenn er die Kosten
übernahm. Er willigte ein.

Eine Scheidung ist nicht nur emotional schwierig, sondern
meistens auch eine schmutzige Angelegenheit. Die Anwälte
schenkten sich nichts, und je aggressiver Marks Anwalt wurde,
desto mehr feuerte das meinen an. Er lief zur Hochform auf: Sein
Feindbild hieß Mark Simon Siegel, aus dessen Klauen er diese
unschuldige Europäerin befreien mußte. Ich habe teure Stunden
damit verbracht, ihm zu erklären, daß ich eine solche Scheidung
nicht wollte; irgendwann einmal verlor er dann die Lust am
Kämpfen und tat nur noch das Nötigste.

Dazu gehörte auch eine Art Schein-Versöhnungstermin,
zu dem Mark und sein Anwalt in das Büro von meinem gebeten
wurden. Draußen war ein heißer Augustnachmittag, und drinnen ging es nicht weniger heiß zu. Zu unser aller Überraschung
fiel mein Mann vor mir auf die Knie und flehte mich an, zu ihm
zurückzukommen. Sein Anwalt wußte vor Wut nicht, wohin;
meiner hingegen schmolz dahin. Er hatte ja die Lust an dieser
Scheidung ohnehin verloren, und da kam ihm dieser ach-so-nette
Mr. Siegel gerade recht. Der würde jetzt seine Frau zurücker-
obern, ihm sein Honorar zahlen, und dann wäre die Welt wieder
in Ordnung.

Ich war kurz davor zu explodieren. Hier zog mein Mann die perfekte Show ab, auf die beide Männer auf ihre Art hereinfielen, und ich war plötzlich die Böse! Ich forderte ihn auf, diese Schmierenkomödie zu beenden und um Gottes willen aufzustehen, denn die Situation war an Peinlichkeit kaum zu überbieten. Irgendwann tat er das dann auch; ich zupfte meinen Rock zurecht und bemühte mich, alle wieder zum Thema zurückzubringen, und das hieß jetzt mehr denn je: Wie schnell kann ich von diesem Herrn getrennt werden?

Am frühen Abend nahm ich ein Taxi nach Hause, was Mark sicher nicht gefallen hätte, denn er kam mit dem Bus, nachdem er noch mit seinem Anwalt gesprochen hatte. Ich war noch aufgelöst über diesen stillosen Auftritt und ziemlich wütend, als mein Mann hereinkam und fragte, was es zu essen gebe. Als ob ich an diesem Abend für uns beide kochen würde! Okay, meinte er, gehen wir essen; das wäre dann eine willkommene Gelegenheit, nochmals in Ruhe mit mir zu reden, denn es sei ihm ernst mit dem Wunsch, mich zurückzuholen.

Das billigste Restaurant, das ihm einfiel, war das damals einzige *Open-air*-Restaurant im Central Park. Dorthin konnten wir laufen und uns ein wenig abreagieren. Wir fanden sogar noch einen freien Tisch, der Kellner gab uns die Karte, und ich entschied mich für Bratwurst mit einer Art Röschti – lange vor meiner Schweizer Zeit! Und zu trinken? New York hatte damals gerade europäische Cuisine entdeckt (daher auch die Bratwurst), und das Getränk der Stunde war Sangría. Mein Mann wollte Pink Lemonade, angeblich wegen der Hitze, und riet mir zu Mineralwasser. Ich wollte Sangría. Ich hatte gerade einen ziemlich schrecklichen Nachmittag hinter mir, der mir, falls das noch nötig gewesen wäre, glasklargemacht hatte, wie berechtigt mein Scheidungsbegehren war. Jetzt saß ich mit diesem Fremden, der noch mein Mann war, an einem Tisch – da brauchte ich mehr als Mineralwasser! Und da passierte etwas, was mich sowohl von diesem Druck eines emotionalen Aufruhrs befreien als auch vor irgendeiner Reue über diese gescheiterte Ehe bewahren sollte. Mark fand es nötig, darauf hinzuweisen, daß Sangría nur in Halbliter-

Karaffen zu haben war und daß so eine Karaffe ein Dollar fünfundneunzig kostete. Ich schaute ihn an: War das derselbe Mann,
der ein paar Stunden zuvor mich noch auf den Knien gebeten
hatte, zu ihm zurückzukehren, weil er mich doch so liebte? Dann
griff ich nach meinem Portemonnaie, nahm zwei Dollarscheine
heraus, legte sie ihm hin und sagte: »*Now, could I have my Sangría?*« Er rief den Kellner, bestellte den Wein, nahm die zwei
Dollar und steckte sie ein!

Sie müssen mir das einfach glauben; so etwas kann man
gar nicht erfinden! Das meinte auch mein Anwalt, als ich ihn am
nächsten Tag anrief und auf eine speditive Abwicklung der Formalitäten drängte. Er erging sich noch in Betrachtungen über diesen gar-nicht-so-schlechten Ehemann, als ich ihm ins Wort fiel
und ihm die Sangría-Geschichte erzählte. Zuerst hatte er große
Mühe, sie zu glauben; dann aber befand auch er, daß man solch
eine Geschichte nicht erfinden könne; jetzt war es an ihm, sich zu
ärgern, denn er war ja auf diese Schmierenkomödie hereingefal-
len. Das würde Mark ihm büßen, meinte er noch – und von da an
ging alles ziemlich schnell.

Am 13. Oktober flog ich also nach Texas. Von dort holten
die Mexikaner die scheidungswilligen Amerikanerinnen und
Amerikaner per Bus ab und brachten sie für eine Übernachtung
in ein tolles Hotel auf der anderen Seite der Grenze, nach Ciu-
dad Juarez. Eine Übernachtung, die es in sich hatte! So gab es
genügend feurig dreinblickende Señores, die bereit waren, die
Damen zu trösten, sowie eine ganze Reihe von Scheidungskan-
didaten, die todunglücklich waren, nach Liebe – oder was sie
dafür hielten – lechzten und nicht selten ihre nächsten Ehepartner in dieser Nacht kennenlernen sollten. Ein Abend mit anre-
gendem Essen, schmachtender Mariachi-Musik und genügend
Alkohol ging dieser Nacht voraus und sorgte für die entsprechende Stimmung. Ich fand das Ganze widerlich; wenn ich auch
froh war, endlich geschieden zu werden, war ich trotzdem ziemlich unglücklich. Für mich war eine Scheidung eine Art Versa-
gen, ein Nicht-Bewältigen von Schwierigkeiten, auf alle Fälle
kein Erfolgserlebnis, das man feiern sollte. Ich wollte nur schla-

fen, was mit der lauten Musik im Innenhof fast unmöglich war, und so schnell wie möglich den nächsten Morgen hinter mich bringen.

Ein Bus brachte uns zum Gerichtsgebäude, wo mich ein Anwalt in Empfang nahm und mich durch meine auf Spanisch abgewickelte Scheidungszeremonie begleitete. Das Bild in diesem Gerichtsgebäude hätte Hollywood nicht eindrücklicher inszenieren können: In einem lichtdurchfluteten Innenhof saß auf der einen Seite ein buntes Gemisch von AmerikanerInnen, mehr oder weniger nervös; auf der anderen Seite gab es eine lange Bank voller Mexikaner, die ruhig und gelassen vor sich hin blickten. Wollten die sich auch scheiden lassen? Nein, meinte der Anwalt, die seien alle hier wegen Vaterschaftsklagen ...

Der Scheidungsakt selbst hat knapp fünf Minuten gedauert, und ich besitze ein eindrucksvolles Dokument, in Spanisch mit rotem und goldenem Siegel, das diesen fünf Minuten aktenkundige Ewigkeit bescheinigt. Angeheftet ist die englische Beglaubigung des amerikanischen Konsuls. Im Laufe des Morgens ging es wieder per Bus zurück, nicht ohne auf dem Weg vor einem Souvenirshop ungeheuren Ausmaßes gehalten zu haben, wo man sich für Legionen von Daheimgebliebenen mit Geschenken eindecken konnte. Dann saß ich wieder im Flugzeug nach New York: Mrs. Mark S. Siegel war in einem Kaff jenseits der Grenze zwischen Texas und Mexiko geblieben – zurück flog Monique Ring Siegel, die jetzt, gemäß amerikanischem Brauchtum, ihren Mädchennamen zwischen ihren Vor- und Nachnamen stellte und damit signalisierte, daß sie zwar einmal verheiratet gewesen, es aber jetzt nicht mehr war. Irgendwann einmal mußte ich lachen: Es gab sicher nicht so viele Europäerinnen, die ihren *Honeymoon* und ihre Scheidung in kurzer Zeit in Mexiko absolviert hatten! Wie so oft in meinem Leben begriff ich das, was ich später in einem meiner Lieblingsbücher, der Autobiographie des Pianisten *Arthur Rubinstein*, lesen würde: Wann immer ihm etwas Dramatisches zugestoßen ist, hat er quasi als Kommentator neben sich sitzen und die Situation mit den Augen eines Außenstehenden betrachten können und ist dann zu dem Schluß gekommen: »*In three months this will make for a good story!*« Zum Glück teile ich diese Einstellung mit ihm; sie hat mich vor jeglicher Melodramatik bewahrt. Und wenn auch die Scheidung als solche ein schmerzhaftes Erlebnis ist: Bei mir war sie das Ende der Fremdbestimmung und der Beginn einer neuen Lebenszeit, die ich mir selbst einrichten konnte und die mir weitaus besser gefiel als das, was bis dahin geschehen war.

Was ich Ihnen doch nicht vorenthalten möchte, ist die finanzielle Regelung, die sich aus meiner Scheidung ergab. Mark, das Finanzgenie, hatte es fertiggebracht, alles, was er investiert hatte, zu verlieren! Er hatte in *Commodities* wie Schweinebäuche oder Kaffee investiert und trotz all seiner täglichen Finanztransaktionen – oder vielleicht wegen ihnen – auf die falschen Aktien gesetzt. Peinlich, peinlich! Mein Anwalt fiel fast in Ohnmacht, als sich herausstellte, daß Mark die $10 000, die ich aufgrund meiner Finanzierung unseres Haushalts gut hatte, buchstäblich nicht alleine aufbringen konnte. Er mußte dafür bei seinem Vater ein Darlehen aufnehmen, was er mir natürlich übelnahm. Die andere Auflage war, daß er mir fünf Jahre lang meine Krankenversicherung zahlen müsse, damit ich während meiner Collegezeit ausreichend versichert war, so daß wir auf Distanz weitere fünf Jahre verbunden waren. Verbunden? Ich habe meinen Mann noch ein einziges Mal gesehen, als er von mir nach Ablauf der fünf Jahre auf Anraten seines Anwalts eine völlig überflüssige Verzichtserklärung auf weitere Zahlung jedweder Art abverlangte.

Bei den meisten Scheidungen wird es wohl die »Nicht *dein* Löffel! – *Mein* Löffel!«-Verteilung der gemeinsamen Güter geben. Bei mir hätte es einfach sein sollen: Gemäß Scheidungsurteil hatte ich ein Anrecht auf sämtliche Hochzeitsgeschenke, wozu ja auch das Sterling-Silber und die Tiffany-Gläser gehörten. Mark mußte aus der gemeinsamen Wohnung ausziehen und erging sich beim Packen in sarkastischen Bemerkungen über diese Regelung. Er triefte vor Selbstmitleid. Der Arme! Als ich von diesen unerfreulichen Bemerkungen genug hatte, habe ich ihm angeboten, sich zu bedienen, wenn er denn so an gewissen Stücken hinge. Ein paar der antiken Silberschüsseln und Karaffen, die seine Verwandten uns geschenkt hatten, sind auf diese Weise bei ihm geblieben – es war amüsant, sich vorzustellen, wie er seine Erdnußbutter-Thunfisch-Sandwiches auf einer silbernen Platte anrichtete ...

Der einzig wirkliche große Schmerz war die Trennung von Lord. Der Hund hing sehr an mir, was für mich ein Riesenkompliment war angesichts der Tatsache, daß er mein erstes Haustier war – hier schien ich offenbar etwas richtig gemacht zu haben! Wie alle sensiblen Tiere schien er die Disharmonie zu spüren und reagierte entsprechend. Ich bat Mark, eines Tages, wenn er seinen ganzen Kram zusammengepackt hatte, einfach mit dem Hund zu verschwinden und mir den Trennungsschmerz zu ersparen. Er hat das auch getan, aber der Schmerz war natürlich trotzdem da und hat noch lange, lange angehalten.

Als kleines PS zu der Oberflächlichkeit unserer Ehe bzw. unseres Freundeskreises: Von den fünfzig Menschen, die wir regelmäßig sahen, haben sich neunundvierzig nach unserer Scheidung nicht mehr gemeldet. Wobei ich da noch präzisieren muß: Ein halbes Dutzend Männer rief im Laufe der folgenden Wochen an und signalisierte mir, mehr oder weniger deutlich, ihre Bereitschaft, wenigstens in einem Aspekt meinen Mann zu ersetzen! Die Zeit vor 1968 war eine, wo man meinte, eine Frau könne nicht glücklich oder wenigstens zufrieden ohne Mann leben; die Jahre nach 1968 rückten dann das Bild zurecht mit Graffiti-Sprüchen wie »Eine Frau ohne Mann ist wie ein Fisch ohne Fahrrad«.

Die Wohnung war eigentlich zu groß für mich, obwohl ich das plötzliche Alleinsein genoß. Nachdem ich die Möbel neu arrangiert, die Schränke ausgeräumt und Marks ehemaliges Zimmer eigenhändig renoviert hatte, war mir ausgesprochen wohl. Später würde ich meiner Schwester anbieten, zu mir zu ziehen. Vorläufig jedoch brauchte ich etwas Distanz zwischen einer gescheiterten, leidenschaftslosen Ehe und der ersten der beiden großen Leidenschaften in meinem Leben.

Exkurs: Eintauchen in die Welt des Lernens

Columbia University hat einen Campus. Und was für einen! Imposante alte Gebäude sind umgeben von alten Bäumen, neuem Rasen und saisonal wechselnden Blumenrabatten, was man am besten genießen kann, wenn eine Vorlesung ausfällt und man eine Stunde auf dem Rasen verbringen kann. Anderseits kann auch dieser Campus für Streß sorgen, denn auf den kiesbestreuten Wegen kann man unter Umständen beträchtliche Distanzen zurücklegen, wenn die nächste Vorlesung am anderen Ende des Campus stattfindet.. Wenn man, wie es bei mir der Fall war, darauf angewiesen war, sich über Tag auswärts zu verpflegen, dann mußten die fünfzehn Minuten Pause zwischen den Vorlesungen auch noch dazu genutzt werden, in den Coffeeshop über die Straße zu rennen und sich dort zumindest einen Kaffee im Pappbecher zu organisieren. Zwar mußte ich mich erst daran gewöhnen, daß man Getränke in die Vorlesungen mitnehmen konnte, aber nach einer Weile lernte ich das schätzen. Denn was ich nicht mehr hatte, war Zeit.

Wenn Sie heute lesen, daß es im amerikanischen Bildungswesen ziemlich schrecklich aussieht, dann ist das eine eher jüngere Entwicklung. »Zu meiner Zeit«, also Ende der 60er Jahre, war das College-System, das ich kennenlernte, anspruchsvoll, fordernd und fördernd zugleich und ziemlich zeitintensiv. Es gehört für mich zum Besten, was ich je in meinem Leben erlebt habe, und ich bin unglaublich dankbar, daß mir diese Erfahrung vergönnt war. Wahrscheinlich war ich auch die ideale Kandidatin dafür, denn ich kann einiges leisten, wenn man mich fordert und mir eine gewisse Handlungsfreiheit läßt. Das College-System entspricht voll und ganz meinem Freiheitsbedürfnis: Da gibt es ein überaus reichhaltiges Angebot von allem Möglichen, aus dem man sich bedienen kann. Wie man den Stoff in sich aufnimmt, ist Sache der Studenten. Es gibt solche, die kaum in den Vorlesungen auftauchen, sondern sich den Stoff selbst aneignen. Bei größeren Klassen fällt das überhaupt keinem auf. Dann gibt es andere, die ziemlich regelmäßig kommen, aber nicht viel zum Geschehen beitragen. Und schließlich einige wenige wie mich, die das Gefühl haben, sie müßten jedes Wort aufsaugen und würden das Semesterende nicht erleben, wenn sie nicht jede Vorlesung besucht und jeweils ein paar Fragen gestellt hätten. Ich habe das jedoch nie als Fron empfunden – im Gegenteil: Ich war magisch angezogen von dem jeweiligen Stoff, wenn auch nicht immer von seinen Vermittlern. Ich füllte meine Notizhefte Seite um Seite, las alle Bücher, die Pflichtlektüre waren, und noch einige dazu, die nur empfohlen waren, und verbrachte die Stunden zwischendurch in der Bibliothek.

Meine Liebe zu Büchern hat dort begonnen, und sie ist eine der glücklichsten Liebesbeziehungen meines Lebens geblieben. Die *Library* der Columbia University ist ein absolutes Wunderwerk und funktioniert im offenen System, das heißt, die Studierenden haben Zugang zu fast allen Büchern. Essen und Trinken sind wichtige Faktoren in meinem Leben, aber ich habe festgestellt, daß ich weder Hunger noch Durst hatte, wenn ich an einem Studierpult in der Library saß. Ich tauchte ein in jahrtausendealtes Wissen, konnte mich gar nicht mehr einkriegen ob der unzähligen Themen, über die unzählige AutorInnen unzählige Seiten geschrieben hatten, kam von Hundertsten ins Tausendste und erst wieder auf die Erde zurück, wenn die Library schloß. Ich bin fest überzeugt, man könnte mich dort einschließen und vergessen, und ich würde wahrscheinlich erst kurz vor meinem Ende mit ersterbender Stimme dagegen protestieren.

Da ich aber eben nicht über viel Zeit verfügte, habe ich damals angefangen, die Bücher zu kaufen. Als ich New York verließ, traten etwas über 3000 Bücher mit mir die Reise an; ich weiß das so genau, weil ich jedes in zwei Karteien erfaßt hatte, nach Autorennamen und Titel. Irgendwann im Laufe der Jahrzehnte in der Schweiz besaß ich dann mal so um die 10 000 Exemplare. Heute würde ich den Bestand auf gut 6000 schätzen; in meiner Wohnung gibt es wenige Bilder oder Kunstschätze, dafür sind alle Wände voll von Bücherregalen mit – in den meisten Fällen – gelesenen und wiedergelesenen Büchern. Noch heute kann ich eine Stunde oder mehr im Nachthemd auf dem Boden sitzen, weil ich auf dem Weg ins Schlafzimmer noch irgend etwas nachschauen wollte und dabei ins Lesen oder Wiederlesen der angestrichenen Stellen gerate. Ich merke dann nicht, wie spät es ist oder daß ich friere, sondern lasse mich hinreißen von der Sprache, dem Witz oder den Einsichten der jeweiligen AutorInnen und SchriftstellerInnen.

Ich verleihe grundsätzlich keine Bücher, sondern kaufe lieber ein zweites Exemplar und schenke es dem oder der Interessierten. In den meisten meiner Bücher wimmelt es von markierten Stellen und Randnotizen, Ausrufezeichen und zustimmenden oder empörten Kommentaren. Dieses System hat sich bewährt, besonders wenn ich am Ende des Buches oder bei wichtigen Büchern sogar am Ende des Kapitels einen handschriftlichen Kommentar hingeschrieben habe. Jahre später würde es genügen, diese Kommentare anzuschauen, und das ganze Kapitel oder Buch war wieder präsent. Manchmal jedoch muß ich etwas richtiggehend suchen. Das sind große Glücksmomente, es sei denn, die Zeit ist knapp, weil die Momente nämlich leicht in Stunden ausarten können. Ich liebe es, ein Thema zu recherchieren, und ich habe darauf geachtet, daß meine Behauptungen in den wissenschaftlichen Arbeiten jeweils mindestens dreifach abgesichert waren.

Es würde noch viele Entdeckungen geben in meinem Leben – unter anderem die der Oper, die eine der beglückendsten ist –, aber die wichtigste war wohl, daß Bücher und ich füreinander geschaffen worden sind. Es war dann auch ein Buch bzw. ein Buchkapitel, das mich zur zweiten großen Leidenschaft geführt hat: dem Weitergeben des Gelernten an andere, dem Lehren also. Aber darauf würde ich noch gut zwei Jahre warten müssen.

Vorerst einmal mußte ich mich mal wieder mit der Administration auseinandersetzen. Als ich das dicke Vorlesungsverzeichnis in den Händen hatte, hätte ich am liebsten alles auf einmal belegt. Nach vielem Aussuchen und Wiederverwerfen hatte ich mich schließlich für fünf Fächer entschlossen, die ich zeitlich aneinander vorbeischleusen konnte. Fünf Fächer? Ob ich noch ganz bei Trost sei, fragte mich die Frau beim Einschreiben. Als provisorisch Aufgenommene dürfte ich drei Fächer belegen, allenfalls ein viertes, aber nicht fünf. Ach ja? Was wußte die denn von meinem Lerneifer? Nach endlos scheinenden Diskussionen durfte ich schließlich die fünf Fächer belegen, »auf eigene Verantwortung« natürlich. Auf wessen Verantwortung denn sonst? Es war das erste von einer Reihe von administrativen Gefechten, aus denen ich an der *School of General Studies* als Siegerin hervorging.

Mit dem Bescheid der provisorischen Aufnahme hatte ich gewisse Auflagen bekommen, u. a. daß ich zwei Semester Europäische Geschichte belegen mußte, wofür ich wenig Verständnis aufbrachte (wer von den amerikanischen oder sonstigen ausländischen Studenten wußte denn darüber soviel wie ich?) und, noch viel schlimmer, den Kurs »*Remedial English*«, was im Klartext hieß: In einer Gruppe von an die hundert Studenten, von denen die meisten aufgrund ihrer Farbe, Rasse oder ihres sozialen Umfelds kein *High School Diploma* hatten, lernten wir Englisch. Ich

traute meinen Augen nicht, als ich hörte, daß wir in einem Schul-
heft kleine Aufsätzchen schreiben mußten, mit Titeln wie » *What
I dreamt last night* « und ähnlich aufregenden Themen. Offenbar
hatte ich in Englisch doch nicht so gut abgeschnitten ...

Immerhin: Ich habe in diesem ersten Semester das Schreiben nochmals von Grund auf erlernt. Ich war ja so überzeugt gewesen, daß ich es längst konnte, in Erinnerung an die Aufsätze, in
denen ich Bestnoten erhalten hatte. Und jetzt so etwas Läppisches!
Daß das alles andere als läppisch war, erfuhr ich auf schmerzhafte
Weise.

Nach den Schulheftchen kam dann das erste kleine *Paper*,
das man getippt auf Schreibmaschinenpapier abgeben durfte. Bis
dahin hatte ich den Kurs wohl immer noch nicht ernst genug genommen und tippte die gewünschten zwei Seiten einfach mal so
hin. Bevor ich um eins ins College ging, hatte ich mich noch mit
meinem Freund auf einen Kaffee verabredet. Er war nicht nur
einer der brillantesten Redner und *Fundraiser*, sondern auch ein
hervorragender Schreiber, mit einem phänomenalen Sinn für
Humor. Alles Gründe, warum ich mich in ihn verliebt hatte. Ich
war nicht nur verliebt, sondern hatte auch wieder jemanden, an
dem ich mich messen, mit dem ich mich unterhalten konnte.
Diesem Mann verdanke ich mein Studium, meinen Lebensunterhalt während der Studienzeit und die wichtigste Weichenstellung
in meinem Berufsleben. Es war auf beiden Seiten die große Liebe,
bei einem gut zwanzigjährigen Altersunterschied.

Nie hätte er etwas getan, was mich verletzt hätte. Und jetzt
saß ich ihm gegenüber und ließ ihn noch schnell mein *Paper* lesen, mein erstes kleines *Œuvre*. Er las es mit Stirnrunzeln und
fragte dann unvermittelt: » *What was the subject?* « Das stünde doch
im Titel, sagte ich verwundert. Eben, meinte er, das hätte er auch
so aufgefaßt, und er frage sich einfach, warum ich zum vorgege-
benen Thema keinen Aufsatz geschrieben hätte. So sehr ich seinen Sinn für Humor liebte, ich fand das überhaupt nicht witzig.
In den nächsten fünf Minuten erklärte er mir, wie sehr ich vom
Thema abgekommen, wo ich mich jeweils verloren hatte, welche
Übergänge nicht stimmten undsoweiterundsofort. Fazit: So könne

ich das auf keinen Fall einreichen. Ich war wütend, verwirrt und beleidigt. Aber nicht lange. Dann hatte ich begriffen, daß er in jedem Punkt seiner Kritik recht hatte. Mir war es plötzlich schrecklich peinlich, daß ich etwas so Unvollkommenes kreiert hatte und abgeben wollte. Es war die schnellste, beste und härteste Lektion, die ich je bekommen habe – und erst in diesem Moment hatte ich begriffen, wie sehr Schreiben eigentlich Handwerk ist, wieviel Liebe und Zuwendung es braucht, wieviel Können darin steckt, wenn es gut lesbare Texte werden. Ich trottete nach Hause, schrieb das Ganze neu, begleitet von großer Unsicherheit. Dann las ich es ihm am Telefon vor und bekam sein Okay, verbunden mit sehr viel Aufmunterung. Vom Professor bekam ich zum erstenmal die Note »A« und seine Aufmerksamkeit.

Es blieb nicht bei diesem einen »A«, und mein Interesse für Sprache und ihre schriftliche Umsetzung erzeugte von da an nur noch gute Noten. So gut, daß ich am Ende des Semesters eine Einladung bekam, in den kleinen Kreis der Auserwählten einzutreten: die »*English Honors*«-Gruppe, wo fünfzehn Studierende ein Semester lang Englisch auf höchstem Niveau erlebten, Literatur analysierten und literarische Essays schreiben durften. Selten habe ich mich mehr über die Früchte meiner Arbeit gefreut, denn es hatte schon einiges gebraucht, um die Demütigung des ersten *paper* zu verdauen und aus dieser Schlappe zu lernen. Der Appetit kam mit dem Essen; ich tauchte ein ins Lernen und Entdecken, und ließ Woge um Woge der Glückseligkeit über mir zusammenschlagen. Und als ich im zweiten Semester sechs Fächer belegte und mir die Administrationstante wieder einen Stein in den Weg legen wollte, verwies ich kurz und bestimmt auf die Einladung zu diesem Kurs, war sie zu Tode beeindruckte. Wenn sie gewußt hätte, daß ich danach *sieben* Fächer belegen würde, mehrere Sommerkurse nehmen und vier Jahre College in genau der Hälfte der Zeit hinter mich bringen würde, hätte sie vielleicht ihre Energien für andere Kämpfe aufgespart. Ich erwarb schließlich den Ruf, daß man sich mit mir in solchen Belangen nicht anlegen durfte, weil ich jedesmal den Beweis erbrachte, daß es gut gegangen war.

Aber da war noch die Tatsache, daß europäische Studenten mit Abitur einen Anfangsbonus von achtundvierzig *Credits* erhielten – auf dem Weg zu den einhundertvierundzwanzig, die man insgesamt für einen College-Abschluß brauchte –, ich hingegen bei null Credits anfangen sollte, weil ich kein Abitur hatte. Null oder achtundvierzig: Ich hatte nur ein Jahr weniger als das Abitur und sollte gar nichts bekommen? Der Gerechtigkeitssinn bäumte sich wieder mal auf – Ring frei zur ersten Runde!

1972: Der Import aus den USA im »Audrey Hepburn-Look«

Manhattan – Greifensee, einfach!

> Es gehört zum Schönsten im Leben,
> Zusammenhänge klar zu überschauen.
> *Albert Einstein*

Als ich mich im College anmeldete, tat ich das noch als Deutsche und wurde so dem *Dean for Foreign Students* zugeteilt. Ich meldete mich also dort an, um den Fall Siegel mit diesem Rektor zu diskutieren. Was ich vorfand, war ein Mann, den alles im Leben zu langweilen oder zu nerven schien, allem voran diese blöden ausländischen StudentInnen, die nur Probleme verursachten. Er lehnte sich in seinem Sessel zurück, sah mich durch halbgeschlossene Lider an und hörte gelangweilt zu. Als ich mit meinem Plädoyer fertig war (vierundzwanzig statt achtundvierzig Punkte für ein Jahr weniger als das Abitur war mein Eintrittsangebot), rutschte er aus seiner Liegelage in eine aufrechte Position, schaute mich abschätzig an und fragte: »Seh ich das richtig? Sie haben keinen europäischen Abschluß, wollen aber trotzdem in den Genuß des Punkte-Bonus kommen?« Nein, antwortete ich: einen Abschluß hatte ich von der Höheren Handelsschule mit Prüfungen, Diplom und allen Schikanen, nur kein Abitur. Eben, meinte er. Also sei der Fall wohl klar. . . . und tschüs!

Ich versuchte noch, einen Satz zu formulieren, aber er hatte sich bereits mit seinem Drehsessel einem Seitentisch zugewandt, und es war klar, daß jedes weitere Wort eher einen Wutanfall als ein Einlenken bewirken würde. Draußen warteten jede Menge anderer ausländischer Studenten aus allen Erdteilen, und ich fragte mich, ob ihnen ein ähnlicher Empfang zuteil würde, oder ob ich es war, die ihn zu solch einer unhöflichen Reaktion veranlaßte. Ich war wie benommen und zog geschlagen von dannen.

Was mir bevorstand, war eine weitere wertvolle Lektion. Der Mann in meinem Leben war nicht nur ein brillanter Rhetoriker, sondern er beherrschte auch die Kunst des Verhandelns. Ich rief ihn an und berichtete brühwarm von dieser Schlappe. Er war alles andere als beeindruckt. Ich solle für die Woche darauf einen neuen Termin ausmachen. Nein, auf keinen Fall würde ich mich dieser demütigenden Behandlung nochmals aussetzen. Reden wir heute Abend darüber bei einem guten Essen, meinte er.

Ich weiß nicht mehr, wie lange es gedauert hat, bis ich meinen Teilsieg errungen habe. Der Rektor hatte den wesentlichen Fehler begangen, mir zu sagen, daß dies seine Vorschriften seien, und basta. Dieses Argument hat bei mir noch nie gezogen: Vorschriften sind nicht die Zehn Gebote, sondern von Menschen gemachte Regeln, die keinen Anspruch auf ewige Gültigkeit haben. Mit anderen Worten: Man kann sie ändern, anpassen, ignorieren oder ersatzlos streichen. Ich begann, detaillierte Aufstellungen zu machen von dem, was ich gelernt und abgeschlossen hatte, um dem Rektor zu zeigen, wo und in welchem Maße ich von der Prämisse für seine Vorschriften abwich, was uns erlauben würde, einen neuen »Fall« zu kreieren.

Irgendwann einmal, als er mir wieder zu verstehen gab, wie sehr ich ihn nervte, nahm ich allen Mut zusammen und ging in die Offensive; ich tat das, was später als geflügeltes Wort aus dem Film *Der Pate* bekannt wurde: *I made him an offer he couldn't refuse*. Ich sagte ihm, daß ich erstens seine Kompetenz anzweifelte, zweitens den Fall weiterziehen würde und er mich drittens noch lange nicht los sei. Wir könnten das Ganze allerdings auch anders lösen: Ich würde mich mit zwölf Punkten zufriedengeben und damit seinen guten Willen anerkennen. Er schnellte aus seinem Stuhl hoch: Ob das heiße, daß ich nie wieder sein Büro betreten würde? Noch so gerne, aber nur, wenn ich zwölf Punkte kriegte! Okay, seufzte er. Gehen Sie mit diesem Formular zur Registration, dort wird man Ihnen zwölf Punkte geben – aber lassen Sie sich nie wieder in meinem Büro blicken! Strahlend informierte ich ihn, daß er von jetzt ab ohnehin nicht mehr für mich zuständig sei, denn ich war inzwischen Amerikanerin geworden.

Die Lektion in diesem Hin und Her war sehr einfach: Überzeugung plus Beharrlichkeit plus Argumentation ergaben einen Sieg. Ich hatte nie wirklich mit vierundzwanzig Punkten gerechnet, aber mein Gerechtigkeitssinn konnte auch nicht zulassen, daß ich gar keine Punkte bekam, nur weil dieser Mann eine sehr enge Sicht europäischer Ausbildungslehrgänge hatte und ich nicht in sein Reglement hineinpaßte. In dem amerikanischen Schlager *The Gambler*, gesungen von *Kenny Rogers*, gibt ein Berufsspieler einem jüngeren Kollegen den Rat: »*You have to know when to hold them, know when to fold them, know when to walk away and know when to run.*« Die Souveränität eines Pokerspielers besteht genau darin: zu wissen, wann man Karten behalten, wann man sich aus einer Runde heraushalten und wann man sie verlassen sollte. Dies war meine Lektion in »*holding them*« – sie hat mir immer wieder gute Dienste geleistet. Aber zwischendrin war ich mal ziemlich wütend auf meinen Freund, der mich immer wieder neu dazu anhielt, für das zu kämpfen, wovon ich überzeugt war.

Der Rektor ist übrigens kurz darauf aus seiner Funktion entfernt worden – offenbar lag es doch nicht nur an mir . . .

Was für eine Zeit, dieser Herbst 1967! Sobald ich meinen Antrag auf die amerikanische Staatsbürgerschaft stellen konnte, holte ich mir das Formular. Wenn ich wirklich mal mit der Idee gespielt hatte, Deutschland zu verlassen, weil es dort so viele Formulare zum Ausfüllen gab, dann holte mich das Schicksal spätestens hier ein. Legen Sie mich nicht fest, aber in meiner Erinnerung hatte dieses Endlosformular mehr als vierhundert (!) Fragen. Nicht alle diese Fragen trafen auf mich zu, aber doch viele, zu viele. Seltsam: Fünf Jahre lang hatte ich nur an jedem 1. Januar eine Postkarte auszufüllen mit der Adresse, an der ich zu dieser Zeit wohnte, und sie nach Washington zu senden. Ansonsten schien es keinen zu interessieren, was aus dieser Einwanderin geworden war. Dann plötzlich wollten sie alles und jedes und noch mehr wissen, um danach nur noch pünktlich eingereichte, vollständig ausgefüllte Steuererklärungen zu erwarten.

Erstaunlicherweise dauerte dann die Bearbeitung gar nicht so lange, und eines Tages bekam ich die Aufforderung, mich im

Einwanderungsbüro einzufinden. Dort saßen schlecht bezahlte Beamte in unmöglichen Kabäuschen und interviewten die Antragsteller. Ich hatte mir wirklich Mühe gegeben, alles so vollständig wie möglich auszufüllen, aber der Mann vor mir fand, er müsse dauernd irgendwelche Fangfragen stellen, was mich natürlich nervte, weil es einem Mißtrauensvotum gleichkam. Auf die Routinefrage »*Are you now or have you ever been a member of the Communist party?*«, was ich ja schon schriftlich verneint hatte, platzte mir der Kragen. Ich guckte in die Gegend und sagte gedehnt: »*Well, let's see now* . . .« Das weckte ihn auf und trug mir einen Rüffel ein. Offenbar hat mich dann nochmals der Teufel geritten, als er mir den Satz diktierte: »*The family sit at the table.*« Ich war genervt ob dieser Zumutung, guckte ihn an und sagte: »Wie macht man ein großes ›T‹?« Er gab mir noch eine letzte Chance nach einer scharfen Verwarnung, und zum Glück war dann die Befragung bald zu Ende – ich hatte »bestanden«, war für würdig befunden worden, die Einwanderungstradition fortzusetzen und bekam auch bald schon die Aufforderung, mich in der City Hall einzufinden und den Eid auf die Fahne zu sprechen.

Im nachhinein bin ich sehr froh, daß ich den armen Beamten nicht zur Weißglut getrieben habe. Viele andere konnten ja wirklich nicht Englisch, und er mußte sich da einfach absichern. Und das mit der kommunistischen Partei war noch ein Überbleibsel aus der McCarthy-Ära: Wir wissen heute aus der amerikanischen Geschichtsschreibung, daß man zu oft ein Auge zugedrückt hat bei rechtsextremen Verbindungen, aber immer sofort aufgeschreckt ist, wenn auch nur am Rande der Verdacht auftauchte, von linksorientierten Gruppierungen »unterwandert« zu werden. Ich war also total im Unrecht und habe den Ärmsten in Gedanken mehr als einmal um Verzeihung gebeten.

Kurz darauf ergab sich eine Gelegenheit, für ein paar Tage nach Israel zu fliegen. Ich konnte meinen neuen Paß gleich einweihen und sah das Land, das mich nur ein paar Monate zuvor am Fernsehen fasziniert hatte. Von allen meinen Reisen dorthin war diese die schönste. Es herrschte damals, so kurz nach dem Sechstagekrieg, überall Aufbruchstimmung, temperiert mit einer

Art dankbar-glücklichen Staunens über den schnellen Sieg. Es war aufregend, aber auch unheimlich, auf den Golan-Höhen herumzuklettern und die in aller Eile verlassenen Unterstände der Syrier zu besichtigen, wo hie und da noch Teller mit Speiseresten herumlagen. Die Fahrt fand in einem echten Jeep statt, und das Fahrzeug plus die noch nicht sehr ausgebauten Straßen sorgten für ein paar strapaziöse Tage, aber mir war das egal. Ich war begeistert von allem, was ich sah, und wußte nicht, was schöner war: die Landschaft oder der Anblick von Jerusalem. Bis dahin war für mich Florenz die schönste Stadt gewesen; jetzt war es Jerusalem, die goldene. Das Gefühl, daß ich auf denselben Steinen stand wie die Menschen, von denen die Bibel berichtete, war etwas ganz Besonderes, und ich bin sicher, daß mein Interesse für den Bestseller aller Zeiten, das sich später sowohl in meiner Abschlußarbeit als auch in meiner Dissertation manifestieren sollte, bei dieser ersten Israel-Reise entstanden ist. Ich bin sehr froh um diese wunderschönen Erinnerungen, besonders wenn ich heute, im Frühjahr 2002, im Fernsehen mit ansehen muß, was aus diesem vielversprechenden Land geworden ist.

Ich würde lügen, wenn ich behaupten würde, ich sei von Anfang an literaturbesessen gewesen. Eigentlich wußte ich überhaupt nicht, was ich als Hauptfach belegen wollte; das fand ich auch nicht so wichtig, denn ich hatte ja nicht einmal die erklärte Absicht, ein *College Degree* zu erwerben. Ich wollte einfach nur lernen. Punkt. Mehr aus Zeitgründen als Interesse belegte ich gleich im ersten Semester ein Seminar über Goethes *Faust*, das zufällig in meinen Stundenplan paßte. Das mag vermessen klingen, aber ich dachte, daß ich die Vorlesungen besuchen und mir wenigstens dieses eine Fach leicht fallen würde, weil ich dort den Vorteil der Sprache hätte. Von der ersten Vorlesung an war ich fasziniert: Was für eine Geschichte! *Sex & Crime*, noch mehr als in *Macbeth*, dem Stück, das bis dahin in dieser Hinsicht den ersten Platz eingenommen hatte. Und was man alles da hineininterpretieren konnte, besonders wenn man die faszinierende sechzig Jahre dauernde Entstehungsgeschichte mit einbezog!

Interessant ist, daß mich die Faszination für den Mann, der

wissen wollte, was die Welt im Innersten zusammenhält, nie mehr verlassen hat. *Faust I & II* würde mein letztes Seminar auf der Universität sein, diesmal als Starstudentin in einem kleinen Kreis von zwölf Seminarteilnehmern unter dem Vorsitz eines wunderbaren Professors, in den ich mich ein wenig verliebt hatte. Faust hat meine Liebe zur Literatur begründet, und mit ihm habe ich die Anzahl der vorgeschriebenen Seminare beendet. Dazwischen lag die größte Entdeckungsreise meines Lebens.

Bereits im ersten Semester begann die Institution der sogenannten »Podest-Männer«. *Erasmus von Rotterdam* war der erste, der es aufs Podest schaffte; Kriterien für diese Position waren, daß jemand mich mit dem, was er geschrieben, gesagt oder gedacht hatte, faszinierte und daß er mindestens einhundertfünfzig Jahre tot war. Das paßte auf Erasmus, *Thomas Jefferson* und *Gotthold Ephraim Lessing*. Für *Heinrich Heine* mußte ich die Zeitgrenze etwas heruntersetzen, für *Henrik Ibsen* noch ein wenig mehr, und bis ich *Kurt Tucholsky* zu meinem Lieblingsschriftsteller erkor, ging ich schon sehr großzügig mit dem selbst auferlegten Zeitkriterium um. Aber ich entdeckte pro Semester mindestens einen faszinierenden Denker oder Moralisten, mit dem ich über die Jahrhunderte hinweg eine Beziehung aufbaute. Von meinem heutigen Nr. 1-Podest-Mann habe ich seltsamerweise während meines Studiums sehr wenig mitbekommen, obwohl ich zwei Semester *American History* belegt habe: *Abraham Lincoln* ist erst später in mein Leben getreten, dafür hat er seine Position als »Nummer eins« aber besser als alle anderen verteidigen können.

Zu den obligatorischen Disziplinen gehörten seltsamerweise auch Kunst und Musik. Ich nahm Musik zuerst. Der Professor kündigte gleich am ersten Tag an, daß er am Semesterende einen längeren Essay über ein Musikstück erwartete. Das löste Panik bei mir aus. Als ich achtzehn war, hatte ich ein Jahr lang Klavierunterricht genommen. Meine Mutter war eine passable Klavierspielerin, und eines der ersten Dinge, die wir für die damalige neue Wohnung anschafften, war ein ziemlich altes, aber noch funktionsfähiges Klavier, auf dem sie oft und gerne spielte. Ich versuchte, es ihr gleichzutun, aber der Erfolg war mehr als mäßig.

Ab drei Kreuzchen war ich rettungslos verloren, und tägliches Üben ist ohnehin nicht meine Sache. Nach einem Jahr gab ich auf. Inzwischen hatte ich auch das Notenlesen verlernt, und ich konnte mir nicht vorstellen, wie ich je einen ganzen Essay über ein Musikstück schreiben sollte.

In der Mitte des Semesters fand ich plötzlich die Lösung. Dem war ein ganz besonderes Erlebnis vorausgegangen. Die Komponisten und ihre Werke, mit denen wir in den ersten Vorlesungen Bekanntschaft gemacht hatten, waren interessant gewesen; ich hatte das Kennenlernen als Bereicherung empfunden. An einem wunderschönen Maimorgen legte der Professor eine Platte auf, ohne anzukündigen, was es war. Eine leichte Brise kam durch die offenen Fenster vom Campus herein; wir saßen alle sehr entspannt auf unseren Stühlen und harrten der Dinge, die da unangekündigt kommen sollten – und plötzlich war für mich alles anders: Eine wunderbare Sopranstimme sandte ein Gebet durch die geöffneten Fenster auf den Campus hinaus, und ich war sicher, daß alle, aber auch alle StudentInnen, die draußen vorbeigingen, regungslos stehen bleiben und dieses Gebet in sich einsaugen müßten. Mir fiel das Atmen schwer, und ich hatte Mühe, aufquellende Tränen zu unterdrücken. Mein Unterbewußtsein registrierte noch, daß hier etwas Neues, Großes in mein Leben trat, während ich mich einige Minuten lang einer ganz süßen, unbekannten Sehnsucht überließ. *Maria Callas* hatte mit *Casta Diva,* ihrem Gebet an die keusche Göttin, in meinem Leben Einzug gehalten – es war der Beginn einer lebenslangen, innigen Beziehung mit der italienischen Oper, die mir unzählige wunderschöne Stunden beschert hat und es immer noch tut!

Ein paar Vorlesungen später ging ich nach der Stunde zu dem Professor und schlug ihm vor, mich eine literarische Arbeit über zwei Musik»stücke« schreiben zu lassen: Aufgrund meines Interesses an der Figur des Faust würde ich gerne untersuchen, welches Schicksal ihm in zwei berühmten Opern widerfahren sei: *Gounods Faust* und *Boitos Mefistofele,* die verschiedener kaum sein könnten. Er war begeistert, und ich machte mich an einen der schwierigsten Essays meiner College-Zeit – alleine *Faust* hatte schon vier Schallplatten, die ich immer und immer wieder spielen mußte, und an das weitaus anspruchsvollere Werk Boitos mußte ich mich erst herantasten. Ich schrieb diesen Essay jedoch mit großer Begeisterung, nicht zuletzt, weil ich dabei sehr viel auch über die literarische Vorlage lernte. Bis zur letzten Stunde am Tag, an dem diese Semesterarbeit fällig war, habe ich auf meiner kleinen Hermes herumgeklappert, aber die Mühe hat sich gelohnt: Der Professor hat seiner Begeisterung mit einem »A« Ausdruck verlieren – und ich wußte, daß mich Musik und besonders Oper danach nie mehr loslassen würden.

Und so ist es auch geblieben. In ganz schwierigen Zeiten oder Stunden genügt es oft, eine Verdi-Oper in den CD-Player zu schieben. Irgendwann kommt dann eine meiner Lieblingsarien, und während ich sie höre, finde ich, daß es um eine Welt, in der es möglich war, solche Musik zu komponieren, doch nicht soooo schlecht bestellt sein kann.

Dasselbe Gefühl kann aber auch Barockmusik in mir auslösen. Hier nehme ich Zuflucht, wenn ich glaube, in den Anforderungen, die meine (geschäftliche) Umwelt an mich stellt, ertrinken zu müssen. In solchen Momenten, wo ich meine Prioritäten neu ordnen muß, kann ein Klavierkonzert von *Bach*, ein Mandolinenkonzert von *Vivaldi* oder sogar das (zu) oft gespielte »*Adagio*« von *Albinoni* meinem Kopf wieder genügend Klarheit verschaffen, daß ich Lösungen für mein Dilemma finde. Begünstigt wird dieser Vorgang nachts, wenn alles um mich herum ruhig ist und ich mit dieser wunderbaren Musik alleine bin. Man hat mir erklärt, daß Barockmusik eine innere Ordnung hat, die dann eben auch Ordnung in meinem Kopf schafft. Fein. Aber ich reagiere bei dieser Musik nicht auf das, was ich als ordnende Kraft erkennen sollte, sondern nur auf das, was sie in mir auslöst. Mit anderen Worten: Selten reagiere ich emotionaler, als wenn Musik im Spiel ist.

Also, wenn Sie jetzt denken, daß ich permanent zwischen Oper und klassischer Musik hin- und herpendle, muß ich Sie enttäuschen. Ich kann geradezu ein Glücksgefühl haben, wenn ich zufällig beim Auto-

fahren Freddie Mercury *mit* A Winter's Tale *höre; je nach Stimmung und Jahreszeit finde ich – erschrecken Sie nicht! – einzelne Stücke von* Julio Iglesias *toll – zu so etwas singt und tanzt man an einem lauen Sommerabend und freut sich darüber, daß man lebt. Die Filmmusik aus einem meiner Lieblingsfilme,* Out of Africa, *löst in mir die Sehnsucht nach der Weite Kenias aus, und nichts kann in mir so viel positive Aufbruchstimmung erzeugen wie die berühmte Musik von* Vangelis, *die er für* Conquest of Paradise *komponiert hat.* Céline Dions My Heart will go on *ist für mich eines der schönsten Liebeslieder, und* Fly on the Wings of Love *der* Olson Brothers *kann mich auch noch zwei Jahre, nachdem sie damit zu Recht den* Concours d'Eurovision *gewonnen haben, zu begeistertem Mitsingen inspirieren.*

Ich finde die sture Unterteilung zwischen E- und U-Musik fragwürdig, vor allem die herablassende Haltung der E-Musikliebhaber, die sie den Freunden der U-Musik gegenüber an den Tag legen. »If music be the food of love, play on!« *heißt es bei Shakespeare – geschrieben zu einer Zeit, als es nur eine Art von Musik gab, die aber offenbar auch schon ihre Spuren hinterlassen hat. Heute gibt es so viel mehr Auswahl; warum sollte Musik nicht auch Nahrung für eine Vielfalt von Gefühlen sein?*

Lernen und Entdecken waren eingebettet in die Campus-Erfahrung. Zwar hatte ich keine Zeit, dort herumzuhängen oder auf dem Rasen Picknicks zu veranstalten, wie es viele andere Studierende taten, aber alleine die paar Minuten, die ich brauchte, um von einem Gebäude zum anderen zu gehen, genügten, um mir sowohl das Gefühl von Unbeschwertheit als auch das der Zugehörigkeit zu vermitteln. Und als Bonus fühlte ich mich so jung wie nie zuvor in meinem Leben. Es war die Zeit des Minirocks, zu dem man hie und da weiße Kniestrümpfe trug. Ich erinnere mich, daß ich diesen Blödsinn mitgemacht und mich dabei pudelwohl gefühlt habe, wobei der Mini kein echter Mini war, sondern ein Rock, der eine Handbreit über dem Knie endete. In Israel hatte ich einen sandfarbenen Safari-Anzug in Wildleder erstanden – für kein anderes Kleidungsstück habe ich in meinem

Leben so viele Komplimente erhalten und in keinem anderen habe ich mich je so wohl gefühlt! Und das muß ich wohl ausgestrahlt haben ... Eines Tages entdeckte ich nämlich, daß sich der Star des Basketball-Teams vom Columbia College in mich verguckt hatte. Ein gutaussehender, beliebter Sportler von fast zwei Meter Größe, trotzdem sehr intelligent und umwerfend charmant, der, wie ich später erfuhr, eine Vorlesung in der *School of General Studies*, wo er altersmäßig gar nicht hingehörte, nur belegt hatte, weil ich sie ausgewählt hatte. Der junge Mann sah aus wie fünfundzwanzig, war jedoch erst neunzehn! Er saß schräg hinter mir und starrte mich einfach an – eine äußerst wirksame Ablenkungsquelle! Wenn ich heute vehement für Gymnasien und Colleges plädiere, wo junge Frauen alleine, ohne männliches Umfeld, unterrichtet werden und sich entfalten können, ohne daß sie sich von diesen verwirrenden Flirtsituationen oder einem unnötigen weiblichen Konkurrenzkampf ablenken lassen, dann hat das etwas mit dieser Erfahrung zu tun. Auch ich habe mich nämlich gehörig ablenken lassen, wobei ich nicht wußte, ob ich die offensichtliche Bewunderung genießen oder mich darüber amüsieren sollte.

Ich hatte erst wieder meine Studier-Ruhe, nachdem ich ihn »erhört« hatte und tatsächlich bei einem Campus-Basketball-Spiel anwesend war. Gehen wir mal davon aus, daß die ihn anhimmelnden weiblichen Teenager in mir eine ältere Schwester oder Cousine gesehen haben. Ich war bald dreißig, aber so leichtsinnig-unbeschwert wie noch nie – zum erstenmal in meinem Leben sah ich jünger aus, als ich war; es war also in bezug auf Äußerlichkeiten kein Problem. Nach diesem Spiel gelang es mir aber, mich ihm auszureden – er wandte sich einer seiner Bewunderinnen zu, und ich hatte eine interessante Erinnerung sowie für den Rest meiner Studienzeit jemanden, dem ich gerne auf dem Campus begegnete, weil wir so herrlich miteinander lachen konnten – auch über uns!

Während ich in die Wonnen des Lernens eintauchte und meine Jugend im Eiltempo nachholte, war die Welt um mich herum am Gären. Das, was im Mai 1968 in Paris einen vorläufigen Höhepunkt gefunden hatte, schwappte in verwässerter Form im Sommer desselben Jahres in die USA, genauer gesagt, an die Ostküste einerseits und nach Berkeley, Kalifornien, anderseits. Im Spätsommer fing es dann ziemlich heftig an zu brodeln, beginnend mit dem Demokratischen Kongreß in Chicago, und zu Anfang des Herbstsemesters hatten die Unruhen den Campus der Columbia University erreicht. Man boykottierte die Vorlesungen, demonstrierte am laufenden Band für oder gegen irgend etwas, veröffentlichte Manifeste *en masse* und war einfach mal auf Vorrat gegen alles, ohne sich da viel um Einzelheiten zu kümmern. Die Forderung erging, alle Pflichtfächer abzuschaffen, und wenn wir schon gerade dabei waren, dann bitte auch gleich die Benotung – und überhaupt: Professoren waren dazu da, daß man sie beschimpfte und lächerlich machte; wenn sie noch eine Funktion hatten, dann die, sich für Endlos-Diskussionen zur Verfügung zu stellen, damit man die Zeit auf dem Campus irgendwie ausfüllte.

Nun gab es wirklich einige Professoren, sogar an diesem Prestige-Ort des Lernens, von denen einem der Abschied nicht schwergefallen wäre. Sie waren, genau wie in Europa, diejenigen, die ihr Fach einmal in ihrem Leben vorbereitet hatten und nun glaubten, sie müßten nie mehr etwas anderes tun als dieses langweilige Gelaber vorzutragen. Aber das war eine absolute Minderheit; der Rest gab sich alle Mühe, gute Vorlesungen zu halten und motivierte Erwachsene zu fördern. Sie waren, zur Freude der Unruhestifter, ziemlich verunsichert, und als im Sommersemester 1969 die Forderung von studentischer Seite erging, daß Noten abgeschafft und nur noch ein »Pass« oder »Fail«, basierend auf bisheriger Erfahrung und früheren Noten, am Semesterende vergeben werden sollte, gab es auf der Professoren-Seite eher großes Bedauern oder sarkastische Bemerkungen als gezielten Widerstand.

Höhepunkt des Aufruhrs war die Besetzung der Büros des Rektors. Nicht nur hatten die Rebellen die meisten Akten zerfetzt oder aus den Fenstern geworfen sowie andere Vandalenakte in dem Räumlichkeiten vorgenommen, sondern sie hatten sich auch nicht mehr die Mühe gemacht, die Toiletten aufzusuchen, und statt dessen die Büros dazu benutzt. Als dieser Zustand auch für sie unerträglich wurde, räumten sie das Rektorat, unter Herausschreien absurder Forderungen.

Na, das war wieder mal etwas für meinen Gerechtigkeitssinn. Ich habe nie eine Sekunde lang akzeptieren können, daß jemand fremdes Gut beschädigt oder sich aneignet, vielleicht weil ich weiß, wie schwierig es sein kann, sich dieses Gut zu erschaffen. Mir fehlte jedes Verständnis dafür, daß man seine Kinderstube soweit vergessen und sich so unfaßbar danebenbenehmen kann, wie es diese StudentInnen in den Räumen des Rektors getan hatten. Und dann die Diktatur der *Picket Lines*, dieses amerikanischen Streikmerkmals: Vor den Häusern, Firmen, Organisationen, die bestreikt werden, gibt es eine Art Menschen-Ellipse, die, gemäß Polizeivorschrift, dauernd in Bewegung bleiben muß. Einzelne tragen Streikbanner, andere skandieren Schimpftiraden, wieder andere verteilen Flugblätter. Sinn dieser Menschen-Barriere ist es, Arbeitswillige, also Streikbrecher, am Betreten der bestreikten Gebäude zu hindern oder sie zu beschimpfen, wenn es ihnen doch gelingt, an der Picket Line vorbeizukommen.

Diese Art von Zutrittsbarrieren gab es auch auf dem Campus, eine davon genau vor dem Gebäude, wo das *German Department* war. Ich hatte mich inzwischen für »Deutsche Sprache und Literatur« als Hauptfach entschieden; in diesem Gebäude war sowohl die Administration meiner Fakultät als auch das eine oder andere Klassenzimmer meiner Vorlesungen. Ich brachte keine Sympathie auf für die randalierenden Studenten, die mir ein schlechtes Gewissen verursachen wollten, wenn ich an ihnen vorbei auf die Eingangstüre zuging, konnte nicht begreifen, wie Menschen ihr Privileg, studieren zu dürfen, mutwillig mit Füßen traten. Ich hatte lange genug auf die Gelegenheit gewartet, lernen zu dürfen; ich war auf einem College, wo nur Erwachsene zugelassen waren, denen man zutrauen durfte, daß sie über dieses pubertierende Getue hinaus waren, und ich wollte die Vorlesungen, die ich belegt und für die ich gezahlt hatte, auch hören, zum Donnerwetter!

Eines Tages machte einer aus der Picket Line, der mich schon mehrmals verbal attackiert hatte, wenn ich die Streikbarriere durchkreuzte, den Fehler, mich am Ärmel zu packen, um mich physisch am Betreten des Gebäudes zu hindern. Ich schnellte herum, sah ihn an und sagte laut, aber ganz ruhig: »*Don't ever touch me again!*« Verblüfft ließ er meinen Arm los – zum Glück, denn ich weiß nicht, was aus dieser Situation geworden wäre. Ich hatte völlig aus dem Bauch heraus reagiert, ohne einen Plan A, geschweige denn einen Plan B zu haben. Was, wenn er mich festgehalten oder angegriffen hätte? Keine Ahnung! Solche Ereignisse scheinen sich aber herumzusprechen – von da an hat sich niemand mehr mit mir angelegt.

Sieben Fächer hatte ich belegt, davon eines mit vier statt den üblichen drei *Credits*: Hebräisch, das ich vom ersten Semester an genommen hatte, weil mich das Lernen einer neuen Sprache faszinierte. Diese Sprache hatte es mir besonders angetan, einerseits wegen ihrer logischen Struktur, die bei den allermeisten Wörtern aus einer Kombination von drei Konsonanten ganze Wortfamilien zuläßt. Ich liebe Grammatik, und die Tatsache, daß man mit diesen drei Buchstaben sieben verschiedene Zeiten und Modi bilden konnte, war geradezu aufregend. Anderseits war da die Tatsache, daß eine Sprache, die vor gut fünftausend Jahren entstanden war, an moderne Gegebenheiten mit Wörtern wie Kühlschrank, Autobahn oder Flughafen angepaßt werden mußte, und es faszinierte mich, wie die Sprachexperten damit umgingen. Mit Ausnahme dieses Faches und dem Pflichtfach Biochemie, in denen es Semesterendprüfungen gab, hatten die fünf anderen Fächer happige Semesterarbeiten als Vorgabe für eine Benotung. Mit meinen zweiundzwanzig *Credits* pro Semester – gegenüber den üblichen zwölf oder fünfzehn – war ich mehr als ausgelastet und gar nicht mal so unglücklich, daß es nun die Option gab zu bestehen, ohne irgendetwas abliefern zu müssen.

Daß ich zu denen gehörte, die ein »*Bestanden*« bekommen würden, wußte ich, denn ich gehörte ja auch zu den Wenigen, die immer noch brav in die Vorlesungen kamen. Die gedemütigten Professoren hatten sich sehr wohl gemerkt, wer ihnen noch die

Treue hielt. Bevor ich jedoch meinen Beschluß kundtun konnte, wurde ich von der Chefin des *German Department* zu einer Unterredung aufgeboten. Sie war eine unglaublich gradlinige Deutsche, die sich ihr Studium hart erarbeitet hatte, mit einem deutschen Ingenieur eine gute Ehe führte und zwei Kinder zu sehr brauchbaren Menschen erzogen hatte. Ich mochte sie, auch wenn wir uns nicht besonders nahe gekommen waren. Sie habe gehört, daß auch ich zu den »*Pass/Fail*«-Studenten gehören wollte. Ja, warum auch nicht? Ich würde ja überall ein »Pass« bekommen und könnte es mal zur Abwechslung locker nehmen. Ach ja, meinte sie kühl: »Ich dachte, Sie wollten anschließend ans College auf die Universität gehen?« Das war tatsächlich inzwischen eine Idee, mit der ich mich ernsthaft auseinandersetzte. »Und glauben Sie wirklich, Sie könnten sich noch eine Universität aussuchen, wenn Sie für alle Fächer eines ganzen Semesters als Note nur »Bestanden« vorweisen können?« Um ehrlich zu sein, fand ich das nicht so schrecklich, wie sie das darstellte; ich kam mir ein bißchen bevormundet vor und war nicht bereit, so schnell die gewonnene Freizeit, auf die ich mich so gefreut hatte, aufzugeben. Aber diese Frau, die später eine echte Freundin werden sollte, wußte, wie sie mich zu nehmen hatte. Kühl und dezidiert forderte sie meinen Ehrgeiz heraus, und nachdem sie eine halbe Stunde auf mich eingeredet hatte, war auch ich überzeugt, daß ich zu den Wenigen gehören sollte, die alle vorgeschriebenen Arbeiten einreichen und alle verlangten Prüfungen absolvieren würden. Adieu, Freizeit! Es war spät im Semester, als diese Entscheidung fiel, und ich mußte mich wahnsinnig anstrengen, Versäumtes nachzuholen. Ich beschloß, mich auf sechs Fächer zu konzentrieren und in Kauf zu nehmen, daß ich in Biochemie die schriftliche Prüfung nicht bestehen würde. Zwar lernte ich noch, zusammen mit einem begabten Studienkollegen, was immer er mir erklären und beibringen konnte, aber ich machte mir keine Hoffnungen, daß ich in diesem Fach bestehen würde, denn in den Vorlesungen sprang der Funke einfach nicht rüber – ich verstand ziemlich wenig von einer an sich interessanten Materie, die offenbar in meinem Hirn keinen Platz mehr fand.

Ab und zu belohnt einen das Schicksal: Der Professor in Biochemie bot seinen Studentinnen und Studenten einen Kompromiß an, der darin bestand, daß er und ein Kollege zusammen jede(n), der doch noch eine Note wollte, mündlich prüfen und aus der Kombination »Beteiligung im Unterricht« und dem Resultat dieser mündlichen Prüfung dann eine Abschlußnote kreieren würden. Ich hatte einfach Glück – anders kann man das nicht nennen: Das Thema, zu dem ich befragt wurde, war eines, das ich ein paar Tage zuvor im Nachhilfeunterricht meines Mitstudenten behandelt und sogar begriffen hatte. Ich fühlte mich auf sicherem Boden, was mich zu der einen oder anderen witzigen Bemerkung verleitete. Das wiederum gefiel den Professoren, nebst dem, was ich an richtigen Antworten zu bieten hatte, und ich bekam ein »A–« als Abschlußnote – unverdientermaßen, was meine Kenntnisse in Biochemie betraf, eher als Belohnung fürs Durchhalten.

Was ich nicht wußte, war, daß ich als potentielle Kandidatin für die größte Auszeichnung, die man im College erringen kann, gehandelt wurde – und daß die Professorin, die der deutschen Abteilung vorstand, in der dafür zuständigen Kommission saß. Sie hat mir erst viel später erklären können, daß ihre diplomatische Mission darin bestand, mir den Weg zu einer echten Benotung nahezulegen, ohne mir sagen zu können, warum. Die besten zehn Prozent eines College-Jahrgangs werden landesweit in den erlauchten Kreis von *Phi Beta Kappa* aufgenommen, was in einer offiziellen Zeremonie mit der Übergabe eines goldenen Schlüssels gefeiert wird. Um sich für diese Auszeichnung zu qualifizieren, sollte der Notendurchschnitt nicht zu weit von einem »A–« abweichen. Zum Glück hatte es ein paar Professoren gegeben, die mich mit »A+« bedacht hatten, was theoretisch eigentlich gar nicht möglich ist, aber in der Gesamtbewertung die »B+«, die ich hatte, offenbar wettgemacht haben. Jedenfalls bekam ich eines Tages die Mitteilung, daß ich für diese hohe Ehre ausgewählt worden war – ich traute meinen Augen nicht: Von der provisorischen Aufnahme nur zwei Jahre zuvor hatte ich nicht nur die normale College-Verbleibzeit auf die Hälfte reduziert, sondern auch noch diese Auszeichnung bekommen, die für den Rest meines Lebens auf meinem Curriculum vitae jedem potentiellen Arbeitgeber bezeugen würde, daß ich ein Gehirn hatte. Selten habe ich mich über einen Erfolg so gefreut wie über diesen kleinen goldenen Schlüssel, den ich heute noch stolz als Anhänger an einer Kette trage.

Wie war denn die Idee, im Anschluß an das College die Graduate School zu besuchen, entstanden, wo ich doch ursprünglich nicht einmal einen College-Abschluß angestrebt hatte? Sie wurde im Herbst 1968 geboren, im Nachhall einer Operation – der Entfernung eines lebensbedrohenden Tumors –, die jeden Gedanken an eine eventuelle Familiengründung ein für allemal begrub. Die ersten vier Tage nach der Operation war ich sehr unglücklich, potentiell ein Fall für den Psychiater. Am fünften Tag habe ich mich dermaßen über den Nicht-Service und die nachlässigen Krankenschwestern in diesem Krankenhaus geärgert, daß ich darüber mein Unglücklichsein vergaß. Es danach wieder aufzunehmen, war ohnehin nicht nicht mein Stil, und wie immer in solchen Situationen suchte ich nach der positiven Seite des Dramas. Da war doch irgendwo eine Botschaft drin, die es zu entschlüsseln galt. Ich entdeckte mehr als eine und beschloß, diese ungewollte Entscheidung als Befreiungsschlag zu sehen. Ganz sicher hat die Tatsache, daß ich später in meinem Leben Hunderten von Frauen den Zugang zu Bildung auf höherem Niveau verschaffen sollte, etwas zu tun mit meinen Reflexionen in einem New Yorker Krankenhaus im Herbst 1968: Es gab so viele andere Dinge im Leben, die ebenfalls wichtig waren und mich genügend herausfordern würden, daß ich mich mit dieser unfreiwilligen Kinderlosigkeit würde versöhnen können.

Vierzehn Tage hätte ich im Krankenhaus bleiben sollen; bis zum zwölften Tag war ich so wütend, daß ich kurzfristig meine Schwester bat, mich abholen zu kommen. Ich bin auf eigene Verantwortung gegangen und wußte schon im Taxi, daß dieser Entschluß mehr zu meiner Gesundung beitragen würde als irgend etwas anderes.

Wie also sollte es in meinem Leben weitergehen? Wenn ich schon solch eine Lust am Lernen entwickelt hatte, warum konnte

es dann nicht eine Fortsetzung dieses Glückszustands sein? Die
Gefühle, die mich mit meinem Freund verbanden, hatten sehr
viel mit meinem Lernen zu tun. Keiner von uns hat das je verbali-
siert, aber die Zukunft würde es bestätigen. Es war ein Geben und
Nehmen auf beiden Seiten: Er ermöglichte mir mein Studium,
ich zeigte meine Dankbarkeit, indem ich extra schnell extra gut
abschloß. Beide fanden diese Situation inspirierend und verbin-
dend – warum also keine Fortsetzung davon auf einer Universität? Mit der *Phi Beta Kappa*-Auszeichnung würde ich mir meine
Uni aussuchen können; zufällig gab es aber eine der besten
Fakultäten sozusagen vor der Haustüre: Die *New York University
(NYU)* hatte hervorragende Professoren und offerierte ein sehr
anspruchsvolles Programm. Ich bewarb mich und wurde angenommen – statt dreißig Blocks *uptown* zu studieren, würde ich ab
Herbst 1969 achtzig Blocks *downtown* fahren, um im Süden Manhattans Deutsche Sprache und Literatur zu studieren. Auch hier
stand nicht der Wunsch nach einem aussagekräftigen Abschluß
im Vordergrund; wiederum war nichts geplant, sondern es gab
nur den Wunsch weiterzumachen.

Zuvor hatte ich jedoch noch den College-Abschluß in meinem Hauptfach hinter mich zu bringen. Ich tat das, indem ich meiner Freude über eine meiner vielen Wissensentdeckungen in
einem längeren Essay Ausdruck verlieh: Ich schrieb über die verschiedenen Novellen-Theorien, die deutsche Dichter und Denker
formuliert hatten, sowie über die meiner Ansicht nach besten
Novellen der deutschen Literatur. Die Novelle war eine meiner beglückendsten Entdeckungen: eine kurze, dichte, spannende Prosa-
form, die nicht umsonst »die Schwester des Dramas« genannt worden ist. Während mir viele der großen Romane der Weltliteratur zu
langfädig waren, fand ich die Idee, die Schicksalsstunde eines oder
mehrerer Menschen und deren Umgang damit zu schildern,
äußerst spannend. Schon die Titel faszinierten mich: *Der Schuß
von der Kanzel, Die Hochzeit des Mönchs* oder Romeo und Julia auf
dem Dorfe, aber auch die Inhalte hatten etwas zu bieten. Die alt-
bewährten Zutaten *Sex & Crime* plus Emotionen zuhauf wurden in
den besten Novellen so gekonnt zu einem schmackhaften Teig

verrührt, daß man sich geradezu auf den fertigen Kuchen stürzte. »In M . . ., einer bedeutenden Stadt im oberen Italien, ließ die verwitwete Marquise von O . . ., eine Dame von vortrefflichem Ruf und Mutter von mehreren wohlerzogenen Kindern, durch die Zeitungen bekanntmachen: daß sie, ohne ihr Wissen, in andre Umstände gekommen sei, daß der Vater zu dem Kinde, das sie gebären würde, sich melden solle; und daß sie, aus Familienrücksichten, entschlossen wäre, ihn zu heiraten.« Dies der erste Satz aus Heinrich von Kleists *Die Marquise von O . . .*, einer der vielen Novellen, die mich faszinierten: Ich bitte Sie, eine unbescholtene Dame der besten Gesellschaft wird schwanger, ohne zu wissen, von wem! Wer würde da nicht weiterlesen wollen?

Ich baute meine Arbeit auf der These auf, daß die Männer, die die besten Novellen-Theorien aufgestellt hatten, selbst keine guten verfaßt hatten; hingegen hatten die besten Novellen-Autoren wohl einfach eine Form entdeckt, die ihnen lag, und sie dann perfektioniert, ohne sich viel um Theorien zu kümmern. Es war »mein« Thema, wie ich beim Schreiben herausfand. Zwar habe ich die längste Zeit beim Schreiben das Gefühl gehabt, die mir gegenüber sehr fordernde Chefin der Deutschen Fakultät, bei der ich diese Arbeit einreichen mußte, sähe mir über die Schultern und würde jeden Satz kritisch hinterfragen, aber irgendwann habe ich mich dann von dieser nicht sehr fördernden Vorstellung befreit und einfach mit Freude darauflos geschrieben. Auch das hat sich gelohnt: Sie fand die Arbeit sehr gut, und ich habe mein Hauptfach *with honors* abgeschlossen.

Zwei arbeitsintensive Jahre lagen hinter mir, in denen die Höhepunkte meines Gesellschaftslebens während der Theatersaison in einem wöchentlichen Opernbesuch bestanden. Zu mehr oder anderem hatte ich keine Zeit und auch keine Lust, aber mit zwei der weltbesten Opernhäuser ein paar U-Bahn-Stationen entfernt hatte ich so viele Gelegenheiten, die besten Inszenierungen zu hören, mit allem, was damals als Star galt. Mein Lieblingssopran war, mit Abstand, *Beverly Sills*, die in der New York City Opera tonangebend war. Im »großen« Haus, in der Met, waren *Renata Tebaldi, Renata Scotto, Anna Moffo* oder hie und da *Joan*

Sutherland die Stars. *Placido Domingo* hatte gerade im »kleinen« Haus mit einer *La Bohème* von sich reden gemacht, in der Met begeisterten *Carlo Bergonzi, Franco Corelli* oder die Amerikaner *Richard Tucker, Robert Merrill* und *Sherrill Milnes*. Ich besitze heute noch die Aufnahmen dieser wirklich großen Stars – leider hat es nicht viele gegeben, die ihre Nachfolge angetreten haben!

Meinen Lieblingstenor habe ich nie in New York, sondern erst in Europa live gehört: *Luciano Pavarotti* hat mir u. a. als über Sechzigjähriger, zusammen mit der sechzigjährigen *Mirella Freni*, vor ein paar Jahren mit einer traumhaften Aufführung von *La Bohème* in Turin meinen Geburtstag verschönert. Zu den unerfüllten Wünschen in meinem Leben gehört der, einen Abend mit diesem Mann zu verbringen – und er müßte keinen einzigen Ton singen! Es sind sein Witz, seine Intelligenz und die Lebensfreude, die er ausstrahlt, »abgesehen« von seiner Stimme und seinen Interpretationen, die ihn für mich unwiderstehlich gemacht haben.

Hätte ich ein anderes Leben vorgezogen? Sicher nicht. Ich hatte mein Umfeld gefunden, hatte mich darin bewährt und viele glückliche Stunden erlebt. Wenn das eine Fortsetzung finden könnte, hätte ich nichts dagegen einzuwenden, zumal die NYU viele neue Herausforderungen bot. Diese Universität hat leider keinen Campus; sie ist im Süden Manhattans in einzelnen Gebäuden auf mehreren Blocks verteilt. Das ergibt unter den Studierenden zwar kein Gefühl der Zusammengehörigkeit, aber auch keine Gelegenheit, den Campus zum Fado-Tanzen zu gebrauchen, wie es die Studenten der Columbia University ausgiebig getan hatten. Hier beschränkten sich die Nachwirkungen der 68er-Bewegung – die ich im übrigen als eines der wirklich wichtigen gesellschaftspolitischen Ereignisse des letzten Jahrhunderts einstufe – auf viele, viele unergiebige Diskussionen, und dazu bot meine Fakultät ein willkommenes Forum.

Das *German Department* war grausam intellektuell; es stand unter der Leitung eines eleganten, gutaussehenden, eitlen Professors der Neueren Deutschen Literatur, der sich schon vor 1968 als überzeugter Marxist geoutet hatte. Für ihn begann die Literatur mit dem Expressionismus, also Anfang des 20. Jahrhunderts, und wenn sie nicht im Einklang mit Marx stand, war sie ohnehin nicht ernst zu nehmen. Ich habe nie ein überzeugenderes Beispiel eines Salon-kommunisten gesehen: Seine Frau hatte den Rang eines Professors, was ihnen zwei sehr gute Gehälter einbrachte. Sie hatten eine großzügige, mit Designer-Möbeln eingerichtete Wohnung, wo sie gut und gerne dreißig bis vierzig Gäste bewirten konnten, verbrachten ihre vielen Ferien in Europa oder Asien und genossen das Ansehen, das seine Position als *Department Head* einer im ganzen Lande berühmten Fakultät mit sich brachte. Nichts hätte ihm gelegener kommen können als die 68er-Bewegung – nun konnte er das De-partment noch offener »links« führen. Ich fand ihn pompös, un-glaubwürdig und ziemlich lächerlich – es war gegenseitige Abnei-gung auf den ersten Blick, mit Langzeitwirkung! Immerhin muß ich ihm attestieren, daß es ihm gelungen war, eine Reihe von Koryphäen um sich zu scharen, von denen beileibe nicht alle seine politischen Ansichten teilten, die jedoch dazu beigetragen hatten, der Abteilung zu einem so guten Namen zu verhelfen.

Viele Male mußte ich mich in der übervollen Eingangshalle an der herumsitzenden Studierenden vorbeiquetschen, die einem Professor zuhörten und offenbar wieder mal eine Runde Marx brauchten, um sich bedeutend vorzukommen. Da scheine ich wiederum etwas verpaßt zu haben, denn mehr noch als auf dem College hatte ich hier meinen Kopf mit anderen Dingen voll. Natürlich hatte ich auch hier wieder weitaus mehr belegt als üb-lich, u. a. gleich im ersten Semester ein Pflichtfach, dessen Ziel es war, uns Nonnen beizubringen, wie man recherchiert, Texte zu-sammenfaßt, paraphrasiert oder kürzt, eine Dissertation in der vorgeschriebenen Form abliefert usw. – kurz, wie man wissen-schaftlich arbeitet. Eine ziemlich unaufregende Materie, die nie-manden zu Begeisterungsstürmen hinriß. Eine unserer Aufga-ben bestand darin, je ein Kapitel eines todlangweiligen, dicken Buches, mit einem pompösen Titel wie »*Das Wortkunstwerk*« oder so ähnlich, als Zusammenfassung den Mitstudierenden zu prä-sentieren. Ich hatte schon einige Präsentationen überlebt – die mündlichen Zusammenfassungen hatten die unaufregende Ma-terie auch nicht retten können –, als die Reihe an mich kam. Ich habe etwas gegen Langeweile, und so hatte ich instinktiv eine andere Annäherung an den Text gewählt. Ich hatte mich einfach gefragt: »Was würde ich von diesem Kapitel brauchen können und daher wissen wollen, wenn ich nur diese eine Gelegenheit hätte, darüber etwas zu erfahren?« Mit dieser Frage hatte ich mich auf die Seite der ZuhörerInnen gestellt und meine ganze Zusammenfassung aus ihrem Blickwinkel, als Antwort auf ihre hypothetischen Fragen, gestaltet.

Es war meine erste größere Präsentation, und ich war nervös. Nicht daß ich Angst hatte, vor dem Seminar zu stehen; ich hatte einige Erfahrung darin, vor einer Ansammlung Menschen zu sprechen: Als Nebenverdienst in Berlin hatte ich gut zwei Jahre lang fast jede Woche zwei bis drei Busladungen von amerikanischen Armeeangehörigen aus Westdeutschland durch West- und Ostberlin geführt. Drei Stunden lang vorne in einem Bus zu stehen, von den vor einem sitzenden TouristInnen mit Interesse, Sympathie oder Langeweile beguckt zu werden, war zwar am Anfang ziemlich unangenehm gewesen, aber ich hatte mich schnell daran gewöhnt. Wenn es nicht gerade ein völlig übernächtigtes, verkatertes *Visiting Football Team* war, von dem die Hälfte die Bustour schlafend hinter sich brachte, während die andere Hälfte anzügliche Bemerkung über die junge Frau als *tour guide* machte, konnte ich offenbar ganz gut mit dem Publikum umgehen. Die Trinkgelder bewiesen das.

Nervös war ich in erster Linie, weil Aufbau und Vorgehen meines Kurzreferats völlig anders waren als das, was ich bisher durchlitten hatte. Ich arbeitete, wo immer möglich, mit visuellen Mitteln, mit rhetorischen Fragen, mit Ironie, mit Mimik und Gestik – ich versuchte, meinen ZuhörerInnen eine Geschichte zu erzählen, die für sie wichtig war, und irgendwann mitten in dieser *Performance* realisierte ich, daß mir jede und jeder Einzelne(r) mit Interesse zuhörte. Als ich nach ca. zwanzig Minuten fertig war, bekam ich langanhaltenden Applaus und viele Komplimente. Es war der Beginn meiner zweiten großen Leidenschaft: Wissen vermitteln.

Und es wurde dafür gesorgt, daß ich diese Leidenschaft

ausleben konnte. Am nächsten Tag rief mich die Professorin, in deren Seminar ich präsentiert hatte, zu sich und machte mir ein Angebot, das mich sowohl überraschte als auch beglückte: Ob ich Lust hätte, im Frühjahr eine Klasse »Deutsch für Anfänger« auf dem zur NYU gehörenden College zu übernehmen? Wie bitte? Hörte ich richtig? Ich hatte keine Lehrerfahrung und außer dieser Präsentation noch nie lehrend vor einem Publikum gestanden. Und genug zu tun hatte ich auch ohne diese Zusatzbelastung – aber da präzisierte sie das Angebot: Damit verbunden wäre ein *Teaching Fellowship*, das mir zwar nur ein kleines Salär zahlte, mir aber – viel wichtiger – Gratiszugang zu allen Fächern, die ich belegen wollte, gab. Ich hatte zwei Jahre lang kein Geld verdient – ein völlig neuer Zustand in meinem Leben, der mir eher unheimlich war, wenn ich mir Zeit nahm, darüber nachzudenken –, und ich empfand es als eine lohnende Herausforderung, meine Muttersprache anderen näherzubringen. Aber was war mit der fehlenden Lehrerfahrung? Die Professorin lachte: »Sie sind ein Naturtalent – erinnern Sie sich an gestern, wie die Ihnen zugehört haben! So etwas habe ich in diesem Seminar noch nie gesehen. Wenn Sie das fertiggebracht haben, können Sie ganz sicher *German for Beginners* unterrichten!«

Wow! Da wurde ich in etwas hineinkatapultiert, was in keiner Weise vorgesehen war. Während mein Kopf noch zweifelte, riet mir mein Bauch zuzugreifen. Und der Bauch hatte recht – wie vor meiner Studienzeit und wie in den mehr als drei Jahrzehnten seither. Ich habe keinen Schritt meines Berufslebens geplant – und dennoch ist es immer vorwärts gegangen und, wie ich in der Rückschau beurteilen kann, in der richtigen Richtung. Wenn ich eine Aufgabe als Herausforderung empfand und sie mir zutraute, habe ich JA gesagt. Wenn anderseits ein gut bezahlter Auftrag lockte, wo es in meinem Innern ganz stumm blieb, habe ich sehr früh gelernt, NEIN zu sagen. Es ist ein Rat, den ich jahrzehntelang an Frauen weitergegeben habe: Um wirklich gut zu sein bei dem, was man macht, muß »es« stimmen. Dieses »Es« kann variieren, kann das Umfeld, die Aufgabe selbst, der damit verbundene Lernprozeß, eine daraus entstehende Entwicklungsmöglichkeit sein, und es manifestiert sich meistens nicht als ein auf Anhieb erkennbares Element. Aber man spürt, wenn »es« nicht stimmt, und dann sollten alle Antennen ausgefahren und, wenn man die Wahlmöglichkeit hat, ein NEIN als richtige Antwort gegeben werden.

Mein Bauch hatte mir also geraten zuzusagen – und hielt seine Pflicht damit wohl für getan. Für die Zweifel, die einsetzten, je näher der Semesteranfang rückte, erklärte er sich nicht mehr zuständig, und von der Panik in der Nacht vor dem ersten Unterrichtstag wollte er absolut nichts wissen. Ich lag wach und malte mir aus, wie ich vor der Klasse stehen, den Mund öffnen – und kein Wort herausbringen würde. Oder vielleicht war das doch schon Teil der Alpträume, die mich in dieser Nacht quälten. Ich stand völlig zerschlagen auf, konnte kaum einen Kaffee hinunterbringen, von Essen ganz zu schweigen, und schaute zwischendrin immer wieder auf den Plan der ersten Stunde, der nur auf dem Papier, nicht aber in meinem Kopf zu existieren schien. Mit aller Intensität hielt ich mir vor, daß man mir diesen Auftrag nie gegeben hätte, wenn man nicht überzeugt wäre, daß ich ihn erfüllen könnte – blablabla! Schließlich ging ich ins Klassenzimmer, richtete mich ein und wartete auf die Studenten, die sogar pünktlich erschienen. Da saßen sie vor mir, die Spät-Teenager, die sich darauf einlassen wollten (oder mußten), eine sehr schwierige Sprache zu lernen. Es war meine Aufgabe, ihnen die Lust nicht zu nehmen, sondern im Gegenteil sie bei der Stange zu halten, wenn es schwierig wurde. Die Qualität ihres ersten Semesters würde darüber entscheiden, ob sie mit Spaß an der Sache weitermachen oder die Lust verlieren würden. Diese Verantwortung lag auf meinen Schultern – ich machte den Mund auf, und alles kam richtig heraus, floß ohne mein Zutun, und ich konnte nicht fassen, daß auf einmal das Pausenzeichen ertönte und die erste Stunde bereits vorbei war, wo ich doch gerade erst begonnen hatte. Ich habe bis zum Schluß meiner Studien Deutschunterricht erteilt und mit Freude und Befriedigung festgestellt, daß die StudentInnen gerne in meine Klasse kamen, daß sie ihre Hausaufgaben machten und sogar etwas lernten.

Von dem Moment an, als ich das Kapitel präsentieren mußte, bis heute, wo ich einen Lehrauftrag für Mündliche Kommunikation habe, ist der Wunsch, mein Wissen in Umlauf zu setzen und Menschen dadurch weiterzubringen, einer der ganz dicken roten Fäden in meinem Leben. Es ist etwas ungeheuer Befriedigendes, zu sehen, wie andere das Gelernte umsetzen und sich entwickeln. Anderen zu helfen, Zusammenhänge zu erkennen, Dinge richtig einzuordnen und dadurch auch zu moralisch reifen Entscheidungen zu kommen, ist eine der lohnendsten Aufgaben überhaupt. Zur Zeit, wo ich dieses Kapitel schreibe, werden die Schulen in Afghanistan wieder eröffnet. Meine Bewunderung für die afghanischen Frauen, die ihren Töchtern unter Todesgefahr Basis-Unterricht gegeben haben, kennt keine Grenzen. Was für eine Erfahrung muß es für die jetzt Unterrichtenden sein, diesen Mädchen, die jahrelang vom Lernen ferngehalten worden sind, das Erlebnis von Wissen vermitteln zu können!

Sie erinnern sich an meine Begeisterung für die Novelle, nicht wahr? (Sollten Sie auch, denn das liegt ja nur ein paar Seiten zurück ...) Eine der bekannteren Theorien verlangte von einer guten Novelle, daß sie erzählbar sei, und nicht von ungefähr haben ja auch viele Novellen eine Rahmenhandlung, wo ein Erzähler einem fiktivem Publikum eine spannende, gut nachvollziehbare Geschichte erzählt: die eigentliche Novelle. Denken Sie nur an Jeremias Gotthelfs *Die schwarze Spinne* oder Theodor Storms *Der Schimmelreiter*. Gute Geschichten spannend zu erzählen, konnte ja wohl kaum erst im Italien des 14. Jahrhunderts entdeckt worden sein. Ich begann also nach früheren Quellen Ausschau zu halten, denn die Kriterien, die eine Geschichte zu einer guten Novelle machen, sind zeitlos. Mein Novellen-Blick richtete sich auf die Bibel: Wenn dieses Buch der Bestseller aller Zeiten war, dann nicht zuletzt deswegen, weil es prallvoll von guten Geschichten ist – Geschichten, die von Menschen handeln, deren Schicksal wir noch nach mehreren tausend Jahren nachvollziehen können, weil es uns menschlich berührt. So entstand die Idee, fünf spannende Geschichten daraufhin zu untersuchen, inwieweit sie den Kriterien guter Novellen entsprachen. Die Idee

zu meinem *M.A.* (*Master of Arts*, dem Äquivalent der Magister-
arbeit an deutschsprachigen Universitäten) war geboren.

Ich wurde einem der jüngeren Professoren zugeteilt; unter
seiner Aufsicht würde diese Arbeit entstehen. Er wußte viel über
moderne Literatur, nicht allzuviel über die Novelle und so gut wie
nichts über die Bibel. Was für ihn sprach, war, daß er mehr wissen
wollte, und das hieß, er las mit Interesse, was ich ihm kapitel-
weise vorlegte. Obwohl mich das Schreiben einer anspruchsvollen
wissenschaftlichen Arbeit »neben« den Vorlesungen und, später
dann, dem Unterrichten wirklich forderte, war ich so von dem
Thema angetan, daß ich die Arbeit termingerecht einreichen und
im Juni 1970, am Ende des zweiten Semesters, ein M.A. hinter
meinem Namen plazieren durfte. Der junge Professor war, weil
er sich bis dahin so wenig mit dem Thema »Novelle« befaßt hatte,
besonders streng gewesen – ich hatte meine Wahl der Geschichten immer wieder verteidigen und belegen müssen, warum ich
mich gerade für diese Geschichte entschieden hatte. Das war eine
gute Übung für den Teil einer Doktorprüfung, wo man seine
These vor einem erlauchten Gremium verteidigen muß.

Auch bei mir war nämlich der Appetit mit dem Essen gekommen. Noch während ich meine M.A.-Arbeit schrieb, kam mir
eine Idee für eine Dissertation. Und es wurde nochmals die Bibel!

Für Dissertationen war der *Department Head* zuständig; bei
ihm mußte man eine sehr detaillierte Disposition einreichen und,
nachdem er Zeit gehabt hatte, sie anzuschauen, sie vor ihm verteidigen. Würde das gutgehen mit uns beiden? Es war nicht
Bertolt Brecht (sein Lieblingsautor) und kein Mitglied der Frank-
furter Schule (seine Lieblingsphilosophen), nicht einmal *Peter
Handke*, mit dem ich dienen konnte. Es war das Buch der Psalmen, über das diese Verrückte dissertieren wollte.

Es war ein ungewöhnliches Thema für eine Dissertation,
aber es war weder verrückt noch ausgeflippt. Einer meiner Podest-
Männer war *Moses Mendelssohn* gewesen, der Freund *Lessings*, nach
dessen Charakter er *Nathan den Weisen* gestaltet hatte. Mendelssohn war zu seiner Zeit als Philosoph berühmter als sein Phi-
losophen-Kollege *Immanuel Kant*, eine absolute moralische Auto-

rität, ein wunderbarer Mensch. Das orthodoxe Umfeld in Berlin in der zweiten Hälfte des 18. Jahrhundert hatte ein Verbot für Juden erlassen, Deutsch zu lernen. Mendelssohn – fromm, aber nicht weltfremd – sah das anders: Die in Deutschland ansässigen Juden mußten der Sprache mächtig sein, sonst hatten sie keine Chance, sich zu integrieren. Er nahm also die Fünf Bücher Mose – *das* Lehrmittel in den jüdischen Schulen –, übersetzte sie und machte damit das heiligste aller Bücher in einer anderen Sprache zugänglich.

Er tat dies, während er an einer Nervenkrankheit litt, die ihm das Denken verbot, weil es fast unerträgliche Schmerzen verursachte! Wann immer er sich von der enormen Anstrengung oder von den Schmerzen erholen wollte, nahm er einen Psalm vor und übersetzte ihn – zur Erbauung sozusagen. Die Psalmen gelten im Hebräischen als Poesie, mit einem besonderen Versmaß; er versuchte, sie auch auf Deutsch in eine poetische Form zu gießen. Ohne diese Erbauungsstunden hätte er vielleicht die schwierige Aufgabe nie zu Ende geführt.

Er war nicht der erste mit dieser Geschichte. *Martin Luther* hatte seine Gefangenschaft auf der Wartburg damit verbracht, die Bibel zu übersetzen – wenn die Verzweiflung ihn zu übermannen drohte, nahm er einen Psalm und übersetzte ihn – zur Erbauung sozusagen! Auch ihm haben sie geholfen, eine sehr schwierige Zeit zu meistern, und auch er hat mit seiner Bibelübersetzung den Menschen seiner Zeit die deutsche Sprache geschenkt. Es reizte mich, den Beitrag zur deutschen Sprache, den diese beiden Männer in bewundernswerter Weise geleistet hatten, miteinander zu vergleichen.

Ich reichte also eine Disposition im Umfang von drei Seiten ein – und hörte nichts. Ich faßte nach, ohne Erfolg. Ich sprach zum dritten Mal vor und bekam dieses Mal wenigstens einen Termin, an dem der Leiter des German Department mit mir darüber reden wollte. An dem bestimmten Tag ging ich mit Herzklopfen in sein Büro. Um diese hieb- und stichfeste Disposition abzugeben, hatte ich mich schon sehr in das Thema hineingekniet und war nicht mehr willens, es mir wegnehmen zu lassen. Zu meiner

Überraschung kam es gar nicht so weit. Ich betrat das Büro, und da, hinter seinem Schreibtisch, stand Monsieur; von sich gestreckt, als ob das Papier kontaminiert war, hielt er meine Disposition zwischen zwei Fingern der rechten Hand. »Sie können das hier schreiben, wenn Sie unbedingt wollen, unter der Bedingung, daß ich es nicht lesen muß!« meinte er, mit einem mephistophelischen Lächeln unter dem eleganten Schnurrbart. Wie sollte ich darauf reagieren? Einerseits fand ich das ungeheuer beleidigend, anderseits wußte ich, daß er »das hier« nie genehmigt hätte, wenn es nicht ein gutes Thema bzw. eine überzeugende Disposition gewesen wäre. Sollte ich mich nicht wenigstens darüber freuen? »Sonst noch was?« fragte er, die Augenbrauen hochziehend. Nein, sonst nichts mehr; ich hatte keine Lust, auf eine neue Beleidigung zu warten, drehte mich um und verließ das Büro. Mein Gott, was für eine intellektuelle Arroganz dieser Mann verströmte! Aber wenn ich mich darüber aufregen würde, könnte ich nicht unbelastet arbeiten – die Klugheit gebot, diese Begegnung wegzustecken und weiterzuarbeiten.

Zum Glück gab es auch noch ganz andere ProfessorInnen! Ich bekam eine ältere Dame, über sechzig, als Doktormutter zugeteilt. Sie hatte mich gewählt – nicht zuletzt, weil sie tatsächlich jeden Abend vor dem Einschlafen noch einen Psalm las und sie es interessant fand zu sehen, was eine moderne Dreißigjährige aus diesem Thema machte. Was für ein Glücksfall! Sie wohnte an derselben Straße wie ich, dreißig Blocks *uptown*, auf der Höhe der Columbia University; es war irgendwie beruhigend, sie so nahe zu wissen. Vorerst einmal hatte ich jedoch nur wenig mit ihr zu tun; meine erste Aufgabe war, mich mit den einhundertfünfzig Psalmen zu beschäftigen, sie nebeneinander zu stellen und zu vergleichen.

Im Sommer 1970 verbrachte ich ein paar Wochen in der Schweiz, in einem Hotel in Thun, wo ich auf dem Balkon über der Aare die mitgenommenen Karteikarten der Psalmen bearbeitete. Die Reise sollte mehr für meine Dissertation tun, als ich mir je hätte vorstellen können. Ich lernte einen Schweizer kennen, der mir den Kopf verdrehte. Er war intelligent, ohne im geringsten intellektuell zu sein, witzig und charmant und hatte einen gewissen

288 MANHATTAN – GREIFENSEE, EINFACH!

Stil. In der Rückschau sieht man die Dinge ja immer klarer. Ich glaube, ich brauchte dringend ein Gegengewicht zu der ausschließlich intellektuellen Atmosphäre, in der ich seit drei Jahren lebte – und genau das lieferte er: eine sehr erdgebundene Weltanschauung, in der Essen, Trinken und Genießen einen hohen Stellenwert hatten.

Als ich nach New York zurückflog, war ich sehr verwirrt. Das war nicht nur eine Ferien-*Folie*, da war offenbar mehr. Wie sollte das weitergehen? Wie würde ich zu Hause damit umgehen? Ich bin die schlechteste Lügnerin, die man sich vorstellen kann ... Es war verwirrend, aber auch aufregend; es nahm mir Konzentration weg, gab mir aber auch neue Energien. Mußte das sein?

Ich stürzte mich wieder in die Arbeit, die für mich immer ein gutes Mittel gewesen ist, mich aus schwierigen Situationen hinauszumanövrieren. Aber die Kontakte zwischen der Schweiz und New York hörten nicht auf; ich flog um die Weihnachtszeit nach Europa und nochmals im März. Das Ganze sah nach etwas sehr Ernstem aus, und ich begann mich zu fragen, ob ich in der Schweiz leben konnte ...

Diese Frage, wie auch dieser Mann, kam nicht von ungefähr in mein Leben. Eben, im nachhinein ergibt alles einen Sinn: Ich war unbewußt dabei, Bausteine für eine neue Existenz zu sammeln, obwohl mein Verstand das nicht so wahrnahm. New York, meine geliebte Stadt, hatte sich unglaublich verändert. Wenn ich Sie zu Anfang in das New York von *Breakfast at Tiffany's* geführt habe, so müssen Sie sich jetzt, 1971, das New York aus den Filmen *Taxi Driver* oder *The French Connection* vorstellen. Zeichen dafür, daß meine Schwester und ich in einer äußerst unsicheren Stadt lebten, gab es genug. Eines Tages erhielten wir einen Brief von unserer Versicherung, aus dem ein Scheck zu Boden flatterte. Wir hatten keinen Fall pendent und waren etwas erstaunt. Bei näherem Hinsehen waren wir jedoch alarmiert: Der Scheck belief sich auf die Hälfte unserer Jahresprämie, die die Versicherung uns zurückzahlte mit der Begründung, daß sie Wohnungen in dieser Gegend nicht mehr versichern wollte, weil

das Einbruchrisiko an dieser guten Adresse zu hoch sei. *Pow!* Das
hieß, wenn bei uns eingebrochen würde, müßten wir den Schaden selbst tragen. Wenn ich in die Oper ging, nahm ich ein
Alarmgerät mit, inständig hoffend, daß es nicht einmal während
der Oper losgehen würde. Hätte es mir bei einem Überfall geholfen? Wohl kaum. Es passierte so viel, daß die Menschen beim Ton
einer Sirene nur noch durch Schlitze in ihren Rolladen hindurch
auf die Straße guckten und registrierten, daß wieder einmal eine
Frau vergewaltigt, ein Mann niedergestochen worden war. Aus-
schlaggebend für den Entschluß, New York mit Europa zu vertauschen, war ein Zwischenfall, der uns keine Handlungsalter-
native ließ.

An einem Sonntagmorgen im Juni 1971 hatte meine
Schwester Wochenend-Dienst bei *El Al,* wo sie arbeitete. Sie
wollte den Bus nehmen, sah aber, daß ich schon wach war.
»Komm, frühstück mit mir; ich nehm dann ein Taxi zur Arbeit!«
meinte sie – und vielleicht hat ihr das das Leben gerettet. Zu der
Zeit, als sie auf den Bus gewartet hätte, ist eine junge Frau an der
Bushaltestelle umgebracht worden. Am hellichten Tag, auf einer
befahrenen Straße an einer Prestige-Adresse! So konnten, so
wollten wir nicht leben, und als wir uns von dem Schock erholt
hatten, gab es eine ernsthafte Diskussion über einen neuen
Wohnsitz in unserem Leben. Drei Länder kamen für mich
grundsätzlich in Frage: Israel schied aus, weil es dort damals noch
kein *German Department* an der Hebrew University gab und ich
mir eine andere Tätigkeit, als an einer Uni zu unterrichten, nicht
vorstellen konnte. Abgesehen davon, hatte ich eigentlich auch
meinen Teil an Bomben und Krieg als Kind gehabt und mußte
mich nicht nochmals freiwillig in Gefahr begeben. Italien wäre
das nächste Land gewesen: Ich liebte Land und Leute, war mehrmals alleine dort herumgereist und hätte nichts gegen Mailand
oder Florenz als Wohnsitz gehabt. So viel hatte ich jedoch mitbekommen: Egal, was wir dort täten, wie erfolgreich wir wären, es
würde immer heißen, wir hätten uns »emporgeschlafen« – eine
wenig verlockende Aussicht! Die Schweiz war das dritte Land, das
in Frage kam; beide Gründe, warum die anderen Länder ausge-

schieden waren, gab es dort nicht, und ich hatte in meinen Ferien-
aufenthalten die Schönheit des Landes und die Freundlichkeit der
Menschen schätzen gelernt. Hätte ich gewußt, daß sich letzteres
eher auf Touristen als auf »Einwanderer« bezog, wäre es vielleicht
doch London geworden. Aber etwas mußte mir ja auch noch zu
entdecken bleiben ...

Doch ich habe schon wieder vorgegriffen. Noch bin ich in
New York, mit einer bröckelnden Beziehung und einem Kopf
voller Fragezeichen. Ich habe mich an der NYU nie annähernd so
wohl gefühlt wie an der Columbia University; nicht nur fehlte der
Campus, sondern die kühl-intellektuelle Atmosphäre, die der
Boß verbreitete, verhinderte ein Zugehörigkeitsgefühl. Dennoch
war ich bei den meisten Professoren eine gern gesehene Stu-
dentin: verläßlich, lernbegierig, mit ungewöhnlichen Ideen. Das
würde ich später noch sehr wohltuend zu spüren bekommen. Mit
Ende des Wintersemesters 1970/71 hatte ich alle vorgeschriebenen Vorlesungen besucht. Nun hatte ich in Ruhe auf den Herbst
hin meine Dissertation schreiben wollen, aber von Ruhe konnte
keine Rede mehr sein. Alles um mich herum war dabei, sich zu verändern. Als Spätfolge der 68er-Unruhen war Deutsch als Pflichtfach für *Graduate Students* in Fächern wie Philosophie oder Psychologie abgeschafft worden. Wo man vorher erwartet hatte, daß
angehende Philosophen oder Psychologen *Hegel* und *Freud* im Ori-
ginal lasen, war man jetzt schon froh, wenn sie überhaupt wußten,
wer das war. Deutschprofessoren und -assistenten verdingten sich
als Taxifahrer, weil niemand mehr ihr Wissen wollte. Kein Mensch
wußte, wie das weitergehen sollte, und an eine Position an einer
der New Yorker Universitäten war nicht zu denken. Aber ich
gehörte zu den Glücklichen, die trotzdem Angebote bekamen: Die
University of Rhode Island war an mir interessiert ebenso wie die in
Denver, Colorado. Heute hätte ich zugegriffen, besonders Denver
würde mich jetzt reizen. Damals empfand ich das als Zumutung:
Ich wollte in den USA nirgendwo anders sein als in Manhattan.
Wenn ich das nicht haben konnte – und angesichts der von Unsicherheit geprägten Situation in New York eigentlich auch nicht haben sollte –, dann würde es wohl doch Europa werden ...

Vorher jedoch galt es noch eine Tragödie zu bewältigen. Ich war Ende März aus der Schweiz zurückgekehrt; die Sache war konkreter geworden. Sobald ich die Doktorprüfung hinter mir hätte, würden meine Schwester und ich in die Schweiz ziehen, vorausgesetzt, wir bekämen einen Job. Aus unerfindlichen Gründen war der Telefonkontakt zur Schweiz nach meiner Rückkehr abgerissen; tagelang hörte ich nichts, bekam keine Antwort auf meine Anrufe, bis ich eines Tages von der Uni nach Hause kam und des Rätsels Lösung fand. Es war die Aufgabe meiner Schwester, mir beizubringen, daß die Schweizer Episode zu Ende war. Wie sie über einen gemeinsamen Bekannten in der Schweiz herausfand, hatte sich der Schweizer Held entschlossen, die Sache zu beenden – ohne es nötig zu finden, mir das mitzuteilen. Für ersteres konnte ich noch Verständnis aufbringen; das feige Vorgehen jedoch warf mich um. achtundvierzig Stunden lang war ich wie benommen; meine Schwester, die über Ostern nach Europa fliegen wollte, war bereit, bei mir zu bleiben, was ich jedoch ablehnte. Nachdem ich alleine war, konnte ich endlich schlafen, und als ich aufwachte, hatte ich den akuten Schmerz überwunden.

Ich sah auf den Kalender: Es war Karfreitag, in New York ein Tag wie jeder andere. Ich zog mich an und fuhr zur Columbia University, in die Library. Jetzt mußte ich mich in die Arbeit stürzen, und das hieß, mich an das Schreiben der fünf Kapitel meiner Dissertation zu machen. Das Abschreiben der beiden Psalmen-Versionen hatte ich längst bei der Sekretärin des Departments in Auftrag gegeben; sie hatte sich mit dem Schreiben von Dissertationen und anderen wissenschaftlichen Arbeiten die Möglichkeit eines willkommenen Zusatzverdienstes geschaffen. Während es Kilometer von Büchern von Martin Luther und über ihn, geschrieben in mehreren Jahrhunderten, zu geben schien, war so gut wie nichts über Moses Mendelssohn vorhanden. Meine Recherchen würden sich also auf ihn konzentrieren.

Als ich nach Hause kam, schaute ich in meine Unterlagen, um zu sehen, bis wann ich die Dissertation einreichen müßte. Dabei fiel mein Blick auf die Termine des Wintersemesters: Es trennten mich noch genau vier Wochen vom Abgabetermin für dieses Semester. Eine verwegene Idee machte sich in meinem Kopf breit: Und wenn ich versuchen würde, die Dissertation doch schon auf den frühen Termin hin fertig zu haben? Es fehlte ja »nur noch« der Prosatext, der allerdings den eigentlichen Inhalt der Arbeit ausmachte. Es wäre nicht das erste Mal, daß ich etwas Verrücktes versuchen würde, obwohl das hier wirklich vermessen schien. Ich rief meine Doktormutter an, um das mit ihr zu diskutieren – sie meinte, ich würde mich wahrscheinlich damit übernehmen, aber sie hatte nichts dagegen, daß ich es versuchte. Okay, dann würde ich es eben versuchen . . .

Eine Woche später ging ich mit den ersten zwei Kapiteln zu ihr. Der Inhalt war das Ergebnis meiner intensiven Beschäftigung mit den Psalmen; es ging um ihre Struktur sowie ihre Bedeutung im Laufe der Jahrtausende. Wie würde sie das aufnehmen? Daß sie doppelt genau hinschauen würde, war mir klar; schließlich würde sie die Verrücktheit mittragen und vor ihren KollegInnen rechtfertigen müssen. Sie schlug die erste Seite auf und sagte sehr erstaunt: »Auf englisch?!« Ja, ich hatte die Kapitel auf englisch geschrieben. Das durfte ich; diese Sprache hatte ich auch für mein M.A. gewählt, und fast alle Quellen für diese beiden ersten Kapitel meiner Dissertation waren englische Bücher gewesen. »Aber, aber! Das ist doch nicht für jemanden wie Sie bestimmt, sondern für Ihre armen Kommilitonen, für die Deutsch eine Fremdsprache ist. Sie werden diese Arbeit doch sicher auf Deutsch schreiben, nicht wahr?« Sie stand auf, ging in die Küche und kam mit einer Flasche Champagner und zwei Gläsern zurück. Bis die Flasche leer war, hatte ich meinen Widerstand aufgegeben: Ich mußte mich an den Gedanken gewöhnen, diese beiden Kapitel noch einmal zu schreiben – diesmal in meiner Muttersprache, die durchaus nicht so flüssig aufs Papier kam wie die Sprache, in der ich die letzten achteinhalb Jahre gelebt hatte. Meine Doktormutter war für Überraschungen gut: Nicht nur las sie jeden Abend im Buch der Psalmen, sondern sie wußte mich auch zu überzeugen . . .

Ich hatte eine Woche verloren und mußte nun feststellen, daß man seine eigenen Worte nicht übersetzen kann. Also blieb mir nichts anderes übrig, als die beiden Kapitel noch einmal auf deutsch zu verfassen. Ich arbeitete sehr diszipliniert, von sechs Uhr früh bis elf Uhr abends, und brauchte keine Woche für die zweite Fassung. Diesmal bekam ich ein schnelles Okay; meine Doktormutter hatte innerhalb von vierundzwanzig Stunden reagiert. Es hatte sich im Department herumgesprochen, daß ich meine Dissertation doch noch einreichen wollte, und mir wurde einer der wesentlichen Unterschiede zwischen den USA und Europa bewußt: Nachdem die Idee einmal lanciert war, bemühten sich alle, mir etwaige Steine aus dem Weg zu räumen. Besonders die ProfessorInnen unterstützten mich, wo immer sie konnten, indem sie mir zum Beispiel den allerletzten möglichen Termin für die Verteidigung meiner Dissertation gaben. Bis Anfang Mai müßte ich die Arbeit einreichen und sie gegen Ende Mai vor drei Experten verteidigen. Dazu kam ebenfalls Ende Mai die mündliche Doktorprüfung – und jetzt war Mitte April.

Wenn ich mich vom Recherchieren oder Schreiben erholen wollte, lernte ich für die mündliche Prüfung. Sie war gefürchtet: Fünf Experten durften drei Stunden lang kreuz und quer durch die deutschsprachige Literatur kurven, vom 6. Jahrhundert bis zur Neuzeit. Und der/die KandidatIn war gut beraten, nicht allzu viele Fragen unbeantwortet zu lassen . . . Meine Schwester wurde eine halbe Germanistin; sie hörte mich jeden Abend ab und lernte dabei selbst sehr viel. Die Dissertation machte Fortschritte; das Schreiben war nicht so schwierig, wie ich es mir vorgestellt hatte, und meine Doktormutter erwies sich als verläßliche Beraterin und prompte Korrektorin. Sie fand den Inhalt spannend und freute sich auf jedes neue Kapitel.

Ich weiß nicht mehr genau, welcher Tag im Mai es war, aber vor fünf Uhr abends am Tag des Abgabetermins lieferte ich zwei große Bände ab: einhundertfünfzig Seiten Text und ein paar hundert Seiten Psalmen in zwei Versionen. Liesbeskummer hatte die ganze Geschichte um ein Semester beschleunigt, und ich hatte über dem Schreiben den Auslöser dieses Kummers glatt vergessen. Zum Glück ist es in den USA nicht obligatorisch, seine Dissertation zu veröffentlichen – die Druckkosten wären ruinös gewesen. Danach habe ich mich erst mal ausgeschlafen, um dann weiter auf die mündliche Prüfung zu lernen. Ein ermutigendes Element dabei war sicher, daß Arbeit, Prüfung und Verteidigung in eine Zeitspanne fielen, wo der Department Head sein *Sabbatical* nahm und mir keine Steine in den Weg legen konnte.

Die Verteidigung der in der Dissertation aufgestellten Thesen war nicht so schwierig; sie erfolgte so schnell nach der Ablieferung, daß ich noch alle nötigen Informationen präsent hatte. Aber vor der mündlichen Prüfung hatte ich Respekt. Es war bekannt, daß ich die Romantik nicht ausstehen konnte – alles, was ich brauchte, um nicht zu bestehen, war jemand, der dort herumbohrte, und ich wußte, daß zwei Spezialisten auf diesem Gebiet im Prüfungsgremium waren. Als ich den Termin wußte, habe ich sowohl meinem Freund als auch meiner Schwester den Tag danach angegeben. Ich wollte nicht, daß sie mit mir zittern müßten – helfen konnten sie mir ja ohnehin nicht. Corina hatte ich gesagt, daß ich am Abend vor der Prüfung nicht mehr lernen, sondern mit ihr in ein gutes Restaurant gehen wollte, um abzuschalten. Sie hatte sich diesen Abend freigehalten, ging jedoch morgens ganz normal in ihr Büro. Meine Prüfung war für 10.00 Uhr angesetzt; um 13.00 Uhr würde alles vorbei sein. Ich zog mein Lieblingskleid an, das an mir herumschlotterte, denn ich hatte über all dem Lernen und Schreiben zu essen vergessen, und fuhr in die Uni, schicksalsergeben.

Okay, es sind wirklich fünf Experten, und sie fragen wirklich kreuz und quer durch den Stoff. Ich höre die Fragen, aber nicht meine Antworten. Drei Fragen zur Romantik, noch eine zum Nachdoppeln – dem Gesichtsausdruck der Fragenden nach zu urteilen, muß ich sie richtig beantwortet haben. Eine mittelhochdeutsche Passage aus *Tristan* – offenbar richtig gelesen, wenn ich das zufriedene Gesicht des Professors richtig interpretierte. Die Klassik, Goethe, *Faust* – da war ich zu Hause, und beim Impressionismus hielt ich ganze Monologe. Glück zu haben heißt, die richtigen Fragen gestellt zu bekommen – die, die man beantworten kann. Ich hatte dieses Glück, und nach zweieinviertel Stunden bat man mich, den Raum zu verlassen, ohne mir zu sagen, warum. Nach ein paar Minuten kam meine Doktormutter, um mich wieder hereinzuholen. Die anderen vier standen um den Tisch herum und schüttelten mir die Hand, während sie mich anlächelten und etwas sagten. Ich hatte offenbar Watte in den Ohren, sah die sprechenden Münder, konnte aber keine Worte hören. Meine Doktormutter nahm mich am Arm und flüsterte mir zu, ob ich ihr Taschentuch wollte. Warum denn? »Weil Ihnen Tränen auf Ihr hübsches Kleid tropfen«, meinte sie lächelnd. Tränen? Mein Unterbewußtsein hatte es bereits begriffen, während mein Verstand noch nach Zusammenhängen suchte. Irgendwann verdeutlichte sich das Bild: Man hatte die Prüfung eine Dreiviertelstunde früher abgebrochen, weil ich jede Frage richtig beantwortet hatte – ich hatte die Doktorprüfung mit Auszeichnung bestanden.

Ich rief meinen Freund und meine Schwester an, die zuerst ziemlich verwirrt waren, weil sie ja erst für den nächsten Tag die Daumen drücken sollten, sich dann aber gar nicht über diesen Erfolg beruhigen konnten. Auch ihre Leidenszeit war jetzt vorbei. Es war ein wunderbarer Abend zu dritt, der am Schluß einer aufregenden Zeit stand, die genau drei Jahre und acht Monate gedauert hatte. Ein stolzer Mentor, eine dankbare Schülerin, eine erleichterte Schwester – und alle drei ahnten, daß wir nie wieder so unbeschwert zusammensitzen würden.

Im Laufe des Sommers hatte ich ein Inserat in die *Neue Zürcher Zeitung* gesetzt; eine Zürcher Privatschule hatte sich sehr schnell gemeldet, und ich wurde im August zu einem Interview eingeladen. Meine Funktion würde nur zum Teil aus Unterrichten bestehen; der andere Teil würde Führungsaufgaben beinhalten, was mir sehr recht war. In nur achtundvierzig Stunden bekam ich das Okay der Fremdenpolizei und konnte eine Wohnung besichtigen, die am 1. Oktober frei würde. Ich dachte an meinen Haushalt in New York, der eine neue Bleibe haben mußte, und griff zu. Die Wohnung war in Greifensee, damals eine Schlafstadt, fünfzehn Kilometer von Zürich entfernt. Greifensee hatte einen bezaubernden Dorfkern am gleichnamigen See – und viel zu viele Göhner-Wohnungen im »restlichen« Teil. In einer dieser

Wohnungen würde ich ein neues Heim etablieren – ein ziemlicher Unterschied zu der wunderschönen Altbauwohnung in New York.

Das Abschiedsgeschenk meines Freundes, der bis zum Schluß stilvoll blieb, war eine Erste-Klasse-Passage auf der »Raffaello«, einem eleganten italienischen Ozeandampfer; meine Schwester sollte ein paar Wochen später nachkommen. Auch diesmal brauchte ich die sechs Tage zum Nachdenken, als Pause zwischen den beiden Kontinenten. Ich konnte es immer noch nicht fassen, daß ich New York verließ, aber es schien die richtige Entscheidung zu sein. Manhattan – Greifensee, einfach! Hätte ich gewußt, was das bedeutet, wäre ich vielleicht doch nach Denver gegangen.

1974: Die frischgebackene Rektorin im Amt

»Ihr Anspruch auf Führung ist legitim«

**Die Dinge sind nie so, wie sie sind.
Sie sind immer das, was man aus ihnen
macht.**

Jean Anouilh

Es ist *eine* Sache, sich in New York nicht mehr sicher zu fühlen und sich deshalb nach einer weniger gefährlichen Bleibe zu sehnen; es ist eine ganz andere, die Stadt, die für mich in mehr als einer Beziehung prägend war, für immer zu verlassen. Ich freute mich zwar auf Europa, aber ich wußte nicht so recht, ob und wie dieses Europa sich verändert hatte. Wenn man New York liebt, ist es schwer für irgendeine andere Stadt, sich in Konkurrenz zum »*Big Apple*« zu behaupten. Und dann war es ja nicht London oder Paris, wohin ich zog, sondern Zürich – genauer gesagt: Greifensee, eines der vielen Schlafstädtchen der Agglomeration . . .

Um gar keinen Zweifel aufkommen zu lassen: Wenn das Flugzeug in Kloten landet, sagt eine Stimme in mir: »Jetzt bist du zu Hause!« In den dreißig Jahren, die ich in der Schweiz lebe, ist mir Zürich, die Stadt, die ich mir als Wahlheimat erkoren habe, zu einem wirklichen Zuhause geworden. Aber das hat seine Zeit gebraucht. Die ersten anderthalb Jahre in der Schweiz waren die schlimmsten meines Lebens, denn was sich in diesem Zeitraum abgespielt hat, traf mich völlig unerwartet und daher um so heftiger.

Wenn Sie Schweizerin oder Schweizer sind, sollten Sie in Betracht ziehen, dieses Kapitel zu überspringen. Sie werden nämlich keine Freude daran haben; ich weiß, wovon ich rede, denn auch ich hatte keine, als ich den Inhalt dieses Kapitels gelebt habe. Anderseits: Ich bin ja geblieben, bin nicht weggelaufen, habe mich durchgebissen – und irgend-

wann habe ich angefangen, das Land anders zu sehen, die Verletzungen vernarben zu lassen und die guten Dinge zu schätzen, die es hier in Hülle und Fülle gibt. Wenn es Sie interessiert, wie ich zu dieser Sicht der Dinge kommen konnte, lohnt es sich vielleicht doch weiterzulesen ...

Der Beginn meines Schweizer Lebens stand unter keinem guten Stern. Es fing damit an, daß mein erstes Auto, ein dunkelgrüner Fiat 127, eine Woche nach Auslieferung einen Totalschaden erlitt. Ich war auf die Kreuzung zugefahren – eine Kreuzung mit Stop-Schild – und dachte nostalgisch an die Kreuzungen in Manhatten, von denen (fast) jede mit einer Ampel ausgerüstet ist. Ich stoppte, ließ aber den Wagen offenbar noch einen Meter rollen; von links kam mit sehr hoher Geschwindigkeit ein Volvo, der meinen kleinen Fiat auf die andere Seite der Kreuzung beförderte. Ich erwachte aus einer kurzen Ohnmacht in einem Auto voller Glasscherben, das kurz darauf abgeschleppt wurde und danach für immer verschwand.

Gehirnerschütterung, Prellungen und Schock waren die unmittelbaren Nachwirkungen für mich, aber das Schlimmste war, daß ich in einem Moment, als ich Zuwendung und Trost brauchte, zum erstenmal mit dem Problem der Mundart in Berührung kam. Ich hatte die größte Mühe, die Polizisten zu verstehen, die das Unfallprotokoll aufnahmen; sie waren genervt, daß sie alles wiederholen mußten. Ein Schweizer »Augenzeuge« trat auf und verteilte die Schuld an dem Unfall einseitig auf »die Deutsche«, obwohl später in den Akten stand, daß der Volvo-Fahrer den Unfall hätte vermeiden können, wenn er nicht zu schnell gefahren wäre. Ich war empört und wies diese Schuldzuweisung zurück, aber es war offensichtlich, daß die Polizei lieber mit dem »Augenzeugen« als mit mir redete. Ich bekam eine saftige Buße. Danach fiel mir nichts Gescheiteres ein, als einerseits nochmal den genau gleichen Wagen zu bestellen (der alte war Gott sei Dank vollkaskoversichert gewesen) und anderseits viel zu früh zur Arbeit zurückzukehren!

Der Job war allerdings alles andere als das, was mir versprochen worden war. Ich war, wie sich bald herausstellte, in erster Linie angestellt, um zu unterrichten. Auf der Höhe meiner Belastung im September 1972 unterrichtete ich neunundreißig Stunden pro Woche! Von Führungsaufgaben war keine Rede mehr. Ich hatte drei Klassen von jeweils achtzehn mehr oder weniger wilden Teenagern, die noch ein Jahr auf dieser Privatschule herumhingen, wo es sich entscheiden würde, ob sie den Sprung ins Gymnasium schaffen oder vielleicht doch ins Drogenmilieu abdriften würden. Sie lehrten mich, was Wohlstandsverwahrlosung war. Ich unterrichtete Deutsch, Französisch (!) und Geschichte – Fächer, die viel Vorbereitung und intensive Korrekturen erfordern.

»Daneben« hatte ich noch eine Reihe von SchülerInnen, die ich entweder im Privatunterricht auf die Matura vorbereiten oder generell »schulfähig« machen sollte. Je weniger über diese Schule gesagt wird, desto besser. Aber zwei Ereignisse sind mir unvergeßlich:

Im Privatunterricht gab es eine Gruppe von drei SchülerInnen, die besonders unangepaßt waren. Ich eigne mich schlecht für Disziplin-Probleme, mußte mich jedoch in diesem Fall damit auseinandersetzen. Eines dieser Probleme war die Tatsache, daß sie offenbar nicht richtig schreiben konnten; ihre Handschrift war fast unleserlich. Ich beschloß also, daß sie zuerst einmal schreiben lernen müßten, und um ihnen die Schönschrift-Stunden schmackhaft zu machen, sorgte ich für Musik im Hintergrund. Tapfer versuchte ich auch hier, sie auf eine andere Stufe der Wahrnehmung zu bringen. Zu der Zeit war der geniale Violinist *Jascha Heifetz* einer meiner Lieblingssolisten, und so brachte ich eine Tonbandkassette mit *Mendelssohns* Violinkonzert mit. Das erste Wunder geschah, als sie das »schluckten« – es war eine friedvolle Atmosphäre in dem Raum, in dem sie als Zwölf- bis Vierzehnjährige ihre Schönschreibübungen machten. Wir kamen, zu meiner großen Überraschung, gut miteinander aus und gut im Pensum voran. Obwohl ich mir nie hätte träumen lassen, daß ich als Lehrerin von Kindern etwas bewirken könnte, fand ich mich mehr als akzeptiert.

Eines Tages sah ich die Ankündigung eines Konzerts, bei dem Mendelssohns Violinkonzert gegeben wurde. Ich hatte Lust, sie für ihren Einsatz zu belohnen, und fragte, ob sie Lust hätten, mit mir ins Konzert zu gehen. Sowohl die beiden Jungen als auch das Mädchen waren begeistert. Ich versuchte mein Glück noch einmal: Ich würde keine(n) in Jeans und/oder Sweatshirt mitnehmen, sondern eine »angemessene« Bekleidung erwarten. DAS war ein Problem für die Kleine, die es geschafft hatte, ihrer Mutter klarzumachen, daß Röcke für sie nie im Leben in Frage kämen. Plötzlich war nun Rock angesagt, und so ging eine dankbar-erstaunte Mutter mit ihrer Tochter in eines der besten Geschäfte, um dort ein »gutes« Kleid zu kaufen. Die Jungen erinnerten sich, daß sie einen Blazer besaßen, und einer kam sogar mit Krawatte! Die drei – alles Kinder reicher Eltern, die ihren Augen kaum trauten – hatten beschlossen, mich vorher zum Abendessen einzuladen, und so gingen wir wie eine kleine Familie zuerst essen und dann ins Konzert. Es war einer der wenigen schönen Abende in diesem ersten Jahr, und der Höhepunkt kam in der Pause: Auf die Frage, wie es ihnen gefiele, meinte das Mädchen: »Nicht schlecht – aber ein Heifetz ist dieser Geiger nicht!« *Wow!* Da hatte sich durch die Hintertüre ein Qualitätsbewußtsein für Musik unter die Schriftübungen gemischt – ich war überrascht und überwältigt.

Offenbar hatte dieses Konzerterlebnis Langzeitwirkung – die Eltern dankten mir dafür, daß ich ihren Kindern diese Horizonterweiterung ermöglicht hatte und daß sich der Dreß-Code zu Hause ziemlich verändert hatte.

Die andere Erfahrung hingegen war frustrierend und enttäuschend. Im Sommer 1972 fand in München die Olympiade statt, und es kam zu dem schrecklichen Attentat auf die israelische Delegation. Im Geschichtsunterricht waren wir gerade bei Napoleon, was die Kids so gut wie nicht interessierte. Verständlich! Auf der Höhe der Ereignisse in München brachte ich ein Kofferradio mit in den Geschichtsunterricht, und wir hörten die minutiöse Berichterstattung, die live aus dem Lautsprecher kam. Ich versuchte, soviel Hintergrundinformation wie möglich einzuschleusen, und erklärte den Kids, daß das gelebte Geschichte sei, zu der ihre eigenen Kinder sie einmal befragen würden. Sie hörten ernst zu, und wir diskutierten danach das Gehörte. Hier vermischten sich Sport und Politik mit Zeitgeschichte, und das Resultat war einiges spannender als Napoleons Rußland-Feldzug.

So jedenfalls dachten die Fünfzehn- bis Siebzehnjährigen. Einige ihrer Eltern waren da allerdings anderer Meinung: Sie beschwerten sich bei der Schulleitung über diesen »Geschichts«unterricht. Und was tat die Schulleitung? Sie ging darauf ein, und ich bekam eine Rüge. Damit leitete sie das Ende einer unglücklichen Verbindung ein; dieser Anlaß war für mich das untrügliche Zeichen, daß ich an der falschen Stelle war. Um mir das im wahrsten Sinne des Wortes glasklarzumachen, bedurfte es jedoch eines spektakulären Ereignisses.

Meine Schwester, die mir von New York nach Zürich gefolgt war und mit mir in Greifensee lebte – das Ende der Zeit, wo wir als Doppel-Packung dachten und agierten, zeichnete sich allerdings schon ab –, und ich fanden, daß das Beste an der Schweiz die Tatsache war, daß sie gleich oberhalb Italiens angesiedelt war. Vom ersten Schweizer Jahr verbrachten wir insgesamt drei Monate in Italien, aufgeteilt auf einmal vier Wochen Capri plus viele, viele Wochenend- und Feiertagsausflüge. Erst wenn wir die damals noch sehr mühsame Walensee-Strecke Richtung Süden hinter uns hatten, begannen wir zu leben, und die Stimmung sank mit jedem Kilometer, der uns vom San-Bernardino-Tunnel Richtung Zürich brachte.

Im September war ich für ein Wochenende in Verona, im Hotel *Due Torri*. Nach der Siesta am Sonntagnachmittag wachte ich mit großem Durst auf. Ich stand auf, um mir ein Glas Wasser zu holen, als ich einen dumpfen Knall hörte. Als ich zu mir kam, fand ich mich neben dem Bett in einer großen Blutlache; mein Gesicht schmerzte fürchterlich. Meine Hand näherte sich meinem Gesicht, dessen rechte Hälfte voller Glassplitter war, und ohne nachzudenken, fing ich an, die Splitter aus der Haut zu nehmen. Ich hatte, wie ich bald herausfinden würde, aufgrund von Überarbeitung und akuter Erschöpfung einen Kreislaufkollaps erlitten, war beim Fallen auf die Glasplatte des Nachttisches aufgeprallt, die in Tausende von Splittern zerbarst, von denen eine nicht gerade kleine Anzahl mein Gesicht erreicht hatten. Okay, das war jetzt wirklich eine neue Erfahrung – nicht, daß ich sie gebraucht hätte, aber in der Rückschau entbehrt sie nicht einer gewissen Pikanterie.

Der Mann, mit dem ich das Wochenende verbrachte, war Neapolitaner – sonst ein weltgewandter Grandseigneur, jetzt ein hilfloser Jammerer. An der Tür klopfte es wie wild: Den Knall, als ich auf den Nachttisch prallte, hatte man an der Rezeption gehört; begreiflicherweise wollte man im Hotel wissen, was da oben passiert war. Er mußte erklären, was los war, ohne es genau zu wissen, was ihn völlig überforderte. Inzwischen hatte ich mir meine rechte Hand an verschiedenen Stellen verletzt, ich blutete noch etwas mehr, klaubte immer noch die Glassplitter aus meinem Gesicht, das ich schon längst nicht mehr spürte, und war froh, als die *Crew* des Krankenwagens mich endlich aus dem Zimmer trug. Als wir am Hoteleingang ankamen, gab es eine kleine Szene: Es hatte sich in kurzer Zeit eine Traube von Gaffern gebildet, was mich auch in meinem Dämmerzustand enorm beelendete. Die Sanitäter mußten sich erst Platz schaffen, damit man die Bahre in die Ambulanz schieben konnte; es war schwierig, die Menschen wegzudrängen – bis zu dem Moment, wo ich mich wütend entschloß, das Handtuch, das meine rechte Gesichtshälfte bedeckte, wegzunehmen. Der Entsetzensschrei, der durch die Menge ging, gab mir zu verstehen, daß etwas Ernstes passiert sein mußte; immerhin wichen jedoch die Menschen spontan zurück, und endlich konnte ich in die Ambulanz geschoben werden.

An einem Sonntagnachmittag in Italien in ein Krankenhaus als Notfall eingewiesen zu werden, ist an sich schon ein Ereignis. Hier kam hinzu, daß man den Notfallarzt gebeten hatten, mich noch in der Ambulanz zu »besichtigen«. Er schaute mich an und sagte kühl und unbeteiligt: »*E rotto, il naso!*« O Gott, zu allem Elend noch eine gebrochene Nase! Ich weiß nicht, warum, aber ich war unfähig zu weinen.

Das tat dafür um so intensiver mein Begleiter. Er schluchzte so herzzerreißend, daß er das volle Mitleid der Nonnen genoß. Eine kam zu mir in den Operationssaal und erklärte mir, daß man meinem »*marito*« eine Beruhigungsspritze gegeben hätte und er sich jetzt langsam besser fühlte. »*Non è il mio marito!*« zischte ich sie an und ließ sie mit der Erkenntnis, daß sie ein »sündiges Paar« vor sich hatte, von dannen ziehen.

Ich war empört, aber irgendwie auch belustigt ob der Tatsache, daß ich den Unfall und er das Mitleid hatte, aber ich kam nicht dazu, mir lange darüber Gedanken zu machen, denn über mich beugte sich die Chirurgin, die sich um die Zukunft meines Gesichtes kümmern würde. Sie war eine außergewöhnlich schöne Frau, Mitte dreißig, also ungefähr in meinem Alter. Ich starrte sie an, im vollen Bewußtsein ihrer Schönheit und meines Elends. Nie werde ich ihren Namen vergessen, den ich mit meinem linken, offenen Auge sehen konnte: *Dottoressa Fiorella Barbon*. Sie war liebevoll-vorsichtig mit ihrer Untersuchung und sagte mir dann, daß wir die Nase nicht operieren müßten, weil es sich um einen glatten Bruch am oberen Nasenbein handelte, den man mit viel Leukoplast im Gesicht wieder »hinbiegen« konnte, daß sie jedoch ziemlich ausgiebig nähen müßte. Ich riß mich zusammen, kramte in meinem benebelten Kopf mein Sonntagsitalienisch hervor und sagte zu ihr: »Sie sind eine wunderschöne Frau, ungefähr in meinem Alter. Sicher können Sie nachempfinden, was mir da passiert ist. Ich bitte Sie inständig, Ihr Bestes zu tun, damit ich den Rest meines Lebens mit meinem Gesicht leben kann.« Sie lächelte mich an und nickte, und mir blieb nichts anderes übrig, als mich ihren Händen zu überlassen.

Ob es mein Appell war, ihre chirurgische Fingerfertigkeit, ihr Berufsethos oder alles zusammen: Sie hat so perfekt genäht und die Nase so gut zurechtgebogen, daß ich nach und nach diesen Unfall fast vergessen habe! Ob es sie noch gibt, weiß ich nicht; auch nicht, ob sie je davon erfahren wird, daß ich ihr in diesem Buch ein Denkmal setze. Aber meine Dankbarkeit kennt keine Grenzen, denn mit den Wunden, die die Glasstückchen verursacht hatten, hätte ich bei einer weniger professionellen und engagierten Behandlung ganz anders aussehen können.

Meine Schwester war an diesem Wochenende in Venedig; zum Glück logierten wir in Verona in einem Hotel, wo es dem Concierge schnell gelang, anhand seiner Verbindungen herauszufinden, daß meine Schwester am Lido abgestiegen war. Sobald sie von meinem Unfall erfuhr, machte sie sich auf den Weg nach Verona. Irgendwann spät am Abend ging die Türe auf, und ich sah ihr vertrautes Gesicht! Sie hat mir später gestanden, daß mein Anblick sie fast umgeworfen hätte! Alle Selbstbeherrschung hätte sie aufbringen müssen, mich ihren Schock nicht merken zu lassen, und sie war überzeugt, daß ich nie wieder »normal« aussehen würde. (Fast zwei Jahre würde sie warten müssen, um sich das Gegenteil beweisen zu lassen.) Auf Einladung der Nonnen quartierte sie sich im zweiten Bett des Privatzimmers ein, und ich wußte, sie würde mich, sobald es ging, nach Hause bringen. Schließlich ließen sich alle Italiener, die es sich leisten konnten, in der Schweiz behandeln, und ich, die ich dort wohnte, hatte mir für meinen Kreislaufkollaps einen Sonntagnachmittag in Verona aussuchen müssen!

Die ersten beiden Tage gelang es Corina noch, mich von einem Spiegel fernzuhalten; dann war ich so alarmiert, daß ich mir Gelegenheit verschaffte, in einen Spiegel zu schauen – etwas, was ich gescheiterweise nicht hätte tun sollen! Es war leicht, überzeugt zu sein, daß ich die Spuren dieses Unfalls nie mehr eliminieren könnte.

Die Heimfahrt, zwei Tage später, ist noch erwähnenswert. Von Verona nach Mailand nahmen wir ein Taxi; danach ging es weiter per Zug, für den wir allerdings keine Platzkarten hatten. Daß ich invalide war, sah man mir von weitem an, nicht zuletzt auch, weil ich die rechte Gesichtshälfte mit einem antiseptischen Tuch bedeckt hielt. Nirgendwo war ein Vierer-Abteil frei. Corina, die Praktische, wußte, was zu tun war: »Nimm das Tuch weg!« flüsterte sie mir zu – ich tat das, und es wirkte Wunder. Die beiden Herren, vor denen wir gerade haltgemacht hatten, sprangen entsetzt auf und boten uns auf der Stelle ihre Plätze an. Meine Schwester bedankte sich artig, und ich konnte die Fahrt einigermaßen unbehelligt hinter mich bringen. Im Zürcher Hauptbahnhof warteten ein Rollstuhl und eine Ambulanz; die nächsten zwei Wochen würde ich in einem sauberen Krankenhausbett verbringen, wo ich mir Gedanken über meine Zukunft machen konnte.

Daß ich überarbeitet war, hätte ich auch so begriffen, aber der Unfall machte die Situation mehr als deutlich. Die Schulleitung, die jegliche Verantwortung für meinen Zustand ablehnte, war nicht gerade einsichtig, und es bedurfte eines ärztlichen Zeugnisses, das mich für längere Zeit als nur teilweise arbeitsfähig erklärte, damit ich mein Pensum auf gut zwanzig Stunden reduzieren konnte. Damit war ich für die Schule weniger interessant geworden, und sie ließ mich das spüren.

Um eine lange, höchst unangenehme Geschichte kurz zu machen: Am Ende des Winterhalbjahrs trennten sich unsere Wege. Die Schule wollte mich, aufgrund einiger Eltern-Beschwerden, entlassen, was ich verhindern konnte, nicht zuletzt dank der Unterstützung all der Eltern, die von meinem Unterricht begeistert waren. So konnte *ich* kündigen, mit der Begründung, daß die Praxis nicht dem entsprach, was mir im Anstellungsvertrag versprochen worden war. Selbst zu kündigen war jedoch nicht so gut angesichts der Tatsache, daß ich ja nur eine geduldete Ausländerin mit einem B-Ausweis war, abhängig davon, daß ein Arbeitgeber erstens mich wollte und zweitens der Fremdenpolizei glaubhaft machen konnte, daß er mich brauchte. Die Schulleitung beantwortete meine Kündigung mit einem unmöglichen Zeugnis; ich fühlte mich an meine Zeit bei der amerikanischen Armee erinnert ... Ich mußte wiederum für ein Zeugnis kämpfen, das meine Arbeit gerecht bewertete, und bekam es schließlich auch. Es war zwei Seiten lang, sehr detailliert, im Grunde sehr positiv, wenn auch mit Einschränkungen. Im Text wird zugegeben, daß ich keine Gelegenheit bekommen hatte, mich in anderen Bereichen als dem Unterrichten zu bewähren, und dann steht da der interessante Satz: »Ihr Anspruch auf Führung ist legitim.« Ich würde keine Zeit versäumen, den Beweis anzutreten ...

Greifensee machte zwei New Yorkerinnen mit dem Problem »Waschküchenbenutzung« in einem Mehrfamilienhaus bekannt; wir waren der einzige Haushalt ohne Kinderwäsche auf der Leine, fanden es aber sehr einengend, nur alle drei Wochen waschen oder an einem Mittwoch zwei Stunden buchen zu können! Unsere Fenster waren oft auch die einzigen, die nach zehn Uhr abends noch erleuchtet waren. Äußerst gewöhnungsbedürftig war die Tatsache, daß wir kein Telefon hatten! Die Regionalzentrale war noch nicht gebaut, und es gab keine Anschlüsse. Das heißt, daß auch wir uns abends bei Wind und Wetter vor der einzigen Telefonzelle in der Siedlung anstellen mußten, wenn ein Anruf unumgänglich war. In New York hatte ich drei Anschlüsse gehabt, hier hatte ich nicht mal einen Telefonapparat, geschweige denn einen Anschluß. Es würde anderthalb Jahre dauern, bis wir von zu Hause telefonieren konnten!

Die Wohnung war zwar phantasielos in ihrem Grundriß, aber auch nicht so schlecht wie ihr Ruf. Unsere New Yorker Möbel füllten die Räume, und ein schmerzendes Heimweh füllte unsere Herzen. Denn das Schlimmste war, daß wir völlig isoliert waren. Es hat wirklich ein Jahr gedauert, bevor wir eine Schweizer Wohnung von innen gesehen haben – und die Einladung zum Nachtessen kam von einer holländischen Kollegin, die einen Schweizer geheiratet hatte! Ich bin ihr heute noch besonders dankbar dafür, und wir sehen einander immer noch gelegentlich. Im Gegensatz zu dieser Isolation hatten wir in New York einen interessanten internationalen Freundeskreis, in dem ein reges Hin und Her an Einladungen stattfand. Hätte ich nicht meinen ganzen Haushalt mitgenommen, ich glaube, ich wäre sehr gerne in das unsichere New York zurückgekehrt.

Exkurs: Die »Grünen Witwen« von Greifensee

Genau vor unserer Wohnung war einer der großen Spielplätze der Siedlung. Dort saßen sie, die jungen Mütter von Greifensee, mit einem Kind im Sandkasten, einem im Kinderwagen und vielleicht schon einem dritten im Bauch. Sie sahen nicht glücklich aus, diese jungen Frauen, die noch bis vor nicht allzu langer Zeit dynamisch, begehrenswert und unbeschwert gewesen waren, jetzt aber irgendwie vor sich hindämmerten. Nur wenige sprachen überhaupt miteinander; die meisten machten den Mund erst auf, wenn sie an ihren Kindern etwas auszusetzen hatten oder sie vor einem Unfall bewahren wollten. Es herrschte eine eigenartig lähmende Stimmung, die sich in Einzelfällen bis zur Feindseligkeit steigern konnte.

Wenn ich auf meinem Balkon im dritten Stock arbeitete, konnte ich diese Stimmung sehr deutlich spüren. Sie taten mir leid, diese jungen Frauen, die ihre Freude am Leben, an ihrem neuen Zustand des Mutter-Seins, anscheinend verloren hatten. Schade aber auch um die ungenutzten Gehirne, denn kaum eine brachte je ein Buch mit auf den Spielplatz. Zwar fand ich die Bezeichnung für diese Frauen, die allgemein »Grüne Witwen« genannt wurden, etwas makaber, aber in bezug auf Traurigkeit und Leere konnten sie es mit echten Witwen aufnehmen.

Frauen. Sie waren, mit Ausnahme derjenigen, die mich persönlich gefördert hatten und denen ich so viel verdankte, an sich kein Thema für mich. Das heißt, sie hatten versucht, sich mir als Thema in New York aufzudrängen. Die 68er-Bewegung wird ja auch als der Beginn der aktiven Frauenbewegung gesehen, und in New York äußerte sich das wahrhaftig darin, daß eine Ansammlung von schreienden Frauen jeweils auf der Avenue, wo mein Bus mich zur New York University brachte, Straßensperren errichtete, um ihre Büstenhalter verbrennen zu können! Mal abgesehen davon, daß sie mich daran hinderten, pünktlich in der Uni zu sein, was mich zu ähnlichen Reaktionen veranlaßte, wie sie die Streikenden auf dem Columbia-Campus ausgelöst hatten, fand ich das sowohl unappetitlich als auch lächerlich. Du meine Güte, *das* sollte die Befreiung der Frauen sein – keinen BH mehr tragen zu »müssen«?! Hatten die Sorgen!

Meine waren das nicht; ich hatte nichts gegen dieses Kleidungsstück, empfand es nicht als Zwang, auch nicht als Symbol irgendeiner Unterdrückung, und hatte überhaupt bis dahin keinen Grund gehabt zu klagen. Schließlich hatte ich mich sogar als eine der wenigen Frauen auf dem Hypotheken-Sektor in einer Männerbranche bewährt, und niemand hatte mich daran hindern wollen. Ich grinste zwar über die verschiedenen cleveren Graffiti, mit denen New York überzogen war, aber diesem Haß auf Männer stand ich verständnislos gegenüber. Dies waren nicht meine Probleme und schon gar nicht potentielle Mitstreiterinnen, wenn ich mich hätte engagieren wollen. Und überhaupt: Ich hatte keine Zeit, mich mit diesen kreischenden Frauen zu befassen. Wenn man mir gesagt hätte, daß ich ein paar Jahre später ein Bildungsprojekt ausschließlich für Frauen kreieren würde, hätte ich herzhaft gelacht.

Im Februar 1973 wurde ich vierunddreißig. Meine Schwester und ich verbrachten meinen Geburtstag in Amsterdam. Es ging mir, fünf Monate nach dem Kreislaufkollaps, zwar den Umständen entsprechend, aber doch auch wieder erstaunlich gut für die kurze

Zeit, die seit dem Unfall vergangen war. Ich mußte mich ernsthaft damit auseinandersetzen, daß ich in ein paar Monaten ohne
Job dastehen würde – ein unhaltbarer Zustand in einem Land, wo
meine Anwesenheit von einem Arbeitgeber abhing. Und der
mußte wiederum eine Schule sein, denn ich war als Lehrerin ein-
gereist, und die Branche zu wechseln, wäre schwierig bis unmöglich gewesen. Die paar Tage in Amsterdam hatten mir einen Ho-
rizontwechsel beschert, und gewöhnlich genügt solch eine Pause,
um meinem Denken eine neue Richtung zu geben.

Je älter ich werde, desto weniger interessiere ich mich für
das Thema »Ferien«. Doch, doch, das gibt es noch in unserer
reise- und freizeitverrückten Gesellschaft. Wenn ich mich schon
mal darauf einlasse, dann verlaufen Ferien ungefähr so:

- Tag 1: Schlafen
- Tag 2: Schlafen, aber auch bummeln, im Café sitzen
- Tag 3: Bummeln, den Ort erkunden, einkaufen
- Tag 4: Schön, so ausspannen zu können!
- Tag 5: Man sollte etwas unternehmen ...
- Tag 6: Jetzt habe ich aber schon ganz schön ausgespannt
  (wieso habe ich den Laptop zu Hause gelassen?).
- Tag 7: Schauen wir uns mal die Möglichkeiten einer
  frühe(re)n Heimreise an!

Wenn die Heimreise erst am Tag zehn oder noch später möglich
ist, setzen schlechte Laune und Unrast ein, und ich zähle die
Stunden, bis ich wieder zu Hause bin. Ich wohne gerne. Ich bin
sehr gerne in meinem Heim, und es gibt nicht viele Orte, die ich
noch entdecken möchte. Hingegen gibt es einige, die ich immer
wieder gerne besuche, und die liegen, mit Ausnahme von New
York natürlich, alle in Europa. Für diese Destinationen genügen
zum Beispiel vier Tage und drei Nächte oder sogar noch weniger,
dafür aber in einem sehr guten Hotel – und dann bin ich wieder
daheim. Rucksack- oder Camping-Ferien sind nicht für mich geschaffen worden. Ich genieße es, in einem guten Hotel mit ent-
sprechendem Service abzusteigen, und ich kann, wenn es sein
muß, in solch einer Atmosphäre total abschalten. Es mag nur eine
kurze Unterbrechung meines Alltags sein, aber unterwegs in der

vertraut-fremden Umgebung kann ich mir gewöhnlich den Kopf freischaufeln und neue Energien tanken.

Ich kam also mental erfrischt von Amsterdam zurück – und das war gut so, denn kurz darauf bekam ich eine Einladung von der AKAD (Akademikergemeinschaft für Erwachsenenbildung) zu einem Vorstellungsgespräch. Man suchte jemand für die Leitung der Sprachschule, die noch jung und entwicklungsfähig war. Erwachsenenbildung und ein Aufbau-Projekt! Ja, gerne. Ich sagte sofort zu; die Existenzängste hatten sich erledigt. Die Fremdenpolizei sah nichts Schweiz-Bedrohendes in diesem Wechsel von einer Bildungsinstitution zu einer anderen und gab ihr Okay.

Nicht nur Erwachsenenbildung war ein Zauberwort, sondern endlich konnte ich auch wieder unternehmerisch tätig sein. Die AKAD zahlte ihre Führungskräfte gut, verlangte aber auch sehr viel. Das kam mir gerade recht. Man hatte mir die Vorgabe gemacht, den Umsatz innerhalb einer gewissen Zeit zu verdoppeln; ich schaffte das in der Hälfte der Zeit. Nach einem Dreivierteljahr bekam ich noch die Abteilung »Sprachdiplomkurse« und wurde zur Rektorin befördert. Es war offensichtlich, daß ich hier am richtigen Ort war. Die Arbeitswoche war lang und intensiv, und da Abend- und Samstagsunterricht ein wesentlicher Teil meines Tätigkeitsbereichs war, hieß das auch, daß ich viele Abende und eine ganze Reihe von Samstagen in der Schule verbrachte. Aber das störte mich nicht; ich fand meinen Job toll und kniete mich voll hinein.

Von einem Tag auf den anderen hatte ich nun die Führungsaufgaben, die mir zuvor versagt geblieben waren, ohne je ein Führungsbuch gelesen oder ein Seminar genommen zu haben. Hmmh. Das konnte leicht ein Minenfeld sein. Ich startete mit dreiundzwanzig MitarbeiterInnen; als ich sechs Jahre später die AKAD verließ, waren es fünfzig. Mit ganz wenigen Ausnahmen, wo ich offenbar geistig abwesend gewesen sein muß, als ich das Einstellungsgespräch geführt habe, waren es die richtigen MitarbeiterInnen: engagierte ErwachsenenbildnerInnen, die begriffen hatten, daß vor ihnen meistens müde Menschen saßen, die sich neben ihren fordernden Jobs noch weiterbilden wollten oder mußten. Obwohl ich dann noch jede Menge Seminare in Führung, Kommunikation, Selbst-Management oder ähnlichem genommen habe, ist das, was ich richtig gemacht habe, ganz instinktiv entstanden. In bezug auf Führung hatte ich ein paar einfache Maximen:

- Was du nicht willst, daß man dir tu, das füg auch keinem anderen zu.
- Erwarte nicht, daß deine MitarbeiterInnen etwas tun, was du nicht bereit bist zu tun.
- Sei da, wenn sie dich brauchen.

Das war weder originell, noch sehr schwierig, wobei selbstverständlich auch bei dieser Transparenz Dinge falsch laufen können. Ich lehne das K-K-K-Führungsmodell rundweg ab: Kommandieren und kontrollieren liegen mir nicht, und korrigieren lasse ich lieber die, die den Fehler gemacht haben. Damit es zu möglichst wenigen Korrekturen kommt, basiert mein Führungsstil auf Delegation, mit viel Verantwortung auf seiten der MitarbeiterInnen, aber auch den entsprechenden Kompetenzen, um diese Verantwortung wahrzunehmen. Ich setze auf Transparenz, unter Wahrung von Diskretion, auf eine offene Kommunikation und (fast grenzenloses) Vertrauen. Wenn, was hie und da geschehen ist, dieses Vertrauen mißbraucht wurde, war das Arbeitsverhältnis so gestört, daß es früher oder später zu einer Trennung kommen mußte. So etwas spricht sich schnell herum, auch unter MitarbeiterInnen, die »nur« nebenamtlich tätig sind, und im großen und ganzen hatte ich das Team, das ich mir wünschte. Und die Menschen, auf die ich angewiesen war, um unsere Umsatzziele zu erreichen, fanden mich als Chefin okay oder sogar mehr als das, wie sie mir bei meinem Abschiedsfest bestätigt haben ...

Was sicher auch noch geholfen hat, ist, daß ich mindestens so engagiert als Lehrerin wie als Rektorin war. Wenn ich eine Neuerung einführen wollte, habe ich sie zuerst einmal selbst ausprobiert. Ich sorgte für zeitgemäße Weiterbildung mit Top-Seminar- und Workshop-Leitern. Ich war die erste, die ein modernes Sprachlabor einführte, und ließ mich bei der Firma in München schulen, damit ich wußte, wie das teure Ding funktionierte und notfalls die eine oder andere Reparatur selbst ausführen konnte. Technische Dinge faszinieren mich bis zu einem gewissen Grade, und Neuerungen auf diesem Gebiet waren für mich sowohl Pflicht als auch Kür.

Und schließlich sah ich die Bereiche, die ich leitete, auch aus der Sicht der KonsumentInnen. Das fand seinen Niederschlag in der Klassengröße, in der Auswahl des Lehrmaterials, in den Kurszeiten, in der Gesprächsbereitschaft, wenn Reklamationen anstanden. Die AKAD war umgeben von Schweizer Großfirmen mit internationalem Geschäftsgang. Viele MitarbeiterInnen brauchten Sprachunterricht. Ich trat an die Firmen heran, handelte Pauschal-Arrangements aus und bot ihnen kundengerechte Lösungen an. Manche ihrer MitarbeiterInnen leiteten aus dieser engen Zusammenarbeit ein gewisses Recht auf absurde Forderungen ab; für sie mußte ich eine kompetente, verständnisvolle Ansprechpartnerin sein, um die Angriffslust von den LehrerInnen abzulenken. Ich hatte also Verständnis für meine MitarbeiterInnen wie auch für die hochgeschätzten KundInnen – beides trug mir allerdings wenig Verständnis seitens der Geschäftsleitung ein, wenn Mitarbeiter- und Kundenwünsche mit denen der Geschäftsleitung im Clinch lagen. Oft genug habe ich für meine Abteilungen das Beste herausholen können; ab und zu mußte ich nachgeben, und dann hatte ich die schwierige, aber nicht reizlose Aufgabe, die Gruppe, deren Wünsche nicht erfüllbar waren, von einer anderen Lösung zu überzeugen.

Überzeugungsarbeit würde noch viel mehr ein Teil meiner folgenden Aufgaben werden. Noch im November 1973, vor meiner Beförderung also, bekam ich einen Auftrag, der mein Leben für das nächste Vierteljahrhundert verändern sollte und dessen Nachwirkungen ich heute noch spüre. Als ich eines Morgens ins Büro kam, fand ich zwölf AKAD-Lehrhefte auf meinem Schreibtisch, mit dem Auftrag von meinem Chef, für dieses neue Produkt einen Markt zu kreieren. Es war der Kurs in Geisteswissenschaften, intern abgekürzt als »GW«, frisch aus der Druckerei: je drei Hefte Psychologie, Soziologie, Politologie und Philosophie.

Als Spezialistin für Fernunterricht – und besonders für die Matura auf dem zweiten Bildungsweg – wußte die AKAD, was auf diesem Gebiet Qualität war: Die Lehrhefte waren hervorragend. Allerdings war ich etwas erstaunt: Ich verstand zwar wenig bis nichts vom Marketing, aber so viel wußte ich, daß man normalerweise zuerst einmal herausfindet, was »der Markt« will, bevor man ein Produkt kreiert. Hier war es nun umgekehrt, und mir war die Aufgabe zugefallen, für das Produkt, von dem niemand etwas wußte, einen Markt zu schaffen.

Ich hängte meinen Mantel auf, holte mir einen Kaffee und öffnete neugierig das erste Heft: Psychologie, die natürlich beim Kleinkind anfängt. Ich las die erste Seite aus dem Blickwinkel einer Marketing-Frau, nicht aus dem einer Mutter – aber dann lief bei mir ein innerer Film ab, den ich bis heute nicht vergessen habe: Ich »sah« die Frauen auf dem Spielplatz in Greifensee, wie sie sich über diese Hefte beugten, lernten und miteinander diskutierten. Für Fernunterricht würden doch auch sie Zeit erübrigen können, und damit sie mal auf andere Gedanken kamen, könnten Begleitseminare stattfinden, wo sie sich austauschen und ein Netzwerk aufbauen konnten. Es war das, was man als Vision bezeichnen könnte, und als der innere Film zu Ende war, wußte ich, daß ich wieder ein Projekt hatte, für das es sich einzusetzen lohnte.

Ich präsentierte also die Idee meinem Chef, der sich, wie immer, skeptisch zeigte. Wir hatten leider keine einfache Zusammenarbeit – schade, denn eigentlich hätten wir uns hervorragend ergänzt. Er hatte ein Computer-Gehirn, das mit einer unglaublichen Präzision funktionierte und jeden Fehler rechtzeitig entdeckte. Ich hingegen hatte die kreativen Ideen, deren Verwirklichung nach dem bekannten Motto *trial and error* funktionierte, was ihn nervös machte. Ich vermißte seine Unterstützung, und er hat sich vielleicht eine Mitarbeiterin gewünscht, die weniger häufig kreative Anfälle hatte und sich statt dessen nahtlos in die Administration einfügen sollte.

Danach stellte ich das Projekt der Geschäftsleitung vor; auch sie war nicht unbedingt davon angetan. Vielleicht sollten es doch eher die Senioren sein? Oder die Strafgefangenen, von denen sich eine ganze Reihe bereits im Fernunterricht weiterbildete? Noch mal: Ich war keine Marketing-Expertin, aber so viel wußte ich, daß man nicht einen Mehrfronten-Krieg führen, also nicht verschiedene neue Märkte aufs Mal erobern sollte. Ich plädierte weiterhin für die Frauen und tat das so engagiert, daß das »GW«-Projekt schon bald als »Siegels Grüne Witwen« bekannt war. In einer größeren Sitzung veranstaltete ich ein Brainstorming zwecks Namensfindung für mein Kind: *AKAD-Femina* war der Name, der den meisten gefiel – und ich dachte, daß ich nun alle Hürden genommen hatte. Ach ja? Da sollte ich noch Gelegenheit bekommen, dazuzulernen . . .

Aber zuerst machen wir einen kleinen Ausflug in mein Privatleben. Nach drei Jahren Greifensee war ich endlich im Sommer 1974 in eine wunderhübsche Dreieinhalbzimmerwohnung nach Zürich gezogen. Das war eine der wesentlichsten Verbesserungen Richtung Lebensqualität. Ich konnte, wenn ich wollte, ins Büro laufen und hatte die Infrastruktur einer Stadt jederzeit zur Verfügung. Ich ging zwar in meiner Arbeit auf, ging aber auch ab und zu in die Oper. Die war damals eine der größten Enttäuschungen: Im Vergleich zu New York und all den anderen berühmten Opernhäusern, die ich inzwischen besucht hatte, war der Standard fast schon peinlich amateurhaft. Dennoch, in der Hoffnung, daß sich eines Tages etwas zum Besseren ändern könnte, kaufte ich ziemlich früh in meiner Schweizer Zeit ein Abonnement. Wer den heutigen Ruf der Zürcher Oper kennt, weiß, daß diese Hoffnung berechtigt war.

Vielleicht war es ein bißchen zuviel Arbeit und zu wenig Ausgleich in meinem Privatleben, jedenfalls sah ich den Weihnachtsfeiertagen 1974 ohne jede Freude entgegen. Am 23. Dezember war ich deprimiert genug, um etwas dagegen zu tun: Ich beschloß, in die Camargue zu fahren und auf dem Weg dorthin am Heiligabend bei *Paul Bocuse* zu essen!

Ich fuhr die vierhundert Kilometer nach Lyon ziemlich zügig, checkte im Hotel ein und bat den Concierge, zu sehen, ob er mir bei dem berühmtesten aller lebenden Köche einen Tisch reservieren könne. »*Pas de problème, Madame!*« meinte er zu meinem Erstaunen. Um acht Uhr fand ich mich bei Bocuse ein; der Parkplatz war fast leer. Und dasselbe galt für das Restaurant, das aus unerfindlichen Gründen an einem Abend offen hatte, wo kaum ein Franzose ausgeht, weil er weiß, daß es am nächsten Tag ein Riesen-Mittagessen im Kreise der Familie geben wird. Ich hasse leere Restaurants; sie deprimieren mich. Hier war ich also vierhundert Kilometer gefahren, um nicht nur in einem fast leeren Restaurant zu essen – es waren drei Tische besetzt –, sondern auch noch von dem *Maître* an einem Tisch plaziert zu werden, wo ich die paar Gäste im Rücken hatte und auf die Hälfte des fast leeren Restaurants blickte.

Ich war verärgert, auch über mich, daß ich mich hatte dorthin setzen lassen, und ich wußte, ich müßte noch etwas tun, um meinem Ärger Luft zu machen. Nach dem Hauptgang rief ich den Maître an meinen Tisch und fragte, ob M. Bocuse im Hause sei. Er bejahte das, und ich bat ihn, den Koch aller Köche aus der Küche zu rufen. Das tat er; ich bat M. Bocuse, an meinem Tisch Platz zu nehmen. »Wer hat Sie hierhergesetzt?« fragte er ungehalten. Ich sagte, daß das einer der Gründe sei, warum ich nach meiner Reise-Anstrengung jetzt etwas Gesellschaft wollte. »Sie sind wirklich heute von Zürich gekommen, um hier zu essen?« fragte er ungläubig. »Das muß belohnt werden!« Eigentlich war jetzt der Dessert-Gang in dem üppigen Heiligabend-Menu fällig, aber ich bin kein Dessert-Fan und wollte verzichten. Anderseits waren Desserts eine seiner Spezialitäten: »*Les vingt-et-un deßerts de Paul Bocuse*« war ein hoher Buffet-Wagen mit tatsächlich einundzwanzig Desserts drauf. Ich mußte von mindestens einem halben Dutzend kosten, er bestellte Champagner, zeigte mir danach Küchen und Vorratskammern und gewährte mir, die ich mit Kochen nicht viel am Hut habe, Einblick in sein Reich. Wir stellten fest, daß er einen Tag vor mir Geburtstag hatte – zwei Wassermänner unter sich! Auf seine Frage, wohin ich denn reiste, sagte ich vage: »Südwärts.« »Dann müssen Sie unbedingt meine Freunde in Mougins besuchen! Ich werde das für Sie arrangieren!« Ja, ja; man sagt viel, wenn der Abend lang ist und man eine Frau beeindrucken will. Ich nahm den Zettel mit der Adresse

eines anderen Drei-Sterne-Restaurants in Mougins, stieg nach
Mitternacht in mein Auto, um in mein Hotel in der Stadt zurück-
zufahren, und hoffte inständig, daß ich mit dem Weiß- und Rotwein sowie dem zum Dessert getrunkenen Champagner nicht in
eine Kontrolle käme. Ich hatte mir meinen Wunsch, bei Bocuse
zu essen, erfüllt – und ich war, wie ich am Ende des Abends herausfand, sein Gast gewesen! Was für ein ungewöhnliches Weih-
nachtsgeschenk!

Am nächsten Tag fuhr ich durch ein Frankreich, wo jede
und jeder um die Mittagszeit auf dem Weg in ein Restaurant zu
sein schien. Irgendwo in einer *Auberge* auf dem Lande habe ich
ein paar *Galettes* über die Straße kaufen können; auch in diesem
Restaurant gab es keinen freien Platz. Na ja, ich war ja noch satt
vom Vorabend; Avignon war mein nächster Hotel-Stop, und dort,
vis-à-vis von der besungenen Brücke, habe ich ein vorzügliches
Nachtessen gehabt. Arles, Nîmes und das Erlebnis von Les Beaux
bezauberten mich, und die unvergleichliche Camargue war überwältigend. Am 30. Dezember schließlich kam ich in Mougins
an. Das berühmte Restaurant »Le Moulin« war nicht schwer zu
finden. Als ich eintrat, empfing mich eine liebenswürdige Frau:
Denise Vergé, die mir ihre Erleichterung ob meiner Ankunft mitteilte. Erleichterung? Wieso? Ja. Paul Bocuse hätte mich doch angekündigt, und sie hielten eines der sieben zauberhaften Zimmer
für mich bereit. Was für ein Empfang! Auch hier wurde ich in
viele Geheimnisse der Zubereitung köstlicher Mahlzeiten einge-
weiht. Es war die Zeit, wo man die Welt der Drei-Sterne-Köche
entdeckt hatte. Ich fand zwar das Aufhebens, das von diesen Männern gemacht wurde, übertrieben, und vom kulinarischen Standpunkt aus, sind ihre Kochkünste weitgehend an mir verschwen-
det. Wenn ich aber ein einziges der Restaurants, die ich kennengelernt habe, empfehlen müßte, wäre es »Le Moulin« – nicht zuletzt wegen der liebenswürdigen Besitzer!

Die nahmen mich an Silvester mit zu einer privaten Party
bei einem ihrer besten Kunden: einem schwedischen Impresario,
der dort unten jeweils eine Villa mietete und den Winter in Südfrankreich verbrachte, wo ihn zwei Dinge interessierten: Golf

spielen und in Drei-Sterne-Restaurants essen. Diese Art von Leben war neu für mich, aber interessant genug, daß ich nichts dagegen hatte, als er mich als sein drittes Interesse erkor. Die Reihenfolge stimmt: Ich kam definitiv erst nach Golf und Gourmet-Restaurants.

Was immer ich an Freizeit hatte, verbrachte ich in diesem Frühling in Südfrankreich. Mit meinem schwedischen Familienhintergrund – meine Urgroßmutter mütterlicherseits, die Glasermeisterin, war eine geborene Køllerstrøm – und der Tatsache, daß ich mich in seinen Kreisen gut bewegen konnte, fand er mich eine ideale potentielle Ehefrau. Den Antrag hatte er mir – mit einem gewissen Sinn für Romantik – in der Mittsommernacht gemacht, die ich in Schweden verbrachte. Ich hatte zwar JA gesagt, aber sicher war ich mir nicht. Wir beschlossen daher, daß ich die Sommerferien 1975 in Skandinavien verbringen würde, wo er mir in Dänemark, Schweden und Norwegen den Norden Europas näherbringen und mich seinen Freunden vorstellen wollte. Fast vier Wochen planten wir dafür ein. Ich hatte – was für ihn vielleicht auch ein Grund für den Heiratsantrag war – in gut drei Monaten so viel Schwedisch gelernt, daß ich hübsche, kleine Dankesreden nach den köstlichen Dinners, die für uns gegeben wurden, halten konnte – ein *Must* in Skandinavien, wo man sich dauernd für irgend etwas bedankt. Er war entzückt, und seine Freunde waren es auch. Das hatten wir doch schon mal, als ich für den Mann, von dem ich mich scheiden lassen würde, die gute Ehefrau vor seinen europäischen Freunden spielte . . .

Ich erkannte dasselbe Muster; nach den vier Wochen wußte ich, daß ich weder mit diesem Mann noch in diesem Teil Europas leben wollte. Als ich die lange Strecke von Norddeutschland zurückfuhr, empfand ich zum erstenmal so etwas wie Freude darüber, daß ich in der Schweiz wohnte und dorthin zurückkehren durfte. Wofür geplatzte Verlobungen alles gut sein können . . .

Er hat ausgesprochen wütend auf meinen Entschluß reagiert – kein guter Verlierer! Aber ich hatte gar keine Zeit, mich mit seiner Rachsucht auseinanderzusetzen – abgesehen davon, daß seine Reaktion mir zeigte, wie sehr ich mit meiner Entscheidung recht hatte –, denn als ich nach Hause kam, konnte ich nicht ins Büro, sondern mußte mich erst einmal mit einer ordentlichen Angina auseinandersetzen. Die hatte ich mir eingehandelt, als ich in einem der heißesten Sommer mit offenem Autofenster über deutsche Autobahnen gebraust bin. Apropos heißer Sommer: Einer der zahlreichen Gründe, warum ich am Ende der vier Wochen mit den Nerven fertig war, war die Tatsache, daß Skandinavien selten einen solch heißen Sommer gehabt hatte – und das mir, wo ich Hitze nicht ausstehen kann! Wie allergisch ich darauf reagiere, habe ich bewiesen, indem ich es geschafft habe, sechsmal wegen der Hitze ohnmächtig zu werden!

Als ich meine Stimme wiedergefunden hatte, waren es nur noch zwei Tage bis zu einer Sitzung mit der Geschäftsleitung, wo die letzten Details meines GW-Projekts abgesegnet werden sollten. Ich rief im Büro an, um zu sagen, daß ich den Termin einhalten könne, und erfuhr, daß er abgesagt war. Nicht nur der Termin, sondern auch das ganze Projekt. Es sei in meiner Abwesenheit gestorben, sagte man mir am Telefon.

Wenn ich heute in Beratungsgesprächen meinen MandantInnen davon abrate, in heiklen Situationen drei oder vier Wochen lang in die Ferien zu gehen, so hat das sicher etwas mit dieser Situation zu tun. Ich war zu lange weg gewesen und hatte keine Kontrolle mehr über dieses Projekt. Das war die Einsicht. Aber da war auch noch die Erinnerung an die Vision, die ich beim Lesen des ersten Heftes hatte . . . Ich beschloß, daß dieses Projekt noch nicht gestorben sei; vielleicht lag es im Koma, vielleicht war es scheintot, aber ich würde alles daran setzen, es wieder zum Leben zu erwecken. Der erste Schritt war, die drei Herren der Geschäftsleitung dazu zu kriegen, den Termin einzuhalten. Ich appellierte an ihren Sinn für Fairneß: Verdiente ich nicht wenigstens noch eine Diskussion über das Ende eines Projekts, in das ich so viel ihrer Zeit und meiner Energie investiert hatte? Also, in Gottes Namen . . . Okay, den Termin hatte ich, jetzt brauchte ich eine Strategie. Ich wählte die »Franken und Rappen«-Strategie: In zwei Tagen erarbeitete ich die Zahlen, die beweisen sollten, wieviel sie bereits investiert hatten und was sie verlieren würden, wenn sie auf das Resultat dieser Investition verzichten würden. Zahlen ziehen bei Männern mehr als Appelle; die Strategie war richtig. Schließlich entwarf ich zusätzlich einen Detailplan von dem, was noch zu tun war, um das Projekt zu realisieren. Dabei würde das Medienecho, das mit dieser Innovation zu erzielen wäre, keine kleine Rolle spielen, und daran lag der AKAD viel.

Vor dem Sitzungstermin war ich sehr nervös; sobald ich mit meiner Präsentation anfangen konnte, war die Nervosität wie weggewischt. Nach zwei Stunden hatte ich mein Ziel erreicht und das Projekt wieder zum Leben erweckt; allerdings hatte man keinen Zweifel daran gelassen, daß man ihm nach wie vor skeptisch gegenüberstünde und die Weiterentwicklung mit Argusaugen verfolgen würde. Um mir zu zeigen, wie sicher sie waren, daß es kein Erfolg würde, schloß einer der Direktoren eine Wette mit mir ab: Wenn alle sechs Seminare – ich hatte inzwischen noch Wirtschaftswissenschaft und Deutsche Literatur den vier anderen Fächern hinzugefügt – durchgeführt werden könnten, gäbe es eine Flasche Champagner. Wenn nicht, müsse ich den Champagner liefern.

Vierzehn Monate später bedauerte ich, daß ich die Wette nicht präzisiert hatte: Über vierhundert Frauen hatten sich für den ersten Durchgang angemeldet; alle sechs Seminare waren zustande gekommen, die meisten davon doppelt oder sogar dreifach. Sechzehn Seminare konnten durchgeführt werden – da wäre doch mehr als eine Flasche angebracht gewesen, oder? Der Jux dieser Wette, die tatsächlich mit nur einer Flasche eingelöst wurde, war *eine* Sache, die Lektion, die ich mit dem Erfolg einstecken mußte, eine andere. Ich hatte allen Ernstes erwartet, daß sich die Skepsis jetzt in offene Freude verwandeln würde, daß zum Beispiel mein Chef mir sagen würde, wie sehr er bedaure, mich angezweifelt zu haben. Mit siebenunddreißig Jahren war ich offenbar alt genug, der schweizerischen Realität ins Auge zu sehen. Als kein Kommentar von ihm kam, habe ich an der wöchentlichen Sitzung einen provoziert. Ob er sich nicht freue, daß diesem Projekt mit seiner fast dreijährigen Vorbereitungszeit

ein solcher Erfolg beschieden sei? »Warten Sie's ab!« meinte er.
»Das ist jetzt das Herbstsemester. Im Frühjahr werden sich viel
weniger einschreiben, denn im Sommer haben Frauen andere
Prioritäten.« So, so. Vielleicht habe ich an diesem Tag die Schul-
terklopfmaschine erfunden, dieses nützliche Instrument, unter
das man sich in solchen Momenten stellen kann, um dem wunden Ego ein paar Streicheleinheiten zu verschaffen. Es waren
dann dreihundertfünfundsiebzig Anmeldungen im Frühjahr, insofern hatte er recht, aber dabei ist es denn auch längere Zeit geblieben.

Aber zwischen dem ab- und wieder angesagten Bespre-
chungstermin und der Eröffnung meines erfolgreichsten Unter-
fangens liegt noch eine Erfahrung, auf die ich hätte verzichten
können, die ich aber im nachhinein trotzdem schätzen gelernt
habe. Eines Morgens, kurz nach der berühmten Besprechung,
stand ich vor meinem ziemlich großen, ziemlich vollen Kleiderschrank, auf der Suche nach einem Kleidungsstück, das einen
Tag mit einem übervollen Terminkalender überstehen und noch
abends bei einem geschäftlichen Abendessen gut aussehen
würde – ganz so, wie es die Werbung jeweils verspricht. Ich hatte
Konzentrationsschwierigkeiten, riß alles Mögliche aus dem
Schrank, ohne fündig zu werden – eine Situation, die mich so
nervte, daß ich einen Weinkrampf bekam. Als ich wieder sprechen konnte, rief ich im Büro an, mit dem Auftrag, alle acht Termine an diesem Tag zu streichen, weil ich krank sei. Am Nachmittag hatte ich mich soweit wieder beruhigt, daß ich ins Büro
ging – aber ich wußte, daß dies nur eine Scheinruhe war. Etwas
lief falsch in meinem Leben – und es war nicht die in die Brüche
gegangene Verlobung, deren Ende ich eher als Befreiung empfunden hatte, sondern viel mehr als das. Ich nannte es »seelische
Krampfadern« und beschloß, das zu tun, was man mit echten
Krampfadern tut: herausoperieren. Hier war kein Chirurg, sondern ein Seelenarzt gefragt, aber woher sollte der kommen?

Im Krankenhaus war ich in der Obhut eines wunderbaren
Arztes gewesen, der Teil eines größeren Kollegenkreises mit
einem hohen Berufsethos war. Als Spezialist für Innere Medizin

war er auch mein Hausarzt geworden. Ihn rief ich an und fragte, ob er mir einen wirklich guten Psychiater empfehlen könne. Er konnte, und zwar einen Freund von ihm: den Chefarzt einer psychiatrischen Klinik im Umkreis von Zürich. Der hatte unbestreitbare Vorteile: Er würde mich sofort in seinen Terminkalender einbauen, er behandelte nach Krankenkassentarif – und ich konnte Englisch mit ihm sprechen, denn wenn es ans Emotionale ging, mußte es Englisch sein.

Um es vorwegzunehmen: Diese beiden Entscheidungen – das Problem anzuerkennen und anzugehen und mich für diesen Arzt zu entscheiden – gehören zu meinen erfolgreichsten. Ich war und bin dem Psychiater sehr dankbar, und als ich vor kurzem seine Todesanzeige in der Zeitung gesehen habe, hat das echte Trauer in mir ausgelöst. Ein weiterer richtiger Schritt war, daß ich sofort alle, die es wissen mußten, von dieser Psychotherapie informiert habe. Schließlich fanden unsere Therapie-Sitzungen jeden Montagmorgen, von elf bis zwölf Uhr, statt, und bei einer vierzigminütigen Anfahrtszeit, mußte ich das Büro jeweils kurz nach zehn Uhr verlassen. Ich wollte, daß mein Umfeld das Ganze so sah wie ich – als unerläßliche, aber temporäre Hilfeleistung für meine Psyche –, und ich wollte vermeiden, daß man aus dieser Sache durch Nichtinformation mehr machte, als sie war. Beides ist mir durch meine Offenheit gelungen.

Die erste Meeting war sehr schwierig für mich, aber es muß eine Zumutung für den Arzt gewesen sein. Ich hatte ein bißchen Angst vor der eigenen Courage bekommen und versuchte, meine Unsicherheit und Verletzlichkeit hinter einem unerträglich selbstsicheren Auftreten zu kaschieren – als ob man einen Psychiater täuschen könnte! Wir haben später mal diese erste Stunde aufgerollt, als ich ihn dafür um Entschuldigung gebeten habe, und konnten dann herzhaft darüber lachen. Aber ich bewundere den Mann noch heute, daß er mich überhaupt als Klientin genommen hat.

In diesen Montagsstunden bekam ich Gelegenheit, meine Vergangenheit zu durchleuchten, in der mein Vater und mein Ex-Mann eine zentrale Rolle einnahmen. Dann gingen wir die

Gegenwart an und versuchten herauszufinden, was derzeit in meinem Leben nicht stimmte. Das alles hat von September bis Dezember gedauert. In der ersten Januarstunde kam ich strahlend in sein Büro – mit wehendem Mantel und einem großen Hut! Er schaute mich an: »*If you feel the way you look, you won't need me any more!*« Ich fühlte mich wirklich so, aber die Aussicht, ihm nicht mehr am Montag um 11.00 Uhr mein Herz ausschütten zu können, machte mir angst, und ich machte ihm klar, daß ich ihn noch brauchte. Das stimmte aber gar nicht: Am Montag darauf mußte ich mir zum erstenmal überlegen, worüber ich eigentlich mit ihm sprechen wollte – und diese Frage tauchte von da an jedesmal auf der Hinfahrt auf. Ich begann, mich mit mir zu langweilen, und im März konnte ich endlich zugeben, daß ich ihn wirklich nicht mehr brauchte.

Was war geschehen? Die natürlichste Sache der Welt: Ich war frisch verliebt, und das hat mächtig dazu beigetragen, mir mein angeschlagenes Selbstbewußtsein wiederherzustellen. Oder war es umgekehrt? Hätte sich der Mann, der dieses strahlende Lächeln auf mein Gesicht zauberte, auch in mich verliebt, wenn ich nicht schon einigermaßen »in Ordnung gebracht« worden wäre? Ich weiß es nicht, und es spielt auch keine Rolle, aber hier haben zwei Entwicklungen einander begünstigt, und ich war eine dankbare Nutznießerin, die belohnt wurde: Es wurde eine der schönsten Beziehungen in meinem Leben, die immerhin dreieinhalb Jahre gedauert hat und danach – o Wunder! – in eine aktive Freundschaft verwandelt worden ist, die heute noch besteht und beiden viel Freude macht.

Ein paradiesischer Zustand also? Nun, bekanntlich wird schon dafür gesorgt, daß die Bäume nicht in den Himmel wachsen – und auch bei mir kamen Gärtner daher und schnipselten so lange daran herum, bis ich keinen Schatten mehr fand. Den mußte ich mir neu suchen.

1985: Ein Lichtblick beim Davoser Symposium: Hauptreferentin Dr. Hilde-gard Hamm-Brücher

Mit Corina bei der Geschäftsgründung

Dann mach ich's lieber selbst ...

> Man weiß nie, was daraus wird,
> wenn man die Dinge verändert.
> Aber weiß man denn, was daraus wird,
> wenn sie nicht verändert werden?
>
> *Elias Canetti*

Na, da ist wohl wieder mal ein Wort der Warnung am Platz. Zumindest der erste Teil dieses Kapitels wird kein erfreulicher werden. Sie werden darin zwar meinen endgültigen Schritt dorthin erleben, wo ich eigentlich von Grund auf schon immer hingehörte – ins Unternehmertum nämlich –, aber der Weg dorthin ist eben ein beschwerlicher gewesen. Und irgendwo in diesem Kapitel werden Sie mit mir mein berufliches Waterloo durchleben – auch keine lustige Geschichte. Im Gegensatz zu Napoleon war das bei mir jedoch nicht der Anfang vom Ende, sondern eines völlig neuen Berufsabschnitts, bei dem ich unheimlich viel lernen konnte ...

AKAD-Femina war der dritte Bereich, den ich zu leiten hatte; er war sowohl aufregender als auch aufwendiger als die anderen beiden zusammen und kostete mich viel Zeit. Aber die Belohnung, die in der Freude an der Arbeit und am Wachsen eines Verantwortlichkeitsbereichs lag, war so groß, daß ich gerne die Arbeitswochen, die öfter mal bis zu siebzig Stunden dauern konnten, in Kauf nahm. Ich war gut bezahlt, allerdings erst, nachdem ich herausgefunden hatte, daß die Idee von Lohngleichheit der Geschlechter in dieser Firma offenbar noch nicht bekannt war. Nachdem ich erfahren hatte, daß meine drei männlichen Rektoratskollegen (die AKAD hatte mehrere Schulen unter einem Dach vereint) eine Cashflow-Beteiligung hatten, die in meinen Gehaltsabrechnungen nirgendwo zu finden war, gab es eine sehr ernste

Unterredung – und danach war ich gleichgestellt und bekam sogar eine Nachzahlung.

Es ist ein wunderbares Erlebnis, wenn man sieht, wie eine Vision Wirklichkeit wird. Natürlich waren es nicht nur die Frauen von Greifensee, die sich angemeldet hatten, sondern zu meiner großen Freude kamen Frauen aus allen Teilen der Schweiz zehnmal pro Semester, um sich an einem Abend zweieinhalb Stunden lang unter kundiger Leitung ihrer Dozentin oder ihrem Dozenten (ja, mutige Männer waren als Dozenten zugelassen und hatten auch keine Mühe, den Kontakt zu diesen bildungshungrigen Frauen zu finden!) mit dem Stoff und gegensätzlichen Meinungen dazu auseinanderzusetzen. Frauen hatten also, wie ich vermutet hatte, nicht nur ein Gehirn, sondern wollten es auch nutzen! Ich war beeindruckt von dem, was in diesen Gehirnen war, und voller Bewunderung für die Art, wie sie sich ins Lernen stürzten. Woran mag mich das wohl erinnert haben?

Für viele Frauen bedeuteten diese zehn Seminarbesuche pro Semester auch ein Stück Organisationsarbeit. Wenn sie das Familienauto brauchten, mußten sie dafür sorgen, daß ihre Männer am Seminarabend rechtzeitig nach Hause kamen. Alleinerziehende Mütter mußten Babysitter organisieren; Fahrgemeinschaften bildeten sich, weil die Frauen in ihren Gemeinden, Quartieren oder Dörfern über das, was sie da an Weiterbildungsmöglichkeit entdeckt hatten, sprachen, und hie und da gab es Lerngruppen, die zusammen die Fernunterrichtshefte erarbeiteten.

Soweit ich weiß, sind nach allen Seminaren Gruppen in ein Restaurant oder eine Quartierbeiz gegangen, um dort weiterzudiskutieren und das für Frauen so wichtige *Networking* zu betreiben. »Meine« Frauen aus dem Literaturseminar diskutierten dabei über Gott und die Welt; wir lachten viel, und je nach Thema und Laune des Abends genossen wir die Aufmerksamkeit, die damals solch ein Frauentisch in einem Restaurant erweckte, oder die Blicke und anzüglichen Bemerkungen der männlichen Stammgäste nervten uns. Nach und nach gewöhnten sich jedoch alle an diese Tische und an die Tatsache, daß es offenbar möglich war, sich an einem Tisch mit »nur« Frauen gut zu unterhalten. Ich weiß, daß es heute noch, ein Vierteljahrhundert später, kleinere Gruppen gibt, die sich in regelmäßigen Abständen treffen, um zum Beispiel die aktuelle Wirtschaftslage oder die neuesten Werke der deutschsprachigen Literatur zu diskutieren! Was für ein Langzeiteffekt! Und es vergeht kein Monat, wo mich nicht eine Frau auf der Straße anspricht, mir sagt, daß sie zu den frühen AKAD-Femina-Frauen gehört und wie sehr das ihr Leben positiv verändert hat ...

Und dann das Medien-Echo! Besonders die Print-Medien hatten sehr schnell entdeckt, daß es hier um etwas Neues, um ein echtes Pionierprojekt für Frauen ging, und sparten nicht mit Platz, um über diese Bildungsmöglichkeit zu berichten. Frauen-Sendungen im Fernsehen machten darauf aufmerksam, aber noch erfolgreicher war das Radio, ohnehin mein Lieblingsmedium. Die »Frauen-Sendung« im Schweizer Radio lief von 14.05 bis 15.00 Uhr – eine Zeit, wo die Frauen, wie man wohl annahm, beim Abwaschen, Bügeln oder beim Vorbereiten des Abendessens waren ... Das stimmte sicher für viele, aber das Interessante war, daß Männer diese Sendung hörten und reagierten! Offenbar sind viele Männer am frühen Nachmittag unterwegs zu einer Besprechung oder zu einem Kunden, und ob es nun aus Langeweile oder echtem Interesse war: Sie hörten diese Sendung! Und wie reagierten sie darauf? Wenn sie am Abend nach Hause kamen, legten sie ihren Frauen dreihundert Schweizer Franken auf den Tisch (die Seminargebühr für ein Semester), zusammen mit einer mehr oder weniger vollständigen Anmeldeadresse, die sie während des Fahrens aufgeschrieben hatten, und sagten: »Da mußt du dich anmelden! Ich habe heute eine Sendung gehört – das ist etwas für dich!« Nicht alle natürlich, aber doch erstaunlich viele.

Was war passiert? Man darf nicht vergessen: Es war die Zeit des radikalen Feminismus, für den *Alice Schwarzer* als »Hexe vom Dienst« herhalten mußte. Männer waren durch die Schärfe des Angriffs und den Sarkasmus dieser Frauen überfordert und verunsichert; sie reagierten mit Ablehnung, Aggression oder unsäglich primitiven Witzen. Als sie mich dann am Radio hörten, waren sie angenehm überrascht. Überspitzt gesagt, war der Gedankengang dieser Ehemänner ungefähr so: »Die will uns ja, Gott sei Dank, nicht kastrieren, sondern nur unsere Frauen weiterbilden!« Dennoch hatte ich mehr als einmal Gelegenheit, auf die Gemeinsamkeiten im Gedankengut zwischen mir und Alice Schwarzer, der ich für ihre Unerschrockenheit dankbar war, hinzuweisen ...

Wenn ich zurückdachte, wie sehr ich in den ersten anderthalb Jahren in der Schweiz darunter gelitten habe, daß mich niemand zu sich nach Hause eingeladen hat, dann mußte ich lachen: Jetzt konnte ich mich der Einladungen kaum erwehren. Zum einen hatte ich einen Freundeskreis, lud gerne zu mir ein und wurde dementsprechend auch oft eingeladen. Zum anderen wollten einige der Ehemänner der Frauen, die zu mir ins Literatur-Seminar kamen, mich unbedingt kennenlernen.

Das waren anfangs hochinteressante Abende, die eigentlich darauf angelegt waren, daß der Hausherr im Kreise einiger eingeladener Ehepaare etwaiges feministisches Gedankengut bei seinem Gast orten wollte. Dieses Konzept geriet oft schon ins Wanken, wenn er die Türe öffnete und die Frau, die vor ihm stand, verständnislos musterte: Ich entsprach weder in bezug auf Garderobe noch in bezug auf Wortschatz und Tischmanieren dem, was er sich vorgestellt hatte. Meistens war der Gastgeber mein Tischherr, und immer ergab sich im Laufe des vorzüglichen Nachtessens mit den entsprechenden Weinen dazu der Moment, wo er zur Attacke ansetzen konnte: Er war verwirrt und brauchte Klarheit, die er mit der Frage zu finden hoffte: »Ja, nun sagen Sie mal, sind Sie etwa so etwas wie eine Feministin?« Darauf entspann sich folgender Dialog:

»Darf ich fragen, was Sie darunter verstehen?«

»Ja, so eine Emanze, Sie wissen schon!«

»Sorry, aber was ist das: eine Emanze?«

»Na ja, also so eine wie die ... die ... wie heißt sie noch gleich? Ach ja, diese Alice Schwarzer!«

»Um Ihnen das richtig beantworten zu können, muß ich wissen, auf welches Buch von ihr Sie sich da beziehen.«

»Buch? Ja, schreibt diese Frau etwa auch Bücher?«

»Was, Sie haben noch nichts von ihr gelesen? Da wäre eine
Diskussion jetzt aber unfair Ihnen gegenüber: Sie kennen ihre
Bücher nicht, und ich habe schon so viel von ihr gelesen, da kön-
nen wir ja ihr Gedankengut gar nicht diskutieren ...«

Meistens sagte jemand aus der Tischrunde lachend zum
Hausherrn: »Vergiß es! Du wirst diese Runde nicht gewinnen!«
Und je nach Ernsthaftigkeit der vorangegangenen Diskussion
gab er dann entweder genervt oder amüsiert auf. Ich hatte nicht
die Absicht, als Pausenclown auf diesen Abendeinladungen vorgeführt zu werden; anderseits war es für viele Frauen wichtig, daß
sie zu Hause Rückendeckung bekamen, und dabei wollte ich
gerne mitwirken. In zwei Fällen »durfte« übrigens die Gattin
nach solch einem Abend im nächsten Semester nicht mehr ins
Seminar kommen; ansonsten haben wir jedoch alle überlebt,
ohne bleibenden Schaden, wie ich ich annehme. Schon bald hatte
ich genug von diesem sich wiederholenden Ritual, und so mußte
eine ganze Reihe von Ehemännern mit der Ungewißheit leben,
inwieweit ich nun ihrem Bild einer Feministin entsprach oder
nicht. Das Wort »Emanze« habe ich bis heute nicht als ein ernst
zu nehmendes Wort anerkannt; ich betrachte es als Stammtisch-
Produkt und finde, Frauen sollten sich diesen Schuh nicht anziehen.

Nach dem ersten Staunen über den überraschenden Erfolg
dieses »Grüne Witwen«-Projekts gingen die Gärtner ans Werk
und begannen die Bäume zu stutzen. Hausintern gab es jede
Menge Sticheleien über diese Frauen, die sich da abends in den
Klassenzimmern tummelten. Ganz geheuer waren sie den meisten Männern nicht, und bei aller Freude über die Anerkennung
in der Öffentlichkeit gab es firmenintern eine ganze Reihe von
Leuten, die sehr gut ohne dieses Projekt, das so viel Aufsehen erregte, hätten leben können. Ich fand mich laufend in der Position
einer Verteidigerin, was mich gründlich ärgerte. Und natürlich
empfand ich diese interne Reaktion auch als unfair und ungerecht, zum einen mir gegenüber, zum anderen aber unseren
Kundinnen gegenüber. Ich ging ziemlich oft auf die Barrikaden
für diese lernfreudigen Frauen.

Und eines Tages war er dann da, der Tropfen, der das Faß zum Überlaufen bringt. Ich war in meinem Büro dabei, einen potentiellen Mitarbeiter zu interviewen, als einer der beiden Besitzer der AKAD anrief. Es war die Art von Anruf, die keinen Aufschub duldete, und ich mußte ihn annehmen. Er hatte am Abend zuvor bei einer Einladung neben einer Frau gesessen, die sich über alles und jedes bei AKAD-Femina aufgeregt und beschwert hatte. Objektiv betrachtet, stimmte nichts davon; aus ihrer Sicht jedoch war alles, was sie aufregte, ausschließlich mir anzulasten. Ohne mir eine einzige Chance zu geben, etwas richtigzustellen oder als unwahr zu entlarven, redete mein oberster Chef eine gute halbe Stunde in den Telefonhörer – so laut, daß mein Gast nicht umhin konnte, vieles davon mitzubekommen. Ich hatte den Anrufer am Anfang noch darauf hingewiesen, daß ich nicht alleine war, aber das hatte ihn offensichtlich nicht beeindruckt. Am Ende der »Unterhaltung« hörte ich die Worte: »Ich erwarte von Ihnen, daß so etwas nicht mehr vorkommt!« Zu seiner Überraschung antwortete ich ruhig: »Das verspreche ich Ihnen!« – ich hatte soeben gekündigt. Ich wandte mich meinem Gast zu, der, wenn er Manieren gehabt hätte, mein Büro längst hätte verlassen sollen, sagte ihm, daß er sich gut überlegen solle, ob er für diese Firma arbeiten wolle, und schickte ihn weg. Dann saß ich eine Weile an meinem Schreibtisch und ließ das Ganze noch einmal Revue passieren. Danach rief ich meinen Freund an, und wir gingen essen. Er versuchte, mir gut zuzureden, merkte aber bald, daß da nichts mehr zu machen war. Nach dem Mittagessen schrieb ich meine Kündigung und rief danach meinen Chef an; in einer kurzen Unterredung erzählte ich ihm, was passiert war, und überreichte ihm mein Kündigungsschreiben, dessen Annahme er zuerst einmal verweigerte.

Wirft man einen tollen, gut bezahlten, prestigereichen Job einfach hin, weil man ungerechtfertigt beschuldigt worden ist? Ich weiß es nicht, ob »man« das tut oder nicht – ich kann nur für mich sprechen. Für mich stimmte nichts mehr, denn die Vertrauensbasis war aufs schlimmste beschädigt worden, u. a. auch wegen der entwürdigenden Art des Anrufs. Ich war verletzt und

traurig, aber nicht so unglücklich, daß ich nicht am selben Abend
noch bei einem offiziellen Essen mit ausländischen Gästen die
Firma glaubwürdig vertreten habe. Auf eine Art war es auch wieder einmal ein Befreiungsschlag, der mich zwar in eine unbekannte, aber sicher auch spannende Zukunft katapultierte.

Der Vorfall ereignete sich am 19. Oktober 1978; die sechs-
monatige Kündigungsfrist erwies sich als sehr interessant. Sie
war zuerst durch Entschuldigungen und Appelle gekennzeichnet. Danach kamen Angebote für eine Gehaltserhöhung, einen
neuen Bereich und ähnliches. Das ging so lange, bis man herausfand, daß ich nicht ging, weil ich einen neuen (besseren) Job
hatte, sondern einfach so, weil »es« für mich nicht mehr stimmte.
Das war zuviel; ich wurde von einem Tag auf den anderen *persona
non grata*, und die letzten vier Monate bei der AKAD sind ganz
bestimmt nicht die, an die ich mich gerne zurückerinnere. Sie
sollten die letzten sein, die in einem Angestelltenverhältnis erleben würde.

Im Januar bekam ich tatsächlich ein Angebot eines anderen Bildungsinstituts: Nach dem Erfolg dieser Frauengeschichte
bei der AKAD wollte der Verantwortliche dort auch so etwas! Er
versprach mir das Blaue vom Himmel in bezug auf meine Ent-
scheidungsfreiheit, Gestaltung des Seminar-Angebots, Auswahl
der SeminarleiterInnen usw. und legte das sogar in einem Vertrag fest. Ich wollte kein Angestelltenverhältnis und arbeitete auf
Honorarbasis, mit einem garantierten Minimum. Die AKAD
wurde böse und berief sich auf die Konkurrenzklausel; irgendwie
wurde das geregelt. Aber es war ein schlechtes Omen, und mein
Gastspiel an diesem Institut sollte ein kurzes, aber dramatisches
Kapitel in meinem Berufsleben werden.

Nach gut einem Jahr, in dem nichts stimmte, alles er-
kämpft und vieles immer wieder verteidigt werden mußte, bat ich
um eine Unterredung mit dem Institutsleiter; wir mußten endlich mal reinen Tisch machen, denn es war viel zu viel passiert,
was nicht hätte passieren dürfen und was meine Arbeit behin-
derte. Ich hatte zwar wiederum eine Weiterbildungsmöglichkeit
für Frauen kreiert, für die sich fast dreihundert Teilnehmerinnen

332 Dann mach ich's lieber selbst ...

interessierten, aber er wollte viel mehr, vor allem viel mehr Medien-Echo. Die Medien rannten uns nicht mehr die Türe ein; das Institut war nicht die prestigereiche AKAD, und so neu war ja eine Weiterbildungsmöglichkeit für Frauen nun auch nicht mehr. Das führte dazu, daß der Institutsleiter laufend Änderungen und Neuerungen einführte, die er als *fait accompli* präsentierte. Ich hatte nicht die versprochene Autonomie und langsam, aber sicher, auch kein Vertrauen mehr – ein gefährlicher Zustand, wie Sie wissen!

Mit großer Mühe – der Institutsleiter war ja ach-so-beschäftigt! – erhandelte ich mir einen Unterredungstermin an einem Abend, den er kurzfristig absagte. Schließlich offerierte er mir widerwillig einen Frühstückstermin an einem Samstagmorgen, neun Uhr, in einem Hotel. Wir bestellten Kaffee, und bevor wir zum Frühstücksbuffet gehen konnten, hatte der Kampf schon begonnen. Er sagte mir, daß er einige Fächer in meinem Angebot gestrichen hätte; Frauen wollten und brauchten diese Fächer nicht, seiner Meinung nach. Das machte mich hellhörig; ich verteidigte den Semesterplan – aber er unterbrach mich mit einem Satz, der, ins Schriftdeutsche übersetzt, ungefähr so lautete: »Schauen Sie, die Weiber müssen ihrem Alten daheim beibringen, daß er drei Hunderter hinblättern muß – und das schaffen sie nicht mit Mathematik oder . . .« Ich weiß nicht mehr, was das zweite Fach war, denn ich war noch dabei, den Anfang des Satzes zu verdauen. Wenn ich es bisher noch nicht begriffen hatte, so kam die Erkenntnis jetzt blitzartig: Ich war vom Regen in die Traufe gekommen; bei der AKAD war wenigstens niemand frauenverachtend gewesen. Und gute Umgangsformen waren dort eine Selbstverständlichkeit; nie hat jemand gewagt, mit mir auf diese Art über Frauen, die ja u. a. auch unsere Kundinnen waren, zu sprechen.

Ich blickte auf die Uhr: Es war Viertel nach neun – der gute Mann wußte nicht, daß er ab diesem Moment mit jemandem sprach, der nicht mehr zu seinem Team gehörte. Während ich mich innerlich ausklinkte, fiel mir doch noch ein, daß ich erst gut achteinhalb Jahre in der Schweiz und somit immer noch von der

Gunst eines Arbeitgebers abhängig war. Aber damit würde ich mich später auseinandersetzen; jetzt ging es zuerst einmal darum, mich von diesem Institut zu distanzieren. Wir haben uns dann später in Unfrieden getrennt, trotz des Friedensrichters, vor dem ich mein unrechtmäßig einbehaltenes Honorar einklagen mußte ...

Und trotzdem: Ich hatte wiederum das schöne Erlebnis gehabt, daß ich noch einmal ein Projekt verwirklichen konnte, an das ich mit ganzer Kraft geglaubt und für das ich mich voll eingesetzt hatte. Ein Teil der Teilnehmerinnen war mir von AKAD-Femina gefolgt; ein anderer war durch die Medien aufmerksam geworden, und wieder andere Frauen hatten über das Networking davon gehört. Es waren zufriedene Kundinnen, und die Arbeit mit ihnen machte wiederum viel Freude. Eine meiner neuen Ideen war, mit einigen von ihnen eine hausinterne Zeitung herauszugeben, die wir von A bis Z selbst texten und gestalten wollten. Fünfzehn Frauen meldeten sich spontan; nach der ersten Sitzung, in der ich wohl sehr plastisch geschildert habe, was da auf sie zukommen würde, blieben immerhin noch acht. Nach einem Brainstorming nannten wir die Zeitung *JETZT* und machten uns an die anspruchsvolle Arbeit.

Diese acht Freiwilligen blieben sogar, als ich das Institut verließ, nachdem wir zwei Ausgaben erfolgreich bewältigt hatten. Es gelang mir, dieses Produkt aus dem Institut herauszulösen; die dritte Edition brachten wir bereits selbst heraus. Wir waren sicher, daß dieses alle zwei Monate erscheinende Produkt, das sich durch gute Texte und schlechte Graphik auszeichnete, seine Leserschaft finden würde. Schließlich waren die sechzehn oder zwanzig Seiten randvoll mit wichtigen Nachrichten für Frauen, mit gut geschriebenen Texten, die sie über große Frauen früherer Jahrhunderte informierten, mit Glossen und aktuellen Hinweisen – und das alles ohne jede Werbung! Es war ein ambitiöses Unterfangen – für Mittelmäßigkeit lohnt sich solch ein Aufwand ja nicht –, und es kostete viel Zeit und Nerven. Aber wieder gab es hier etwas zu lernen: Eine Zeitung von Anfang bis Ende selbst zu machen war ein Abenteuer. Wir montierten unsere lesenswerten

Texte und schlechten Bilder sogar selbst in der Druckerei, bis spät in die Nacht hinein über die Leuchtpulte gebeugt, die an sich dafür hätten sorgen sollen, daß wir unsere Texte gerade in die Spalten montierten. Leider entdeckten wir jedesmal wieder, daß es offenbar mehr brauchte als ein gutes Leuchtpult, um ein graphisch ansprechendes Produkt zu kreieren.

Wenn ich mich nicht irre, hatten wir schließlich ungefähr 1200 Abonnentinnen. Wir mußten von einem Jahresabonnement-Preis von achtzehn auf vierundzwanzig Franken hinaufgehen und verloren dabei tatsächlich einige Abonnentinnen! Andere mußten gemahnt werden, was einen administrativen Zusatzaufwand bedingte – ich fand das völlig unnötig und begann, meine Begeisterung für Frauen zu hinterfragen. Aus legitimen Gründen wie Krankheit und Wegzug reduzierte sich das Team von neun auf sechs; aus dem Triumvirat, das die ursprüngliche Chefredaktion ausgemacht hatte, wurde ein Duo, was uns beiden Mehrarbeit gab. Ich erlebte die Freude zu sehen, wie sich die schreibenden Mitstreiterinnen zu passablen, hie und da sogar guten Zeitungsmacherinnen entwickelten, litt aber unter der wachsenden Verantwortung und Belastung. Eines Tages wachte ich auf und wußte, daß ich mir dieses Hobby nicht mehr leisten konnte: nach immerhin drei Jahren würde ich das *JETZT* aufgeben. Ich bin sehr dankbar für diese Ur-Instinkte, die mich in den allermeisten Fällen im richtigen Moment JA sagen ließen, mich aber auch befähigten, loszulassen, wenn der Zeitpunkt dafür gekommen war. Obwohl ich mich nie ganz darauf verlassen habe, haben sie sich doch eigentlich sehr bewährt, diese scheinbar plötzlichen Kursänderungen, die im Grunde das Endprodukt eines längeren unbewußten Prozesses sind. Daß solche persönlichen Entscheidungen immer auch kommuniziert werden mußten und daß sie nicht immer mit Begeisterung aufgenommen wurden, gehörte zum Lernprozeß.

Wir ließen die Nr. 17 aus, machten aus der Nr. 18 eine Super-Doppelnummer, die mich physisch einem Zusammenbruch nahebrachte, und beerdigten dieses Unterfangen bei einem guten Nachtessen. Natürlich bedauerten viele Abonnentinnen das Hinscheiden des *JETZT*, aber ihr Bedauern kam zu spät. Es würde nicht das einzige Mal sein, daß man auf das Ende eines meiner Projekte mit diesem Gefühl reagierte – aber das hilft einem zum Zeitpunkt der Beerdigung dann auch nicht mehr.

Bei der AKAD war einer meiner Lieblingskurse die einjährige Vorbereitung auf ein ungemein anspruchsvolles Deutschdiplom. Sicher keine Überraschung, wenn man sich vor Augen hält, daß ich mein Studium ja in *Germanic Languagues and Literature* abgeschlossen hatte. Sprache war und ist ein wichtiger Teil meines Lebens, und hier wurde SchweizerInnen die Gelegenheit geboten, sich nach einer intensiven Prüfung am Ende des Kurses über außergewöhnliche Kenntnisse im Schriftdeutschen ausweisen zu können.

Veranstaltet wurde die Prüfung von der Zürcher Handelskammer, die auch das Diplom verlieh. Der Schwierigkeitsgrad lag jenseits dessen der Matura – etwas, was der eine oder die andere unterschätzten. Just in dem Jahr, in dem ich die AKAD verließ, mußte die Funktion der Prüfungsleitung neu besetzt werden, und die Zürcher Handelskammer, die mich bis dahin als Rektorin der AKAD kennengelernt hatte, die ihr jedes Jahr gut zwanzig KandidatInnen schickte, trat mit dem Angebot an mich heran, die Prüfungsleitung zu übernehmen. Ich zögerte keine Sekunde, nachdem ich allerdings noch die AKAD gefragt hatte, ob sie darin keinen Interessenkonflikt sah. Das tat sie nicht, und ich konnte mich dieser neuen Aufgabe widmen.

Auch dies – wie das meiste, was ich in meinem Berufsleben angefangen habe – war sehr lehrreich. Ich eigne mich schlecht für Notengebung, weil sie mich in einen fast unlösbaren Konflikt stürzt: Eigentlich möchte ich alle durchkommen lassen, anderseits bestehe ich auch hier auf Ehrlichkeit und Transparenz. Ich fand bestätigt, was ich schon lange ahnte: Ich kann – im Gegensatz zu Unwissen – mit Dummheit nicht umgehen! Und wenn sie sich noch mit Unverschämtheit paart, was sehr oft der Fall ist, sind Konflikte programmiert. Das habe ich zum Beispiel bei dem einen oder anderen Rekurs gesehen (zum Glück gab es nur wenige davon!), wenn die zu Recht durchgefallenen KandidatInnen einfach nicht einsehen wollten, daß das Nicht-Bestehen der Prüfung – immerhin ein ganzer Tag schriftlich und eine Stunde mündlich, aufgeteilt in Sprache und Literatur – ihren mangelnden Kenntnissen zuzuschreiben war. Die meisten wollten das mir als Prüfungsleiterin anlasten und traten dann auch dementsprechend mit einer Unverfrorenheit auf, aber im Gegensatz zu verschiedenen anderen meiner Arbeitgeber oder meinem Vater, stand die Leitung der Zürcher Handelskammer hinter mir und hat mich in jedem Fall gestützt. In ein paar Fällen, wo das Ergebnis sehr knapp zu Ungunsten der oder des Betreffenden ausgefallen war oder wo einige Prüfungsaufgaben durchaus verschiedene Meinungen zuließen, haben wir nach eingehender Diskussion doch noch für ein »Bestanden« optiert. Ich habe diese Arbeit sehr gerne gemacht, was man daran sieht, daß ich fünfzehn Jahre lang dabei geblieben bin. Dann war es dasselbe wie beim *JETZT:* Ich wachte eines Morgens auf und wußte, daß ich bei der nächsten Notenkonferenz meinen Austritt geben würde. Kein besonderer Grund, aber ich fand, ich hatte dieser Funktion das gegeben, was ich ihr im Laufe dieser langen Zeit geben konnte – und irgendwann muß man loslassen und jemand anderem dem Platz frei machen können.

Aber noch sind wir nicht in den 90er Jahren, sondern wir schreiben Juni 1980. Es ist Zeit, Sie mit drei meiner Podest-Männer bekannt zu machen – alle drei ermöglichten mir innerhalb von kurzer Zeit, eine eigene Existenz aufzubauen. Sie sehen, daß ich bei der Anwärterschaft, einer meiner Podest-Männer zu werden, das Kriterium »mindestens hundertfünfzig Jahre tot« zugunsten einiger sehr lebendiger Schweizer gekippt habe ... Mich regt immer auf, wenn erfolgreiche Frauen, nach dem Beginn oder dem zentralen Ereignis ihrer beeindruckenden Laufbahn befragt, irgend etwas dahersäuseln wie »Ich hatte Glück. Ich war zu Hause, als der entscheidende Anruf kam, der mir diese Stelle verschafft hat.« Quatsch! Das ist kein Glück, sondern die gerechte Krönung einer langen Zeit von Lernen, Einsatz und Bewährung. Auch wenn sie nicht zu Hause gewesen wäre, hätte die Anfrage sie erreicht. Als Glück würde ich eher bezeichnen, daß ich auch an dieser Weggabelung Menschen gefunden habe, die mich und mein Anliegen verstanden, mir Vertrauen entgegenbrachten und an mich glaubten. Das wird nicht jeder oder jedem zuteil – und ich bin sehr, sehr dankbar für diese Fügungen.

Der Montag nach dem berühmten Samstags-Frühstück sah das Ende eines intensiven Denk-Wochenendes. Nach eingehender Überlegung war ich zu dem Entschluß gekommen, daß ich mit ganzem Herzen an der Weiterbildung für Frauen hing, von deren Wichtigkeit ich mehr denn je überzeugt war und daß ich – nachdem ich mich lange genug mit unverständigen Männern hatte herumschlagen müssen – nun versuchen wollte, selbst etwas Entsprechendes aufzubauen. Das hieß, ich würde mich selbständig machen, mit auf mich zugeschnittenen Kursausschreibungen, auf eigene Rechnung. Also machte ich mich auf den Weg zum Arbeitsamt, um an Ort und Stelle herauszufinden, was ich mit den noch fehlenden sechzehn Monaten bis zum Ausweis »C«, der einer unbeschränkten Aufenthaltsbewilligung gleichkam und den ich für den Schritt in die Selbständigkeit brauchte, machen müßte. Der damalige Leiter der Frauen-Abteilung des Arbeitsamts war *Rolf Krämer*, ein Pfeifenraucher, was ihn mir auf Anhieb sympathisch machte. Mit ihm hatte ich kurzfristig einen Termin vereinbaren können. Als ich vor ihm saß und mein Dilemma schilderte, bestellte er mit einem internen Anruf bei seiner Mitarbeiterin das »Dossier Siegel«. Um Gottes willen, was hatte ich denn unwissentlich hier verbrochen, daß ich an einer Stelle aktenkundig war, wo ich vorher noch nie gewesen war?! Die Erinnerungen an mein Gastspiel beim Berliner Arbeitsamt hatte mich ohnehin schon das Wochenende hindurch beschäftigt; jetzt sah ich sie aufs schlimmste bestätigt. Die Mitarbeiterin brachte eine Mappe herein, in der viele Zeitungsausschnitte waren. Rolf Krämer zeigte mir den einen oder anderen und sagte mir, in seiner ruhig-ironischen Art, daß er schon über einen längeren Zeitraum verfolge, was ich machte, und daß er von meinem Einsatz für die Weiterbildung von Frauen beeindruckt sei, weil er von der Wichtigkeit dieser Weiterbildungsidee überzeugt sei. Er beglückwünschte mich zu meinem Entschluß, aber am Ende sagte er mir auch, daß es nicht in seinen Händen liege, mir einen »C«-Ausweis zu geben – das sei Sache der Fremdenpolizei. Mein Gesicht, das ohnehin fast jede meiner Gemütsbewegungen unverfälscht wiedergibt, muß meine ganze Enttäuschung widerspiegelt haben. Aber, meinte er schnell, er könne trotzdem etwas für mich tun, denn er würde jetzt einen entsprechenden Antrag zu Händen der Fremdenpolizei formulieren – die Aussichten, daß der bewilligt würde, seien nicht schlecht. »Nicht schlecht« stellte sich in ganz kurzer Zeit als »sehr gut« heraus: Ich bekam eine Sonderbewilligung, daß ich mich in der Sparte »Weiterbildung für Frauen« selbständig machen konnte – und ein weiteres Podest mußte für einen Mann in meiner persönlichen *Hall of Fame* angeschafft werden!

Ich durfte also eigene Kurse ausschreiben, ganz offiziell und legitim, denn beim Vertrag mit dem letzten Institut hatte ich vorausschauend die Konkurrenzklausel hinausgeworfen. Wunderbar! Aber wo würde das Ganze stattfinden? Die Mieten für ein Kurslokal waren viel zu hoch; ich hatte im letzten Jahr meine Ersparnisse anknabbern müssen und wußte, was ich mir leisten konnte: Kurslokale gehörten nicht dazu. In dieser Situation rief ein guter Freund von mir den Leiter des Lehrerseminars Unterstraß, *Dr. Werner Kramer*, an und fragte, ob es möglich sei, einen Raum dort zu mieten, da es sich ja nur um Abendunterricht handelte. Aufgrund dieser Empfehlung bekam ich diesen Raum: gut gelegen, gut geeignet – und nur fünfundzwanzig Franken Miete pro Abend! Keine Vorauszahlung, kein Depot, keine Bindung auf ewig – einfach unkompliziert, per Monatsabrechnung! Ich konnte mein Glück kaum fassen und beeilte mich, ein weiteres Podest für den nächsten Bewohner der Galerie anzuschaffen. Ich würde dieses Gastrecht für viele Jahre in Anspruch nehmen, bevor ich dann offiziell mit meinen Kursen in ein nahe gelegenes Hotel gezogen bin.

Schließlich gab es einen weiteren Kandidaten für meine persönliche Spezialkollektion von Männern. Eines Tages nahm ein Mann Kontakt auf mit mir, der für die Weiterbildung des PTT-Managements zuständig war. Was ihn von vornherein interes-

sant machte, war die Tatsache, daß er u. a. auch das PTT-Orche-
ster dirigierte und selbst bei Kammermusik-Konzerten als Quer-
flötist auftrat. *René Pignolo* machte mir ein tolles Angebot: Ob ich
Zeit und Lust hätte, Mitglieder des mittleren Kaders, die Auf-
stiegswünsche hegten, in Kommunikation zu schulen, bestehend
aus Rhetorik, Verhandlungstechnik und Sitzungsleitung? Ich
hatte noch nie im Leben solch ein Seminar gegeben, aber alles in
mir drängte mich, auf der Stelle mit »Sehr gerne!« zu antworten.
Sein nächster Satz allerdings ließ mich etwas vorsichtiger werden: Er sagte mir, wer diese Funktion vor mir eingenommen
hatte. Dabei handelte es sich um einen Seminarleiter, der für
mich der beste schlechthin gewesen war und den ich als Krönung
der Weiterbildung für die Lehrer meiner Bereiche bei der AKAD
eingesetzt hatte. »Gewesen war« und »eingesetzt hatte« deuten es
schon an: Dieser begabte Mann war unerwartet und viel zu früh
gestorben und hatte diese Vakanz bei einem der größten Unternehmen der Schweiz hinterlassen. *Ihn* sollte ich ersetzen! Er war
derjenige, bei dem ich das erste und einzige Rhetorik-Seminar
meines Lebens genommen hatte; ich erinnerte mich daran, wie
auch er mich als eine Art Naturtalent eingestuft, mich dann aber
sanft und dennoch nachhaltig darauf aufmerksam gemacht hatte,
daß ich aus Nervosität ununterbrochen mit den drei Ringen an
meiner linken Hand spielte. Ich habe das danach nie wieder getan, aber oft an ihn und die Art, wie er die Kritik angebracht hatte,
denken müssen.

Ich äußerte meinen Respekt vor dem Können dieses Mannes, aber es wäre mir keine Sekunde eingefallen, auf das Angebot
zu verzichten. Ich war nur entsprechend nervös, als ich mich bei
dem Dirigenten (ich habe in René Pignolo immer zuerst den Mu-
siker, dann erst das Mitglied des PTT-Kaders gesehen) vorstellen
mußte. Da würde ich gut zuhören müssen, was die eigentliche
Aufgabe war, denn ich wußte, ich würde sie anders anpacken als
mein Vorgänger, wollte und konnte keine Kopie dieses begnade-
ten Erwachsenenbildners sein. René Pignolo war damals schon
überzeugt, daß es sich lohnt, Frauen mit dieser Art von Herausforderung zu konfrontieren, und er war mutig und unabhängig

genug, eine Frau für diesen Weiterbildungsauftrag ins Auge zu fassen. Wir hatten ein sehr gutes Gespräch, und als ich im Zug zurück nach Zürich saß, wußte ich, daß es nicht nur ein weiteres Podest, sondern auch eine gute Zusammenarbeit gäbe; ich würde alles daran setzen, sein Vertrauen nicht zu enttäuschen. Wie ich später erfahren habe, war die erste Frage seines Vorgesetzten, als er ihm sagte, daß er eine Frau mit der Durchführung dieser Seminare beauftragt habe: »Ja, kann die das überhaupt?!« Als mildernde Umstände sollten wir auf das Jahr hinweisen: Es war ja erst 1980 ...

Sie hat lange angehalten, die Zusammenarbeit: zehn Jahre lang habe ich ca. sechshundert Männer und drei (!) Frauen in mündlicher Kommunikation geschult, und ich bekomme immer noch viel positives Feedback von ehemaligen Kursteilnehmern. Aus der Zusammenarbeit ist inzwischen eine Freundschaft geworden, und ich freue mich immer, wenn ich ein Konzert mit René Pignolo als Dirigent und Solist besuchen kann. Er repräsentiert für mich eine selten gelungene Mischung von IQ und EQ, und er hat mir in einem Moment, als ich dringend eine finanzielle Basis brauchte, geholfen, diese Basis zu etablieren: Mit achtzehn Schulungstagen pro Jahr hatte ich nicht nur ein kleines finanzielles Polster, sondern auch eine Referenz, die andere Firmen veranlaßte, mich für ähnliche Aufgaben anzufragen.

Aber das würde noch ein wenig dauern – vorerst einmal galt es, mir den Stoff für die drei zweitägigen Seminare zu erarbeiten und mich mit dem Gedanken vertraut zu machen, daß ich diese Seminare vor zwanzig Männern geben würde. Ich hatte schon jede Menge gemischte Klassen unterrichtet, aber noch nie eine mit vierzig kritischen Männeraugen. Ich rief meine Schwester an, weil ich sie dringend als Beraterin brauchte, und wir verbrachten einen Nachmittag damit, für mich ein Kleid zu finden, in dem ich mich vor meinen Kursteilnehmern wohl fühlen würde. Nach langem Suchen entschied ich mich für ein (damals) sündhaft teures Bogner-Kleid, das als weiter Schlauch an mir herunterhing und dem man die fünfhundert Franken, die ich dafür ausgegeben hatte, nicht ansah. Stiefel und ein Halstuch vervollständigten am ersten Seminartag die Verkleidung; die Haare wurden zu einem klassischen *French Twist* hochgesteckt. Ich wollte auf keinen Fall, daß diese Männer in mir die Frau sahen; wenn ich hier bestehen sollte, dann würde das über die Kompetenz-Schiene laufen. Also keine Hinweise auf weibliche Körpermerkmale, sondern wertneutrale Beurteilung! Irgendwie mußte ich mit dem Respekt vor der Aufgabe und meinem Vorgänger an dieser Stelle doch fertig werden! Wir haben später oft und herzhaft über diesen Gewaltakt an optischer Irreführung gelacht, aber ich fand mich am ersten Seminartag wenigstens in dieser Beziehung unangreifbar – es hat mir geholfen, meine Anfangsnervosität zu überwinden.

Man benutzt heute den Ausdruck *portfolio workers*, wenn man von Menschen spricht, die eine Vielfalt von beruflichen Aufgaben zu bewältigen haben. Das kenne ich schon seit 1980. Mein Einkommen hat sich seit damals aus einer Reihe verschiedener Tätigkeiten zusammengesetzt, wobei ab 1982 die öffentlichen Auftritte eine wichtige Rolle dabei spielten. Aber vor die Einnahmen haben die Götter die Ausgaben gesetzt. Ich könnte schwören, daß ich im ersten Jahr meiner Selbständigkeit nur Kuverts mit Einzahlungsscheinen bekam. Offensichtlich muß ich ja wohl auch Einnahmen gehabt haben, aber die sind in meiner Erinnerung nicht gespeichert.

Was bleibt einem anderes übrig, als still vor sich hinzuarbeiten? Da ich das nun auf eigene Rechnung tun konnte, bekam ich Lust am Experimentieren. Ich überlegte, was ich gut genug konnte, um es weiterzugeben, und stellte mir ein dementsprechendes Seminarangebot zusammen. Ich genoß es, nicht mehr den Dienstweg einhalten zu müssen: Wenn mir ein Seminar einfiel, das ich gerne geben wollte, dann war das innerhalb von ein paar Tagen im Angebot. Wenn es sich als attraktiv erwies, blieb es dort; wenn nicht, konnte ich es wieder aus dem Katalog nehmen. Die allermeisten der angebotenen Seminare kamen jedoch zustande: einige mußten sogar mehrfach durchgeführt werden. Ich überlegte nicht nur, was ich konnte, sondern auch, was Frauen brauchten, um auf ihrem Weg in Politik und Wirtschaft ein Stück weiterzukommen. Rhetorik, Faires Verhandeln oder Effiziente Sitzungsleitung waren natürlich ein Teil davon. Ich arbeitete in der Männerwelt genauso wie bei der Weiterbildung von Frauen, und konnte so von einer Tätigkeit für die andere profitieren. Schon bald beschloß ich, daß auch ich einen Vorbereitungskurs für das anspruchsvolle Deutschdiplom der Zürcher Handelskammer anbieten wollte. Das wäre dann ein Kurs, der alle zwei Wochen an einem Samstag stattfinden würde. Ich habe weit über hundert Frauen zu diesem Diplom verholfen – selbstverständlich habe ich sie nicht auch geprüft; das hat der Mann gemacht, der den AKAD-Kurs leitete und einer der anspruchsvollsten Deutschlehrer war. Er war über das Niveau »meiner« Frauen hocherfreut; sie setzten für ihn den Standard.

Da ich mich als Ausländerin selbst nicht politisch einbringen konnte, habe ich Frauen weitergebildet und gecoacht, um sie für politische Ämter fit zu machen. Besonders das Rhetorik-Training hat sich dabei bewährt; die Literatur-Seminare erweiterten ihren Horizont und gaben ihnen zusätzlich ein Gefühl für geschichtliche Zusammenhänge. Wenn eine Frau das ganze Literaturprogramm besucht hatte, hatte sie immerhin neun Semester hinter sich, zu denen auch eins zum Thema »Vergangenheitsbewältigung in der deutschen Literatur« gehörte, wo sie sich durch unglaublich schwierigen Stoff durchbeißen mußte. Mein Respekt vor diesen Frauen wuchs; es entstanden auch neue Freundschaften – ich wußte, ich hatte meine Nische gefunden!

1982 konnte ich mich in meiner eher kleinen Dreieinhalbzimmerwohnung nicht mehr bewegen; die Bücher, die ich laufend kaufte, die Produktion und Distribution der Zeitung und die Akten, die ich für meine verschiedenen Aktivitäten anlegen mußte, hatten meine Wohnung übernommen – ich hatte nur noch das Recht, mir meinen Weg durch die auf dem Boden liegenden Papiere zu bahnen. 1982 zog ich in eine schöne Sechszimmerwohnung, die zur Hälfte als Büro gedacht war. Bis dahin hatten sich meine geschäftlichen Aktivitäten so weit entwickelt, daß ich eine Halbtagssekretärin einstellen mußte, die sich um die Administration kümmerte. Das ließ mir nicht nur mehr Zeit für Vorbereitung und Durchführung der Seminare – oder die umfangreichen Korrekturarbeiten beim Deutschdiplomkurs –, sondern gab mir auch mehr Bewegungsfreiheit für neue Dinge. Und das war auch dringend nötig, denn ich hatte mit dem Umzug von einem Tag auf den anderen meine Miete mehr als verdoppelt.

Alles entwickelte sich zum Guten, mit viel harter Arbeit und einer gehörigen Portion Glück. 1982 wurde ich eingeladen, am »Tag der Frau« an der Mustermesse in Basel vor achthundert Frauen zu sprechen. Es war mein erstes wirklich wichtiges Referat, das ich zwar mit dem Respekt, der neuen Aufgaben gebührt, anging, das mir aber eine unglaublich gute Presse einbrachte. Ich erinnere mich noch genau, wie ich in den großen, total dunklen Saal hinunterblickte, aus dem nur die Geräusche von Tassen und Gläsern zu mir herdrangen: Es irritierte mich zwar, daß ich das Publikum nicht sehen konnte, aber ich spürte diese wunderbare Welle, dieses Gemisch aus Interesse, Verständnis und Zustimmung. Mein Thema hieß »Der steinige Weg zur Partnerschaft«; ich habe das Manuskript kürzlich mal in der Hand gehabt und gestaunt über diese Mischung aus Pragmatismus und Idealismus, die ich da von mir gegeben habe. Zwanzig Jahre liegt das zurück, aber ich kann mich heute noch, Hunderte von Referaten später, an diesen Märzmorgen erinnern.

Die Macht der Medien, wenn sie jemanden auf der positiven Liste führen, ist beeindruckend; die positive Berichterstattung sollte mir schon bald neue Anfragen für Referate, Podiumsgespräche, Workshops, Seminare usw. bringen. Die 8oer Jahre waren die Zeit, wo Weiterbildung ein großes Thema war, und die Tatsache, daß ich meine Firma »MRS-Institut für Frauenbildung und Frauenförderung« genannt hatte (ja, ich weiß, es soll kürzere Namen geben ...), zog Frauen aus allen Ecken der Schweiz an. Die Kader-Weiterbildung bewirkte weitere Aufträge dieser Art, eine Seminarteilnehmerin empfahl eine andere (wofür ich mit einer Preisreduktion dankte), Medienvertreterinnen interessierten sich dafür, wie ich mein Institut führte – nach und nach hatte ich fast mehr zu tun, als ich alleine handhaben konnte. Ich hatte den Sprung in die Selbständigkeit geschafft und mußte nun überlegen, ob ich wachsen wollte oder ob ich nur so viel annehmen würde, wie ich komfortabel handhaben konnte ...

Wachstum hieß für mich: So groß werden, daß es nicht eine Frage von »Sein oder Nichtsein« ist, wenn jemand im Team ausfiele oder nicht die Qualitätsleistung erbrächte, die ich erwartete. Das bedingte eine ziemliche Anzahl von SeminarleiterInnen, denen ich auch noch gewissermaßen meine Weltanschauung aufoktroyieren müßte, damit sie Weiterbildung vermittelten, wie ich es für richtig hielt – das wollte ich eigentlich nicht. Nicht zuletzt war es auch die Erinnerung an die Verantwortung, die ich bei der AKAD für fünfzig MitarbeiterInnen hatte, die mich davon abhielt. Anderseits: Nur das tun, was ich handhaben konnte, würde meinen Einkommensmöglichkeiten eine natürliche Grenze setzen. Ich entschied mich trotzdem für die zweite Lösung, plus ein bißchen mehr: Ich würde alleine bleiben, meine hart erkämpfte Unabhängigkeit nicht aufs Spiel setzen und ein bißchen mehr annehmen, als ich eigentlich bewältigen konnte.

Das hieß natürlich auch, auf manches zu verzichten – auf längere Ferien zum Beispiel (lagen mir ja ohnehin nicht) oder aufs Skifahren, an das ich mich gewöhnt hatte. Ich bin wahrscheinlich die letzte gewesen, die je mit geschnürten Skischuhen die Hänge hinabgesaust ist – der Anblick dieser mit Schnallen bepflasterten Plastiksärge, die man als die neuen Skischuhe anpreiste, löste bei mir totale Verweigerung aus. Das gedachte ich nicht mitzumachen! Zu meinen letzten Erinnerungen ans Skifahren gehörte ein spektakulärer Unfall im wunderschönen Zermatt, verursacht von der Skilift-Mitbenutzerin, die beim Greifen des Bügels danebengriff, hinschlug und mich mit hinunterriß. Ihre Skier landeten auf meinem Hinterkopf, nachdem der Bügel mit voller Wucht auf meine Schulterblätter gesaust war; ich wurde ohnmächtig und wachte erst wieder auf vom Geräusch des Helikopters, der mich nach Visp ins Krankenhaus brachte.

Ich hatte große Schmerzen, mir war von der – wieder einmal! – Gehirnerschütterung schwindlig, und ich wollte nur eins: die Anwesenheit meines Freundes, der sich in der Zwischenzeit im Hotelzimmer in Zermatt zum Nachtessen umzog und sehr beunruhigt war, daß ich nicht zum Après-Ski gekommen und auch nicht im Hotel aufgetaucht war. Er fuhr mit seiner Gruppe Klasse sechs, ich war in einer Klasse fünf. Üblicherweise trafen wir uns in einem bestimmten Restaurant gegen halb fünf; zu der Zeit lag ich aber schon auf einem Untersuchungstisch. Als das Krankenhaus ihn informierte, daß ich ein paar Kilometer und ein Paar Alpenpässe entfernt war, war er sehr erleichtert zu wissen, wo ich war. Ich hingegen war fassungslos, als ich hörte, daß die Bahn, die Visp mit Zermatt verbindet, um diese Zeit schon nicht mehr fuhr. Ich würde ihn also an diesem Abend nicht mehr zu Gesicht bekommen, sondern mußte alleine mit meinem Elend und meinen Schmerzen fertig werden.

Na ja, nicht ganz alleine: Die Tür ging auf, und ein Priester kam herein. Ich erwachte aus einem Halbschlaf und sagte ihm, daß er sich in der Tür geirrt habe. Nein, meinte er sanft, er wolle zu mir. Warum? Nun, er wolle mir Trost spenden und mir versichern, daß Gott seine Hand . . . usw. Jetzt war ich überzeugter denn je, daß ich hier für etwas aus meiner Vergangenheit büßen müßte, und obwohl er mir leid tat, machte ich ihm unmißverständlich klar, daß ich für seine Arbeit die falsche Religion hatte. Er war etwas jünger als ich, aber intelligent genug zu wissen, wann man ihn nicht brauchen konnte; er murmelte noch etwas, was in ». . ., meine Tochter!« mündete, was ich völlig absurd fand, und erreichte die Türe, bevor ich mich erneut empören konnte. Am nächsten Morgen kam durch dieselbe Türe mein Freund herein, dem ich genaue Anweisungen für die Garderobe mitgegeben hatte, da man mich aus Skianzug und Stiefeln hatte herausschneiden müssen. O Wunder, er hatte alles richtig mitgebracht, nahm mich mit auf den Zug und deponierte mich im Hotelzimmer. Am Abend hatte seine Gruppe eine Art Abschiedsparty, zu der sie mich mit einluden – das Amateurfoto zeigt eine ziemlich mitgenommene Frau, die irrwitzigerweise so tut, als ob nichts gewesen sei. Wenn ich also daran dachte, daß ich als Selbständige jetzt einen solchen Unfall hätte, der mich wochenlang aus dem Verkehr zöge, dann wußte

ich, daß diese Zeiten vorbei waren. Soooo traurig war ich darüber allerdings auch wieder nicht ...

Zu der Zeit hat begonnen, was später mal eine vielbe-
staunte Besonderheit von mir werden sollte: Um etwas zu erledigen, was ich abends nicht mehr geschafft hatte, stand ich eines
Morgens um fünf Uhr auf. Mir gefiel diese Zeit zum Arbeiten:
Große Ruhe, kein Verkehr auf der Straße, klassische Musik und
der erste Espresso – mit Zitrone natürlich – waren meiner Denk-
und Gestaltungsarbeit ausgesprochen förderlich. Als ich kurz
darauf einen größeren Auftrag annahm, für den ich mehr Zeit als
angenommen brauchte, versuchte ich herauszufinden, wie die
Welt um vier Uhr aussähe. Gut, fand ich – und dabei ist es dann
viele, viele Jahre geblieben. Die kostbaren Morgenstunden haben
mir u. a. das Verfassen von sechs Büchern und einer ganzen Reihe
von Kapiteln in anderer Leute Bücher ermöglicht, und jedes Konzept, jede größere Denkarbeit entsteht in der Ruhe dieser Mor-
genatmosphäre. Wenn dann ab acht Uhr der normale Bürobe-
trieb anfängt, habe ich schon ein paar Dinge vorzuweisen, was
mich immer in gute Laune versetzt. Noch heute weckt mich das
Radio jeden Morgen um vier Uhr mit klassischer Musik. Heute
heißt das leider nicht mehr verbindlich, daß ich dann auch aufstehen kann, obwohl ich es immer noch möchte; die Tatsache, daß
ich immer und fast überall schlafen kann, läßt mich auch bei
Musik noch ein bißchen Schlaf zugeben. Heute ist es eher fünf
Uhr, aber mit einem Buchmanuskript, das einem gewissen Ablie-
ferungstermin unterworfen ist, wäre vier Uhr im Moment die
bessere Alternative ...

Es ging mir also gut. Ich hatte eine schöne Wohnung, eine
wunderbare Beziehung, Arbeit, die mich erfüllte, und Erfolg und
Anerkennung – was will man mehr? Ich wollte offenbar all das
aufs Spiel setzen, nicht bewußt, aber leichtsinnigerweise, indem
ich mich impulsiv auf ein Unterfangen einließ, das mich fast den
Kopf gekostet hätte ...

Juni 1985. In einer Diskussion sagt jemand zu mir:
»Warum machst du eigentlich kein Management-Symposium für
Frauen?« Beim Hören dieser Frage habe ich dasselbe erlebt wie

beim Öffnen des Fernunterrichtshefts »Psychologie«: Ein innerer
Film lief in mir ab, und ich hörte mich Dinge sagen wie »Natürlich! International. Auf jährlicher Basis. Als komplementäre Veranstaltung zu Davos.« »Davos« – das war das, was wir heute als
WEF World Economic Forum kennen; damals hieß es noch ganz
einfach »Management-Symposium«. Ich hatte zufällig eine Teil-
nehmerliste gesehen, und als ich bis Nr. 300 gekommen war und
noch immer keinen Frauennamen entdeckt hatte, war ich der
Meinung, daß die Welt durchaus noch ein weiteres Symposium
vertragen könne – eines, das der wachsenden Zahl von Frauen in
Entscheidungsfunktionen ein Forum bieten und dem weiblichen
Wirtschaftsnachwuchs eine Inspiration sein konnte. Auch hier:
nur keine Kopie, sondern die Neu-Ausgabe eines internationalen
Anlasses.

Für alle, die je auf eine ähnlich interessante Idee kommen
sollten, hier ein Wort der Warnung – oder mehr als eins:

- Um eine Neu-Ausgabe zu kreieren, könnte es nützlich
  sein, die Alt-Ausgabe zu kennen.
- Man kann schon gewöhnt sein, schnell zu arbeiten, aber
  sechs Monate sind vielleicht doch eine etwas zu kurze Zeit,
  um »eine große Kiste« zu starten.
- Vieles ist eine Frage der Dimension – und ein internationa-
  les Symposium ist einiges größer als die Gleichung »Seminar + Workshop + Gala-Dîner = Event«.
- Es hilft, mit einem Team zu arbeiten, auf das man sich verlassen kann.
- Es ist wie in Hollywood: »*You're only as good as your last
  film.*«

Die Liste ließe sich beliebig verlängern, aber schon diese kurze
Auswahl gibt Ihnen eine Idee davon, daß hier etwas von Anfang
an falsch gelaufen ist! Ich möchte nicht behaupten, daß ich alle
Fehler gemacht habe, die man machen konnte – hie und da habe
ich auch etwas richtig gemacht –, aber im Gegensatz zur Gründung von AKAD-Femina, wo ich mich auf eine etablierte Institution und eine funktionierende Infrastruktur abstützen konnte,

war ich hier auf mich und eine kleine Gruppe von Menschen angewiesen, von denen nicht einer je so etwas gemacht hatte. Waren mir die drei Jahre Vorbereitungszeit für AKAD-Femina übertrieben lang vorgekommen, so vergingen die knapp sechs Monate von der Idee bis zur Durchführung des ersten Symposiums wie im Flug.

Anderseits gab es auch eine Reihe von Hinweisen, daß die eingeschlagene Richtung stimmte. Die männlichen Wirtschaftskräfte, mit denen ich diese Idee diskutierte, waren fast ausnahmslos dafür, was sie u. a. mit Sponsorbeiträgen beweisen würden, stellten mir aber alle dieselbe Frage: »Woher wollen Sie denn diese Frauen rekrutieren?« Das bestärkte mich jedoch: Mitte der 8oer Jahre gab es viele Unternehmen, die sich die Alibifrau in Entscheidungsfunktion leisteten. Es machte sich gut, diese Frau an der richtigen Stelle zu zeigen, wobei sie nicht zu zurückhaltend agieren, aber auch nicht zu selbstbewußt auftreten durfte. Die Firmen, denen es ernst war mit der Integration von Frauen in die Führungsetagen, hatten Frauenförderungsprogramme eingeführt; viele davon wurden von Frauen konzipiert und geleitet. Fast jede Woche konnte man von irgendeiner »ersten Frau« lesen; Politikerinnen, Managerinnen, Unternehmerinnen schrieben Geschichte – und die meisten Männer hatten offensichtlich nichts davon mitbekommen! Das mußte man ändern! Die Frauen würden sich schon finden lassen; vorerst einmal brauchte ich Geld.

Das war nicht so schwierig, wie man meinen könnte oder wie es heute wäre. Ein Kreditkarten-Unternehmen war bereit, sich meinen Vorschlag anzuhören. Das war eine späte Ernte meines ersten Frauen-Projekts; der Verantwortliche für Sponsoring war der Ehemann einer Frau, die bei mir Seminare genommen hatte und sich zu Hause sehr positiv über mich geäußert hatte. Er empfing mich also, war generell wohlwollend eingestellt und von dem neuen Projekt so angetan, daß er sich seine Firma als Hauptsponsor vorstellen konnte. Wir redeten hier von einem Betrag von 100 000 Franken! Diese Zusage zog andere, kleinere Sponsorate nach sich.

Aber das war nur *ein* Aspekt, wenn auch ein eminent wichtiger. »Daneben« gab es noch so viele andere Dinge, die zu erledigen waren ... Ich wollte diese Veranstaltung symbolträchtig in Davos durchführen; das Kongreßzentrum war besetzt, und man offerierte mir eine Aula in einer Schule, die gar nicht mal schlecht dafür eingerichtet war. Das sollte sich als Glück im Unglück herausstellen, es war aber kaum der Ort, den ich mir für diese Veranstaltung vorgestellt hatte. Der Verkehrsverein zeigte zwar ein gewisses Interesse an der Idee eines zweiten Symposiums, konnte sich aber nur bedingt zu Werbemaßnahmen durchringen. Nur das beste Hotel an Ort hatte Freude – Anfang Dezember hat fast jedes Hotel Kapazität für solche Gruppen.

Immerhin war ich so intelligent zu wissen, daß ich mit der eigentlichen Durchführung des Anlasses eine professionelle Firma betrauen mußte. Swissair war der *Official Carrier*, und Swissair stellte auch mit ihrer Kongreßorganisationsabteilung die Manpower für die Durchführung des eigentlichen Management-Symposiums. Wenn sie gut genug für *Klaus Schwab* und seine hohen Ansprüche waren, dann waren sie sicher optimal für mich. Selten habe ich mich mehr geirrt: Der organisatorische Teil war zwar in Ordnung, wenn auch alles andere als billig, aber die Beratung, die sie mir aufgrund ihrer langjährigen Erfahrung zuteil werden ließen, war der Auftakt für das finanzielle Desaster meines zweiten Symposiums. Man riet mir, auf keinen Fall die Sponsoren, auch nicht den Hauptsponsor, zu erwähnen – das mache man nicht, das würde Professor Schwab auch nie machen. Mir kam das zwar komisch vor, daß die Gegenleistung für 100 000 Franken nur in einem Banner über der Bühne und einem Stand mit Prospekten bestehen sollte, aber ich hielt mich, bis auf die Dankesworte am Schluß, weitgehend an diese Empfehlung. Der Sponsor war, milde gesagt, erstaunt, was ich ihm nicht verübeln konnte.

Das Symposium sollte anderthalb Tage dauern: Wie würde das Programm aussehen? Das hing wesentlich von den ReferentInnen ab, die für ein relativ bescheidenes Honorar bereit waren, bei dieser Premiere aufzutreten. Die von mir sehr bewunderte *Hildegard Hamm-Brücher* sagte als Eröffnungsreferentin zu – ich bin ihr heute noch dankbar dafür. Ein paar namhafte Schweizer Manager wollten mitmachen, eine der eloquentesten Schweizer

Parlamentarierinnen war bereit, das obligatorische Podiumsge-spräch am Ende der Veranstaltung zu moderieren; die amerikani-sche Botschafterin nahm meine Einladung, als *Dinner Speaker* am Gala-Dîner ein paar Worte zu sagen, an – schließlich war ich ja Amerikanerin –, und die Workshops sollten von qualifizierten und interessanten Frauen geleitet werden.

Ich staune heute noch, daß so viel in so kurzer Zeit geplant und umgesetzt werden konnte, besonders, wenn man bedenkt, daß die intensive Anfangsphase in die Monate Juli und August fiel, wo ein guter Teil der mitteleuropäischen Bevölkerung be-kanntlich in den Ferien weilt. Es ist in der Rückschau beruhigend zu sehen, daß ich, neben all den Fehlern und Unterlassungssün-den, die ich begangen habe, einiges auch instinktiv richtig gemacht habe. Nach und nach nahm eine gewagte Idee Gestalt an – so sehr, daß man sie Mitte September den Medien vorstellen konnte.

Zur Pressekonferenz, die von der Pressesprecherin, einer Kommunikationsfachfrau, geleitet wurde, hatten sich dreiund-zwanzig Medien angemeldet! *Wow!* Die Idee wurde mit großem Interesse aufgenommen; es war die Zeit, als Projekte für Frauen, wenn sie spektakulär genug waren, zumindest wert waren, daß man über sie berichtete. Als der letzte Journalist den Raum ver-lassen hatte, wurde mir plötzlich bewußt, daß ich jetzt nicht mehr zurück konnte. Ich mußte diese Veranstaltung durchführen, egal was auch passieren würde. Mir war nicht wohl bei dem Gedanken – Sie erinnern sich, daß mir ultimative Situationen nicht so lie-gen. Ab jetzt hatte ich keine Wahl mehr; es hieß nur noch: »Au-gen zu und durch!«

Und die Teilnehmerinnen? Zu den Dingen, die ich richtig entschieden hatte, gehörte die Kürze der Veranstaltung (andert-halb Tage) sowie die Tatsache, daß sie dieses erste Mal zwar schon international, aber auf den deutschsprachigen Raum beschränkt sein sollte. Trotzdem erwies sich das Marketing als einiges schwie-riger als angenommen. Nicht daß es sie nicht gegeben hätte, die Frauen in Entscheidungsfunktionen, die ich als Zielpublikum an-visierte; sie waren nur nicht so sicher, daß sie sich die Reise nach Davos leisten konnten – prestigemäßig, nicht finanziell natürlich.

Es ist die klassische Situation der Katze, die sich in den Schwanz beißt: Ich brauchte aussagekräftige Namen, mit denen ich dann andere Frauen von einer Teilnahme überzeugen konnte. Aber die Zusagen, die ich brauchte, hingen wiederum davon ab, »wer denn sonst kommen würde«.

Am Ende wurden es sechzig Teilnehmerinnen. Nicht so viele, wie ich gehofft hatt, dafür aber sehr hoher Standard; natürlich war ich jetzt sehr froh, daß sich die nicht im Kongreßzentrum verloren, sondern in der Aula noch ganz gut aussahen. Es war eine Basis, die sich vielleicht beim nächsten Mal verdoppeln ließe. Dazu kamen jedoch über dreißig MedienvertreterInnen; dieses Mißverhältnis von aktiv Teilnehmenden und aktiv darüber Berichtenden ließ mich Schlimmes ahnen.

Am Abend vorher hatte das Schweizer Fernsehen in der Tagesschau über das Symposium berichtet, in ziemlicher Länge. Ein toller Werbespot mit Langzeitwirkung: Es gibt heute noch Menschen, die mir beim Kennenlernen sagen: »Sie machen doch da dieses Symposium in Davos, nicht wahr? Ich weiß das, denn ich hab Sie in der Tagesschau geschen.« Na ja, ist ja auch erst siebzehn Jahre her ...

Die Stimmung war gut, bis am ersten Nachmittag die Workshops anfingen. Ich hatte Datenschutz versprochen; die Teilnehmerinnen bestanden selbstbewußt darauf, daß sie niemanden von den Medien dabei haben wollten, wenn sie von ihren beruflichen Problemen erzählten. Das gab einige unliebsame Scharmützel, in denen ich seitens der Presse ziemlich aggressive Worte hörte – nur ein Vorgeschmack auf das, was mir am nächsten Tag bevorstehen sollte.

Der Abend war ein echter Gala-Abend. Ich war der Meinung – und bin es immer noch –, daß Frauen nicht auf Männer angewiesen sind, um sich in einem Abendkleid zu präsentieren, solange es keine Musik zum Tanzen gibt. Es ist ein Erlebnis, eine größere Menge von Frauen in Abendgarderobe vor sich zu sehen. Ich liebe Abendkleider, und das weiß ich noch sehr gut: Das »Große Schwarze« von Valentino, das ich anhatte, hat zu den schönsten Abendkleidern meines Lebens gehört!

Die Medien goutierten diesen Abend gar nicht. Sie nahmen zwar am Gala-Dîner teil, wo sie sich die Frauen anschauten und noch eine Reihe von Interviews machten. Danach jedoch verzogen sie sich an die Bar, wo sie schon ziemlich offen über den Anlaß überhaupt, über mich im besonderen und die Teilnehmerinnen generell herzogen. Der Alkohol floß – kein Wunder, denn eine Reihe von Journalisten hatte keine Hemmung, ihn auf die Rechnung des Symposiums setzen zu lassen –, und offenbar wurden die Messer gewetzt.

Zwischen dem Ende des offiziellen Teils am nächsten Mittag und dem wirklichen Ende nach dem Lunch gab es noch die Abschluß-Medienkonferenz. Ich hatte eine Reihe von Problemen zu lösen gehabt während der letzten achtundvierzig Stunden – organisatorische wie auch personenbezogen, besonders letzteres –, was, zusammen mit der intensiven Belastung der letzten paar Monate, bei mir die Nerven blank liegen ließen. Ich spürte mehr als ich wußte, daß diesem Anlaß kein gutes Ende beschert sein würde. Okay, noch diese Medienkonferenz – und dann konnte ich mich entspannen. Die Kommunikationsfachfrau würde ja den Hauptteil übernehmen; ich würde zusätzlich etwas sagen, wenn das nicht genug wäre. Auf dem Weg zu dem entsprechenden Raum, kurz bevor ich die Tür aufmachte, sagte sie: »Hör mal, ich kann das nicht. Mach du das!« Bevor ich überhaupt nur reagieren konnte, waren wir schon im Raum. Sie begrüßte die MedienvertreterInnen und übergab mir das Wort! Ich war darauf nicht vorbereitet, konnte aber wenigstens anhand des Presse-Kommuniqués, das ich redigiert hatte, ein paar zusammenhängende Sätze äußern; danach war Fragezeit – oder soll ich sagen: »Die Jagd war eröffnet!«? So ist es mir jedenfalls vorgekommen.

Je weniger über die darauffolgende Dreiviertelstunde gesagt wird, desto besser. Das, was man sagen muß, ist gravierend genug: Diese Jagdszene, an der ich mich, unvorbereitet wie ich war, auch zur Beute machen ließ, war die Basis der Berichterstattung über das 1. Management-Symposium für Frauen in Davos, veranstaltet von einer größenwahnsinnigen Ausländerin, die ganz offensichtlich ihre Grenzen nicht kannte. Ich wußte selbst am besten, daß diese anderhalb Tage nicht das waren, was in meinem Film vor meinem inneren Auge abgelaufen war, als ich mir diese Veranstaltung vorstellte, und was ich mir vorgestellt hatte, war meilenweit von dem entfernt, was ich hätte tun sollen. Wie das Symposium von den Medien wahrgenommen worden war, sollte ich dann in den nächsten sechs Wochen detailliert erfahren. Einige wenige fanden es gut, vor allem die Idee, so etwas für Frauen zu veranstalten. Der Großteil jedoch fand es ziemlich überflüssig und erklärte auch, warum. Und dann kam noch eine Berichterstattung dazu, die an Häme, Sarkasmus und Herablassung nicht zu überbieten war. Leider waren sehr einflußreiche Medien darunter. Fazit: Ich hatte etwas gründlich verpatzt und dabei meinen Ruf als eine Frau, die erfolgreich hochgradige Veranstaltungen für Frauen und erstklassige Weiterbildung für Männer konzipierte, aufs Spiel gesetzt. Ein Großteil der Medien hatte mir den Fehdehandschuh hingeworfen; es würde lange, sehr lange dauern, bis sich das Verhältnis wieder normalisierte.

Eine Wirtschaftszeitung rechnete aus, daß ich über Nacht 80 000 Franken Gewinn gemacht hätte. Ach ja? Davon wußte ich gar nichts. Tatsache war jedoch, obwohl ich zu der Zeit von Budgets noch nicht zuviel verstand, daß ich keinen Verlust gemacht hatte. Immerhin etwas. Das Beste, was ich über das Symposium sagen konnte, war, daß es stattgefunden hatte. Aber das war gleichzeitig auch das Schlimmste: Es *hatte* stattgefunden; es war eine Realität, die ich nicht wegwünschen konnte. Der Gedanke, den ich nach der ersten Pressekonferenz hatte, kam wieder: Ich konnte nicht mehr zurück. Vor mir lag die schwierigste Entscheidung meines Lebens: Wie würde es weitergehen?

1993: »Partners in Crime«: Mit Rosmarie Michel beim Empfang der Symposiumsgäste ...

... und bei der PR-Arbeit

»Du solltest Bücher und Kolumnen schreiben!«

Eine Schriftstellerin ist keine Hausfrau,
die Bücher schreibt, sondern ein Mensch,
dessen Dasein vom Zwang zu schreiben
beherrscht wird.

Simone de Beauvoir

Im Laufe der Jahre bin ich immer wieder gefragt worden, wo ich die wesentlichen Unterschiede zwischen den USA, spezifisch New York, und Zürich sehe; seit Mitte der 8oer Jahre konnte ich den anderen Gründen noch einen hinzufügen: In Amerika können Sie mit einem Projekt auf die Nase fallen, ja sogar bankrott gehen – es wird entweder niemanden interessieren, oder man wird das als courant normal ansehen und zur Tagesordnung übergehen. Sie können das sogar ein paarmal machen, ohne daß jemand sich darüber aufregen würde. Wenn der Fall allzu spektakulär ist, könnten Sie den Staat wechseln, von der Ost- an die Westküste ziehen oder umgekehrt und wieder von vorne anfangen – in einer anderen Branche, mit einem anderen Team oder einem neuen Produkt. Vielleicht helfen Ihnen sogar dieselben Verwandten oder Banken, die schon vorher mit Ihnen Geld verloren haben – man weiß ja nie, ob Sie nicht doch noch einen Geniestreich landen … Wenn Sie dann erfolgreich sind, können Sie später mit dem Bankrott noch Pluspunkte sammeln, denn was in den USA zählt, ist, wie oft Sie wieder aufgestanden sind, nachdem Sie flach auf der Nase lagen.

In der Schweiz ist das gaaaanz anders. Das Land ist zu klein, als daß Sie je etwas verstecken oder verschweigen könnten, was einmal in der Öffentlichkeit stattgefunden hat, besonders wenn es etwas war, was Sie umgehauen hat, vergißt das so schnell niemand – und man läßt es Sie auch nicht vergessen! Ich wußte also, daß ich den eingeschlagenen Weg weitergehen mußte, denn dieses Fiasko konnte ich nicht auf mir sitzen lassen. Mir blieb nur die Hoffnung, daß ich schnell genug dazulernen könnte, aber woher die Instruktion kommen sollte, wußte ich auch nicht. Sicher nicht von dem Team, das sich als keins erwiesen und von dem ich mich nach dem Symposium getrennt hatte.

Zu den weiteren angenehmen Überraschungen gehörten zwei Briefe: Davos teilte mir mit, daß sie an der Durchführung meines Symposiums in ihrem Dorf nicht interessiert seien. Das störte mich insofern nicht, als ich ohnehin nicht die Absicht gehabt hatte, den Anlaß dort weiterhin stattfinden zu lassen; in Zürich hatte ich einen Heimvorteil – wenigstens den wollte ich für weitere Durchführungen nutzen. Der zweite Brief erhellte den Hintergrund für den ersten. Der Gründer des heutigen WEF, Klaus Schwab, hatte mir auch einen Brief gesandt, einen zweiseitigen. Ich hatte ihn und seine Frau als Ehrengäste zum ersten Symposium eingeladen; sie »konnten« selbstverständlich nicht. In dieser gefährlichen Mischung von Mission, Naivität und Größenwahn, die ich in meinem Kopf herumtrug, hatte ich ihn sogar um eine Stunde seiner Zeit im Vorfeld des ersten Symposiums gebeten. Wäre er bereit, mir ein paar *DOs and DON'Ts* aus der Erfahrung seiner Anfänge mitzugeben? Leider, leider konnte er mich nicht empfangen. Nun aber dieser Brief: Wer nur die Seite eins gelesen hätte, wäre überzeugt gewesen, daß der Verfasser des Briefes voll hinter meinem Unterfangen stünde. Er gratulierte mir zur Premiere und wünschte mir weiterhin alles Gutes; auf Seite zwei wurde er jedoch deutlich, indem er Davos zu seinem Territorium erklärte und mir »riet«, dort nichts mehr zu veranstalten ...

Zum 1. Oktober war in dem Haus, in dem ich wohnte, eine Fünfzimmerwohnung frei geworden, die ich als Büro fürs Symposium dazumietete und dementsprechend möblierte. Meine Schwester hatte mir bereits bei der Durchführung des Symposiums geholfen, und wir hatten daraus eine professionelle Partnerschaft gemacht. Das war keine so gute Idee, denn wir sind ziemlich verschieden. Sie sah kein Licht am Ende des sehr dunklen Tunnels; ich auch nicht, aber ich war überzeugt, daß es da eins geben mußte.

Die Verhandlungen mit dem Hauptsponsor konnten nicht Anfang des Jahres stattfinden; ich hatte ja auch noch nichts zu offerieren. Das nächste Symposium sollte wirklich international sein, und dafür mußte ich nach New York fliegen, um dort ReferentInnen zu rekrutieren. Ich wollte einen amerikanischen Businessman, und da ich *Lee Iacocca*, den damaligen Wirtschafts-Star in den USA, aus Termingründen nicht bekommen konnte, nahm ich *Mark McCormack*, der bereit war, für das bescheidene Honorar von 12 000 Franken plus Erste-Klasse-Flug eine Stunde bei uns aufzutreten! Nachdem ich noch weitere internationale Persönlichkeiten gebucht hatte, informierte mich der Hauptsponsor, daß sie vorerst einmal Abstand von einem Hauptsponsorat nehmen wollten! Es war April – und die nächste Veranstaltung war für Mitte September in Zürich angesagt! Ich konnte ihm das in keiner Weise verdenken, denn er hatte wirklich nicht den Gegenwert für seine Großzügigkeit bekommen, fand jedoch den Zeitpunkt für eine Absage sehr spät: ich hatte Verträge unterschrieben oder war in ernsthaften Verhandlungen für Tausende von Franken. Ich machte mich also auf Geldsuche; was mir ein Jahr zuvor in den Schoß gefallen war, schien jetzt unerreichbar. Finanziell wurde es eng, und Corina und ich beschlossen, in geschäftlicher Beziehung wieder getrennte Wege zu gehen.

Eine bekannte PR-Firma hatte mir angeboten, mich für ein sehr bescheidenes Honorar unter ihre Fittiche zu nehmen und meinen angeschlagenen Ruf zu reparieren. Ich hatte mich dabei auf ihren Rat hin auf einiges eingelassen, was ich ohne sie nie gemacht hätte. So war zum Beispiel das Format des gedruckten Programms, das sie vorgeschlagen hatte, sehr elegant, paßte jedoch in kein normales Kuvert und fiel portomäßig in eine (teure) Sonderklasse. Das Symposium dauerte zwar von Sonntag abend bis Mittwoch mittag, aber der Preis von fast 2 500 Franken war vielen Frauen zu hoch. Auch diese Firma war nicht in der Lage, einen

Sponsor zu finden, und ich begriff nach und nach, daß ich das zweite Symposium selbst finanzieren mußte. Es war, als hätte sich die Welt gegen mich verschworen.

An einem Wochenende Mitte August war Anmeldeschluß, und ich war an diesem Freitag nachmittag noch bei einer großen Firma gewesen, um über ein Sponsorat zu verhandeln. Dort war eine sehr bekannte Frau zuständig, und ich hoffte auf etwas Solidarität. Statt dessen erklärte sie mir, wie überflüssig sie diese Veranstaltung fände, und daß ich, obwohl die Mittel vorhanden gewesen wären, von ihr nichts bekäme. Ich war wie benommen. Sie begleitete mich im Lift nach unten und sagte dabei irgend etwas, was bei mir ein ironisches Lächeln hervorrief. »Wenn Sie wüßten, wie hübsch Sie sind, wenn Sie lächeln!« meinte sie. »Das sollten Sie viel öfter tun!« Was antwortet man auf solch eine Grausamkeit? Fast sechzehn Jahre ist das her, und ich weiß noch jedes Detail dieser Minute im Lift – Sie sehen, was ich meinte, als ich mein Elefantengedächtnis für erlittene Verletzungen erwähnt habe?

Völlig entmutigt ging ich ins Büro zurück; zwei Anmeldungen waren noch gekommen – es war Anmeldeschluß, neunundzwanzig Frauen hatten sich angemeldet! Und ich mußte mehr Teilnehmerinnen als beim ersten vorweisen! Seit dem Tode meiner Mutter war ich nicht so verzweifelt gewesen; ich habe an diesem Wochenende nichts anderes getan als an meinem Schreibtisch gesessen und nachgedacht. Am Sonntag abend war ich Gastgeberin für einen ausländischen Gast; als ich ihr gegenüber saß, konnte ich ihr begeistert von dem kommenden Symposium erzählen. Ich hatte mich entschlossen, meine Energien aufs Rekrutieren von Teilnehmerinnen statt Sponsoren zu konzentrieren, und das hieß, ab Montag morgen das Telefon in die Hand zu nehmen und persönlich einzuladen. Wie war das doch noch bei der New Yorker Firma, wo ich auch ein Verkaufsgespräch »kalt« starten mußte? Offenbar hatte ich inzwischen etwas dazu gelernt; vielleicht war ich aber auch nur verzweifelt genug, um die richtigen Worte, den richtigen Ton und die richtigen Adressatinnen zu finden.

Machen wir's kurz: Es sind immerhin siebzig Teilnehmerinnen geworden, wobei ich als Konzession auf Tagesteilnahmen für 1000 Franken pro Tag eingehen mußte. *Mark McCormack* kam; er kassierte zwar sein Honorar, doch habe ich ihn davon überzeugen können, auf die Flugkosten zu verzichten, da er ohnehin seinen europäischen Hauptsitz in London besucht hatte. Auch alle anderen erschienen pünktlich und leisteten ihren Beitrag – so schlecht war das alles gar nicht, aber auch nicht so gut, daß mir danach die Sponsoren oder Teilnehmerinnen das Haus eingerannt hätten. Das zweite Symposium hatte stattgefunden; die Medien hatten kühl bis lauwarm darauf reagiert, aber die Häme, die ich beim ersten gespürt hatte, war nicht mehr da. Ich war sehr froh, als ich das überstanden hatte. Nun mußte ich mich »nur noch« mit den zu zahlenden Rechnungen auseinandersetzen ...

Als ich damit fertig war, war es Dezember. Ich hatte nicht mehr genügend Geld, um die beiden Mieten oder das Salär für die Sekretärin zu zahlen. Eine Bank hatte mich eine Weile in dem Glauben gelassen, daß sie mir einen größeren Betrag als Jungunternehmer-Finanzierung – sozusagen *à fonds perdu* – zukommen lassen würde; Mitte Dezember meldete sich der Zuständige kurzfristig bei mir im Büro an. Er wollte sehen, wie es so bei mir aussah, was für Werte ich für dieses Darlehen bieten konnte undsoweiterundsofort. Es ging um 80 000 Franken. Ich zeigte ihm alles, einschließlich der Wohnung, und wir setzten uns wieder an den Besprechungstisch. Er informierte mich lächelnd, daß ich das Geld nicht bekommen würde. Warum nicht? Er glaubte nicht daran, daß ich diese Summe je zurückzahlen könnte. Ich dachte an das Dezember-Salär und die Januar-Miete und fragte, ob ich nicht wenigstens einen Teil, sagen wir, 20 000 Franken, bekommen könnte. Er lächelte wieder sehr nett: »Sie verstehen nicht. Sie werden gar nichts bekommen – wir halten Sie nicht für kreditwürdig!« Ich habe ihn wirklich hinausgeworfen, indem ich aufstand, zur Garderobe ging und ihm seinen Mantel reichte. Viele Jahre später, als ich als Alleinreferentin und erste Frau einen Anlaß bei dieser Bank bestritt, bekam ich Gelegenheit, die Rechnung auszugleichen. Wenn dieser Mann auch ein Elefantengedächtnis hat, wird er mich darin gespeichert haben ...

Nachdem er weg war, war ich eine halbe Stunde lang wie gelähmt. Ich stand am Fenster und starrte auf die Straße, ohne etwas zu sehen. Plötzlich erinnerte ich mich, daß ich ein paar Tage zuvor einen Brief von meiner Hausbank bekommen hatte. Darin hatte sich der neue Filialleiter vorgestellt und mich (und sämtliche anderen Kunden natürlich) eingeladen, mit ihm das Gespräch zu suchen, falls ich je Bank-Probleme haben sollte. Es war Donnerstag nachmittag; ich rief ihn an und sagte, daß ich seiner Einladung sehr gerne Folge leisten würde; ich bekam einen Termin für Montag. Die Art, wie ich empfangen wurde, war mir auf Anhieb sympathisch. Ich erzählte ihm kurz von der Idee des Symposiums und sagte, daß ich mehr Mitarbeiterinnen und technische Einrichtungen fürs Büro brauchte und dafür einen Kontokorrent-Kredit aufnehmen wollte. Er hörte sich das alles an, und es spricht für ihn, daß er ernst bleiben konnte. Geglaubt hat er sicher kein Wort davon – er wußte, daß ich ihm das Blaue vom Himmel erzählte, und ich wußte, daß er es wußte. Als ich eine Stunde später ging, hatte ich meinen Kredit! Zumindest die Zusage, daß ich einen bekommen würde. Es war der Montag der Weihnachtswoche; wir telefonierten noch ein paarmal hin und her, und am Heiligabend kam er dann doch noch auf die Idee, kurz mal meine Büros anzuschauen. Danach war Sendepause. Ich hatte zwar die Zusage, aber zwischen Weihnachten und Neujahr geschah gar nichts. Da es sich ja um einen Expansionskredit handelte, konnte ich nicht drängen und mußte warten, bis sich die Dinge im Januar ordnungsgemäß abwickelten. Ich hatte einen Podest-Mann mehr, brauchte aber eine Überbrückungsfinanzierung; eine Seminarteilnehmerin, die von meinem Dilemma wußte, bot mir ein zinsloses Darlehen an – und ich konnte dem Neuen Jahr mit gezahlter Miete und überwiesenem Salär ins Auge sehen.

Tempi passati! Bald sechzehn Jahre ist das her – vielleicht fragen Sie sich, warum ich Ihnen das alles erzähle. Das hat zwei Gründe: Zum einen finde ich es langweilig und unehrlich, immer nur die beruflichen Erfolge und persönlichen Höhepunkte in einem Leben vorgesetzt zu bekommen – die Abstürze sind es, wo der Lernprozeß stattfindet, und ganz im Sinne der amerikanischen Handhabung dieser Abstürze ist es nicht so wichtig, wie oft man auf die Nase fällt, sondern wie oft man danach wieder aufsteht und weitermacht ... Zum anderen werden Sie viel besser begreifen, warum ich allen Grund habe, dankbar zu sein, als dann die Retterin auf den Plan trat. Brauchen Sie noch einen dritten Grund? Es läßt Sie teilhaben an meiner Freude, als sich diese komische Idee eines Top-Wirtschaftsforums für Frauen, an die ich auch in den schlimmsten Momenten voll glaubte, dann doch noch zu einem erfolgreichen jährlichen Anlaß mauserte ...

Eine der Referentinnen, die ich für das zweite Symposium hatte rekrutieren können, war eine Frau, die mir die PR-Agentur fast aufgezwungen hatte, nach dem Motto: »Wenn Sie in Zürich etwas für Frauen machen wollen, kommen Sie an dieser Frau nicht vorbei!« *Rosmarie Michel* war Unternehmerin, Verwaltungsrätin oder -präsidentin namhafter Unternehmen und *Vice-Chair* von *Women's World Banking* in New York. Sie war nicht nur in Zürich »jemand«; einer breiten Öffentlichkeit war sie dadurch bekannt geworden, daß sie 1982 in Washington von der *International Federation of Business & Professional Women (IFBPW)* zu deren Präsidentin für eine zweijährige Amtszeit gewählt worden war. Ihr Status war unantastbar, wozu ihre Gradlinigkeit, ihre Integrität sowie die Tatsache, daß sie sich zu jeder Zeit eloquent und sehr direkt öffentlich äußern konnte – und das in mehreren Sprachen – erheblich beigetragen hatte.

Sie war nicht nur beeindruckend und unantastbar, sie war auch fast unerreichbar, jedenfalls für mich; als Mitglied des Zürcher Clubs der *Business & Professional Women* war ich ihr natürlich bekannt, aber wir hielten Distanz zueinander und hatten keine übergroße Sympathie füreinander. Wir kamen aus zwei völlig verschiedenen Welten, hatten verschiedene Vorstellungen von Öffentlichkeitsarbeit, verschiedene Bekanntenkreise und verschiedene Auffassungen von Professionalität. Ich mußte meinen ganzen Mut zusammennehmen, um trotzdem an sie heranzutreten. Als Referentin konnte ich sie nicht haben, aber sie war bereit, einen Workshop zu leiten. Es war der erste von vielen Schritten in

Richtung Legitimation dieses Anlasses. Hätte sie gewußt, daß sie sich damit eine extrem zeit- und arbeitsintensive Zusatzaufgabe aufladen würde, wäre sie vielleicht nicht dazu bereit gewesen. Zum Glück hat sie es nicht gewußt.

Lassen Sie mich einen langen Prozeß sehr gekürzt wiedergeben: Rosmarie Michel wurde die Präsidentin der Trägerschaft »Verein Management-Symposium für Frauen«, die von der Schweizer Wirtschaft finanziell und ideell unterstützt wurde. Sie ließ sich von der Notwendigkeit meines Symposiums überzeugen und war daher bereit, diesen Anlaß jährlich durchzuführen, mit mir als kreativem Kopf, der für Konzept, Inhalt, Programm, ReferentInnen und die eigentliche Durchführung verantwortlich zeichnete. Sie sorgte dafür, daß ich für diese Dienstleistungen sowie für die Urheberschaft der Idee angemessen entschädigt wurde, und das heißt nichts anderes, als daß sie das Symposium vor dem In-der-Versenkung-Verschwinden und mich vor dem finanziellen Ruin gerettet hat.

Sie hatte viele wunderbare Ideen, die sich u. a. darin manifestierten, daß die Symposiumseröffnungen – dreimal sogar im Zürcher Stadthaus! – zu Anlässen wurden, an denen viele wichtige Köpfe aus Politik und Wirtschaft zu sehen waren. Wir legten die Strategie für Jahre im voraus fest, und jedes Jahr wurde der Anlaß besser, internationaler und in sich stimmiger. Mir hat am besten die Idee gefallen, aus jedem Kontinent eine *Young Career Woman* aus der Junior-Abteilung der IFBPW einzuladen, der man nach dem Symposium noch ein paar Tage Einblick in die Schweizer Wirtschaft vermitteln konnte – für Frauen aus Entwicklungsländern ein wichtiges und willkommenes Crash-Training. Diese Teilnehmerinnen sorgten nicht nur mit ihrer Hautfarbe und den bunten Kostümen im wahrsten Sinne für Farbtupfer, sondern stellten sich auch in fast jedem Jahr als Stars im Denken und im Networking heraus. Ich vermisse sie sehr, diese jungen Frauen, von denen ich hoffte, daß sie es anders und besser machen würden als die Frauen meiner Generation. Als ich am internationalen IFBPW-Kongreß 1999 in Vancouver sah, daß meine Hoffnungen sich offenbar so schnell nicht erfüllen lassen, habe ich das Buch

Vom Lipstick zum Laptop! Die Frau in der Business-Welt geschrieben, das ich ihnen gewidmet habe.

Rosmarie Michel hat all das und vieles mehr für das Symposium getan. Für mich persönlich, für meine Entwicklung, hatte das jedoch eine Zusatzkomponente, denen ich die nächsten Zeilen widmen möchte.

Exkurs: Das Hohelied des Mentoring

Um es gleich vorwegzunehmen: Aus der anfänglich zögerlichen beruflichen Kooperation, bei der Rosmarie Michel mich einiges lehren mußte und ich vieles einzustecken hatte, ist eine wunderbare Freundschaft geworden. Nicht von heute auf morgen, aber der Übergang von einer anfangs eher erzwungenen Zusammenarbeit zu einer Kooperation, die auf gegenseitigem Respekt und ungeheuer großem Vertrauen beruht, hat bereits 1987, nach dem dritten Symposium begonnen, und danach haben sich die Dinge schnell entwickelt. Es ist nicht die Freundschaft, der ich hier ein Denkmal setzen möchte – das habe ich in drei anderen Büchern getan, sondern der Grundlage dieser Freundschaft, deren Fundament ein großzügiger, großherziger Geist ist.

Heute wird viel über Mentoring gesprochen und geschrieben; wo aber findet echtes Mentoring statt? Für alle, die sich wirklich für dieses Thema interessieren, sind die folgenden Zeilen als Anschauungsunterricht gedacht. Ich habe das große Glück gehabt, an einem der wichtigen Punkte meines Berufsleben eine echte Mentorin geschenkt zu bekommen. Na ja, übertreiben wir es nicht: geschenkt ist das falsche Wort – auch dieser Glücksfall hatte seinen Preis, für den ich aber einen riesigen Gegenwert bekommen habe.

Rosmarie Michel hatte bei ihrer Mitarbeit beim zweiten Symposium gesehen, daß hier eine an sich sehr brauchbare Idee sehr unzulänglich umgesetzt worden war – kein Wunder, fehlte mir ja jegliche Erfahrung in dieser Sparte. Sie hatte auch mitbekommen, daß da finanzielle Schwierigkeiten mit im Spiel waren. Da sie ihr Kuvert mit dem sehr bescheidenen Honorar für ihren Workshop nicht abgeholt hatte, mußte ich es ihr nachsenden. Es war ihr peinlich, den Scheck einzulösen, denn sie wußte, daß dieses Symposium für mich ein großes Verlustgeschäft gewesen war. Sie wollte sich die Gründe dafür erforschen, also rief sie mich an, dankte mir für das Honorar und fragte, ob ich die Idee, die hinter diesem Anlaß stünde, mal mit ihr besprechen möchte. Als Unternehmerin im Confiserie-Bereich habe sie von Oktober bis Dezember ihre intensivste Zeit, und so könne dieses Nachtessen, zu dem sie mich zu sich nach Hause einlud, erst im Januar stattfinden. Ob ich mit ihr sprechen wollte? Und wie ich mit jemandem sprechen wollte, der mir den Weg zeigen konnte, wie es weitergehen sollte! Ich sagte gerne zu.

Der Januar-Abend war ein Schlüsselerlebnis. Ich habe etwas getan, was ich weder vor- noch nachher je gemacht habe: Ich bin bei einem Erstbesuch bis nach ein Uhr geblieben! Das entwickelte sich übrigens völlig organisch: Die meisten Menschen finden den Ausgang nicht mehr, wenn sie einmal in Rosmarie Michels schönem Heim sitzen und NutznießerInnen ihrer gastgeberischen Großzügigkeit werden. Es ist eine der Gaben dieser Frau, ihren BesucherInnen das Gefühl von Wohlbehagen zu vermitteln, und auch die Gäste, die schon beim Eintreffen laut verkünden, daß sie dann heute »früh« gehen müßten, bleiben bis nach Mitternacht. Trotzdem war mir das ungeheuer peinlich, denn ich hatte natürlich nicht mitbekommen, wie die Zeit vergangen war. Und warum war mir das entgangen? Weil die Gastgeberin mich erzählen ließ! Hie und da von einer gezielten Frage unterbrochen bzw. zum Weiterreden ermutigt, erzählte ich ihr die ganze Geschichte . . . Und das brauchte eben seine Zeit.

Als ich dann mitten in der Nacht endlich ging, ließ ich jemanden zurück, der sowohl von der Idee selbst überzeugt war als auch von meinem Wunsch, aus dieser Idee etwas wirklich Nutzbringendes für Frauen in Entscheidungsfunktionen zu machen. Die Lektion, die ich mitnahm, war, daß ich die Schweizer Wirtschaft im Rücken haben mußte, um so etwas durchzuführen, und das Versprechen hieß, daß sie mir tatkräftig dabei helfen würde!

Rosmarie Michel kann sehr direkt, aber auch sehr feinfühlig sein. Zwischen diesen beiden Polen mußte sie in ihrer selbstgewählten Aufgabe laufend hin- und herpendeln. Da war sowohl die Zähmung einer Widerspenstigen angesagt, die immer mal wieder versuchte auszubrechen, und anderseits konnte und wollte sie mir jeden möglichen Freiraum für meine Kreativität lassen. Offenbar hatte diese Frau, die ihr da vom Schicksal in ihr Leben gekippt worden war, wenig Ahnung von Budgets bzw. kümmerte sich nicht groß darum. Man mußte ihr beibringen, daß man nicht ausgeben kann, was man nicht eingenommen hat – etwas, was bei mir natürlich gar nicht gut ankam. Wie weit sollte man ihre Höhenflüge in bezug auf Motto und Inhalt einer Veranstaltung unterstützen? Wann bestand die Gefahr, daß man ihr doch die Flügel stutzen müßte?

Eigentlich durchlief ich eine verspätete und überfällige Unternehmerinnen-Schule, bei der die Lehrerin als erfolgreiche Unternehmerin, die sie war (und ist), praxisorientiert und effizient vorging und die Schülerin zwar lernbereit und lernfähig war, aber auch immer wieder mal aufbegehrte und versuchte, den Gesetzen des Marktes ein Schnippchen zu schlagen. Rosmarie Michels Hauptaufgabe war, dafür zu sorgen, daß ich mit dem Aufsichtsorgan, das der Vorstand des Vereins für mich war, einigermaßen klar kam. Das war viel schwieriger, als Sie sich vorstellen können. Es würde zu weit führen, hier die Details wiederzugeben; belassen wir es bei ein paar Worten: Es war eine sehr harte Lehrzeit für mich, und die Liste derer, die mich verletzt haben, ist in dieser Zeit um einiges länger geworden.

In der Rückschau betrachte ich es als besonders wichtig, was sie mir beigebracht hat in bezug auf das persönliche Verhalten an öffentlichen Veranstaltungen. Ich lernte, Gastgeberin zu sein, und das hieß, persönliche Bedürfnisse zurückzustecken, für die Gäste da zu sein, keine Schmerzen, keinen Hunger, keine schlechte Laune zu haben und anfallende Probleme lösungsorientiert anzugehen. Sie brachte mir bei, diese Probleme nicht zu dramatisieren, sie durch kluge Planung zu vermeiden oder bei ihrem Auftreten andere in die Lösung mit einzubeziehen. Sehr schnell habe ich begriffen, wieviel leichter die anstrengende Symposiumszeit wurde, wenn man auf diese Weise an sie heranging, und wieviel Freude man auch in Streß-Zeiten aus der Rolle der Gastgeberin schöpfen kann.

Eine der schwierigsten Aufgaben für die Mentorin war, dafür zu sorgen, daß die Wunden, die ich von meinen jüngsten Begegnungen mit den Medien davongetragen hatte, nach und nach vernarbten. Sie mußte mich lehren, die Sache von den Personen zu trennen. Bei der ersten gemeinsamen Pressekonferenz saß ich noch überaus nervös neben ihr; mit jedem weiteren Symposium änderte sich das. Schließlich hatten wir eine gute bis hervorragende Presse, für die wir allerdings auch hart gearbeitet hatten.

Bald einmal wußten wir, daß wir gemeinsam nicht nur stark, sondern auch ziemlich erfolgreich sein konnten. Wir haben das zum Teil sehr genossen, denn so verschieden und eigenständig, wie wir sind, konnten wir doch als Komplementär-Duo vieles bewirken. Sponsorate, Inserate, Referate – all das war plötzlich nicht mehr so schwierig, wenn die Adressaten wußten, daß diese Frau dahinterstand. Wenn wir – eine Löwe/Wassermann-Kombination – zusammen auftraten, um etwas zu erreichen, haben wir (fast) immer bekommen, was wir wollten.

Erfolg bringt Neider hervor. Es hat genügend Versuche gegeben, einen Keil zwischen uns zu treiben – sie schmerzten mich besonders, weil sie von Frauen kamen, mit denen ich zusammenarbeiten mußte. Sie hätten sich diese Versuche sparen können. Sie haben damit nur gezeigt, daß sie nicht wußten, was echtes Mentoring ist. Für mich ist diese Mentorin, die so spät in meinem Berufsleben auftauchte, ein wunderbares Geschenk; sie reiht sich nahtlos in die Reihe der Frauen ein, die mich an wichtigen Schnittstellen in meinem Leben gefördert haben, wie meine Mutter oder die beiden Professorinnen in meiner Studienzeit.

Rosmarie Michel hat einen älteren Bruder und kommt aus einer intakten, liebevollen Familie. Sagen wir's so: Hätte sie noch eine jüngere Schwester gehabt, hätte sie all das, was sie mir hat angedeihen lassen, schon viel früher üben können.

Mit dem Aufsehen, das die Erstdurchführung des Symposiums mit sich gebracht hatte, war mein Bekanntheitsgrad gestiegen. Ich lernte bald, daß es den meisten Veranstaltern, die mich für ein Referat, ein Podiumsgespräch, eine Moderation anfragten, egal war, ob ich mit diesem Projekt Erfolg gehabt hatte oder nicht: Ich war in den Medien gewesen, war bekannt(er) geworden, und mein Name »zog«. Daß ich außerdem noch meine Referate anders gestaltete und damit beim Publikum gut ankam, so daß aus jedem öffentlichen Auftritt mindestens ein anderer entstand, wird nicht gerade abschreckend gewirkt haben.

Ich liebe diesen Aspekt meiner Tätigkeit; das hat vielleicht etwas mit der Tatsache zu tun, daß ich ja mal Schauspielerin werden wollte. Anderseits vielleicht auch nicht, denn ich schlüpfe ja nie in irgendeine Rolle, sondern bin und bleibe verläßlich ich selbst. Zwar gelte ich als »Frau aus der Wirtschaft«, aber ich stehe ihr durchaus nicht unkritisch gegenüber, und ich gehöre nicht zu den ReferentInnen, die dem Publikum Honig ums Maul schmieren. Obwohl ich mich wirklich nicht gerne streite, kann ich lustvoll für etwas kämpfen, wenn ich davon überzeugt bin, und das äußert sich dann in meinen Voten oder Referaten.

Der Mann in meinem Leben, der mir mein Studium ermöglicht hat, war felsenfest davon überzeugt, daß ich schließlich schreiben würde. »*You should be writing books and columns!*« hatte er mit nervtötender Regelmäßigkeit gesagt. Und ich hatte mich jedesmal mit Händen und Füßen dagegen gewehrt. Bücher könnte ich nicht schreiben, weil mir jegliche Phantasie fehle, und Kolumnen unter Druck? Das könnte ich nie! Wie bei allen seinen Prophezeiungen sollte er auch hier recht behalten – ich habe längst Abbitte geleistet und hoffe, daß es ihm Freude macht, meinen Schreibweg mitzuverfolgen, von wo-auch-immer er ihn nach seinem Tode beobachten kann.

1988 trat der renommierte *Poeschel*-Verlag in Stuttgart an mich heran: Er würde gerne ein Buch von mir veröffentlichen, zum Beispiel eines über den Führungsstil der derzeitigen neuen Führungsfrauen. Welch eine Ehre! Ich sagte gerne zu, konzipierte einen Brief an fünfzehn dieser Frauen, in denen ich ihnen das Projekt vorstellte und sie um ein Interview oder einen Beitrag bat. Nachdem der großzügig bemessene Termin für eine Zu- oder Absage verstrichen war, hatte ich drei Antworten! Bei den zwölf anderen faßte ich nach; einige antworteten zwar, aber die allermeisten hatten weder Lust, sich auf Buchseiten zu exponieren, noch ihre Führungsgeheimnisse preiszugeben. Nicht alle Frauen sind geborene Mentorinnen! Ich rief also den Verlag an und sagte dem zuständigen Herrn, daß ich den Auftrag zurückgäbe. Ich war sehr verärgert über diese Frauen und hatte keine Lust, diese Linie weiterzuverfolgen. »Aber wir möchten unbedingt ein Buch von Ihnen!« antwortete der Mann am anderen Ende des Telefons. Wie viele AutorInnen mögen ihr Leben lang auf solch einen Satz warten! Ich war mir des Privilegs voll bewußt und sagte, daß es dann aber eine andere Art Buch sein müßte: eines, das ich am Schreibtisch recherchieren konnte, zum Beispiel über die Frauen, die schon lange vor uns *Leadership* praktiziert hatten. Was war mit ihnen? Hatten sie anders geführt als Männer? »Ja, gerne!« meinte mein telefonisches Gegenüber, »schicken Sie mir doch bald eine Buchskizze und sagen Sie mir, an welche Frauen Sie da gedacht haben.«

Okay, ich würde also doch ein Buch schreiben. 1982 hatte ein Autoren-Duo namens *Tom Peters* und *Robert Waterman* ein vielbeachtetes Buch herausgebracht: *In Search of Excellence*. Darin waren achtundzwanzig Firmen auf ihre Spitzenleistungen hin untersucht worden. Also entschied ich mich für achtundzwanzig Frauen, angefangen bei der ersten Pharaonin *Hatschepsut* bis zur ersten britischen Premierministerin *Margaret Thatcher*, der einzigen von den achtundzwanzig, die noch lebte. Geschichtsschreibung wie auch -unterricht finden ja normalerweise nach dem Motto statt »Männer handeln, Frauen kommen vor«; nun hier würde das völlig anders aussehen: Bei mir gab es handelnde Frauen, von denen die meisten nicht in ihre Führungsrolle hineingeboren waren, sondern aufgrund der geschichtlichen Umstände oder des persönlichen Schicksals in eine solche Rolle hineingedrängt, -gezwungen oder -katapultiert worden waren. Das Kriterium bei der großen Auswahl war sehr einfach: *Leadership* bedingt *Followship*; man kann nicht führen, ohne daß man Menschen um sich hat, die geführt werden wollen, also gerne einer Führungspersönlichkeit folgen. Es kamen daher nur Frauen in Frage, die diesem Kriterium entsprachen, und das führte dazu, daß ich im selben Buch die Ordensfrau *Teresa von Avila*, die Couturière *Coco Chanel* und die israelische Premierministerin *Golda Meir* vereinigt habe.

Ich fing also an zu recherchieren und fand bald heraus, daß diese Frauen in den meisten ernst zu nehmenden Geschichtsbüchern nicht erwähnt wurden. Das ärgerte mich und reizte mich natürlich, hier Korrekturen an der Geschichtsschreibung anzubringen. Es war September 1988, als ich zusagte und mit der Suche anfing; Abgabetermin war Mitte April 1989. Im Januar fand ich, daß ich jetzt mit Schreiben anfangen müßte. Das fand ich auch noch im Februar, aber Anfang März setzte dann Panik ein. Ich überlegte mir kurz, ob ich auch diesen Auftrag an den Verlag zurückgeben sollte, aber ich glaube, das war wirklich nur sehr kurz. Dann schaute ich meinen Terminkalender an, strich alles, was nicht mit Arbeit zu tun hatte, bat meine Mitarbeiterinnen, mich soweit wie möglich abzuschotten, und fing an zu schreiben. Es hat enormen Spaß gemacht, obwohl ich gegen die Uhr anschrieb. Damals wußte ich noch nicht, daß die meisten AutorInnen versuchen, die Uhr zu überlisten ... Ich schrieb wie eine Besessene über diese achtundzwanzig ganz verschiedenen Frauen, von denen manche wie *Elisabeth I.* oder *Maria Theresia* Objekte der Biographen-Begierde geworden waren und andere nicht einmal eine Monographie hatten. Irgendwie habe ich es geschafft, in dieser verhältnismäßig kurzen Zeit ein Buch von 299 Seiten zu verfassen und erst noch Spaß daran zu haben! Na ja, ich hatte ja von der Dissertation her noch Übung ... Das Fazit meiner Recherchen war, daß die wichtigsten Kriterien für gutes Führungsverhalten im Grunde dieselben für Frauen und Männer sind, mit einem wesentlichen Unterschied: Frauen werden alles versuchen, bevor sie einen Krieg anzetteln oder sich auch nur in kriegerische Auseinandersetzungen hineinziehen lassen.

Beginner's luck? Das Buch hatte drei Auflagen und kam als Fischer-Taschenbuchausgabe heraus; es ist heute vergriffen. Ich hatte eine Beziehung zu einem Verlag etabliert, der mit dieser Autorin zufrieden war – dieses Unterfangen hatte definitiv Zukunft!

Kolumnen schrieb ich übrigens auch; zuerst für eine Frauenzeitschrift, dann kam, mehrmals im Jahr, die Gastkolumne für ein Wirtschaftsblatt hinzu, und schließlich trat 1990 der Chefredakteur einer Management-Zeitschrift an mich heran und bot mir an, ab Januar 1991, alternierend mit einem Top-Manager, für jede zweite Ausgabe die letzte Seite zu verfassen. Ich glaube, es gibt in jedem Berufsleben etwas, wofür man wie gemacht scheint; bei mir sind das Kolumnen. Ich liebe es, diese Texte zu einem Thema meiner Wahl in den frühen Morgenstunden zu schreiben, auch wenn sie der Einhaltung einer strikten Zeilenvorgabe unterworfen sind. Früh habe ich dabei gelernt, daß es besser ist, sich beim Schreiben an diese Vorgabe zu halten, als später zu kürzen, was ja immer eine Art Amputation ist. Viele Kolumnisten stöhnen unter dem Druck; ich weiß, daß ich nur in letzter Minute unter Druck einen Text zustande bringe. Wahrscheinlich würde ich mich nicht verpflichten, täglich eine Kolumne abzuliefern, aber wöchentlich hätte mir nichts ausgemacht; alle zwei Monate war daher für mich eigentlich zu wenig. Dreißig Kolumnen in sechs Jahren sind es geworden, und noch heute werde ich hie und da auf diese Tätigkeit angesprochen.

Anfang der 90er Jahre mußte ich mich mal wieder interessant machen. Ich war eingeladen, an verschiedenen Orten in den USA zum generellen Thema »Frauen in Führungspositionen« zu sprechen. Die Vortragsreise fing in Kalifornien an, wo ich in Berkeley einen Mann traf, der meinen New Yorker Freund sehr gut gekannt hatte. Wir tauschten Erinnerungen aus und schätzten uns beide glücklich, eine so außergewöhnliche Persönlichkeit gekannt zu haben. Während wir über den Campus gingen, erzählte er mir von den tragischen Umständen, unter denen mein Freund gestorben war – und im selben Moment rutschte ich auf einer Stufe ab, »wickelte« meinen Fuß um die nächste und übernächste Stufe und schrie dann vor Schmerz auf. Das kann kein Zufall gewesen sein! Im Krankenzimmer glaubte man, daß viele kleine Eiswürfel schon dafür sorgen würden, daß ich bald wieder putzmunter durch die Gegend sausen konnte ...

Der Flug nach Washington, mit Zwischenlandung in Dallas, belehrte mich eines Besseren. Die *Flight Attendants* häuften zwar Berge von Eiswürfeln auf meinen geschwollenen Knöchel und sorgten dafür, daß mich in Dallas ein reizender Mensch per Rollstuhl von einem Terminal zum anderen beförderte, aber als ich nachts in Washington ankam, war ich nur noch ein Bündel Schmerzen. Am nächsten Morgen schaute ich mir die Sache an – sie sah nicht gut aus. Also ließ ich widerwillig den Hotelarzt kommen. Der warf einen Blick auf mein bis zur Unkenntlichkeit geschwollenes Bein, faßte die Knöchelgegend zweimal kurz an und teilte mir mit, daß ich einen Bänderriß hatte. Aber ich hatte Glück: Er war in seiner Praxis auf so etwas spezialisiert, nahm mich gleich mit, verpaßte mir ein beeindruckendes Gipsbein und lud mich gerade noch zur Zeit für meinen Lunch-Vortrag im Presseclub ab.

Schade, daß es keine Schnupperlehren für solche Situationen gibt; mir blieb nicht viel Zeit, zu lernen, wie man mit einem Gipsbein duscht, Koffer packt und sich überhaupt alleine durchschlägt. Aber irgendwie geht es dann doch: So besorgte mir der reizende junge Mann an der Rezeption des *Mayflower*-Hotels ganz unkompliziert ein paar leere Abfallsäcke aus der Küche und erklärte mir, wie man die mit einem Gummiband, von denen er mir auch eine Handvoll gab, so um den Gips herumdrapiert, daß man dann trotz Verband duschen kann. Er war seinen eigenen Gipsverband gerade ein paar Wochen los und konnte sich voll in meine Situation einfühlen.

Der letzte Stop war eine kleinere Stadt in Massachusetts, wo eine damals berühmte Computer-Firma eine Forschungs-stätte hatte, an der man mit flachen Hierarchien bzw. nur drei Führungsebenen experimentierte. Das interessierte mich sehr, und ich freute mich darauf – Sie wissen ja, wie sehr ich Betriebs-besichtigungen liebe! Ein Firmen-Helikopter sollte mich von New York nach Massachusetts bringen. Auch unter normalen Um-ständen ist es nicht unbedingt einfach, in einen Helikopter zu steigen; hier entstand die interessante Situation, daß ich zwar drin war, aber mein Gipsbein noch draußen. Ich informierte den Piloten über diesen Sachverhalt; er stieg wieder aus, kam um die Maschine herum, hob mein Gipsbein hoch – er hatte wohl ver-gessen, daß ich noch daran hing – und stellte es sozusagen im In-nern der Maschine ab. Es hat eine halbe Stunde gedauert, bis ich mich davon erholt hatte, und dann hieß es schon: Aussteigen! Ir-gendwie habe ich es geschafft, das ohne die originelle Hilfe des Piloten zu bewältigen ...

In Zürich mußte ich einen Arzt finden, der die weitere Be-handlung übernahm. Offenbar lieben es Ärzte nicht, wenn man es sich einfallen läßt, woanders einen Unfall zu bauen und sie erst in zweiter Instanz hinzuzieht. Dieser hier erklärte mir frostig, daß meine Chancen, das Bein wieder normal zu gebrauchen, 40 : 60 waren – dies, nehme ich an, weil nicht er den Gipsverband gemacht hatte? Ich solle nach gut fünf Wochen wiederkommen, dann würde er das klarer sehen. Es ist äußerst beruhigend, sich mehr als einen Monat darüber Gedanken machen zu müssen, ob man nach Abnahme des Verbandes einen bleibenden Schaden hat. Aber auch diese fünf Wochen gingen vorbei; endlich fand der Arzt eine Gelegenheit, seinen Ärger zu verarbeiten: Als der Ver-band abgenommen bzw. zertrümmert war, zog er völlig unerwar-tet an dem verletzten Fuß, angeblich um zu sehen, ob dieser Fuß noch normal reagierte. Ich weiß nicht, ob er an meinem Urschrei so viel Freude gehabt hat, und ich weiß auch nicht, warum er mir solche Angst machen mußte: Der Fuß war in Washington von einem ziemlich jungen Arzt perfekt behandelt worden und ist, nach weiteren sechs Wochen in orthopädischen Schnürstiefeln, wieder völlig funktionsfähig geworden.

Ich habe Kalifornien nie gemocht; mir gefällt weder das eintönig schöne Wetter, noch kann ich viel mit den Menschen anfangen, die sich ausschließlich und intensiv um ihre Körper, ihre Haare, ihre Gesundheit zu kümmern scheinen. Nach dieser Gipsbein-Eskapade wird für mich der Staat immer mit diesem Unfall und der Information, die diesen Unfall verursacht hatte, verbunden sein. Sie sehen selbst: Kalifornien hat bei mir keine Chance. Es wird es verschmerzen können, denn ich bin da offenbar eine schrullige Ausnahme.

1991 feierte Rosmarie Michel einen runden Geburtstag, und ich überlegte, was ich ihr schenken könnte. Es war wieder einmal der alle drei Jahre an einem anderen Ort stattfindende Internationale Kongreß von IFBPW angesagt, diesmal in Nairobi. Sie hatte am Ende ihrer Amtszeit die Junior-Abteilung, die *Young Career Women*, gegründet; die Förderung dieser jungen Frauen lag ihr sehr am Herzen. Ich war noch nie in einem Entwicklungsland gewesen und hatte einigen Respekt davor, aber ich fragte sie, ob sie Freude hätte, wenn ich mit den fünfunddreißig angemeldeten jungen Frauen einen Workshop über Leadership machen würde. Sie hatte Freude, sehr sogar. Die jungen Frauen, die aus dreiundzwanzig Nationen stammten, freuten sich auch – und ich versuchte kräftig, mich ebenfalls zu freuen, was mir anfänglich nicht so gelang. Der Funke sprang erst über, als ich anfing, mit diesen Juniorinnen, die alle schon einen beeindruckenden Leistungsnachweis hatten, zu arbeiten. Dieser Workshop, der fast eine ganze Woche dauerte, wurde das schönste Lehr-Erlebnis meines Lebens, und das will etwas heißen, denn ich habe viele wunderbare Stunden im Bereich der Wissensvermittlung erlebt. Ich bin diesen jungen Frauen heute noch dankbar für diese Erfahrung.

Nach getaner Arbeit kam die Belohnung: eine dreitägige Safari. Sie erinnern sich vielleicht: *Out of Africa* ist einer meiner

Lieblingsfilme – sicher wegen *Meryl Streep,* einer meiner Lieb-
lingsschauspielerinnen, ganz sicher wegen *Robert Redford,* aber
ganz, ganz sicher auch wegen der Safari-Mode, die ich unwiderstehlich finde. Im Hotel gab es einen Shop, wo man sich entsprechend eindecken konnte, was ich auch mit großem Vergnügen
tat. Ich war also bereit.

Die einmotorige Maschine, die uns zu dem Camp am Sam-
buro River brachte, war nichts für Menschen, die leicht luftkrank
werden. Wir gerieten in ein Unwetter; um uns herum blitzte,
donnerte, stürmte es. Unser irischer Pilot war ziemlich unbeeindruckt; er griff nach etwas, was neben ihm lag, drehte sich um
und reichte seinen beiden Passagieren – eine Schale mit Lutsch-
bonbons! In solchen Momenten gibt es nur eins: sich der Situation hingeben! Was bliebe einem auch sonst übrig? Wir lachten
also mit ihm, irgendwann hörte das Unwetter auf und der Pilot
setzte zur Landung an. Ich schaute aus dem Kabinenfenster und
sah nichts, aber auch gar nichts, wo irgend etwas hätte landen
können. Mit untrüglicher Sicherheit steuerte der Pilot jedoch
einen winzigen Landestreifen an und brachte die wackelige Angelegenheit zu einem guten Ende.

Eine Handvoll junger Kenianer bestaunten dieses Stück
Metall, das da vom Himmel gefallen zu sein schien, und drei Europäer fingen an, ihre Koffer zum Flugzeug zu bringen, aus dem
wir uns und unser Gepäck gerade herausschälten. So weit, so gut,
aber wo war der Geländewagen, der uns abholen sollte? Er war
nirgendwo zu sehen, doch der Pilot hatte bereits das Gepäck seiner neuen Passagiere verstaut und schickte sich an, in die Maschine zu steigen. Eine kurze Unterredung mit Rosmarie Michel
belehrte ihn eines Besseren: Er würde uns doch wohl nicht wirklich einfach hier stehenlassen, unter der Obhut der fünf Einheimischen, oder? Nein, nein, beruhigte er uns, und dann zeigte er
auf eine kleine Staubwolke sehr weit entfernt, die schnell immer
größer wurde. Es war der Wagen von unserer Lodge; der Fahrer
entschuldigte sich, wir stiegen in den Jeep, der Pilot in seine
Wackel-Maschine, und die fünf Beobachter wußten nicht mehr,
wem sie nachschauen sollten. Als ich kurz danach aus meinem

offenen Fenster blickte, lief links neben mir eine Giraffe mit uns um die Wette. *I was inside Africa!*

Das Camp ist zu Recht berühmt und beliebt, ohne jedoch überlaufen zu sein. Es ist wunderschön gelegen und großzügig konzipiert. Die Unterkunft besteht aus geräumigen Zelten mit Ledermöbeln, Dusche und Toilette. Zwar gibt es nicht rund um die Uhr Wasser, aber es gibt das, was man braucht, zu den richtigen Zeiten. Jedes Zelt steht auf einem Holzboden, zu dem drei Stufen hinaufführen und das von einer Galerie umgeben ist. Das Zelt selbst wird mit dem längsten Reißverschluß, den ich je gesehen habe, geschlossen, und es wird den BewohnerInnen nachdrücklichst empfohlen, diesen Reißverschluß immer geschlossen zu halten, denn die auf dem Zeltdach herumturnenden Affen würden alles stehlen, wenn sie nur in diese Zelte hineingelangen könnten. Vor unseren beiden Zelten wies uns noch ein Schild mit der lapidaren Aufforderung »*Beware of Crocodiles*« auf die Möglichkeit hin, auch an Land von einem der Krokodile, die auf den Sandbänken im Fluß träge herumlagen, attackiert zu werden ...

Das Camp wird, wie wohl die meisten anderen auch, nach englischer Manier geführt. Das bedeutet: ein ausgedehntes *English Breakfast*, viel Silber, weißbehandschuhte Kellner sowie eine Bar und ein ausgezeichnetes Weinangebot! Ich kam aus dem Staunen nicht mehr heraus, konnte aber keine Sekunde zu lange reflektieren, ob ich das jetzt gut oder doch etwas übertrieben fand, denn die Hütte, die das Restaurant darstellte, war auf einer Seite offen, und das hieß, wir mußten bei jeder Mahlzeit höllisch aufpassen, daß uns die Vögel und Affen nicht den Toast vom Tisch stahlen. Bevor man jedoch auch nur in die Nähe von Frühstück oder Nachtessen kommt, gibt es die zwei kostbaren Gelegenheiten pro Tag, die afrikanische Flora und Fauna aus nächster Nähe kennenzulernen.

Um fünf Uhr geht ein Steward von Zelt zu Zelt, wo er einen Stock sanft an der Zeltwand entlangzieht: das Wecksignal. Eine halbe Stunde später trifft man sich im »*Front Office*«, wo man *tea and biscuits* bekommt. Und dann geht es los, in unserem Fall in einem offenen Jeep, wo man hinten sitzen oder stehen konnte.

Unser Chauffeur, ein Ornithologe mit Hochschulabschluß, erklärte mir, daß die gepolsterte Armlehne für die Kamera war. Ich
hätte keine, sagte ich ihm. Ah, dann wohl eine Video-Kamera.
Nein, auch das nicht. O weh, meinte er, ob wir in Nairobi bestoh-
len worden seien? Nein, wir reisen einfach ohne Kamera, dafür
mit je zwei offenen Augen! Von dem Moment an liebte er uns!
Das hatte er noch nie erlebt: Zwei Frauen, die ihn nicht dauernd
stoppen oder bitten würden, langsamer zu fahren – das war neu!
Nach dieser Information hätten wir uns keinen besseren *Guide*
wünschen können.

Wir haben alles gesehen, was man auf so einer Safari sehen
möchte, und noch einiges mehr, denn der Ornithologe wußte
nicht nur über Vögel und, wie es schien, sämtliche anderen Tiere
Bescheid, sondern auch über die Flora. Er hatte einen großen Respekt vor der Natur und große Freude darüber, daß wir diesen Respekt teilten.

Das zeigte sich besonders am zweiten Abend bzw. Spätnach-
mittag, vor der zweiten Fahrt des Tages durch den Safari-Park.
Die Fahrer der Touristenfahrzeuge kennen sich untereinander;
wenn zwei sich irgendwo im Park begegnen, halten sie meistens
an und geben einander Tips, wo zuletzt eine Löwenfamilie oder
ein Nashorn gesichtet worden ist. Ganz selten nur ist in diesen
Safari-Parks auch ein Leopard zu sehen. An diesem Nachmittag
gab es jedoch einen; unser Fahrer wurde von einem Kollegen informiert, wo wir ihn finden könnten, und wir fuhren dorthin. Wir
und, wie es schien, sämtliche Touristen im Umkreis von hundert
Kilometern! Um den Baum herum, auf dem das schöne, große
Tier lag, stand eine beträchtliche Anzahl von VW-Bussen, gefüllt
mit Safari-Touristen, die mit gezückten Bild-, Video- und Filmka-
meras darauf warteten, daß sich der Leopard endlich bewegte.
Wir sahen von weitem nur den Schwanz, der heftig hin und her
schwang. Die Belagerung durch die Touristen nahm dem Erlebnis das respektvolle Staunen und dem Tier seine Würde; wir
fanden das Spektakel schrecklich und baten den Fahrer, umzudrehen und wegzufahren – danach hätte er uns sicher am liebsten adoptiert!

Der Leopard war *das* Gesprächsthema beim Abendessen; mit unserem Lieblingskellner, der mir am dritten Morgen einen Zettel reichen würde mit zwanzig Vokabeln in Kisuaheli, weil er fand, daß ich sprachbegabt sei, sprachen wir über Sicherheitsvorkehrungen im Camp. »*No problem!*« lächelte er breit, indem er uns erklärte, wie viele Meter elektrischer Zaun um das Camp herum installiert war. Ich fragte ihn noch, ob der Leopard die Warnschilder lesen könne; wir lachten, und damit war das Thema vom Tisch.

In der Nacht wurde ich plötzlich von einem ohrenbetäubenden Lärm geweckt: Sämtliche Affen Afrikas plus alle Vögel des Kontinents schrien und zwitscherten aufgeregt vor meinem Zelt. Auf dem Zeltdach spielten die Affen offenbar Fangen; das ganze Camp war in Panik. Es war unheimlich; ich hatte einen Schweißausbruch, der eine Minute später in Frösteln überging. Ohne mich zu regen, lag ich da – ich meinte, daß draußen an meiner Zeltwand etwas vorbeistrich, und es war nicht der Morgen-Steward! Genau über meinem Bett war das kleine Fensterchen mit einem Moskitonetz. Irgendwie erwartete ich in der Dunkelheit, die Augen des Leoparden zu sehen. Ich war starr vor Angst; so nah hatte ich mir den Kontakt nun auch wieder nicht gewünscht. Nach einer Weile ebbte der Lärm ab, und nach und nach hörte man wieder die normalen Geräusche einer afrikanischen Nacht.

Am nächsten Morgen war nichts wie zuvor. Alle waren erregt und redeten durcheinander. Die Spuren bewiesen es: Der Leopard war im Camp gewesen; er hatte wohl doch nicht die Warnung mit dem elektrischen Zaun lesen können! Niemand hatte ihn gesehen, aber alle hatten ihn gespürt – am meisten die Tiere, die in Panik geraten waren. Jeder meinte, daß ich recht hatte, als ich ihn in meinem Areal zu spüren glaubte – ich nehme an, er wollte sich bei mir und Rosmarie Michel, deren Zelt zehn Meter weiter weg lag, ganz einfach bedanken, daß wir uns nicht in die Reihen der gaffenden Touristen gemischt hatten ...

Es waren insgesamt nur drei Tage, aber es waren die schönsten Ferien meines Lebens. Bis heute habe ich nichts davon vergessen, spüre noch immer die ganz besondere Luft, höre die Geräusche der afrikanischen Nacht, sehe die Elefantenherde mitten im Fluß, erlebe nochmals die Gruppe von Büffeln, die uns plötzlich den Weg versperrte, kurz nachdem uns unser Fahrer erklärt hatte, daß ein Büffel immer attackiert, um zu töten ... Ein erlebter Traum – *right ouf of Africa!* So groß die Sehnsucht nach Kenia auch ist, ich glaube nicht, daß ich diese Art von Reise wiederholen werde; dafür ist die Erinnerung zu perfekt. Anderseits: Man weiß ja nie. Als ich später einmal nach Tansania flog, um dort an einem Seminar für Managerinnen zu referieren, wurde ich mit einem Auto von Arusha nach Dar-Es-Salaam gefahren, von wo ich nach Südafrika weiterfliegen sollte. Es war eine seltsame Fahrt, mit zu vielen Kontrollen von zu vielen Unbekannten, die mich nach und nach davon überzeugten, daß ich mein Flugzeug doch nicht erreichen würde. Dann aber gab es einen besonderen Moment: Der Fahrer machte mich darauf aufmerksam, daß wir auf diesem Teil der Strecke theoretisch den Kilimandscharo sehen könnten, nur zeige sich der sehr selten, weil er sich unter einer großen Wolke versteckt. Ich schaute hinaus – in diesem Moment teilte sich die Wolke, und der berühmte Berg präsentierte sich in seiner ganzen Schönheit, einschließlich »Sahnehäubchen«. Der Fahrer war ganz aufgeregt; er erklärte mir, das bedeute in seiner Region, daß der Berg mir zugelächelt habe und ich garantiert dorthin zurückkehren würde. So ist also alles noch offen ...

1992 war das zweite Buch angesagt: Der Schäffer-Poeschel-Verlag fragte, ob ich wieder etwas für ihn schreiben wollte. Diesmal sagte ich sofort zu, denn ich hatte ein Buch zum Thema »Arbeit« im Kopf. Ausgelöst hatte die Idee ein Kuraufenthalt in Quiberon, wo ich im Sommer davor zwei Wochen verbracht hatte. Dort war mir der *Maître d'Hôtel* aufgefallen, der weder in bezug auf Körperbau noch Körpergröße für einen Beruf gemacht war, wo er laufend in der Öffentlichkeit agieren mußte. Klein, schmal und unauffällig, strahlte er dennoch natürliche Autorität aus und schaffte es, wo immer er an einem Tisch gestoppt hatte, lauter lächelnde, zufriedene Menschen zurückzulassen. Er hatte so offensichtlich Freude an seiner Arbeit – ganz im Gegensatz zu vielen Menschen in der Schweiz und noch mehr in Deutschland, die mit ihrer beruflichen Tätigkeit in permanentem Clinch lagen. Aus dieser Anfangsbeobachtung wurde dann ein Buch über Arbeit in westlichen Industrieländern im 20. Jahrhundert. Die Essays, die ich zu verschiedenen Aspekten der Arbeit schrieb, wurden bestätigt durch Interviews mit lebenden Persönlichkeiten wie *Helmut Maucher, Daniel Goeudevert, Rosmarie Michel* oder *Beat Kappeler* sowie Porträts von verstorbenen Menschen wie *Moses Mendelssohn* oder *Clara Haskil*, für die Arbeit einen besonderen Sinn hatte. Ich nannte das Buch »*Arbeit macht Spaß!*«, und lange Zeit war es unter den selbstgeschriebenen Büchern mein Lieblingsbuch. Offenbar waren Titel und Titelbild irreführend; es blieb bei der ersten Auflage, was ich heute noch bedaure.

Meine beruflichen Aktivitäten hatten sich vervielfältigt; inzwischen arbeiteten drei MitarbeiterInnen in meinem Büro. Im Gegensatz zu meiner Zeit bei der AKAD habe ich mit meinen eigenen MitarbeiterInnen keine glückliche Hand bewiesen. Je weniger darüber gesagt ist, desto besser – aber eines Tages wachte ich wieder mal mit einer Entscheidung auf. Ich mußte hart arbeiten, um diesen Betrieb alleine mit meinen Aktivitäten aufrecht zu erhalten, aber das Preis-Leistungs-Verhältnis in bezug auf diese Mitarbeiterinnen stimmte überhaupt nicht. Ich beschloß, daß ich davon genug hatte: Zum Ende 1993 trennte ich mich von ihnen, kündigte den Mietvertrag und zügelte mein Büro wieder ein Stockwerk höher. Ich verlegte das Symposiumsbüro in das Haus von Rosmarie Michel, Zürich-Stadtmitte, und eröffnete dort auch mein Stadtbüro. Es war ein überfälliger Befreiungsschlag, der mein Leben äußerst positiv veränderte.

Ein zweiter würde schon bald einmal folgen, wenn ich mich nach vierzehn Jahren in derselben Wohnung entschließen sollte, in eine ganz andere Wohnung mit ganz anderen Prioritäten zu wechseln.

1994: Highlight bei Daimler-Benz mit Jaime Lerner (1. v.r.)

Ein Workshop mit den Young IFBPW

Die Entdeckung
meines schönen Hinterkopfes

Erfahrungen vererben sich nicht.
Jeder muß sie selbst machen.

Kurt Tucholsky

Meine Wunschträume in bezug auf materielle Güter sind völlig unspektakulär. Ich sehne mich nicht nach dem eigenen Haus, nicht mal nach einer Eigentumswohnung – Wassermänner sind unstet und lieben es nicht so, an einen Ort gebunden zu sein –, will weder eine Ferienwohnung noch ein Segelboot, und drei Monate lang Australien zu bereisen, fände ich wahrscheinlich nur heimwehfördernd. Das ist auch gut so, denn ich könnte diese Art von Wunschträumen nicht finanzieren. Geld ist nie das Hauptziel in meinem Leben gewesen, wobei ich allerdings sehr genau darauf achte, daß das Preis-Leistungs-Verhältnis stimmt – sowohl bei dem, was ich kaufe, als auch bei dem, was ich professionell zu bieten habe.

Erben ist leider auch kein Thema: Als die wohlhabenden älteren Verwandten verteilt wurden, habe ich offensichtlich nicht rechtzeitig zugegriffen, und obwohl ich Vollwaise und zur Adoption freigegeben bin, haben sich bisher noch keine Interessenten gemeldet. Sagen wir es so: Ich hoffe sehr, daß ich bis an den Rest meines Lebens genug verdienen werde, um mir den Lebensstil zu leisten, an den ich mich gewöhnt habe. Vielleicht hätte ich das früher sicherstellen sollen, aber Sie wissen es ja inzwischen selbst: Mein Sicherheitsbedürfnis scheint auch unterentwickelt zu sein – eigentlich habe ich das noch nie erlebt, dieses Gefühl von Sicherheit, und wahrscheinlich wäre ich ziemlich überrascht, wenn es sich eines Tages einstellen sollte.

Anderseits: Es ist mir nicht schlecht gegangen, und Sie fragen sich jetzt vielleicht, was ich denn mit meinem verdienten Geld gemacht habe. Abgesehen von der Infrastruktur meiner Firma, die viel Geld verschlungen hat und die ich 1993 endlich als unnötig erkannt habe, habe ich beträchtlich in Weiterbildung investiert – und ich kann nur jeder und jedem empfehlen, dasselbe zu tun. Was Sie im Kopf haben, kann Ihnen niemand wegnehmen – und Sie können es immer wieder neu kombinieren und investieren. Ich habe viele Zehntausende von Franken ausgegeben, um etwas Neues zu lernen; es war meine Art, in meine Zukunft zu investieren. Und für mich war es die richtige, denn noch heute können mich neue Erkenntnisse oder neue Gebiete, die ich bei solchen Gelegenheiten entdecke, hell begeistern.

Zu den Dingen, für die ich dankbar bin, weil sie mir ohne mein Zutun geschenkt wurden, gehören auch die vielen kleinen Schubladen in meinem Gehirn, wo ich ziemlich viel speichere von dem, was ich so über Tag mitbekomme. Sicher, das tun andere auch, dafür ist unser Gehirn ja auch in erster Linie gemacht. Aber mir wurde da noch eine Zusatzfunktion geschenkt: Ich kann auf der Stelle zwischen dem Neuen, das ich höre oder lerne, und etwas, was ich vor vierzig Jahren erlebt oder gelernt habe, eine Verbindung herstellen, das Ganze neu kombinieren und daraus eine viel tiefere Erkenntnis gewinnen, die ich dann eben auch sofort weitergeben möchte. Neues einzuordnen und als sinnvoll zu erkennen, es vielleicht für den Moment in eine neue Schublade abzulegen, um es präzise dort ein paar Monate später wieder hervorzuholen, finde ich aufregend. Sie sehen jetzt, warum ich nicht bereue, mein Geld in dieses Wissen investiert zu haben, und verstehen nun vielleicht besser, warum ich gewöhnlich als Berufsbezeichnung »Denkerin« und als Hobby »Denken« angebe.

Das hat 1992 einen Höhepunkt erreicht. Ich war nach Brüssel geflogen, um dort an einem Seminar über Kreativität von einem gewissen *Dr. Edward de Bono* teilzunehmen; es ging dabei um sechs Hüte, die beim Denken und Finden von neuen Lösungen zum Einsatz kommen. Referate, Seminare, Work Sessions usw. sind mein Metier, und ich bin da ziemlich kritisch. Daher ist es doppelt ungewöhnlich, daß mich dieses Seminar in den ersten eineinhalb Stunden bereits völlig in Bann gezogen hatte. Wie sehr, können Sie aus meiner Reaktion ersehen: in der Kaffeepause habe ich nämlich etwas gemacht, was ich bis dahin noch nie und seither nie wieder gemacht habe – ich bin in gegenläufiger Richtung zu den hinausströmenden TeilnehmerInnen nach vorne gegangen und habe Edward de Bono gefragt, ob er je daran gedacht habe, TrainerInnen dieses tolle Material vermitteln zu lassen. Meine Frage erntete ein überraschtes, aber absolutes »No!«. Gut ein Jahr später gab es ein Trainerprogramm für *Corporate Trainers*, und kurz darauf für *Independent Trainers* ...

Ich bin eine der ersten, die 1994 in Brüssel als *Independent Trainer* für das »Six Thinking Hats«-Seminar zertifiziert wurde – und es ist seitdem mein Lieblingsseminar! Mit keinem anderen Denkinstrument kann man so schnell zu neuen Lösungen und ihren Bewertungen kommen, und das unter Einbezug aller Sitzungsteilnehmer. 1995 fügte ich dann in Brügge das Zertifikat für das *Thinking tool* hinzu, für das Edward de Bono so berühmt geworden ist, daß er sogar eine Eintragung im *Oxford Dictionary of the English Language* bekommen hat: *Lateral Thinking*, eine einfache, aber überzeugende Art, zu ungewöhnlichen neuen Ideen zu kommen. Und schließlich rundete die Zertifizierung für »*DATT Direct Attention Thinking Tool*« – zehn Schritte, um fokussiertes Denken zu lernen – das Trio der Denkinstrumente 1997 in Chicago ab. Ich liebe diese Arbeit, weil sie einerseits Denken lehrt – etwas, was auf keiner Schule oder Universität als Disziplin gelehrt wird! –, anderseits die Suche nach neuen Lösungen zu einem aufregenden Erlebnis werden läßt. Es ist eine Tatsache, daß unser Gehirn nicht dafür gemacht ist, innovativ zu sein, sondern dafür, Erfahrungen abzuspeichern und die daraus gewonnenen Erkenntnisse bei Bedarf bereitzuhalten. Also wird es wohl kaum auf Befehl bzw. Mausklick neue Produkte, Dienstleistungen, Marketing-Strategien oder unternehmerische Chancen ausspucken. Wenn Sie das kombinieren mit der unseligen Angewohnheit unserer Kultur, sich in die Analyse einer Situation hineinzuwühlen und dort bis zur Paralyse zu verharren, dann wundern Sie sich sicher nicht mehr, warum sich Menschen so schwertun mit Innovation, mit der Evaluation neuer Ideen, kurz: mit Veränderungen.

Ich finde das Wort »TrainerIn« für diese Art von Arbeit übrigens völlig unpassend. Es hört sich für mich so an, als ob ich dastehe, einen brennenden Reifen hochhalte und die Seminarteilnehmer dazu bringen muß, da durchzuspringen! Dabei geht es darum, in möglichst kurzer Zeit – viel kürzer als die Zeit, die gewöhnlich in langfädigen Sitzungen abgesessen werden muß – brauchbare Lösungen zu erarbeiten. Mit anderen Worten: ungewöhnliche Lösungen für gewöhnliche Probleme zu erarbeiten!

Was haben die 90er Jahre noch gebracht? Neben der Entdeckung der Edward-de-Bono-Denkinstrumente habe ich 1994 ein weiteres Buch geschrieben. Es gibt in Zürich eine kuriose Institution, die 1894 gegründet wurde: *Zürcher Frauenverein für alkoholfreie Wirtschaften*. Fünfzehn Frauen der besseren Gesellschaft hatten das Bedürfnis, dem Elend alkoholabhängiger Arbeiter entgegenzutreten: Sie gründeten diesen Verein – und revolutionierten das Gastgewerbe, indem sie Mineralwasser und alkoholfreie Getränke einführten, die ein Programm von sehr preiswerten, reellen Mahlzeiten begleitete. Das Unterfangen war eine *Overnight sensation*, und es ist einer Frau, *Susanna Orelli*, zu verdanken, daß es vom ersten Moment an gewinnbringend geführt wurde: Die Abrechnung des ersten Monats weist einen Gewinn von zwei Franken fünfundsiebzig auf! Mehrere Generationen von fähigen, engagierten Frauen haben aus dem Verein ein blühendes Gastro- und Hotel-Unternehmen gemacht, das heute über achthundert Mitarbeitende beschäftigt.

Ich bekam eine Anfrage, ob ich für das hundertjährige Jubiläum, das im Frühsommer 1994 groß begangen wurde, die Firmengeschichte schreiben wollte. Innovatives Unternehmertum plus fähige Frauen: Das ergab als Summe ein aufregendes Kapitel in der Schweizer Wirtschaftsgeschichte. Ich sagte ja, und das Buch *Weibliches Unternehmertum. Zürcherinnen schreiben Wirtschaftsgeschichte* erschien, rechtzeitig zum Jubiläum, im Verlag der *Neuen Zürcher Zeitung*.

Der Zeitdruck bei diesem Buch war gegen Ende des Schreibens so groß und ich war bei Abgabe des Manuskripts so geschafft, daß ich keine Lust auf weitere Bücher hatte. Warum hätte ich auch ein Buch schreiben sollen, wenn es so viel anderes gab, was mich interessierte oder faszinierte? Das war in beruflicher Hinsicht eine Anfrage der *Daimler-Benz AG*, ein anderthalbtägiges Seminar für einhundertfünfzig ihrer Top-Führungskräfte zu gestalten. Es war eine schwierige Zusammenarbeit, aber sie war der Anfang von den Spezial-Events, die ich seither für Firmen wie *Shell, Hewlett-Packard, Arthur Andersen* oder die *Schweizerische Nationalbank* konzipiert und durchgeführt habe. Jedesmal, wenn ich in Stuttgart wieder einer neuen Gruppe bei Daimler-Benz mein Konzept präsentiert hatte, schienen alle überzeugt zu sein. Aber ich konnte sicher sein, daß am nächsten Tag bereits die Zweifel einsetzten und alles wieder rückgängig gemacht wurde. Schließlich fand ich, daß ich diese Geldverschwendung nicht mehr mittragen konnte; ich sagte der Gruppe, die dafür verantwortlich war, daß wir auch ohne einander auskommen könnten, was bewirkte, daß man sich intern an den richtigen Mann wandte: an einen nämlich, der entscheiden konnte und wollte. Er wurde in meinem Leben so eine Art Podest-Mann, denn er begriff nicht nur auf Anhieb mein ungewöhnliches Konzept, sondern gab mir auch *Carte blanche*, es umzusetzen. Er hat es nicht bereuen müssen – am Ende der Veranstaltung bekam ich eine *standing ovation* von den zuvor eher skeptischen Führungskräften! Ein hehrer Moment in meinem Leben, und der Beginn einer neuen Spezialisierung.

Einer der vielen Besonderheiten dieser Veranstaltung war, daß es kein Referat geben durfte, sondern alles in Gesprächen, *Think Tanks* oder in einem Parcours erarbeitet werden mußte, einer der Referenten, die ich dafür ausgesucht hatte, war der damalige Bürgermeister der brasilianischen Stadt Curitiba, *Jaime Lerner*. Die Stadt hatte 1990 von sich reden gemacht, als sie für ihr beispielhaftes ökologisches Bewußtsein ausgezeichnet worden war. Ich hatte viel über ihn gelesen und wußte, daß er zum Thema der Veranstaltung viel zu sagen hatte. Ich wußte auch, daß ich ihn nur kriegen konnte, wenn ich ihn persönlich davon überzeugen konnte, nach Stuttgart zu kommen. Also flog ich, zusammen mit

Rosmarie Michel, nach Rio. Bis zur letzten Minute hatte ich telefonisch versucht, einen Termin mit dem vielbeschäftigten Bürgermeister zu bekommen – ohne Erfolg. Auch in Rio gelang mir das nicht, aber ich war nicht so weit geflogen (auf eigene Kosten übrigens), um unverrichteter Dinge wieder zurückzufliegen. Wir buchten also einen Flug nach Curitiba und fanden uns im Stadthaus ein. Zwei amerikanische Fernsehteams wollten ihn an diesem Tag filmen; zwei Reporter versuchten, gleichzeitig ein Interview mit ihm zu machen. Es war ziemlich aussichtslos; dennoch war ich überzeugt, wenn ich ihn zu Gesicht bekäme, würde es klappen.

Jaime Lerner hat viele Talente, u. a. die Fähigkeit, die richtigen Menschen um sich zu scharen und mit ihnen zusammen die Welt aus den Angeln zu heben. Einer dieser Menschen war eine junge Frau, die seine Termine koordinierte und ihn abschottete, wo immer es nötig war. Mit ihr hatte ich schon mehrmals telefoniert und ihr zuletzt auch meinen Besuch in Curitiba angekündigt. Sie konnte mir für den Tag nichts versprechen; ich hatte jedoch das Gefühl, daß sie mir helfen würde. Das tat sie auch. Sie plazierte mich so, daß Jaime Lerner mich beim Verlassen des Raumes, wo er die Interviews gegeben hatte, sehen mußte – und es klappte! Aus den bewilligten zwanzig Minuten wurde eine Stunde eines angeregten Gedankenaustauschs, und am Ende hatte ich das Ja eines meiner Wunschreferenten. Es war eine schöne und bereichernde Begegnung, und er hat, zusammen mit seiner Frau, auch die Manager bei Daimler-Benz überzeugen können. Die kooperative Assistentin ist dann im selben Jahr als unser Gast beim Management-Symposium gewesen.

An dem Tag, an dem ich Curitiba besuchte, war ein besonderes Fußballspiel angesagt: Es war Weltcup-Zeit, und Brasilien spielte gegen die USA. Wir waren beim Schweizer Konsul in Curitiba und seiner Gattin zum Tee eingeladen; er schien nicht ganz bei der Sache zu sein, und es war, als ob er mit einem Ohr nach draußen horchte. Endlich kam für ihn die Erlösung: Ich brachte das Gespräch auf dieses Spiel und sagte, wie sehr wir bedauerten, daß wir es nicht sehen könnten. Das war das Signal: Wir wechselten ins Fernsehzimmer und schauten uns mit kollektiver Begeisterung das Spiel an.

Auf dem Weg zum Konsul, kurz vor vier Uhr nachmittags, war die Stadt wie leergefegt. Unser Taxifahrer und ein paar streunende Hunde waren die einzigen Curitibaner, die noch zu sehen waren. Die Läden waren geschlossen, die City ausgestorben. Brasilien hat das Spiel gewonnen – und danach war der Teufel los! Die ganze Stadt erwachte zu neuem Leben, alle Geschäfte öffneten wieder, und die Menschen bereiteten sich auf eine lange Feier vor. Um sieben Uhr ging unser Flugzeug; ich habe nie eine strahlendere Crew beim Einschecken wie auch im Flugzeug gesehen!

Brasilien ist ein wunderbares Land. Nie habe ich so viele liebenswürdige, lachende Menschen erlebt – und dann sind viele auch noch unwahrscheinlich schön! Meine Reise hatte sich gelohnt, weil ich Jaime Lerner als Star-Referenten hatte buchen können; aber es hätte sich auch sonst gelohnt, denn Brasilien ist definitiv eine Reise wert.

1995 fiel mir plötzlich ein, daß ich lange genug in der großen Zürcher Wohnung gelebt hatte. Da war auf einmal eine heftige Sehnsucht nach dem, was ich »Natur« nannte, in mir aufgetaucht. »Natur« hieß in diesem Falle: Zürichsee. Und eine komplett andere Wohnung wollte ich – und nach einigem Suchen bekam ich sie auch, am linken Zürichsee-Ufer: Ein Loft auf zwei Ebenen, mit zwei großen Terrassen. Doch auch hier hatten die Götter den Schweiß vor den Erfolg gesetzt: Mir stand nach vierzehn Jahren in derselben Wohnung ein Umzug bevor. Na und? werden Sie vielleicht sagen und sich oder mich fragen, wo denn das Problem liege. Ihr berechtigtes »Na und?« gilt für normale Menschen, die einigermaßen mit dem Platz haushalten, rechtzeitig anfangen, Dinge wegzugeben oder fortzuwerfen, und vielleicht auch noch ein Mini-Talent für Logistik und Packen mitbringen. Wo war ich, als diese Fähigkeiten verteilt wurden? Außer daß ich in Logistik nicht schlecht bin, wenn ich für Kunden Events, Tagungen oder Großveranstaltungen organisiere, bringe ich fürs Umziehen leider gar nichts mit, was man brauchen kann, denn ein schmerzender Rücken, drei linke Hände, wenig Zeit und noch weniger Lust sind nicht die besten Voraussetzungen für einen ziemlich großen Umzug. Erschwert wurde dieser noch durch einen anderen Umstand: Ich war gar nicht da, um die Dinge korrekt vorzubereiten – und das kam so:

Eines Tages – Sie wissen, was jetzt kommt, nicht wahr? – bin ich wieder mal mit einem Entschluß aufgewacht: Ich würde Regisseurin werden! Einfach so? Nein, natürlich nicht einfach so, sondern erst, nachdem ich auf einer Filmschule ein gewisses Basiswissen erworben hätte. Eigentlich wollte ich ja Opernregisseurin werden, Sie erinnern sich, aber zuerst einmal wollte ich Werbespots drehen und das machen, was man früher Industriefilme nannte. Danach wäre es noch früh genug, um mich an die Oper heranzutasten. Bei dem Gedanken »Filmschule« kam mir sofort in den Sinn, daß die beste ein Department meiner Alma mater, der New York University, ist.

Im Spätherbst 1995 war ich in New York und wollte herauszufinden, ob man mich dort nehmen würde und wenn ja, unter welchen Voraussetzungen. Ich fuhr also zur NYU und fand dort tatsächlich eine junge Frau, die mich anhörte. Und hier ist wieder mal der frappante Unterschied zum deutschsprachigen Raum: Während die Menschen hier mit ungläubigem Staunen meine neuen Pläne zur Kenntnis nahmen und meine Schwester nun endgültig überzeugt war, daß ihr das Schicksal in der einzigen Verwandten, die sie hatte, eine Verrückte beschert hatte, hörte mir die junge Frau mit leuchtenden Augen zu und fand, daß ich dann unbedingt den Sommer-Intensivkurs 1996 nehmen müßte: Von Mitte Mai bis Ende Juni, sechs Wochen lang, würde ich lernen, wie man Filme macht. Ob mein Alter – ich war ja immerhin sechsundfünfzig – kein Hinderungsgrund sei? Nein, natürlich nicht – *it's never too late!* Man ist versucht zu sagen, sie hat an die ca. 6000 Dollar Semestergebühr gedacht, aber dem war nicht so, denn der Kurs, der sehr geschätzt wird und bei den Jungen im ganzen Land bekannt ist, hat mehr Interessenten, als sie berücksichtigen können. Ich meldete mich also im Januar an, lange bevor ich im März die Wohnung fand, mit Umzugstermin Juli 1996! Meine alte Wohnung würde ich bis zum 1. August behalten und so einfach im Laufe des Juli umziehen.

Zu meinem großen Glück und zu meiner Rettung gibt es

zwei Frauen in meinem Umfeld, die beide pragmatisch und mit einem ausgezeichneten Sinn für Logistik an so etwas herangehen: die einzige Schwester und die beste Freundin! Rosmarie Michel hatte viel zu tun, während ich in New York war; ich bekam fast jeden Tag einen Fax mit neuen Erfolgserlebnissen, aber auch Ärger und Terminschwierigkeiten. Doch ich überflog sie nur, gab ein schnelles Okay oder beantwortete kurz eine Frage, um mich dann wieder dem zuzuwenden, was mich meine Passion für Weiterbildung zum erstenmal in meinem Leben kritisch hinterfragen lassen sollte ...

Wenn Sie das nächste Mal ins Kino gehen, seien Sie sich bewußt, daß Sie es mit einer ganz großen Kunstform des 20. Jahrhunderts zu tun haben! Ein Film ist eine unglaublich komplexe Angelegenheit und das Resultat langer, geduldiger Teamarbeit. Wenn Sie die nächste Oscar-Verleihung im Fernsehen anschauen, sollten Sie auch den weniger speaktakulären Oscars wie Technik, Dekor, Licht, Kameraführung etc. Interesse entgegenbringen. Viele Berufsgattungen tragen zum Erfolg eines guten Filmes bei – ich habe den größten Respekt vor diesem Gesamtkunstwerk, das wir in zwei Stunden konsumieren und oft am nächsten Tag schon wieder vergessen haben, und gar nichts gegen die verrückten Gagen der Top-SchauspielerInnen einzuwenden. Das ist das Hauptergebnis meines Besuchs der Filmschule.

Das andere Ergebnis sind fünf Filmchen, die in sechs Wochen entstanden sind. Zwei sind sogar vertont, und alles, von der Idee bis zum fertigen Produkt, ist selbstgemacht. Es war die härteste Schule, die ich je besucht habe, und sie hat mich an meine Grenzen gebracht, physisch wie psychisch. Die Dinge hatten sich nicht so entwickelt, wie ich mir das vorgestellt hatte ...

Da war zuerst die Tatsache, daß mein Erscheinen in diesem Kurs das Durchschnittsalter schlagartig auf neunzehn Jahre hochschnellen ließ. Im Klartext: Unter den zweiunddreißig Studenten gab es einen neununddreißigjährigen Rechtsanwalt und einen weiteren Schweizer, einen Werber, Ende zwanzig. Der »Rest« war zwischen siebzehn und einundzwanzig.

Der Professor mochte mich nicht und hielt es auch nicht

für nötig herauszufinden, was diese im Vergleich zu den Jungen uralte Frau da in seinem Kurs zu suchen hatte. Er wäre gerne Hollywood-Regisseur geworden, hatte jedoch keine Chance gehabt und war nun ein ziemlich übel gelaunter Professor in New York. Seine Frustration versteckte er hinter ironischen Bemerkungen, und die nachmittäglichen Unterrichtsstunden absolvierte er ziemlich lustlos und uninspiriert. Die Kids mochten die Theorie ohnehin nicht; sie wollten filmen. Und taten das auch, mit Begeisterung und Begabung. Die meisten sahen sich schon als Nachfolger von *Steven Spielberg* oder *Spike Lee*, und ich bewunderte ihre Kreativität. Aber obwohl ich sonst meistens sehr schnell Zugang zu jungen Menschen finde, entstand hier kein einziger Kontakt. Die zweiunddreißig Studenten mußten sich in acht Teams zusammenfinden. Ich war in einem Team, das aus einer verrückten reichen Texanerin, einer harmlosen Kalifornierin und einem ernsten jungen Mann von irgendwo in den USA bestand. Wir waren eher vom Zufall zusammengewürfelt worden und kamen zwar miteinander aus, konnten aber nie ein Teamgefühl entwickeln. Die drei verfolgten ihre Eigeninteressen, und ich fiel irgendwo zwischen Stuhl und Bank.

Die Kids und ich waren nicht nur zwei Generationen, sondern mehrere Lichtjahre voneinander entfernt. Einige von ihnen hatten echte Punker-Frisuren, viele hatten null Disziplin, und das Credo lautete: »*Instant satisfaction.*« Wenn sie Hunger hatten, verließen sie die Vorlesung, holten sich einen Big Mac von gegenüber und kehrten mit ihm, einer Riesenschachtel Pommes frites und einem Liter Coke nach ein paar Minuten zurück. Wenn sie nicht aßen, hingen sie permanent an einer riesigen Mineralwasser-Flasche und arbeiteten gleichzeitig sehr sichtbar an ihrem Kaugummi. Was ihre Kreativität und ihren Einfallsreichtum betraf, waren sie mehr als okay, aber ihre Egozentrik sowie die Tatsache, daß sie sämtliche Vorschriften ignorierten oder umgingen, machte sie fast unerträglich. Sie meinten es nicht böse, sie hatten nur nicht gemerkt, daß es außer ihren Teamkollegen noch achtundzwanzig andere Studierende im Kurs gab.

Als ich am College und an der Universität studiert hatte,

hatte mich die aggressive Art, wie die Professoren und Assistenten mit aller Macht und allen vorstellbaren Intrigen ihre Berufslaufbahn vorantrieben, schockiert. Der Wettbewerb in Akademia war mindestens so gnadenlos wie der in der Privatwirtschaft; ich war ziemlich desillusioniert und auch deshalb nicht traurig, daß ich keine Professorenstelle an einer New Yorker Universität bekommen hatte. Jetzt sah ich, daß diese Haltung auch auf die Studenten abgefärbt hatte. Es gab zwar für alle Teams eine Kamera, aber nicht für alle genügend Scheinwerfer, von Weitwinkel-Kameras ganz zu schweigen. Die Kids zeigten Überlebensinstinkte: Sie organisierten sich in ihren Teams und arbeiteten mit genau der Ausrüstung, die sie brauchten, um ihre verrückt-kreativen Ideen umzusetzen. Theoretisch mußte man alles, was man morgens ausgecheckt hatte, abends wieder zurückbringen, doch sie fanden Mittel und Wege, diese blöden Regeln zu umgehen. Wenn also einer seine ideale Ausrüstung zusammengestellt hatte, sorgte er dafür, daß die Einzelteile nicht wieder in die generelle Ausgabe kamen. Dasselbe galt für die Räume, wo wir vertonten, oder für die Schneidetische, von denen die besten durchwegs ausgebucht waren. Alles wurde zum Kampf und zum Wettlauf; zum erstenmal in meinem Leben habe ich mich als zu langsam empfunden; ich habe es nie geschafft, eine Weitwinkel-Kamera zu bekommen, und nur ein einziges Mal habe ich einen der guten Schneidetische erwischt.

Trotzdem mußten wir unser geballtes Pensum absolvieren und von Woche zwei bis sechs jede Woche einen Film abliefern, was sehr viel Planung brauchte und nur wenig Schlaf duldete. In den sechs Wochen habe ich fast keine Nacht mehr als vier Stunden geschlafen: Meistens habe ich bis Mitternacht gearbeitet – der Lesestoff ist umfangreich, und die Entwicklung der Idee, das Kreieren des *Storyboard* (jede Szene wird als Zeichnung dargestellt und muß zusammen mit dem Script eingereicht werden) sowie das Schreiben des Scripts waren sehr zeitaufwendig. Wenn ich abends nach Hause kam – ich hatte für die sechs Wochen die Wohnung einer Bekannten in Midtown-Manhattan mieten können –, ging ich beim Supermarkt vorbei, machte mir etwas zu essen, und machte mich gleich danach an die Arbeit. Um vier Uhr früh ging es dann sofort wieder an den Laptop! Ich habe New York in diesen sechs Wochen hauptsächlich als U-Bahnfahrerin kennengelernt, bin nicht einmal ins Kino gegangen, von anderen Ablenkungen ganz zu schweigen.

Als ich herausfand, daß ich die einzige in der Klasse war, die *Jaws* nicht gesehen hatte, wurde ich kurzerhand Mitglied in einem Video-Club. Dort holte ich all das nach, was ich für den Unterricht brauchte – meistens geschah das, während ich bügelte oder sonst eine Hausarbeit verrichtete. Ich war übermüdet, fühlte mich sehr allein und hatte Heimweh nach Zürich – so hatte ich mir das nicht vorgestellt.

Der Professor war alles andere als hilfreich. Nach drei Wochen bat ich ihn um einen Termin, den er mir widerwillig gab. Ich erklärte ihm, daß ich keinen Anspruch auf die Nachfolge von Steven Spielberg oder weiblichen Äquivalenten erheben würde, weil ich gar nie in meinem Leben einen Spielfilm machen wollte; ich wollte ja nur etwas über das Filmhandwerk lernen, weil ich irgendwann einmal als Regisseurin arbeiten wollte. Ich teilte ihm mit, daß ich von dieser Universität, in der wir gerade unser Gespräch führten, einen Doktortitel in Germanistik erhalten hatte und jetzt nicht wie ein unmündiger Teenager behandelt werden wollte. Ich erzählte ihm von den Schwierigkeiten bei der Materialausgabe, die in krassem Gegensatz zu dem Ruf standen, den die Filmschule genoß. Dieser Termin hatte den Sinn, daß ich das Gespräch mit einem Mann, der mich nicht mochte, gesucht hatte – ansonsten war es vergeblich, denn es änderte nichts. Es erinnerte mich sehr an den Vorstand des *German Department*, der die Disposition für meine Dissertation mit spitzen Fingern von sich hielt, weil er nicht kontaminiert werden wollte ...

Als Thema für mein letztes Filmchen, ein siebenminütiges Œuvre, hatte ich eingegeben, daß es etwas über ihn und die Klasse sein sollte. Wahrscheinlich hat ihm das geschmeichelt; er genehmigte es. Es waren hauptsächlich Innenaufnahmen, was wieder mehr Scheinwerfer bedingte. Die mußte ich mir, genau wie die Bewilligung, im Gebäude zu filmen, erkämpfen. Als ich mit den Dreharbeiten fertig war, die separaten Tonaufnahmen gemacht hatte und an den Schneidetisch ging – eigentlich einer meiner Lieblingsaspekte des Filmemachens –, war ich so fertig, daß ich dort ein paarmal eingeschlafen bin. Was mich wach hielt, war die Entdeckung, daß ich neun Minuten Text und Musik für sieben Minuten Film hatte! Das war eine Herausforderung! Ich mußte mir viele, viele Meter Film aus einem großen Container wieder heraussuchen, die ich zuvor weggeworfen hatte, weil sie meinen Ansprüchen nicht genügt hatten, und sie neu evaluieren. Das kostete mich Zeit und Kraft, und ich sah nicht, wie ich den Film, der jeweils vor der ganzen Klasse präsentiert werden mußte, rechtzeitig fertigstellen sollte.

Der Professor hatte zwei Sommerkurse hintereinander; er wollte dazwischen ein paar Tage frei haben und arbeitete darauf hin, daß wir den fünften Film in der letzten Woche bereits am Mittwoch statt am Freitag abgeben sollten. Ich dachte, die Kids hätten dem zugestimmt, und mußte mir am Mittwoch morgen eingestehen, daß ich, zum erstenmal in meinem Leben, einen Kurs nicht erfolgreich abschließen würde. Ich arbeitete noch bis zum letzten Moment am Schneidetisch, aber der Film würde nicht fertig werden. Am nächsten Tag mußte ich noch einmal zur Uni, um meinen Schrank zu leeren. Dabei traf ich zu meiner Überraschung einen Mitstudenten an und erfuhr von ihm, daß die Kids dem Professor einen Strich durch seine Rechnung gemacht hatten: Der Kurs würde erst am Freitag enden, wie vorgesehen. Ja was! Da hatte ich ja noch eine Chance: Ich konnte einen Schneideplatz für den nächsten Morgen ergattern, wo ich sehr diszipliniert arbeitete – und das Wunder geschah: Am frühen Nachmittag hatte ich die sieben Minuten Filmstreifen und neun Minuten Tonaufnahmen zu einem siebeneinhalbminütigem Filmchen vereint. Ich ging zurück in die Vorlesung, wo ich nicht einmal die letzte war, die ihr Werk präsentierte. Sowohl der Professor als auch die anderen StudentInnen waren überrascht, um nicht zu sagen, betroffen, von meiner filmischen Analyse der letzten sechs Wochen; ich hatte die Befriedigung, daß ich alles losgeworden war, was ich sechs Wochen lang geschluckt hatte, und am Ende doch noch alles hatte abliefern können. Immerhin hat er sich zur Note »B« hinreißen lassen, was mich aber nur bedingt interessiert hat.

Die Erfahrung, als gestandene Berufsfrau noch einmal etwas von der Pike auf zu lernen, möchte ich zwar nicht missen, aber es stellt sich trotzdem die Frage: »Warum tut man sich das an?« Abgesehen davon, daß ich letzlich doch sehr viel übers Filmemachen gelernt habe, weiß ich auch, daß ich mich nicht unbedingt dafür eigne, einen Film von Anfang bis Ende zu machen. Wollte ich ja auch gar nicht. Aber ich weiß, daß Script, Regie und Schnitt die Produktionsschritte sind, die mich am meisten interessieren, und daß ich darin wahrscheinlich auch gar nicht mal so schlecht wäre. Andere buchen Bungeejumping; ich habe einen Intensivkurs an der Filmschule der New York University besucht. Beides ist eine Grenzerfahrung, nur dauerte meine etwas länger. Seltsamerweise habe ich mich nie richtig bemüht, das Gelernte anzuwenden – Sie haben mich also weder auf der Cannes-Rolle der besten Werbespots noch bei den besten Industriefilmen verpaßt. Ich nehme an, wir können beide damit leben, nicht wahr?

Als ich zurückkam, war ich eigentlich erholungsreif, doch der Umzugstermin nahte unerbittlich. Machen wir's kurz: Am Abend vor dem 19. Juli hatte ich es einfach nicht geschafft, den Inhalt des zweiten Büroraums zu verpacken. Am nächsten Morgen staunte ich, was Umzugsmänner alles können; sie fanden das nämlich nicht weiter schlimm und packten alles in Container. Es waren sechs Männer, die sich sechzehn Stunden lang mit meinem Umzugsgut beschäftigten – nicht zuletzt, weil sie erst ziemlich spät realisierten, daß sie meine Habe über einen Außenlift in den zweiten Stock der Wohnung spedieren und von dort den weitaus größten Teil eine schmale Treppe hinuntertragen mußten. Als sie gingen, war ich, nach dreiundzwanzig Stunden auf den Beinen, halbtot. Alle Horror-Vorstellungen von Umzügen hatten sich bestätigt. Ich würde die nächsten sechs Wochen brauchen, um die vielen Bücherkartons auszupacken, und die nächsten sechs Jahre, in denen ich mich von vielem getrennt habe, um eine andere Einstellung zum Umziehen zu bekommen. Mein Naturbedürfnis ist nämlich inzwischen gestillt, mit den zwei Terrassen mit Seesicht; hingegen ist mein Zürich-Bedürfnis sehr stark gewachsen. Ich würde sehr gerne wieder in die Stadt zurück; da Zürich jedoch an akuter Wohnungsnot leidet, wird das ein schwieriges Unterfangen werden. Nun wissen Sie auch, was ich machen werde, nachdem wir uns voneinander verabschiedet haben werden . . .

Zwischen Weihnachten und Neujahr 1996 lag ich mit einer Grippe und hohem Fieber im Bett. Das war gar nicht im Szenario, denn ich sollte am 2. Januar nach Bangkok aufbrechen, um von dort nach Bangladesh zu fliegen. Am Jahreswechsel 1996/97 war ich zwar schwach, aber soweit hergestellt, daß ich ans Packen denken konnte. Es war nicht gerade eine Reise, auf die ich mich freute, aber ich wußte, daß ich sie machen mußte, und das genügte, um mich auf den Beinen zu halten.

Exkurs: Bangladesh hat vieles relativiert

Mein Einsatz für Frauen hatte in Zürich seinen Anfang genommen. 1990/91 kamen dann die Frauen der neuen Bundesländer dazu: Ich war die erste, die dort Kommunikationsseminare für Kaderfrauen gegeben hat. Dresden hieß damals mein Ziel. Ich erinnere mich noch gut an diese Seminare, wo ich so sehr hoffte, den richtigen Ton diesen Menschen gegenüber zu finden, denen gerade ihre Weltanschauung abhanden gekommen war . . . Es war ein schwieriges Unterfangen, und ich betrachtete es als meinen Beitrag zur Wiedervereinigung der beiden Teile meines Geburtslandes. Ich bin dafür reich belohnt worden.

1991 erweiterte sich mein Horizont mit dem Leadership-Seminar für die Young IFBPW in Nairobi. Obwohl die fünfunddreißig Frauen aus dreiundzwanzig Nationen stammten, fanden wir schnell Gemeinsamkeiten, die wir in die Arbeit einbringen konnten. Bei Frauen, die auf Hennenkämpfe verzichten, stellt sich schnell einmal ein, was die Amerikaner *bonding* nennen: ein unsichtbares Band, das ganz verschiedene Frauenschicksale miteinander verbindet.

Durch Rosmarie Michel, die u. a. auch zwölf Jahre lang *Vice-Chair of Women's World Banking* war, einer in New York ansässigen Institution, die sich den Kleinkrediten für Frauen in Entwicklungsländern verschrieben hat, war ich mit dem Phänomen des Mikrokreditwesens in Berührung gekommen. Ich war fasziniert von der Tatsache, daß eine Frau, die in den Augen normaler Banker alles andere als kreditwürdig ist, von dieser Institution einen Kleinkredit von, sagen wir, fünfzig Dollar pro Jahr bekommen kann, der sie befähigt, ein bescheidenes Gewerbe aufzubauen und durch die Einkünfte mit ihrer Familie diesseits der Armutsgrenze zu leben. Dazu muß sie genügend einnehmen, um den Kredit mit ein Dollar zehn pro Woche im Laufe eines Jahres zurückzahlen zu können. Eine Kuh, deren Milch man verkauft, während man sie mästet, um dann später ihr Fleisch zu verkaufen, kann das bewerkstelligen; ebenso könnte es der Ankauf einer alten Nähmaschine oder die Anschaffung einiger Hühner.

Der Erfolg ist frappierend, trotz der Zinsen, die inzwischen eher bei zwanzig Prozent als bei zehn Prozent liegen: Die Rückzahlquote liegt bei über fünfundneunzig Prozent! Frauen haben sich als verläßlich herausgestellt, und wenn eine Frau diese Mikrokredite aufnimmt, kommt fast das ganze Einkommen der Familie zugute, während der Familien-Anteil bei Männern, wenn sie die Kreditnehmer sind, bei maximal vierzig Prozent liegt. Ich hatte sehr viel darüber gehört und gelesen; ich referierte darüber – aber ich hatte noch nie vor Ort gesehen, wie das in der Praxis funktioniert.

Ein Mann in Deutschland, der sich im Rahmen der katholischen Organisation »Justitia et Pax« in bezug auf Mikrokredite für Frauen in Indien und Bangladesh sehr eingesetzt hatte, wurde auf mich aufmerksam: *Dr. h.c. Karl Osner* (er hat inzwischen für sein Engagement den Ehrendoktor bekommen) hatte meine Geschichte des französischen Maître d'Hôtel, mit der ich mein Buch *Arbeit macht Spaß!* begonnen hatte, so gefallen, daß er die Autorin kennenlernen wollte. Die darin enthaltene »Moral von der G'schicht« ist ja, in der Arbeit den Sinn zu sehen, sich für eine Aufgabe, an die man glaubt, voll einzusetzen, denn Arbeit ist, wie der Franzose es so treffend zusammenfaßte, »*toute la richesse de la vie*« – die ganze Fülle des Lebens!

Karl Osner lud mich ein, an einem sogenannten *Field trip* nach Bangladesh, die er mit einer klug zusammengesetzten Gruppe von über dreißig Menschen durchführen würde, teilzunehmen. Dort hat Professor *Muhamad Yunus* vor mehr als zwei Jahrzehnten die *Grameen Bank* spezifisch für Bangladesh gegründet. Ich hatte diesen Mann schon gehört und mit Befriedigung festgestellt, daß ihm seine Geschichte über Gründung und Erfolg dieser Finanzinstitution anläßlich seines Referats beim *isc-Symposium* in St. Gallen eine *Standing ovation* von den gestandenen Businessmen eingebracht hatte. Die *Schmidheiny-Stiftung* hatte ihm beim selben Anlaß einen Preis verliehen – nicht der erste und nicht der einzige, den er bekommen hat.

Ich gestehe, daß mir Afrika lieber gewesen wäre, aber hier bot sich die Gelegenheit, das, worüber ich immer so leidenschaftlich referierte, wirklich einmal aus nächster Nähe zu sehen. Ich sagte zu. Dabei wußte ich, daß das keine Reise sein würde, wo man in Fünf-Sterne-Hotels übernachtete, und ich fürchtete, daß ich an meine Grenzen stoßen würde. Wie sehr ich recht haben sollte, konnte nicht einmal ich ahnen . . .

Machen wir es kurz: Der Field Trip erwies sich als ausgesprochen schwierig; ich kam ziemlich krank nach Hause. Grund dafür waren die sanitären Nicht-Einrichtungen: Der Raum, in dem ich im Feld schlief, lag neben dem, was mir als Toilette vorgestellt worden war: Es war die in Entwicklungsländern häufig anzutreffende Steh-Angelegenheit, mit Papier, aber ohne jegliche Wasserspülung. Leider war diese Toilette auch noch verstopft, was die Männer, die in der Bank schliefen, nicht daran hinderte, sie trotzdem zu benutzen. So blieb ihr nichts anderes übrig, als still vor sich hinzustinken . . .

Wenn wir den Input betrachten, so kam der Moment, wo ich nur noch selbst mitgebrachtes Knäckebrot und gekochte Kartoffeln aß. Ich hatte zu viele Kakerlaken entdeckt, deren Größe mir Alpträume beschert hatte, als daß ich noch irgend etwas zu mir genommen hätte, was in der sogenannten Küche produziert wurde. In Bangladesh tritt man nicht auf diese Viecher, sondern scheucht sie nach draußen. Da auch sie, wie der Leopard in Kenia, offensichtlich nicht mitbekommen, daß sie unerwünscht sind, kommen sie halt immer wieder zurück . . .

Der Höhepunkt meiner Fauna-Erlebnisse passierte spätabends, als ich eine sehr aggressive Biene, die sich aus dem Bienenstock vor meinem Fenster in meinen Schlafraum verirrt hatte, entfernen mußte, dabei im Vorraum die größte Kakerlake meines Lebens davonsausen sah und dann in meinem Schlafraum eine handgroße, haarige grüne Spinne entdeckte. Ich stieß einen Schrei aus, der sämtliche Männer im Haus aufweckte, die alle angerannt kamen. Zumindest haben sie mich von Biene und Spinne befreit; ich sank unter mein Moskitonetz und hoffte einfach, daß sich inzwischen nichts zwischen meine Wolldecke und die wattierte Unterlage auf der Pritsche eingeschlichen hatte.

Das sind die Momente, wo man sich fragt: »Warum tue ich mir das an?« Aber sobald es Tag wurde und wir wieder an der Arbeit mit den Kreditnehmerinnen waren, ergab sich die Antwort auf diese Frage von selbst.

Die *Field work* bestand darin, daß jedes Duo (Frau/Mann, Entwicklungsarbeit/Wirtschaft etc.) zwei Kreditnehmerinnen interviewen mußte. Aus diesen Interviews würden sich für die kommende Arbeit der Organisation wichtige Hinweise und Impulse ergeben. *Das* war der Sinn unserer Reise, und diese Arbeit lenkte auch genügend ab, um nicht an das verstopfte Steh-Klo oder die elektrizitätslosen Nächte mit ihren lauernden Kleintieren zu denken.

Unsere erste Gesprächspartnerin ist *Fazila Begum*, eine Frau von dreißig bis fünfunddreißig Jahren (sie weiß das nicht so genau und hat auch keine Geburtsurkunde), mit Mann, Schwiegermutter und drei Kindern. Sie leidet an rheumatischem Fieber und hat gerade einen Fieber-Schub. Die schönen Augen in dem mageren Gesicht leuchten, die Wangen sind gerötet; ihr tun alle Gelenke weh, aber sie nimmt sich zusammen.

Unser Interview findet zum Teil vor der Lehmhütte, zum Teil drinnen statt. Es gibt kein einziges Möbelstück! Während ich auf dem Lehmboden sitze, entdecke ich eine Reihe von Löchern, deren Daseinsberechtigung ich nicht auf Anhieb erkennen kann. Ich werde aufgeklärt: Durch diese Löcher kommen oft nachts die Ratten. Das muß ein ganz besonderes Erlebnis sein, wenn die Familie auf dem Boden schläft! Nun weiß ich auch, warum das bißchen Getreide und Reis, das die Familie besitzt, knapp unter der Decke der Hütte aufgehängt ist.

Der Sari von Fazila ist an verschiedenen Stellen kaputt; sie besitzt noch einen zweiten. Sie ist eine Frau zwischen der Tradition ihrer muslimischen Herkunft und dem beginnenden Selbstbewußtsein, das aus ihrer unternehmerischen Tätigkeit erwächst: Mit dem Verkauf der Milch ihrer Kuh, die sie von dem Kredit erworben hat, und den Produkten des Gemüsegartens hinter der Hütte trägt sie wesentlich zum Unterhalt der Familie bei. So schwach der dünne Körper wirkt, der Geist ist ungeheuer stark. Sie hat drei Töchter geboren, von denen die jüngste mit anderthalb Jahren wohl noch gestillt wird; die anderen sind sieben und elf. Für diese drei Töchter ist Fazila stark: Sie werden in die richtige Schule, nicht nur in die Koranschule, gehen und Lesen und Schreiben lernen! Ihre Mutter hat diese Fähigkeiten nicht und bedauert das; sie wird sie aber ihren Töchtern ermöglichen. Das ist übrigens eine der sechzehn Regeln, zu deren Einhaltung sie sich verpflichten muß bei Übernahme des Kredits: Töchtern eine Ausbildung zuteil werden zu lassen. Eine andere ist, eine Latrine einzurichten; eine dritte, für Trinkwasser auf dem Wohnareal zu sorgen. Die Grameen Bank wie auch Women's World Banking möchten langfristig die Lebensqualität erhöhen und damit der nächsten Generation ersparen,was deren Mütter heute erleiden müssen.

Auf dem Weg zurück in unsere Unterkunft, der in einer von einem älteren Mann gezogenen Rikscha zurückgelegt wird, beschließen wir zwei Sofortmaßnahmen:

• Ich werde ihr einen neuen Sari kaufen (mit Umtauschrecht), und zwar einen, den sie auch bei festlichen Gelegenheiten anziehen kann, sowie einen bescheideneren für die elfjährige Tochter.

- Wir werden ihr einen kompletten medizinischen Check-up ermöglichen und ihr Medikamente für ein Jahr dalassen.

Der Sari-Kauf gehört zu den unvergeßlichen Erlebnissen meines Lebens. Für viele der Dorfbewohner war ich die erste Europäerin, die sie zu Gesicht bekommen hatten, und wo immer ich hinging, folgten mir Kinder und Männer aller Altersgruppen. An diesem Abend, als ich zum Sari-Verkäufer gehe, sind es mehr als hundert. Ich bin physisch angeschlagen, und daher geht das hier an die Grenze der Belastbarkeit, zumal sie mir sehr nahe kommen. Der Sari-Verkäufer spricht zwar kein English, aber er spricht eine andere internationale Sprache: »Verkaufen«, und er ist durchaus in der Lage, in mir sehr schnell eine ausgabefreudige Kundin zu orten. Das Ganze findet in einem offenen Eckladen statt, auf dessen Stufen alle Männer Platz genommen haben. Nachdem ich die ersten fünf Saris, die er mir zeigt, schnell ablehne, geht er zu den etwas teureren über, um mir schließlich einen zu zeigen, der doppelt so teuer ist wie diejenigen, die er mir am Anfang gezeigt hat. Er gefällt mir sehr, was er meinen Augen ansieht; der Rest meines Gesichts muß jetzt auf »zu teuer« umschalten. Ich sage zu unserem Dolmetscher, daß ich den Sari auf alle Fälle kaufen werde; er soll jetzt das Feilschen besorgen. Irgendwann stimmt der Preis für den Händler wie für den Dolmetscher; ich zahle und trage meine »Beute« davon, während die Männer auf den Stufen des »Ladens« sich immer noch nicht erholt haben von diesem Spektakel.

Apropos Männer: Wenn ich alleine mit einer Rikscha zu den Interviews fahre – es war mir jeweils so unangenehm, daß ein einzelner Bangladeshi zwei großgewachsene, wohlgenährte Europäer »ziehen« mußte, daß ich, wo immer möglich, auf Einzeltaxis bestand –, bin ich die Empfängerin haßerfüllter Blicke der Mullahs. Ich muß an einigen Moscheen vorbei; diese Männer würden mich gerne in der Versenkung verschwinden lassen, zumal ich den Blick nicht abwende. Wir haben definitiv sehr unterschiedliche Weltanschauungen!

Bei der zweiten Begegnung mit Fazila Begum kommt es, dank unserem hervorragend einfühlsamen Dometscher, zu einem sehr offenen Gespräch von Frau zu Frau über Ehe, Kinderkriegen, sogar Verhütungsmaßnahmen. Bei drei Töchtern sehnt sich ihr Mann immer noch nach einem Sohn; sie wird ihn nicht zur Welt bringen; ihre Krankheit, die ihn sehr frustriert und ab und zu grob zu ihr sein ließ, wird das verhindern. Sie entstammt einer Familie, in der der Mann zwei Frauen geheiratet und damit ziemlich viel Unglück über ihre Mutter gebracht hat. Würde sie zustimmen, daß ihr Mann sich eine zweite Frau nimmt? Ihr herausgeschleudertes »Niemals!« spricht Bände ...

Der Ehemann und die mißtrauische Schwiegermutter werden inzwischen draußen von meinem Interview-Kollegen beschäftigt. Diese Frau hat erst ihren zweiten Kredit, aber es ist bereits offensichtlich, daß sie ihrem Mann, einem Gemüse-Zwischenhändler, überlegen ist; die Schwiegermutter scheint das zu spüren und versucht, ihrem Sohn seine schwindende Autorität zu erhalten. Eines der »Nebenprodukte« der Kredite ist übrigens, daß die Männer ihren Frauen gegenüber weniger grob sind, sie nicht mehr schlagen, und die restlichen Familienmitglieder ihnen mehr Respekt entgegenbringen.

Die Sari-Übergabe findet ganz privat statt; sie bedankt sich, indem sie auf die Knie fällt und mir die Füße küßt! Wie reagiert man auf so etwas? Ich helfe ihr auf, und erst als wir wieder Blickkontakt haben, empfinde ich dieses Gefühl des *bonding*, das keine Sprache braucht, weil es weltweit verständlich ist.

Die zweite Interview-Partnerin, *Peara Khatum*, zahlt bereits ihren achzehnten Kredit ab. Sie ist in den Augen der Dorfbewohner eine erfolgreiche Geschäftsfrau: Sie siebt die aus dem Schmelzprozeß entstandene Asche, die ihr Mann bei Goldschmieden kauft, so oft, bis sie allen Gold- und Silberstaub daraus entfernt hat. Die Fünfundvierzigjährige ist seit fast drei Jahrzehnten verheiratet, hat vier Söhne und eine Tochter. Zwei ihrer Söhne arbeiten in Saudi-Arabien, ihr Schwiegersohn desgleichen. Sie hat sparen müssen, um die Reise für ihre Söhne zu zahlen; die schicken ihr aber heute jeden Monat Geld und haben ihre Mutter für deren Einsatz kompensiert. Hier sieht man sehr deutlich den Unterschied in der Behandlung von Söhnen und Töchtern: Viel wurde für die Söhne getan; die Tochter hingegen war zwar zwei Jahre lang auf einer Schule, kam dort aber nicht so richtig mit und wurde von den Lehrern dafür verspottet. Sie sei dann nicht mehr in die Schule gegangen. Die Neunzehnjährige ist verheiratet, hat aber noch keine Kinder und auch keine Zukunftspläne. Die Freude der energischen Mutter an diesem Kind hält sich in Grenzen, der Stolz der Tochter auf die erfolgreiche Mutter auch ...

Frappierend: Das erste, was ich sehe, als ich das kleine Haus – keine Hütte! –, betrete, ist ein Bügeleisen. Mein forschender Blick entdeckt die Drähte, die für die Elektrizität gespannt wurden. Später erfahre ich, daß es in der Nachbarschaft sogar ein Fernsehgerät gibt. Im Wohn-

Schlafraum stehen mehr als genug Möbel, u. a. ein Schrank, in dem eine Reihe von Saris und anderen Textilien untergebracht sind. Davor ein Gestell, auf dem weitere Saris liegen. Es sind alles ihre eigenen, ebenso wie die ca. hundert Armreifen, die an einer Holzstange baumeln. Diese Frau hat es zu etwas gebracht!

Peara Khatum war längere Zeit *Center Chief*. Das heißt, sie prüfte die Kreditbegehren und leitete sie, wenn es angebracht war, befürwortend weiter, besuchte die Kreditnehmerinnen ihres Centers und unterstützte sie bei der Einhaltung der sechzehn Regeln. Sie ist eine selbstbewußte Geschäftsfrau mit Status in der Dorfgemeinde; ihr Mann, der beim Interview dabei ist, lächelt dauernd beflissen und wirkt etwas einfältig neben ihr. Sie beantwortet unsere Fragen, weil sie weiß, daß das zu ihren Kreditnehmerin-Pflichten gehört, aber sie hält uns auf Distanz.

Das erste Interview hinterläßt bei mir das Gefühl von Enttäuschung, und auch beim zweiten springt der Funke nicht hinüber oder herüber. Ich bin frustriert, wenn ich an den Unterschied zwischen unseren beiden Interview-Partnerinnen denke, und möchte diese Begegnung nicht auf dieser Note enden lassen. Da kommt mir eine Idee, wie ich vielleicht doch noch den Zugang zu ihr finde. Durch den Dolmetscher bitte ich alle, den Raum zu verlassen – im Klartext: Ich habe sie hinauswerfen lassen. Nun sind wir beide alleine, ohne Dolmetscher und ohne gemeinsame Sprache. Dennoch kann ich mich verständlich machen: Ich bitte sie, mir ihre Saris zu zeigen – und das Eis ist gebrochen! Nochmals das Gefühl des *bonding*, wenn auch auf andere Art.

Nach der Feldarbeit kommen alle sechzehn Gruppen zu einem Erfahrungsaustausch zusammen. Es ist sommerlich warm; ich trage drei Lagen Wolle übereinander, schüttelfröstele vor mich hin und kriege, infolge des Fiebers, nur die Hälfte der Geschichten mit. Als man fürs Mittagessen unterbricht, begreift eine unserer Betreuerinnen, daß ich ziemlich krank bin. Mit ihrer Visitenkarte versehen, werde ich von einem Chauffeur in die Hauptstadt gefahren. Zum Glück hat diese Frau eine gewisse Position; ihre Visitenkarte und meine Kreditkarte sorgen dafür, daß das *Sonargaon-Hotel* in Dhaka mich ohne Paß einchecken läßt: Mein Paß liegt nämlich bei unserer deutschen Reiseleiterin! Ein sauberes Bett, in dem ich in einem Vierundzwanzig-Stunden-Schlaf mein Fieber beträchtlich reduzieren kann, ein Telefon, das mich mit Zuhause verbindet, ein richtiges Badezimmer – und keine Kakerlaken: In drei Tagen habe ich mich soweit erholt, daß ich die Rückreise antreten kann.

Zu Hause werde ich noch ein paar Monate brauchen, um meine

Gesundheit wieder herzustellen, aber ich bin bereichert zurückgekommen: Ich habe nicht nur vor Ort gesehen, was diese Mikrokredite im Leben von Frauen bewirken, die jenseits der Armutsgrenze leben, sondern auch wunderbare persönliche Begegnungen gehabt! Und ich habe ein persönliches Geschenk mitgebracht: Eine innere Gelassenheit und eine immense Dankbarkeit, daß ich nicht als Mädchen in Bangladesh geboren bin! Noch heute denke ich an Fazila und die Ratten, die nachts in die Hütte kommen, wenn ich dankbar in ein frischbezogenes Bett sinke. Und häufig überlege ich, wenn ich mich über Kleinigkeiten aufregen will, daß ich, im Vergleich zu diesen Frauen, gar keine Probleme habe – und das relativiert vieles!

Apropos Probleme: Ich habe in meiner ganzen Entwicklungsarbeit nie gehört, daß diese tapferen Frauen von ihren Problemen sprechen! Aus unserer Sicht ist ihr Dasein ein einziges Problem; im Gegensatz zu den Problemchen in unseren Breitengraden jammern sie jedoch nicht darüber, sondern arbeiten daran, Lösungen zu finden!

Mit dem zehnten Management-Symposium für Frauen hatten wir 1994 einen Höhepunkt erreicht: Die Präsidentin des deutschen Bundestags, *Rita Süssmuth*, eröffnete die Veranstaltung, und zum erstenmal waren Männer auch als Teilnehmer, nicht nur als Referenten, zugelassen. Die Zeit war gekommen, das Symposium in dieser Richtung zu öffnen; der jährlich stattfindende Anlaß hatte sich seinen festen Platz im Zürcher Veranstaltungskalender erobert und war als ernst zu nehmende Wirtschaftsveranstaltung anerkannt. Es war immer wieder spannend, das nächste Symposium in Angriff zu nehmen; die Themen waren auf drei, vier Jahre hinaus koordiniert, die entsprechenden Persönlichkeiten, die als ReferentInnen in Frage kamen, ausgesucht, zum Teil auch schon weit im voraus angefragt Die Vorbereitungen liefen sehr gut – und ich fing an, alles ein bißchen als *déjà vu* anzusehen. Dieses Gefühl verstärkte sich beim zwölften. Und dann griff »das Schicksal« ein: Unser Hauptsponsor, der *Schweizerische Bankverein*, hatte mit der *Schweizerischen Bankgesellschaft* fusioniert – und damit war das Hauptsponsorat Vergangenheit. Ich weiß noch genau, wo Rosmarie Michel mir diese Neuigkeit mitgeteilt hatte, und ich erinnere mich ebenso an die beiden Gefühle, die in mir aufwallten: das Gefühl der Dankbarkeit für die vielen Jahre einer guten Zusammenarbeit sowie das Glücksgefühl einer erneuten Befreiung. Zwölf Variationen eines Themas waren genug für eine Frau, deren Markenzeichen *Change* ist. Ich verlor damit zwar mein reguläres Einkommen, aber die »Auf zu neuen Ufern«-Stimmung, die ich plötzlich wieder empfand, war es wert.

Ich hatte eine gute Bilanz vorzuweisen: Frauen wie die deutschen Politikerinnen *Hildegard Hamm-Brücher*, *Rita Süssmuth* und *Heide Simonis*, die englische Formel-1-Rennfahrerin *Jean Denton* oder die Amerikanerin *Peggy Dulany*, Philantropin und Tochter des amerikanischen Multimillionärs *Nelson Rockefeller*, hatten ihr Wissen mit uns geteilt, Männer wie Helmut *Maucher, Gaston Thorn, Joseph Weizenbaum* oder *Sir Ralph Dahrendorf* hatten die Veranstaltungen eröffnet: Aus dem Fiasko 1985 in Davos hatte sich in zwölf Jahren eine Veranstaltung entwickelt, die viele Menschen, einschließlich der Medien, nur ungern gehen sahen. Wie hieß es doch in der amerikanischen Zigaretten-Reklame für Frauen: »*You've come a long way, baby!*« *And it felt good!*

Was sollte danach kommen? Etwas, was sich so weit wie möglich unterschied von der Exklusivität, der Dauer und der Ausrichtung der letzten zwölf Jahre. Was bei den Überlegungen herauskam, war der »Zukunftstag Zürich«: eine – sitzen Sie? – Vierundzwanzig-Stunden-Nonstop-Wirtschaftsveranstaltung für alle, die einer globalisierten Wirtschaft Rechnung trug. Ein neues Abenteuer, das mit zweihundertzweiundzwanzig Teilnehmern einen guten Start hatte. Dieses Mal war ich definitiv meiner Zeit ein bißchen zu weit voraus: Nach drei Jahren mußte ich mir eingestehen, daß beim Publikum die Bereitschaft für diese zukunftsorientierte Veranstaltung noch nicht in genügendem Maße vorhanden war. Diejenigen, die teilnahmen, waren zwar sehr angetan, aber es waren nicht genügend, um den jährlichen Anlaß kostendeckend durchführen zu können.

Aber ich mußte noch einmal etwas versuchen: Es gab einen eintägigen Anlaß, mit dem Motto meines jüngsten Buches »*Vom Lipstick zum Laptop!*«, der Frauen aus allen Lebenslagen die Bedeutung der Informationstechnologie für ihr Leben klarmachen sollte. Das war im Oktober 1999, und danach wußte ich, daß sechzehn Jahre mit dem Druck einer jährlichen öffentlichen Großveranstaltung auf mir genug waren.

Immerhin war ich inzwischen sechzig, und das ist ein guter Zeitpunkt, um sich zu überlegen, was man noch in seinem Leben machen will. Es war eine wunderbare Geburtstagsfeier mit zwei Anlässen innerhalb von achtundvierzig Stunden. Ich hatte den vierzigsten mit vierzig Gästen in einem Restaurant gefeiert, den fünfzigsten mit fünfzig Gästen und viiiiiieeelll Champagner als Brunch in einer Waldhütte begangen – der sechzigste würde sich anstrengen müssen, um da mithalten zu können! Er schaffte es, in einer Kunstgalerie mit sechzig Gästen neue Akzente zu setzen!

Danach installierte ich mich vor dem Computer, meinem geliebten Mac, denn das älteste Verlagshaus der Schweiz, der renommierte *Orell Füssli* Verlag, hatte den Wunsch geäußert, ein Buch von mir zu veröffentlichen! Was für ein Geschenk! Es sollte, wie man mir sagte, eine Art Knigge für Manager sein. Schon lange hatte ich mich aufgeregt über die Art, wie man in der heutigen Business-Welt miteinander umgeht, wie rüde der Umgangston ist, in welch geringem Maße Geschäftsbeziehungen von Rücksicht, Vertrauen und Respekt geprägt sind. Mit dem Thema hatte ich also keine Mühe. Aber es liegt mir so gar nicht, mich moralisch zu entrüsten und mit dem Finger auf andere zu zeigen; ebenfalls wollte ich kein »How to . . .«-Buch schreiben, wo man unter »A« einen Hinweis auf »Austern essen« findet. Aber wie wäre es mit einem fiktiven Briefwechsel, in dem ein zweiundsechzigjähriger, frisch pensionierter CEO eine Mentorrolle bei einem jungen Mann aus derselben Firma übernähme? Und der Briefwechsel müßte natürlich hauptsächlich in der heute angemessenen Form stattfinden: als ein Austausch von E-mails. Ich schrieb das Buch *Über den Umgang mit Menschen. Moral und Stil im 3. Jahrtausend* – und landete meinen ersten Bestseller, der zur Zeit seiner fünften Auflage entgegensieht. Ich muß gestehen, daß mir das Schreiben dieses Buches ungeheuren Spaß bereitet hat – es war, bis zum Schreiben meiner Lebensgeschichten, mein Lieblingsbuch unter den von mir geschriebenen Büchern.

Ich liebe Wandel, Veränderung, *Change*, wie es im Neudeutschen heißt. Das ist Ihnen ja nicht neu, nachdem Sie mich durch zwölf Kapitel meines Lebens begleitet haben. Vielleicht hätte ich aber irgendwo zu Protokoll geben sollen, daß die Veränderung nicht unbedingt so drastisch sein muß wie diejenige, die mich zu der Entdeckung dessen führte, was diesem Kapitel den Titel gegeben hat. Aber behandeln wir das der Reihe nach ...

Ich weiß, daß ich nicht die einzige bin, aber ich habe mich trotzdem gewundert, wie auch ich so naiv und unwissend sein konnte, oder sagen wir es präziser: wie ich solch eine Meisterin im Verdrängen wurde. Es war wohl irgendwann im Sommer 1999, daß ich beim Abtrocknen nach der Dusche den Knubbel unter der rechten Achselhöhle bemerkte. Ich bin das Gegenteil einer Hypochonderin; Krankheit ist etwas, was ich hinter mich bringe, wenn es sein muß – und es hatte ja einige Male in meinem Leben sein müssen –, aber ich habe weder Lust, darüber zu reden, noch mir die Geschichten über echte oder eingebildete Krankheiten von anderen anzuhören. Also habe ich den Knubbel ziemlich schnell wieder vergessen. Als ich mich nach ein paar Tagen daran erinnerte, fand ich, er sei viel kleiner als bei der Erstentdeckung; irgendwann war er wieder größer und dann auch zwischendurch einfach »weg« – so jedenfalls schien es mir. Beim internationalen Kongreß der IFBPW im September in Vancouver konnte ich ihn nicht länger ignorieren: Er war da und sehr spürbar.

Man sollte meinen, daß man dann sofort etwas unternimmt, nicht wahr? Aber auch das hat seine Zeit gedauert. Nach der Praxisschließung meines langjährigen Gynäkologen hatte ich »vergessen«, ihn zu ersetzen. Jemand empfahl mir eine Ärztin, und im Oktober lief immer dasselbe Muster ab: Wenn ich anrufen wollte, fand ich die Telefonnummer in meinen Unterlagen nicht; wenn ich sie dann auf meinem Schreibtisch entdeckte, war es entweder nach fünf Uhr oder am Wochenende. Irgendwann Ende Oktober sind dann mal die Erinnerung und die Telefonnummer zusammen aufgetaucht; die Arztgehilfin wollte mir einen Termin für Januar geben, aber als sie hörte, worum es ging, bekam ich einen für vier Tage später, den 1. November.

Eine reizende Frau, diese Ärztin, und effizient: Nachdem sie die Untersuchung mit einem ernsten Gesichtsausdruck und dem Satz »Das gefällt mir gar nicht!« beendet hatte, machte sie eine Reihe von Terminen für mich, die mich für die nächsten Tage zu allerlei Untersuchungen schickten. Mir gefiel das auch nicht, aber ich war insofern beruhigt, als Röntgenaufnahmen und Ultraschall ergaben, daß da zwar etwas war, aber nichts zum Aufregen. Ich bin bei solchen Untersuchungen immer hin und her gerissen zwischen dem Wunsch, einer Autorität auf einem mir fremden Gebiet zu glauben, und einem gesunden Mißtrauen, das besonders dann einsetzt, wenn es schwammige Auskünfte gibt.

Am Donnerstag, 4. November, gab es in der »Kronenhalle«, meinem Lieblingsrestaurant in Zürich, das Geburtstagsessen für meine Schwester. Auf dem Weg dorthin mußte ich noch schnell bei einer Zürcher Kapazität vorbei, die auf dem Gebiet der Endoskopie einen unantastbaren Ruf genießt. Ich war schon für das Nachtessen angezogen, nicht ganz passend für eine Untersuchung, und erklärte ihr kurz den Zusammenhang. Ein Wort ergab das andere; auch sie hatte in den USA gelebt und gute Erinnerungen mitgebracht, und wir führten eine ausgesprochen anregende Unterhaltung, während sie die lange Nadel in die Geschwulst steckte. Schon die zweite tolle Medizinerin, die ich in dieser Woche kennengelernt hatte! Beim Ausgang fragte ich sie, wann sie das Resultat hätte, und sie meinte, bis Montag sei es bei meiner Ärztin.

Ich war wieder ein wenig beruhigter und kam, angeregt von dieser Begegnung, in die »Kronenhalle«. Für meine Schwester hatte ich mir Mühe gegeben und sah, in einer roten Jacke, an dem Abend offenbar so gut aus, daß ich ein Kompliment nach dem anderen bekam. Es war ein sehr schöner, harmonischer Abend – ich hatte zwar noch von der Ärztin erzählt, aber danach war das kein Thema mehr. Wahrscheinlich haben die anderen die Bedrohung mit mir verdrängt, sicher wollten wir auch das Geburtstagsessen nicht unnötig belasten.

Am nächsten Morgen klingelte um Viertel nach acht Uhr das Telefon: Meine Gynäkologin hatte das Resultat der Endoskopie bereits vor sich. »Positiv?« fragte ich. »Ja«, sagte sie, und dann noch:

»Können Sie um neun Uhr zu mir kommen?« Ich machte zwei schnelle Telefonate: mit der besten Freundin und, was mir sehr schwer gefallen ist, mit meiner Schwester, die sich, als sie meine Stimme hörte, zuerst einmal für den schönen Geburtstag bedanken wollte und dann aus dieser Stimmung brutal herausgerissen wurde, um in der Krebs-Wirklichkeit ihrer Schwester zu landen.

Weitere Untersuchungen waren angesagt, u. a. auch in einem Krankenhaus eine Ultraschall-Untersuchung. Der Arzt dort meinte, etwas in meinem Unterleib entdeckt zu haben, was er am liebsten eine halbe Stunde später herausoperiert hätte. Er riet mir, mich am nächsten Tag zur Operation anzumelden, und er war überzeugt, daß wir uns bald wiedersehen würden. »Auf Wiedersehen!« rief er hoffnungsvoll, als ich schon an der Tür war. »Das bezweifle ich«, meinte ich, und nach meinem »Adieu!« konnte ich die Tränen gerade noch lange genug zurückhalten, um in mein Auto zu gelangen. Wasser lief in Strömen – draußen als Regen, in meinem Auto mit den beschlagenen Fensterscheiben als ein erlösendes Weinen.

Ich hatte also das, was ich mehr als vier Jahrzehnte hindurch gefürchtet hatte; das, was der Beginn des Zerfalls meiner Mutter gewesen war; das, woran 4000 Frauen allein in der Schweiz jährlich sterben. Okay, es gab auch die Frauen wie *Lady Bird Johnson* oder *Nancy Reagan* oder die schöne *Farah Fawcett* – Sie erinnern sich: die mit der tollen Löwenmähne –, die das alle auch gehabt hatten und immer noch lebten. Aber die Gedanken liefen immer wieder zu denen zurück, die es nicht geschafft hatten, von denen *Linda McCartney* eines der jüngsten Beispiele war.

Innerhalb von zehn Werktagen habe ich acht verschiedene Ärzte, Spitäler und Institute kennengelernt. Am Freitag saß ich schließlich dem Arzt gegenüber, der mich vor nicht allzu langer Zeit anläßlich einer notwendigen Hauttransplantation operiert hatte. Er war Spezialist für wiederherstellende Chirurgie und schien mir – und nicht nur mir – der richtige Arzt zu sein. Ich bin in bezug auf Ärzte verhältnismäßig vertrauensselig; sie arbeiten auf einem Gebiet, von dem ich nichts verstehe, und genauso, wie ich erwarte, daß man mein Wissen in verschiedenen Gebieten respektiert, bin ich auch bereit, ihr Wissen anzuerkennen. Es gab eine kurze Untersuchung und eine längere Besprechung, in der am Ende ein fataler Satz fiel: »Ich schlage vor, wir entfernen mal prophylaktisch die rechte Brust und ...« – was immer danach kam, hat mein Ohr wohl nicht mehr erreicht. Er würde versuchen, in einer Klinik, die ich gar nicht mag, einen Operationstermin für die darauffolgende Woche zu bekommen. Am Nachmittag rief mich die Arztgehilfin an: Am nächsten Mittwoch sollte ich operiert werden.

Ich werde mich mein Leben lang an das folgende Wochenende erinnern: Ich saß in meinem Lieblingssessel und starrte vor mich hin! Da war etwas, was sich meinem Bewußtsein entzog, und ich suchte verzweifelt danach, ohne zu wissen, was es war. Habe ich gegessen an diesem Wochenende? Wahrscheinlich ja. Getrunken sicher. Aber ich kann mich an solche Banalitäten überhaupt nicht mehr erinnern. Ich war zutiefst deprimiert; etwas erdrückte mich, und ich mußte diesem Etwas auf die Spur kommen. Endlich, am späten Sonntagnachmittag, kam die Erlösung: Mein Verstand setzte wieder ein und erinnerte mich daran, daß ich immer gesagt hatte, ich würde eine *Second opinion* einholen, wenn es je zu so etwas Schlimmem käme. Das war es! Schlagartig hörte das Gefühl des Ausgeliefert-Seins auf, und wenn ich auch nicht eine Sekunde lang glaubte, daß ein anderer Arzt mir sagen würde, es sei kein Krebs, so wußte ich doch, daß ich dem »prophylaktischen« Eingriff eine andere Diagnose gegenüberstellen mußte.

Netzwerke, Beziehungen, Menschen, die einen lieben: Wie wertvoll sie sind in solchen Situationen! Ich habe so viel Glück gehabt bei der Bewältigung dieses Einbruchs in meine geordnete Welt, und hier kam eine dieser spektakulären Fügungen. Ich bekam für den Montag abend um Viertel nach sieben Uhr einen Termin bei einer der absoluten Koryphäen auf dem Gebiet der Schönheits- und Wiederherstellungschirurgie, der mich vor seiner Verwaltungsratssitzung um acht Uhr noch schnell sehen konnte. Als ich kurz vor acht Uhr sein Büro in der Klinik, wo ich ein Jahr zuvor gewesen war, verließ, hatte ich eine andere Beziehung zu den vorangegangenen zwei Wochen: Er würde mir in der folgenden Woche mal zuerst den Knoten entfernen, und dann würden wir weitersehen. Von Brustentfernung konnte keine Rede sein! Man kann auch in solchen Situationen ein Glücksgefühl empfinden!

Ich schrieb dem anderen Arzt einen Absagebrief, den ich offenbar sehr behutsam abgefaßt habe; jedenfalls hat er nicht begriffen, daß ich mich zwar operieren ließe, aber nicht von ihm! Ein Jahr später hat die Arztgehilfin angerufen, um sich nach dem Zustand der Geschwulst zu erkundigen. Ich habe ihr erklärt, daß ich mich damals für einen anderen Arzt und ein anderes Krankenhaus entschieden hätte und habe ihr auch den wahren Grund dafür angegeben, mit der Bitte, es ihrem Chef auszurichten. Ich hoffe, daß jede und jeder, dem diese Diagnose gestellt wird, versuchen wird, eine zweite Meinung einzuholen! Sollte ein Arzt deswegen beleidigt sein, ist er ohnehin nicht der richtige für Sie.

Die Operation bringt endlich Klarheit; einen Tag später sind die Resultate da. Einhundertachtundzwanzig Schnitte waren im Labor nötig, um sicher zu sein: Es ist Krebs; vier von fünfzehn Lymphdrüsen sind befallen. Das bedeutet: Entfernung der Krebszellen in einer neuen Operation; eine Brustverkleinerung auf beiden Seiten ist damit gekoppelt. Wieder mal Glück: Der Arzt hat am 30. November Geburtstag und hatte sich in seinem randvollen Terminkalender diesen Nachmittag freigehalten. Den opfert er nun, und fünf Tage nach der ersten gibt es die zweite substantielle Operation.

So etwas hat viele äußerst unangenehme Begleiterscheinungen; ich gehöre zu den PatientInnen, die alles genau wissen wollen – ich will als Partnerin in einem Heilungsprozeß ernst genommen werden. Genauso laufen auch die Dinge in dieser Klinik. Nach einer Woche kann ich das Krankenhaus verlassen. Da ich mich zu Hause nicht alleine versorgen kann, fahre ich für zehn Tage nach St. Moritz für eine fast tägliche Weiterbehandlung, aber zumindest kann ich mich im Hotel bedienen lassen, und mit jedem Tag gibt es eine kleine Besserung.

Drei Tage vor Weihnachten steht die erste Besprechung mit dem Onkologen an. Auch er ein absoluter Glücksfall, empfohlen von meinem Chirurgen, der schon länger mit ihm zusammenarbeitet. Nachdem sich herausgestellt hat, daß ich bei den Besprechungen mit den Ärzten offenbar auf »selektive Wahnehmung« schalte, kommt Rosmarie Michel als objektive Zuhörerin mit – sie hört anders hin als die direkt Betroffene. Der Onkologe fängt also an, über Chemotherapie zu sprechen, was mich völlig überrascht. Davon hatte er, als er mich im Krankenhaus besuchte, nichts gesagt. »O doch«, sagt die beste Freundin, »da hast du vielleicht weggehört.« Also, wie soll das aussehen?

Da gibt es zwei Möglichkeiten, erklärt mir der Arzt, der ein absoluter Meister im Erklären und Darlegen von Zusammenhängen ist. Da hätten wir mal die Intensivbehandlung: vier Mal, mit drei Wochen Abstand dazwischen; Haarverlust garantiert. Dann gibt es die mildere Version, die dauert zwar einiges länger, dafür behalten aber sechzig Prozent der PatientInnen ihre Haare. Der Arzt blickt auf, schaut mich an und sagt trocken: »Aber Ihre werden auch bei dieser Version ausfallen.« Wenn ich noch eine Bestätigung meiner Entscheidung für die Intensivversion gebraucht hätte, hier war sie.

Ich ging etwas benommen nach Hause. Wieder mal hatte ich etwas verdrängt – wie oft würde ich das noch tun? Dann nahm ich meinen Terminkalender vor, markierte die Zeiten, wo es mir erfahrungsgemäß gutgehen sollte, und die Wochen, wo ich nicht so leistungsfähig wäre, und koordinierte das mit meinen Terminen für Referate, Tagungsleitungen etc. Wie oft ich es auch durchrechnete, immer kam dasselbe Resultat zustande: Wenn ich nicht Ende Dezember mit der Chemotherapie anfinge, würde ich die besonders fordernden Einsätze nicht leisten können. Ich rief den Arzt an und fragte, ob er an Silvester arbeite. Ja, die Praxis sei vormittags geöffnet. Könnte ich meine erste Dosis bekommen? Ja, wenn ich wollte. Er würde mir seine private Telefonnummer geben für den Fall, daß es mir im Laufe des Abends oder der nächsten beiden Feiertage schlechtginge.

Meine Infusionen dauerten je eineinhalb Stunden; während der Behandlung muß man Eiswürfel lutschen, damit die Schleimhäute gekühlt sind, was sie für die Chemikalien weniger angreifbar macht. Der Onkologe ist nicht nur selbst sehr gut, sondern hat auch Assistentinnen, die sich wunderbar auf ihre PatientInnen einstellen. Wie gut, ersehen Sie daran, daß ich auch nach all den Behandlungen und Kontrollen immer wieder gerne in diese Praxis komme, wo wir immer auch etwas finden, was uns zum Lachen bringt.

Bis Mitte Januar hat es gedauert, bevor ich an einem Samstag aufwachte und mein ganzes Kopfkissen voller Haare fand. Als ich mal einen Espresso holte und in mein Büro zurückkehrte, sah ich von weitem etwas Dunkles auf dem Stehpult: Es war ein Büschel Haare, das einfach so ausgefallen war! Der Zeitpunkt war also gekommen, wo ich den Schritt tun müßte, vor dem so viele Chemotherapie-PatientInnen sich fürchten. Zwischen Weihnachten und Neujahr hatte sich mein Coiffeur schon um eine Perücke gekümmert; sie war also bereits vorhanden. Die Zeit bis Montag wurde sehr lang; ich hinterließ überall in der Wohnung eine haarige Spur und konnt es kaum erwarten, den Coiffeur am Montag anzurufen. Ich hatte etwas Überzeugungsarbeit bei ihm zu leisten; es widerstrebte ihm sehr, mir den Kopf zu rasieren. Aber schließlich willigte er ein. Er war der erste, der eine Bemerkung über meinen Hinterkopf machte: ein historischer Moment in meinem sechzigjährigen Leben – ich bitte Sie, wo hat man sonst schon Gelegenheit, etwas über die Form seines Hinterkopfes zu erfahren?! Wo immer Menschen Gelegenheit hatten, mich ohne Perücke zu sehen, kam der überraschte Ausruf: »Was haben Sie für einen schönen Hinterkopf!« Das hatte ich sechzig Jahre lang nicht gewußt und ganz gut mit diesem Nichtwissen gelebt. Es hätte wirklich nicht die Krankheit gebraucht, um mich über die Form meines Hinterkopfes aufzuklären – aber Sie sehen, auch solche Situationen entbehren nicht einer gewissen Komik!

Wieder einmal Glück: Ich habe die Chemotherapie erstaunlich gut überstanden; selbst in den Wochen, wo es mir nicht so gut gehen sollte, konnte ich meiner Arbeit nachgehen. Man wird jedoch sehr müde und muß seine Energien sehr gezielt einsetzen. Nachdem die vier Infusionen vorbei waren, machte der Onkologe den Vorschlag, noch zwei anzuhängen, damit wir noch ein bißchen sicherer sein konnten. Ich ließ mich zwar darauf ein, aber hier kamen wir wieder an eine Siegel-Besonderheit: Man darf mir nicht etwas versprechen und dann etwas anderes tun! Auf vier Mal hatte ich mich eingerichtet; vier Mal war es gutgegangen, und innerlich hatte ich nach dem vierten Mal mit dieser Sache abgeschlossen. Bei der fünften Infusion wurde mir schlecht; ich würgte an den Eiswürfeln und fing an, die Minuten zu zählen, bis das Zeug aus den Plastikbeuteln in mich hineingelaufen war. Ich beschloß, daß es kein sechstes Mal geben würde, und da ich einen sehr verständnisvollen Doktor habe, ist es bei fünf Mal geblieben.

Wenn man das erste Mal eine Perücke aufsetzt, meint man, die ganze Welt würde jetzt sofort merken, daß das nicht die eigenen Haare sind – was sie natürlich nicht tut. Oder doch: Sie merkt etwas, aber nicht wie befürchtet: Ich habe nie so viele Komplimente für meinen Kopf bekommen wie in den Perücken-Monaten! Sogar die Video-Übertragung einer Tagungsleitung auf Großleinwand sah super aus; zu meiner immensen Erleichterung hat niemand etwas gemerkt. Selbst nicht, als ich fast keine Augenbrauen und definitiv keine Wimpern an den unteren Augenlidern mehr hatte.

Irgendwann einmal geht auch diese Phase zu Ende. Nach der Chemotherapie kommt die Bestrahlung; das heißt: sechs Wochen lang jeden Werktag für eine Minute Bestrahlung nach Zürich fahren zu müssen, was insgesamt mit Hin- und Rückfahrt, Parkplatz suchen und der Zeit im Warteraum ungefähr anderhalb Stunden dauerte. Chirurg und Onkologe hatten mir beide eine Koryphäe auf dem Gebiet der Radiotherapie am Zürcher Universitätsspital empfohlen. Schon wieder Glück: Er war bereit, mich als Patientin zu nehmen. Auch hier war das Umfeld unglaublich nett und einfühlsam. Ich habe das sehr geschätzt und versucht, wo immer ich in Behandlung war, gute Laune mitzubringen und mit Witz und Ironie Streß und Spannung abzubauen oder zu vermeiden. Als ich Ende Juni bei meiner letzten Behandlung im Uni-Spital mit einer kleinen Aufmerksamkeit zum Abschied erschien, waren die Krankenschwestern überrascht, daß die sechs Wochen schon vorbei waren; sie bedauerten, daß ich nicht mehr käme –

sie hätten sich jeweils auf mich gefreut, weil ich sie zum Lachen gebracht hätte, was inmitten all des Elends um sie herum eine willkommene Abwechslung war.

Im April hatte Orell Füssli signalisiert, daß sie nicht traurig wären, wenn sie ein neues Buch von mir verlegen könnten. Ich habe mich darüber sehr gefreut, denn das bedeutete, wieder eine Zukunftsperspektive zu haben. Auf meine Frage, ob es für den Bücherherbst 2001 oder bereits für die Leipziger Buchmesse im Frühling 2001 gedacht sein, kam prompt die Nachricht: Am liebsten für den Herbst desselben Jahres, also 2000. Ich fragte den Professor, ob er meinte, daß ich während der Radiotherapie ein Buch schreiben könnte; seine Antwort war, daß ich zwar noch müder als sonst sein würde, aber er sähe sonst keinen Grund, warum ich das nicht schaffen sollte. Sechs Wochen nur würde ich haben, aber das war ja auch nicht neu, oder?

Mein Workshop in Vancouver mit den *Young IFBPW* würde also in ein Buch münden! Das Schreiben war sowohl eine sehr wirkungsvolle Therapie als auch ein Kampf mit der Müdigkeit und ein Wettlauf gegen die Zeit. *Vom Lipstick zum Laptop!* wurde zu einer Art Vermächtnis: Einerseits faßt es die Erkenntnise aus fast dreißig Jahren einer Tätigkeit für und mit Frauen zusammen, anderseits ist es zu einer Zeit geschrieben worden, als sich immer wieder Endzeitgedanken in mein Hirn drängten. Soweit ich feststellen kann, ist davon jedoch nichts in das Manuskript hineingeraten.

Irgendwann einmal mußte ich mir eingestehen, daß ich den rechten Arm nicht mehr richtig bewegen konnte. Zwar war mir eine Schwellung bei der Bestrahlung erspart geblieben, aber der Gebrauch des Arms war stark eingeschränkt. Ein neuer Arzt trat in mein Leben, der mich zuerst einmal zu zwei längeren Röntgen-Sessionen in das Krankenhaus schickte, das ich so gar nicht mochte. Nach dem zweiten Nachmittag erzählt mir der diensthabende Arzt dort, daß mein Schulterblatt zwar nicht ganz in Ordnung sei, daß jedoch kein Grund für eine Operation vorliege. Beruhigt trat ich eine einwöchige Ferienreise nach England an, die mir enorm gutgetan und mich auf andere Gedanken gebracht hat. Sie wird mir auch besonders im Gedächtnis bleiben, weil ich dort eines Morgens entdeckte, daß mein Kopf einen dunklen Flaum hatte: Es hatten also alle recht, die Haare würden wieder wachsen! Kurz nach meiner Rückkehr habe ich beschlossen, daß die Perücke ihre Dienste getan hatte; nach und nach entstand eine Kurzhaarfrisur, der ich bis heute treu geblieben bin.

Bei meiner Rückkehr hatte ich einen Termin, um die Resultate der Röntgen-Aufnahmen zu besprechen. Ich ging völlig entspannt in die Praxis, wo mich der Arzt – auch er ein anerkannter Experte auf seinem Gebiet – kurz und bündig von der Illusion befreite, daß ich um eine Operation herumkäme. Es würde sogar zwei brauchen: zuerst würden unter Vollnarkose Schulter und Arm mobilisiert; dann erst käme die Operation, bei der die eigentlichen Reparaturarbeiten am Schultergelenk gemacht würden. Diese Operation wird endoskopisch durchgeführt, was ein Minimum an Wunden garantiert. Wie es sich dann herausstellte, brauchte es insgesamt drei Operationen, aber ich habe heute fast die volle Beweglichkeit von rechtem Arm und rechter Schulter. Daß hier ein Könner am Werk war, sieht man u. a. auch daran, daß ich die drei Narben, die von der Operation herrührten, heute nicht mehr entdecken kann!

Fünf Operationen in einem Dreivierteljahr, eine Chemo- und eine Radiotherapie sowie fünfzehn Monate Lymphdrainage und Bewegungstherapie haben meinen Bedarf an Krankenhausatmosphäre, auch wenn sie noch so angenehm ist, fürs erste gedeckt. Zwei großartige Ärztinnen und vier hervorragende Ärzte sind in mein Leben getreten; ich bin sowohl für die medizinische als auch für die menschliche Betreuung extrem dankbar. Ich glaube, daß ich mit der Krankheit ganz gut zurechtgekommen bzw. umgegangen bin, und mein privates Umfeld wie auch die Menschen, die während dieser Zeit medizinisch mit mir zu tun hatten, haben mir das mehr als einmal bestätigt. Ob ich das ein zweites Mal so machen könnte, weiß ich nicht; aber wenn es nicht anders ginge, würde ich versuchen, auch eine Rückkehr des Krebses auf meine Art zu bewältigen. Hoffen wir, daß ich das nicht unter Beweis stellen muß!

Vielleicht wundern Sie sich, daß ich diesem Abschnitt meines Lebens so viel Platz eingeräumt habe. Um ehrlich zu sein, ich mißbrauche die Tatsache, daß Sie hier Geschichten aus meinem Leben vorgesetzt bekommen, für einen anderen Zweck. Ich möchte dieser Krankheit einen Sinn in meinem Leben geben – und ich sehe den Sinn darin, mich dafür einzusetzen, daß sie enttabuisiert wird. Früher war es unfein und auf alle Fälle unklug für eine Frau, ihr wahres Alter anzugeben. Die schöne amerikanische Feministin Gloria Steinem war eine der ersten, die mit diesem Tabu brach – und heute, wo die Sechzigjährigen aussehen wie knapp fünfzig, die Siebzigjährigen ein neues Business gründen und die Achtzigjährigen sich verlieben und sich auf neue Partnerschaften einlassen, ist das in den meisten Fällen kein Thema mehr.

Seit dem Film Philadelphia ist AIDS zwar ein salonfähiges Thema geworden, aber in den meisten Fällen wird es noch als Stigma betrachtet. Jeden Tag gibt es neue Bestrebungen, dieser furchtbaren Krankheit beizukommen, u. a. auch, indem man das Thema enttabuisiert und über all seine Facetten redet, nicht zuletzt auch der Prävention wegen. Es wird hoffentlich nicht mehr lange dauern, bis sich auch hier etwas ändert.

Und Krebs? Kein Tabu-Thema – bis man ihn bekommt! Einerseits hat die Forschung unglaubliche Fortschritte gemacht seit der Zeit, als meine Mutter zuerst daran erkrankt ist; fast jeder Tag bringt neue Erkenntnisse und Ergebnisse, gerade im Bereich Brustkrebs. Anderseits wagen viele nicht, auch nur das Wort in den Mund zu nehmen, geschweige denn, darüber zu sprechen oder sich zu informieren. Und das muß sich ändern, damit möglichst viele Frauen gerettet werden können. Das geschieht sowohl in der Prävention als auch in der frühen Erkennung und schnellen Behandlung.

Dabei ist es wichtig, daß diejenigen, die das große Glück haben, in bezug auf Operation, Chemotherapie und Bestrahlung so viele gute Ärzte, Schwestern und Spitäler kennenzulernen und das alles zu überleben, ihre Erfahrungen weitergeben. Wenn ich denke, was ich alles nicht über Krebs wußte, bevor ich krank wurde! Ich hätte es auch gar nicht wissen wollen – wer beschäftigt sich schon freiwillig damit? Aber es hätte mir sehr geholfen, wenn ich Frauen gekannt hätte, die das überlebt haben. Ich hätte gerne gewußt, daß die Spuren der Operation zwei Jahre später nur noch minimal sind, daß die Haare wieder wachsen, daß es ein »Leben danach« gibt.

Vielleicht können diese Zeilen Frauen, und besonders junge Mädchen, dazu bewegen, eine regelmäßige Selbstkontrolle durchzuführen und bei den allerersten Anzeichen ärztliche Hilfe zu suchen. Wenn ich mit dieser Schilderung nur einer einzigen Frau Mut machen konnte, so hat es sich gelohnt, das alles hier hinzuschreiben und beim Schreiben nochmals zu durchleben.

Und wenn Sie sich dazu entschließen können, das auch so zu sehen, weiß ich, daß es wieder ein paar weitere Verbündete gibt im Kampf gegen eine Krankheit, die, wenn sie rechtzeitig erkannt wird, inzwischen häufig heilbar ist oder weniger schlimm verlaufen kann, als allgemein befürchtet wird. Damit sie aber rechtzeitig erkannt wird, müssen wir eben lernen, darüber zu sprechen.

2002: Weniger auf dem Kopf – mehr im Kopf?

Epilog
Ariadne sei Dank!

> Geh nicht dahin, wo der Weg dich
> hinführt.
> Geh dahin, wo es keinen Weg gibt,
> und hinterlasse eine Spur.
> *Ralph Waldo Emerson*

Sind Sie wirklich noch da? Haben Sie es bis hierher mit mir ausgehalten? Chapeau! Ich hoffe, ich habe Ihre Geduld nicht zu sehr strapaziert, und ich kann Ihnen jetzt schon versprechen: Ich werde keine weitere Autobiographie schreiben – obwohl das, was ich Ihnen alles nicht erzählt habe, auch noch einige Seiten füllen könnte!

Was für ein Privileg, sein eigenes Leben einmal mit den Augen von Leserinnen und Lesern betrachten zu dürfen! Es war eine anstrengende Zeit – viel anstrengender, als ich gemeint hatte –, aber auch eine hochinteressante Rückschau, und ob Sie's glauben oder nicht: Es hat Spaß gemacht, Ihnen die Geschichten auf diesen vierhundertzwanzig Seiten zu erzählen!

Ein Bekannter, mit dem ich während des Endspurts zu tun hatte, wollte wissen, worüber ich schreibe. »Es ist meine Autobiographie«, sagte ich. »Schoooon?« meinte er. »Also, Teil I, nehme ich an.« Es war eine echte Frage, kein plumper Versuch eines Kompliments. Er hatte keine Ahnung, wie alt ich bin ... Aber eben: da kommt kein Teil II. Das war's in bezug auf Rückschau. Als jemand, der sich professionell mit Zukunftsforschung befaßt, interessieren mich gewöhnlich die Dinge, die noch kommen, mehr als das, was gewesen ist. Anderseits: Wenn man einmal die Diagnose »Krebs« gehört hat, weiß man, daß man mit geborgter Zeit lebt. Es ist jetzt immerhin bald zwei Jahre her seit der letzten

Behandlung; die ersten Hürden habe ich bereits genommen und muß nur noch alle sechs statt drei Monate zur Kontrolle. Der Onkologe hat es geschafft, in seiner Mischung aus Kompetenz, Einfühlungsvermögen und Kommunikationstalent, daß ich diesen Besuch sogar gerne mache; der Weg zu ihm oder der Aufenthalt in der Praxis ist, trotz der dort stattgefundenen Chemotherapie, sehr angenehm, auch wenn ich durchaus den nötigen Respekt vor der Untersuchung habe. Zum Glück muß man heute nicht länger als achtundvierzig Stunden warten, bis die Resultate solcher Kontroll-Untersuchungen vorliegen; bis dahin arbeitet es im Unterbewußtsein. Wenn dann das Resultat, wie bisher, negativ ist, freue ich mich auf die Zeit bis zur nächsten Kontrolle. Und schon beginnen die Pläne in meinem Kopf. Denn man weiß ja nie: Vielleicht reicht die geborgte Zeit, um noch einiges davon verwirklichen zu können ...

Lebe ich jetzt bewußter? Glaube ich nicht; ich habe schon vorher sehr intensiv gelebt. Mir haben immer die Menschen leid getan, die ihr »eigentliches« Leben auf später – auf dann, wenn die Kinder groß sind, auf die Zeit nach ihrer Pensionierung oder was-auch-immer – verschoben haben, diese Zeiten dann aber gar nicht mehr oder nicht mehr gesund und aktiv genug genießen konnten.

Das sind meistens dieselben Menschen, die bei einer Einladung mit interessanten Gästen und Gesprächen plötzlich signalisieren, daß sie nach Hause wollen, weil sie am nächsten Morgen »früh« aufstehen muß. Unter »früh« verstehe ich meistens ohnehin etwas anderes, denn bei diesen Gästen heißt das gewöhnlich sechs Uhr oder sogar erst halb sieben. Wenn ich einen Abend interessant und die Gäste faszinierend finde, hat mich das noch nie abgehalten zu bleiben; vielleicht ist man am Tag danach etwas müde, aber dafür hat man einmalige Erinnerungen an brillante oder amüsante Gesprächspartner. Und im Grunde sind das die Erlebnisse, die zählen, oder wie *Martin Buber* es ausgedrückt hat: »Alles wirkliche Leben ist Begegnung.«

Begegnungen wiederum können der Anfang von Freundschaften werden, und je älter ich werde, desto höher schätze ich

dieses Geschenk des Lebens. Ich habe zwar keine Schulfreund-
schaften, wie es sie im Leben vieler Schweizerinnen und Schweizer gibt, aber ich habe im Laufe der letzten drei Jahrzehnte Menschen kennengelernt, deren Gesellschaft und Zuneigung ich
außerordentlich schätze. Freunde braucht man besonders in
schwierigen Zeiten, und die Zeit der Krankheit hat da schön säu-
berlich die Spreu vom Weizen getrennt. Zum einem hat sich auch
bei der dramatischsten meiner Krankheiten meine Schwester bewährt. Ihre pragmatische Art wie auch ihr Sinn für Humor haben
viel dazu beigetragen, diese Zeit erträglich zu machen. Zum anderen frage ich mich, wie ich das ohne die »ältere Schwester«
hätte bewältigen können. Die Freundschaft, die Rosmarie Michel
ganz besonders auch in dieser Zeit manifestiert hat, kann ich gar
nicht hoch genug einschätzen. Sie hat es mir ermöglicht, mich
ganz auf die Auseinandersetzung mit der Krankheit zu konzentrieren, im Vertrauen darauf, daß sie sich um alles andere, was bei
solchen Ereignissen anfällt, kümmern würde.

Man findet in solchen Zeiten heraus, daß manche Freunde
nur sogenannte Freunde waren, aber dafür wird man entschädigt
durch die, die sich jetzt als wirkliche Freunde bewähren. Dieser
Freundeskreis ist es nicht zuletzt gewesen, der mir die Schweiz
heute als mein Zuhause erscheinen läßt – ein Zuhause, wohin
ich sehr gerne zurückkehre nach meinen Geschäftsreisen oder
den Kurzferien, die einen willkommenen Kontrast zur heimischen
Beschaulichkeit bilden.

Da fällt mir ein, daß ich Ihnen ja gar nichts über meine Einbürgerung erzählte habe! Nun ja, auf sechshundert Seiten durfte
dieses Buch eben nicht anwachsen, und wahrscheinlich hätte ich
noch so viele Seiten gebraucht, um Ihnen über den Einbürge-
rungsprozeß in allen tragikomischen Details zu berichten. Anderseits auch hier: Je weniger darüber gesagt ist, desto besser.
Wenn Sie dieses Buch als SchweizerIn gelesen haben, dann würde
ich Ihnen raten, sich einmal im Detail mit diesem Vorgang zu beschäftigen. Die allermeisten Schweizer ahnen nicht, was einem
da zugemutet wird! So wissen viele zum Beispiel nicht einmal,
daß man sich vor der Einbürgerungskommission auch über

Mundart-Kenntnisse ausweisen muß, sich also die Frage »Verstehen Sie unseren Dialekt?« an jemanden, der seit fünfzehn Jahren den Schweizer Paß hat, erübrigt. Ich habe vor dieser Kommission, die sich als letzte Hürde in einem vierjährigen Prozeß verstand, zwölf Minuten lang über ein Thema meiner Wahl auf Mundart referieren müssen. Trotz meiner großen Nervosität habe ich noch Zeit gehabt, mir zuzuhören – und das hat genügt, um selbstkritisch festzustellen: Der Dialekt ist nicht mein Gebiet. Daraufhin habe ich mich entschlossen, beim sogenannten Schriftdeutsch zu bleiben; das erspart den Schweizern, in meinem Fall den Zürchern, eine inadäquate deutsche Variante ihres Dialekts, hat aber einen meiner unerfüllten Wünsche generiert: Es wäre so viel schöner, wenn sich die Schweizer freudig zu ihrem Dialekt bekennen, in dem sie witzig und spontan sein können, anstatt dauernd zu versuchen, jemandem, der Schriftdeutsch spricht, in diesem Idiom zu antworten. Das geht sehr oft daneben und ist doppelt bedauerlich, weil es unnötig ist: Wenn jemand wie ich mehr als drei Jahrzehnte im Land ist, dürften die Einheimischen ja wohl von der Zugereisten erwarten, daß sie deren Sprache versteht! Die wenigen Fälle, wo das auch nach dreißig Jahren nicht der Fall ist, können als Kuriositäten abgebucht werden und bestätigen allenfalls als Ausnahmen die Regel.

Einen Platz zu finden, wo ich Wurzeln schlagen konnte, ist eines der vielen Geschenke, die mir das Leben gemacht hat. Ein anderes ist, daß es mich davor bewahrt hat, ein übertriebenes Heimatgefühl zu entwickeln. Ich finde es absurd, darauf stolz zu sein, BürgerIn dieses oder jenes Landes zu sein. Was haben diejenigen, die sich mit ihrer angeborenen Nationalität brüsten, denn schon getan, um sie zu verdienen?! Sie sollten dankbar sein für das, was ihre Vorfahren ihnen hinterlassen haben, und versuchen, einen Mehrwert zu schaffen für ihre eigenen Nachkommen. Mir war es ein Anliegen, den Schweizern klarzumachen, daß ein Teil von mir weiterhin Amerikanerin bleiben wird. Das war 1987 noch höchst ungewöhnlich und brauchte einiges an Überzeugungskraft, aber es hat geklappt. Ich konnte mir einfach nicht vorstellen, auf das amerikanische Konsulat zu gehen, meinen Paß zurückzugeben und mich damit von einem Land, in dem ich so viel Gutes erfahren habe, scheiden zu lassen. Und was machen wir mit meiner deutschen Herkunft, die ich ja auch nicht verleugnen kann? Ich sage es gewöhnlich so: »Ich bin fünfzig Prozent Berlinerin, fünfzig Prozent New Yorkerin und fünfzig Prozent Zürcherin.« Für mich macht das hundert Prozent aus.

Vielleicht hat der Wunsch meiner Mutter, Sonntagskinder zu gebären, eine sehr gute Ausgangslage geschaffen. Danach hat sie allerdings sehr viel getan, um ihre guten Wünsche für mich zu verwirklichen. So hat sie mir unter anderem einen Ariadne-Faden mitgegeben, der sich in der Rückschau auf mein Leben als sehr belastbar und verläßlich erwiesen hat. Ariadne ist eine der wenigen Figuren in der triebgesteuerten griechischen Mythen- und Sagenwelt, die sich nicht ausschließlich um sich selbst, sondern auch um die Bedürfnisse anderer gekümmert hat. Sie ist mindestens zur Hälfte an der Befreiung Kretas von Minotaurus beteiligt, denn sie gab Theseus, der das Monster tötete, die Garnrolle mit, die ihm das Herausfinden aus dem Labyrinth ermöglichte. Unnötig zu betonen, daß in den entsprechenden Büchern in erster Linie er als Held gefeiert wird, aber ohne die überlebenswichtige Idee dieser Frau hätte er keine Chance gehabt und das Schicksal all seiner Vorgänger in diesem Befreiungsversuch erlitten. Offenbar war da noch etwas Garn übrig, und als sich Ariadne überlegt hat, was sie mit diesem Rest machen sollte – Frauen sind bekanntlich hervorragende Reste-Verwerterinnen! –, scheint ihr Blick auf mich gefallen zu sein. Ich habe allen Grund, meiner Geschlechtsgenossin von Herzen dankbar zu sein, und zwar für ganz verschiedene Dinge:

- für das Privileg, Arbeit zu haben, die mir so sehr entspricht, daß ich sie meistens nicht als Arbeit und fast nie als Belastung empfinde;
- für die Chance, im Erwachsenenleben in bezug auf Bildung nachholen zu können, was ich als Jugendliche nicht erreichen konnte;
- für die Möglichkeit, im Sinne der zwei Zeilen am Anfang dieses Epilogs Spuren hinterlassen zu können;

- für den Luxus in seiner höchsten Steigerung, die sich in dem Aphorismus ausdrückt: »Eigenes Auto – eigene Wohnung – eigene Meinung«;
- für die Tatsache, daß sie mich vor Abhängigkeiten aller Art, wie Drogenkonsum oder Alkoholismus, bewahrt hat;
- für die Leidenschaft, die mich immer noch auf die Barrikaden treibt, wenn ich mit Ungerechtigkeit konfrontiert werde;
- für das Geschenk, daß jemand an den wichtigen Weggabelungen auf meinem Lebensweg bereitstand, um mir den richtigen Pfad zu zeigen.

Der richtige Pfad für mich ist immer der weniger begangene gewesen, der sich zwar als schwieriger und risikoreicher präsentierte, sich aber auch als aufregender und bereichernder erwiesen hat. Im Werbespot einer Schweizer Großbank bin ich auf ein Gedicht aufmerksam geworden, das sich mit solchen Weggabelungen und der Bedeutung des (noch) nicht begangenen Weges befaßt – ich könnte diese Situation nicht besser schildern und möchte mich mit den Worten eines amerikanischen Dichters unserer Zeit von Ihnen, meinen Dialogpartnerinnen und -partnern, verabschieden. Danke, daß Sie da waren und mir bei meinem Geschichtenerzählen zugehört haben – und Dank an Ariadne, daß sie mich mit Ihnen zusammengeführt hat!

The Road Less Traveled

Robert Frost

(1874 – 1963)

Two roads diverged in a yellow wood,
And sorry I could not travel both
And be one traveler, long I stood
And looked down one as far as I could
To where it bent in the undergrowth;

Then took the other, as just as fair,
And having perhaps the better claim,
Because it was grassy and wanted wear;
Though as for that the passing there
Had worn them really about the same.

And both that morning equally lay
In leaves no step had trodden black.
Oh, I kept the first for another day!
Yet knowing how way leads on to way,
I doubted if I should ever come back.

I shall be telling this with a sigh
Somewhere ages and ages hence:
Two roads diverged in a wood, and I –
I took the one less traveled by,
And that has made all the difference.

Der unbegangene Weg
Deutsch von Paul Celan

In einem gelben Wald, da lief die Straße auseinander,
und ich, betrübt, daß ich, ein Wandrer bleibend, nicht
die beiden Wege gehen konnte, stand
und sah dem einen nach so weit es ging:
bis dorthin, wo er sich im Unterholz verlor.

Und schlug den andern ein, nicht minder schön als jener,
und schritt damit auf dem vielleicht, der höher galt,
denn er war grasig und er wollt begangen sein,
obgleich, was dies betraf, die dort zu gehen pflegten,
sie beide, den und jenen, gleich begangen hatten.

Und beide lagen sie an jenem Morgen gleicherweise
voll Laubes, das kein Schritt noch schwarzgetreten hatte.
Oh, für ein andermal hob ich mir jenen ersten auf!
Doch wissend, wie's mit Wegen ist, wie Weg zu Weg führt,
erschien mir zweifelhaft, daß ich je wiederkommen würde.

Dies alles sage ich, mit einem Ach darin, dereinst
und irgendwo nach Jahr und Jahr und Jahr:
Im Wald, da war ein Weg, der Weg lief auseinander,
und ich – schlug den einen ein, den weniger begangenen,
und dieses war der ganze Unterschied.

DANKE!

Wenn ich all die Menschen hier noch einmal erwähnen würde, die dieses Buch ermöglicht haben, würde es um viele Seiten länger. Ihnen habe ich ja bereits an vielen Stellen im Text gedankt – lassen wir es dabei bewenden.

Aber ich möchte doch noch gerne ein paar Menschen extra danken:
In erster Linie Rosmarie Michel, die mich jahrelang »bearbeitet« hat, diese Geschichten aus meinem Leben aufzuschreiben. Die Tatsache, dass sie im August 2001 wieder mal einen runden Geburtstag feierte, hat mich dazu bewogen, bis zu diesem Zeitpunkt zumindest das JA des Verlags zu sichern. Ohne ihre kritische Lese-Begleitung zu den unmöglichsten Tages- und Nachtzeiten wäre ich mit dem Schreiben nicht so zügig vorangekommen.
Dank gebührt meiner Schwester Corina und dem engeren Freundeskreis, die während der Entstehung dieses Buches einige Monate lang damit leben mussten, dass ich für sie nur virtuell vorhanden war.
Und schliesslich: Dank an meine Lektorin Katrin Eckert, die nicht nur sorgfältig lektoriert, sondern auch in umsichtiger Weise dafür gesorgt hat, dass dieses Buch nicht zu einer unlesbaren Länge angeschwollen ist!

Copyright © Pendo Verlag GmbH
Zürich 2002
Umschlaggestaltung: Charlotte Löbner
Gesetzt aus der Scala
Satz: Fotosatz Reinhard Amann, Aichstetten
Druck und Bindung: Druckerei Pustet, Regensburg
Printed in Germany
ISBN 3-85842-481-1

»Ich bin Symbol einer Schweiz, die sich verändert«

Ruth Dreifuss im *Spiegel*

Isabella Maria Fischli
»Dreifuss ist unser Name«
Eine Politikerin, eine Familie, ein Land
Biographie
416 Seiten / geb. mit SU
€ 25,90 / sFr 39,90
ISBN 3-85842-487-0

Als Frau, als Linke und als Jüdin in der Schweiz Karriere zu machen, ist alles andere als selbstverständlich. Dreifuss war die erste Bundespräsidentin der Schweiz und die zweite Frau überhaupt, die in die Regierung gewählt worden war.

Mit großer Beharrlichkeit setzt sie sich für eine solidarische Gesellschaft und eine weltoffene Schweiz ein. Ihre politische Arbeit ist geprägt von Erfahrungen aus der Kindheit: der Bedrohung des Zweiten Weltkriegs und dem frühen Wissen um die Shoah.

Isabella Maria Fischli hat über Jahre zahlreiche Interviews mit Ruth Dreifuss und Personen aus ihrem Umfeld geführt. Ihre anschauliche und aufschlußreiche Darstellung erzählt auch die exemplarische Geschichte einer jüdischen Familie in der Schweiz und beleuchtet den gesellschaftlichen Wandel der letzten Jahrzehnte.

Pendo
www.pendo.ch

Forchstraße 40 CH-8032 Zürich
Fon 0041 / 1 / 389 70-30
Fax 0041 / 1 / 389 70-35